城市轨道交通振动及噪声预测、评估与控制技术丛书

地铁车辆-轨道耦合动力学解析方法：

直线 & 曲线/匀速 & 变速

刘维宁　马龙祥　杜林林 等　著

科 学 出 版 社
北　京

内 容 简 介

轨道交通振动环境影响问题的基础和关键是列车运行的源强特性研究。这通常是通过对车辆-轨道耦合动力学的分析而获得的。车辆-轨道耦合动力学的研究已有百年历史，本书是在无限-周期结构的理论框架内，将北京交通大学轨道减振与控制课题组对此问题的长期研究成果进行汇总。本书首次公布曲线轨道车辆-轨道耦合动力学空间解析方法的研究成果，以及列车加减速移动时直线/曲线轨道动力响应频域解析方法的研究成果。此外，本书还包括轨道系统动力学无限-周期结构解析方法，车辆-轨道耦合动力学无限-周期结构解析方法，浮置板轨道车辆-轨道耦合动力学无限-周期结构解析方法。

本书可供轨道交通设计相关专业人员参考，也可作为高等院校轨道交通相关专业的教学参考书。

图书在版编目(CIP)数据

地铁车辆-轨道耦合动力学解析方法：直线 & 曲线/匀速 & 变速/刘维宁等著. —北京：科学出版社，2020.6

(城市轨道交通振动及噪声预测、评估与控制技术丛书)

ISBN 978-7-03-062932-6

Ⅰ.①地…　Ⅱ.①刘…　Ⅲ.①地下铁道-铁路车辆-轨道(铁路)-耦合-动力学分析　Ⅳ.①U27

中国版本图书馆 CIP 数据核字(2019)第 242712 号

责任编辑：孙伯元　李　娜 / 责任校对：郭端芝

责任印制：吴兆东 / 封面设计：陈　敬

科学出版社 出版

北京东黄城根北街 16 号

邮政编码：100717

http://www.sciencep.com

北京中石油彩色印刷有限责任公司 印刷

科学出版社发行　各地新华书店经销

*

2020 年 6 月第　一　版　　开本：720×1000 B5

2020 年 6 月第一次印刷　　印张：14 3/4

字数：282 000

定价：129.00 元

(如有印装质量问题，我社负责调换)

《城市轨道交通振动及噪声预测、评估与控制技术丛书》编委会

主　编：

施仲衡（中国工程院，中国地铁工程咨询公司）

副主编：

刘维宁（北京交通大学地下工程系）
邵　斌（北京市劳动保护科学研究所）

编　委：（按姓氏笔画排序）

丁树奎（北京市轨道交通建设管理有限公司）
毛东兴（同济大学声学所）
任　静（北京城建设计研究总院有限责任公司）
刘　扬（北京地铁运营公司科技处）
刘加华（上海申通地铁集团有限公司技术中心）
孙　宁（莱茵技术（中国）有限公司）
孙家麒（北京市劳动保护科学研究所）
吴永芳（深圳市地铁集团有限公司）
陈　骝（中国电子工程设计院）
陈文化（北京交通大学岩土工程系）
夏　禾（北京交通大学桥梁工程系）
辜小安（中国铁道科学研究院节能环保劳卫研究所）
程明昆（中国科学院声学研究所）

前 言

轨道交通是一种运量大、快捷、准时、方便、能耗低、污染少的出行方式，随着我国城市化进程深入发展，其解决城市交通问题中具有特殊的地位和作用。自 1863 年英国建成世界上第一条大运量地下铁道以来，经过 150 多年的发展，轨道交通已成为解决城市交通拥堵的重要方案。尤其是近 50 年来，轨道交通在世界各大城市间已形成交通网络。在我国，北京地铁 1 号线于 1969 年开始运营，在此后的 50 年间，轨道交通逐渐得到发展，尤其是近二十年来，呈现高速发展态势。轨道交通的建造速度超过了世界上其他任何国家。与此同时，随着经济发展区的迅速崛起，我国城市间、区域间针对客运通勤的快速、高速轨道网也在迅速形成。

轨道交通的发展较好地缓解了交通拥堵问题，对国家的社会经济发展起到了巨大的推动作用。与此同时，由轨道交通车辆运行引起的环境微振动及结构二次辐射噪声也给周边居民的正常生活、精密仪器的正常使用、古建筑艺术环境的保护带来了不利影响，形成许多长久难以解决的问题。因此，随着轨道交通路网的逐步加密，轨道交通运行引起的交通环境微振动问题日益受到广泛关注。

轨道交通线路的规划要综合考虑吸引客流、缓解交通、促进周边经济发展等众多因素，这使得轨道交通建设的需求与周边建筑物内的振动及噪声要求之间成为一对矛盾体。轨道交通环境微振动是城市轨道交通路网规划和建设中不可回避、急需解决的问题。

轨道交通环境微振动是指由轨道交通运载车辆产生的，经大地介质传播至周围环境，具有与车辆运行状态密切相关的一种持续性小幅振动。其振动由轮轨间的动力相互作用产生，经由轨道基础、隧道/桥梁基础/路基、土壤介质和建筑物基础传播至受振动影响的敏感建筑内。在一定条件下，可进一步诱发建筑物内的振动，并产生结构二次辐射噪声，对人的生活、工作环境或对振动敏感的精密仪器产生不利影响。

车辆在轨道上的运动是一个复杂的动力学相互作用过程，影响和控制这一动态相互作用行为的根源在于车辆与轨道系统之间的动态作用。因此，研究轮轨系统的振源特性是解决轨道交通环境振动问题的基础和关键，目的在于对其振源特性进行分析和模拟。

通过对车辆-轨道耦合动力学特性进行准确模拟和可靠评价，所得到的轨道交通振源特性，可用于指导轨道交通的线路设计和轨道设计，开展地铁运营对周边环境振动影响的预测分析，指导减隔振措施的设计。这对于减少或控制城市地铁网络对周边环境的负面影响，具有重要意义。

本书聚焦在列车振动对周围环境影响的角度，在无限-周期结构的理论框架内，将车辆-轨道耦合动力学的解析解研究成果集中汇总。这对于大量的车辆-轨道耦合动力学研究，无疑是一个有重要价值的补充，而对于列车振动对环境影响的研究，以及列车动荷载对其承载结构的动力作用影响的研究都具有重要意义。

北京交通大学轨道减振与控制课题组自 2001 年起，对此问题开展了长期深入的研究，取得了丰富的研究成果，适逢国家大力推进轨道交通的建设与发展，本书的出版亦可为轨道交通建设事业的发展贡献绵薄之力。

本书的撰写分工如下：刘维宁(北京交通大学)确定各章内容、制定全书大纲并负责全书的统稿和定稿工作，并撰写第 1 章、第 2 章(除 2.2 节)、第 6 章主要内容；马龙祥(西南交通大学)参与全书统稿工作，并撰写第 3 章、第 4 章及 2.2 节主要内容；杜林林(北京交通大学)参与全书统稿工作，并撰写第 5 章、第 7 章主要内容。

本书所述车辆-轨道耦合解析模型的内容，是课题组近二十年的研究成果，感谢张昀青博士、贾颖绚博士、李克飞博士、马龙祥博士和杜林林博士的接续努力，他们的研究成果在本书中均有所体现。

限于作者水平，书中不足之处在所难免，诚盼读者不吝赐教。

作　者

目　录

第 1 章　绪　　论

1.1　轨道交通环境微振动

大量轨道交通周边的投诉案例表明，由轨道交通车辆运行引起的交通环境微振动(图 1.1)会对周边一些建筑物内的居民生活、工作产生不利影响，也会对其中的振动敏感型精密仪器或具有艺术保护价值的古建筑产生不利影响。

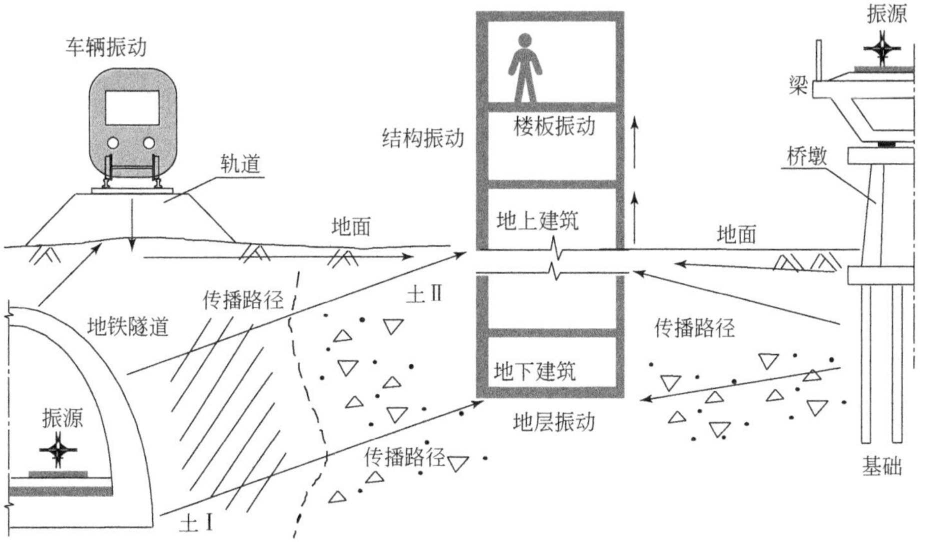

图 1.1　交通环境微振动

轨道交通车辆运行产生的交通环境微振动是指由轨道交通运载车辆产生的，经大地介质传播至周围环境，与车辆运行状态密切相关的一种持续性小幅振动。这会对暴露于其中的人或动物，以及建筑物内易受到振动影响的艺术作品、振动敏感型设备等产生不利影响。环境微振动还有可能致使建筑物结构薄弱部位的耐久性降低、壁画或雕塑等艺术品损伤、振动敏感型设备无法正常工作。这种微振动及其诱发的建筑结构二次辐射噪声的影响，会使人的工作、生活效率和质量下降，甚至影响身心健康。振动影响的频率一般在 200Hz 以内，显著影响频率为20～80Hz，经地层衰减后，地表振动速度响应峰值通常不超过 1mm/s 或最大 Z 振级不超过 85dB(不含地面交通车辆距离行车道 30m 以内区域)。这种交通环境微振动的响应强度,随距行车道横向距离的增加呈起伏式衰减,其较高频率的振动影响范围,在土质地层条件下,可以达到行车道两侧 100m 内,其较低频率分量的振动影响可达 200m 以上,在岩石地层条件,其影响范围会更大(刘维宁等,2016)。

轨道交通的车辆-轨道系统动力相互作用是环境微振动的振动来源。车辆在轨道上的运动是一个复杂的动力学相互作用过程,影响和决定这一行为的主因在于车辆-轨道的动态耦合相互作用,如图 1.2 所示。因此,研究车辆-轨道系统之间的动力相互耦合作用,从而进行环境振动源强特性分析(简称源强特性分析),核心就是研究列车在运行过程中与各种类型轨道之间的动力相互作用。

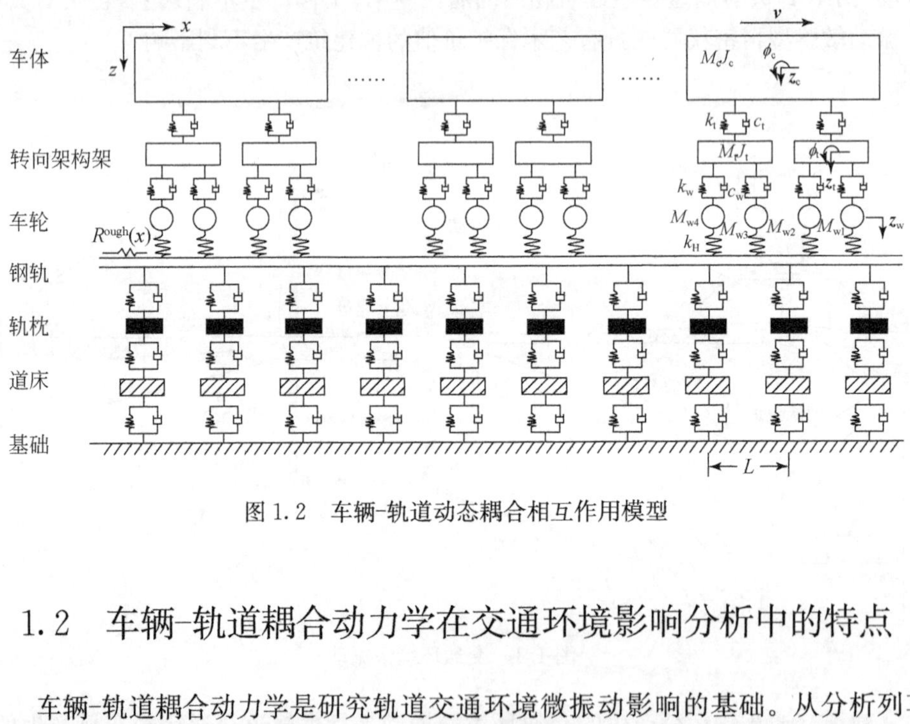

图 1.2　车辆-轨道动态耦合相互作用模型

1.2　车辆-轨道耦合动力学在交通环境影响分析中的特点

车辆-轨道耦合动力学是研究轨道交通环境微振动影响的基础。从分析列车振动源强特性角度来研究地铁列车运行与轨道的动力相互作用,既不同于机车车辆专业研究的轮轨相互作用,也不同于轨道专业研究轨道动力学或线路动力学问题,而是从另一个角度来研究车辆-轨道耦合作用。它们之间的区别在于,列车振动源强特性的研究,既不追究轮轨相互作用过程中轮轨踏面特征的细观表达,也不涉及轮轨材料与几何的非线性特性,而是从描述车辆-轨道相互作用整体系统的机理入手,仅反映轨道不平顺、车轮不圆顺,直线、曲线匀速及加减速运行等的影响。这是列车振动源强特性的车辆-轨道耦合动力学研究的特点。

列车振动的源强分为轮轨动态相互作用在轨道结构上产生的表征源强的动荷

载、在轨道结构及隧道或桥梁结构某规范表征位置产生的速度与加速度响应。源强特性包括源强动荷载、速度或加速度的幅值及频谱特性。其计算方法按照列车振动环境影响分析的要求进行。

目前,研究轮轨振源特性的方法有实测分析法、解析方法(图1.2)与车辆-轨道耦合数值分析法(图1.3)。

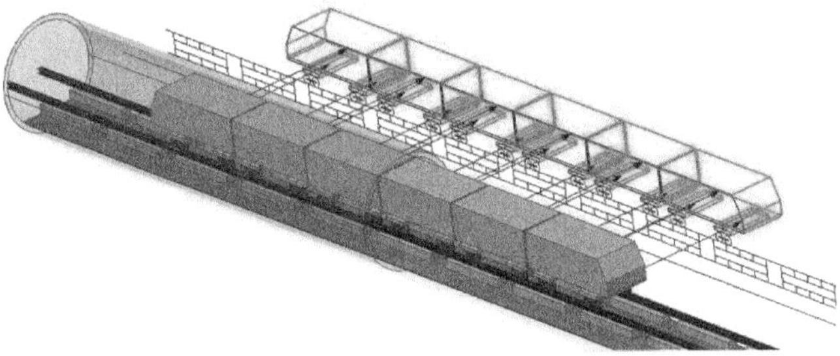

图1.3 车辆-轨道耦合数值分析法

从理论上讲,解析方法是观察轮轨相互作用力学机理及其影响因素的最有效手段。其目的在于能够对车辆-轨道系统自身的动力学特性做出整体内在因素分析、进行简单有效的参数研究,准确地确定轨道系统及车辆系统动力学参数变化对振源特性的影响。

实测分析法是目前开展轨道交通环境振动影响评价工作时,推荐采用的主要方法。其优势在于数据直接来源于实测,只需满足测量与统计规范,其结果真实可靠。但是,由于实测的具体工况有限,其结果由测量位置处的行车状态与轨道结构性能决定,无法开展行车状态与轨道结构性能变化对振动源强特性影响的因果分析。

数值分析法与解析方法都是观察轮轨相互作用力学机理及其影响因素的有效手段。其特点在于能够开展车辆-轨道系统自身动力学特性参数的因果分析,研究振动源强特性与行车状态和轨道结构性能的对应关系。与依赖各类标准商用软件的数值分析法相比,专门研发的解析方法能够通过简单明确的物理模型与参数设定,更加简洁、明确、高效地开展车辆-轨道系统关键参数的动态因果关系研究,准确地确定车辆系统及轨道系统动力学参数变化对轨道动力响应的影响。

1.3 车辆-轨道耦合动力学研究的发展

当列车以某种固定速度或加速度行进于某种结构的轨道上时,钢轨的不平顺、车轮的不圆顺、轨枕的离散支撑、道床及其下部基础刚度的变化,引起轮轨间的动力相互作用。针对轮轨间动力相互作用问题的研究,一直是铁路运输行业关注的焦点,国内外学者对此问题开展了近200年的深入研究。

1.3.1 车辆与轨道相互作用研究历史回顾

1825年,英国修建了Stockton-Darlington客运铁路,世界第一条铁路自此登上历史舞台。1829年,有学者观察到车辆-轨道间的动力相互作用及由此产生的咔嗒声,认为这是由车轮和轨道接触时的四个接触点不在一个平面内造成的。直到今天,轮轨动力相互作用依然是铁路运输行业着力解决的问题之一。

轨道动力分析始于1867年,当时Winkler(1867)提出弹性地基梁理论,这一理论很快被用于轨道建模。Timoshenko(1926)为了解决车轮扁疤作用下的钢轨动应力问题,应用弹性地基梁模型研究了恒定荷载和脉冲荷载作用下的钢轨位移,这便是现在广泛采用的经典方法。自此,针对轨道动力响应的研究日益增多,当时以解决车轮扁疤及钢轨接头处的动力问题为主。Dörr(1943)提出,随着车速的日益提高,迫切需要研究更为精确的轨道模型。20世纪50年代,沙湖年慈等对轨道不平顺引起的轮轨动荷载做了不少理论计算和试验研究,并将随机理论引入轮轨相互作用分析,但所用分析模型并无本质变化。Mathews(1958)分析了移动简谐荷载作用下Euler-Bernoulli梁轨道模型的动力响应。之后,一直到20世纪70年代,几乎没有文献研究应用轨道动力模型解决实际工程问题。

1971～1973年,英国德比铁路技术研究中心开展的轨道接头处轮轨动作用力试验与理论研究(Jenkins et al.,1974; Lyon,1972),标志着车辆与轨道相互作用研究进入了新时代。20世纪70年代之后,车辆与轨道动力相互作用模型研究发展迅速,建立的数学力学模型能够从机理上解释,甚至解决实际工程问题。

20世纪70年代初,英国铁路为防止和治理轨道接头区病害,率先进行了车辆通过轨道低接头的轮轨动力试验,同时由Lyon(1972)和Jenkins等(1974)等建立了轮轨动力作用分析基本模型,如图1.4所示,并首次研究了车辆与轨道基本参数(如簧下质量、轨道刚度等)对轮轨动作用力的影响。这一基本模型将轨道描述成连续弹性基础支撑的Euler-Bernoulli梁,将车辆简化为簧下质量,并考虑一系悬挂特性。

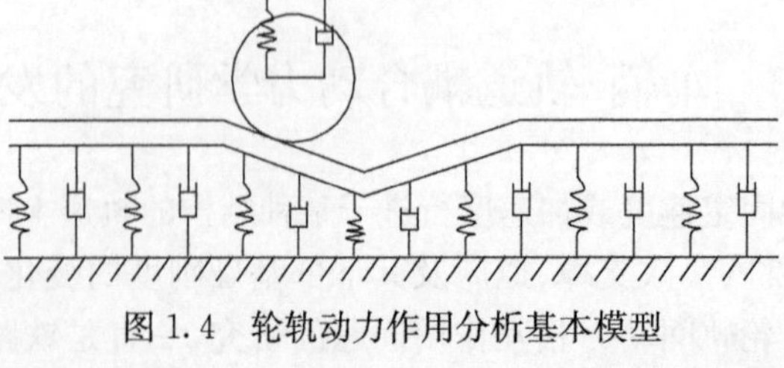

图1.4 轮轨动力作用分析基本模型

Newton等(1979)为研究车轮踏面擦伤对轨道的动力作用，进行了一次轨道动力测试，并对Lyon等建立的模型做了局部改进，以Timoshenko梁模型计算钢轨的动态应力，使计算所得钢轨剪应变参数能直接同现场实测参量比较，理论与试验取得了较好的一致性。Clark等(1982)为研究车辆在波浪形磨耗钢轨上行驶的动态效应，采用弹性点支撑连续梁模拟轨道，并单独考虑轨枕振动的影响，建立的模型更接近实际。

与此同时，为了研究车辆运行引起的噪声问题，Remington(1976)通过分析钢轨、车轮的阻抗，建立了第一个研究滚动噪声的车辆-轨道模型。Grassie等(1982)为解决短波波磨和轮轨噪声问题，通过求解简谐荷载下的轨梁、轮对导纳，建立了轮轨频域耦合模型，研究了轮对和轨道结构在50～1500Hz频段的振动特性，建立了垂向、横向，乃至纵向车辆-轨道耦合动力学模型，并开展系列试验研究，验证了理论模型的正确性，将该理论模型应用于钢轨波浪形磨耗机理研究。这些工作至今仍影响着轮轨高频振动的研究。

同一时期，日本、美国等国学者针对车辆-轨道的动力相互作用问题，相继提出了集总参数简化模型。佐藤裕(1972)在研究轨道结构振动特性时，提出轮对质量-轮轨接触弹簧-钢轨质量-轨枕弹簧-道床质量-路基弹簧的连续弹性基础梁模型。Sato(1973)为分析异常轮轨力产生的原因，提出“半车辆-轨道”集总参数模型，如图1.5所示。Ahlbeck等(1978)为了研究速度超过160km/h有砟轨道线路结构的长期稳定性问题，在考虑基础参振质量和钢轨接头刚度折减的基础上，同样提出“半车辆-轨道”集总参数模型。

刘维宁(1983)为了研究列车荷载作用下的黄土隧道动力响应问题，利用一系列简化的二系弹簧质量系统，建立了车辆-轨道竖向振动简化模型(图1.6)，通过实测轨道振动加速度，提出了计算轮轨动态作用力的方法。

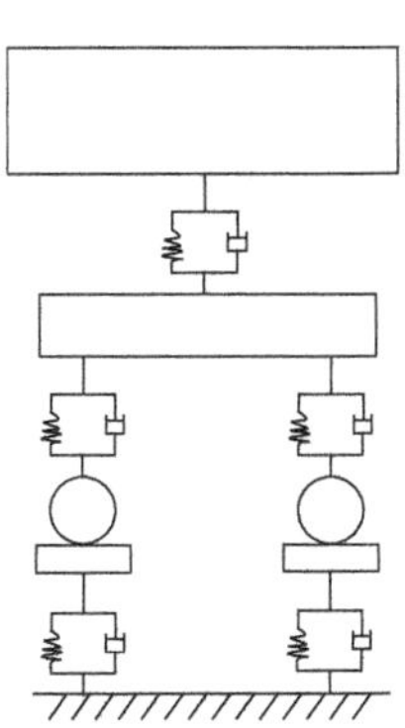

图1.5 “半车辆-轨道”集总参数模型

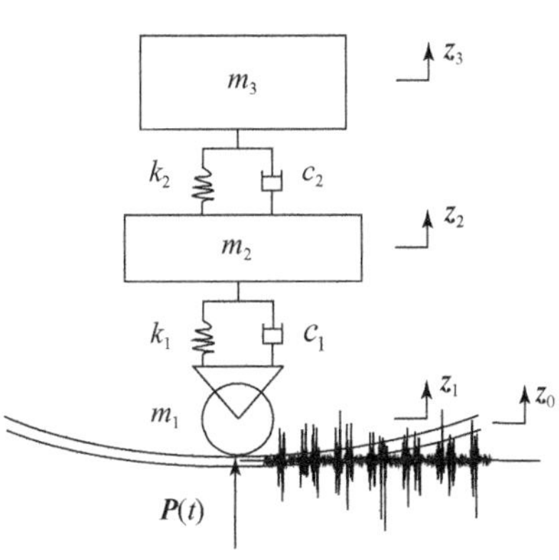

图1.6 车辆-轨道竖向振动简化模型

李定清(1987)给出了 Derby 基本模型的有限元分析列式,讨论了在轨道各种不平顺的干扰下,轮轨相互作用及其引起的动力响应。Sueoka 等(1988)针对新干线上的轮轨滚动噪声问题,利用车辆和轨道的周期性特点,将无限个车辆作用在均匀弹性支撑无限长 Timoshenko 梁上,利用传递函数和线性叠加原理近似求解无限个车辆作用下车轮与钢轨之间的垂向耦合振动问题。为了研究轨道结构本身的随机振动,王澜(1988)建立了较细致的轨道模型。为了解决轨道结构动力破坏问题,许实儒等(1989)在参考 Derby 基本模型的基础上,采用连续弹性地基上的 Timoshenko 梁解析模型近似模拟了钢轨接头轮轨冲击力。

进入 20 世纪 90 年代,轮轨耦合动力学取得了里程碑式的发展。Thompson(1990)针对轮轨噪声问题,在 Remington(1976)的研究基础上,通过求解钢轨导纳、轮对导纳、轮轨接触导纳矩阵,采用轮轨表面粗糙度进行激励,建立了轮轨线性相互作用的解析模型。Nielsen(1993)及 Cai 等(1992)相继发展了转向架-轨道相互作用模型,车辆考虑构架、一系悬挂及两个轮对质量,轨道模拟为有限个离散轨枕支撑的连续梁,并用此模型分析了车轮擦伤引起的轮轨冲击作用。翟婉明(1991)提出车辆-轨道垂向耦合动力学模型,如图 1.7 所示,在此之后,在车辆-轨道垂向系统的统一模型及其耦合动力学原理的基础上,分别建立了整车-轨道垂向、横向相互作用的详细模型,并应用于高速铁路轮轨动态相互作用研究和重载铁路列车与线路相互动力作用分析,从最初的垂向耦合动力学研究,到后来的横向耦合动力学研究,再到随机振动研究,逐渐形成了完整的理论体系。研究模型同时也被德国的 Ripke 等(1995)应用于车辆-轨道高频动力学相互作用分析。

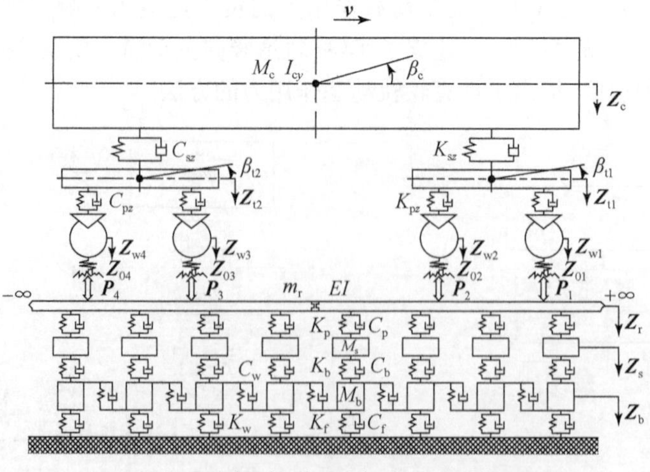

图 1.7　车辆-轨道垂向耦合动力学模型

Krylov 等(1993)为了研究列车引起的交通环境振动振源特性,忽略轮轨系统的表面粗糙度,将车辆对轨道的作用力视为移动的轴荷载,采用傅里叶变换及格林函数法研究了准静态激励下周期性离散支撑轨道-地层系统在低频段(小于50Hz)的动力响应。Ripke等(1995)应用轮轨非线性接触力学研究了高频车辆-轨道相互作用。Hunt(1996)为求解交通环境振动振源特性,采用随机过程理论,采用轨道表面粗糙度谱进行激励,研究了车辆-轨道垂向耦合模型。李德建等(1997)将车辆表示成具有19个运动自由度的多刚体系统模型,将轨道离散成具有30个运动自由度的空间轨道单元,以势能驻值原理和"对号入座"法则形成空间耦合时变系统的振动矩阵方程,建立了列车-直线轨道空间耦合振动分析模型。雷晓燕(1997)为了研究高速列车对道砟的动力响应,采用广义梁单元模拟轨道结构,采用有限元法,利用最小势能原理建立了车辆-轨道耦合模型。魏伟等(1999)在建立轮轨高频相互作用物理模型的基础上,分析了轮轨相互作用关系,推导了轮轨系统阻抗特性,讨论了轮轨表面粗糙度谱,并给出轮轨系统高频随机振动响应谱表达式。Wu等(1999)为了研究轮轨滚动噪声,提出了采用双层Timoshenko梁分别模拟钢轨轨头轨腰和轨底的离散支撑轨道模型。Popp等(1999)为了解决轨道波磨、道砟恶化及车轮不圆顺等问题,对50～500Hz的中频段车辆-轨道耦合动力学模型进行了研究。Ilias(1999)为了研究轨下垫板刚度对车辆-轨道动力相互作用及波磨的影响,采用一个轮对模拟车辆、采用离散支撑Timoshenko梁模拟轨道,通过非线性Hertz接触和沈氏蠕滑理论,建立了轮对-轨道耦合模型。

进入21世纪,轮轨耦合动力学已形成较为完整的理论体系,如图1.8所示,促进了车辆动力学、线路动力学、轨道动力学、轮轨摩擦学、桥梁动力学、隧道动力学、岩土动力学、多刚体弹性耦合动力学等学科的发展,研究成果在高速铁路、重载铁路、普通铁路、城市轨道交通等领域应用广泛。为了满足列车运行安全性、舒适性的要求,保证轨道结构强度,分别针对轨道-地层系统、轨道-桥梁系统、轨道-隧道系统、轮轨波磨及噪声等开展研究,逐步形成了车辆-轨道空间耦合模型、车辆-轨道-地层耦合模型、车辆-轨道-桥耦合模型、车辆-轨道-隧道耦合模型,研究手段增

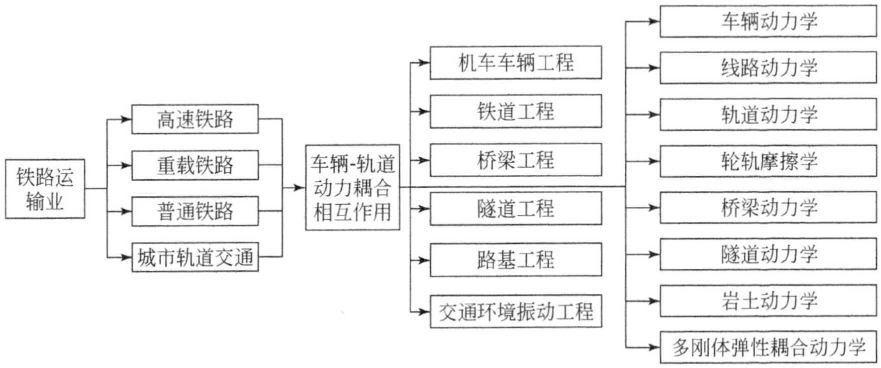

图1.8　车辆-轨道耦合动力学研究体系

加、研究深度加深、研究理论与技术趋向于深层次精细化,为指导工程实践做出了更好的贡献。

Lombaert 等(2000)为了研究由交通引起的环境振动问题,通过计算车辆柔度矩阵、轨道-地层系统柔度矩阵,采用轨道不平顺进行激励,建立了车辆-轨道-地层耦合模型。陈果等(2001)基于车辆-轨道耦合动力学理论,建立了新型轮轨空间动态耦合模型,在充分考虑钢轨横向振动、垂向振动和扭转振动,以及轨道不平顺作用下,详细研究了轮轨空间动态接触几何关系、轮轨法向力、轮轨蠕滑力的解析模型。Sheng(2001)为了研究由交通引起的环境振动问题,在波数-频率域内建立了车辆-轨道-地层垂向耦合模型。Bitzenbauer 等(2002)建立了车辆-无限长轨道耦合模型,并采用傅里叶变换对模型进行求解。Nordborg(2002)为了研究非线性接触对轮轨耦合模型的影响,利用轨梁格林函数分别建立了轮轨非线性接触时域耦合模型和轮轨线性接触频域耦合模型。王开云等(2002)建立了机车-轨道空间耦合动力学模型,如图 1.9 所示。

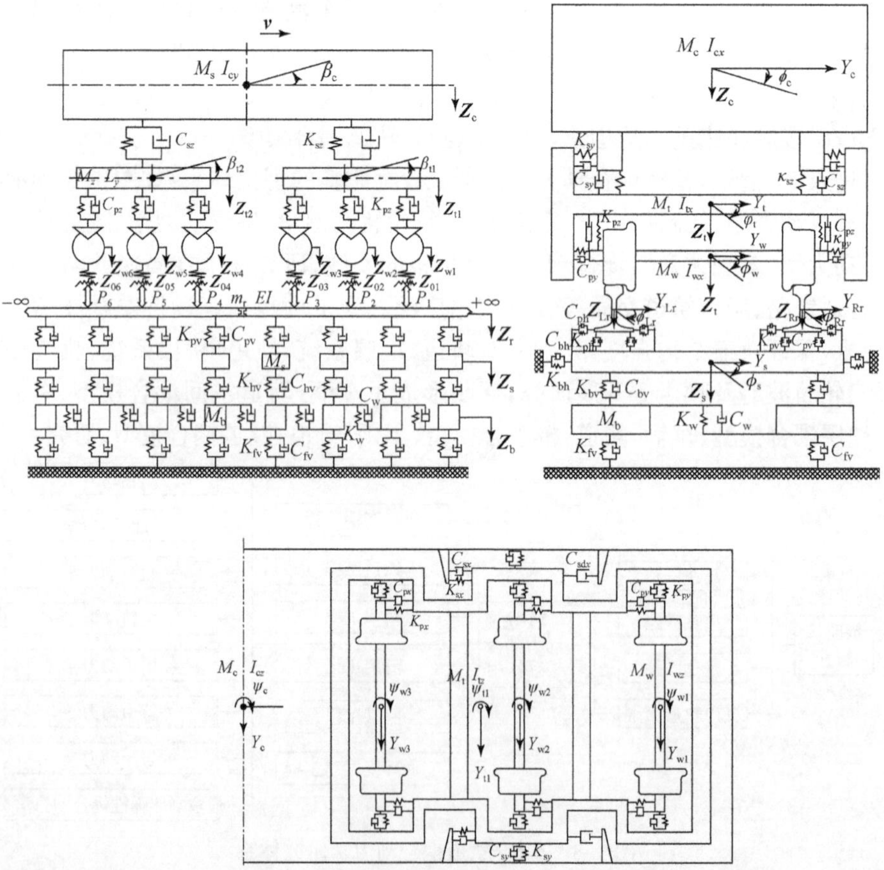

图 1.9　机车-轨道空间耦合动力学模型

Wu 等(2004)为了研究轨道刚度变化造成的参数激励,采用质量体模拟轮对,采用离散支撑 Timoshenko 梁模拟钢轨,建立了轮轨耦合模型,模型中对比研究了固定荷载状态激励和移动荷载状态激励对动力响应的影响。夏禾等(2005)根据铰接式车辆结构和悬挂形式的特点,建立了铰接车辆模型,并以实测轨道不平顺为系统激励,建立了车桥耦合动力相互作用模型。边学成(2005)为了研究高速列车动荷载作用下的地基和隧道动力响应,采用移动轴荷载模拟轮轨相互作用,采用离散支撑 Euler-Bernoulli 梁模拟轨道,运用动力子结构法得到了系统的动力响应。曹艳梅(2006)为了研究列车运行引起的自由场及建筑物振动响应,应用车辆动力学、轨道动力学及地基土的格林函数,在频域内建立了比较完备的车辆-轨道-地基土相互作用理论分析模型。Mazilu(2007)考虑轨道的垂向运动、纵向运动,利用 Timoshenko 梁模拟轨道,采用格林函数法建立了车辆-轨道垂向耦合模型,并采用时域积分法对模型进行求解。Li 等(2009)为了研究浮置板轨道过渡段和有砟道床轨道的动力响应,建立了车辆-浮置板轨道-有砟道床轨道垂向振动耦合模型。Nguyen 等(2009)为了研究车桥耦合动力学,基于轮轨线性接触假定,完成了 27 自由度车体动力学模型与桥梁模型的动力耦合。张楠等(2010)基于 Kalker 蠕滑理论,提出基于轮轨线性相互作用假定的车桥耦合模型,其中,车辆系统模型如图 1.10 所示。

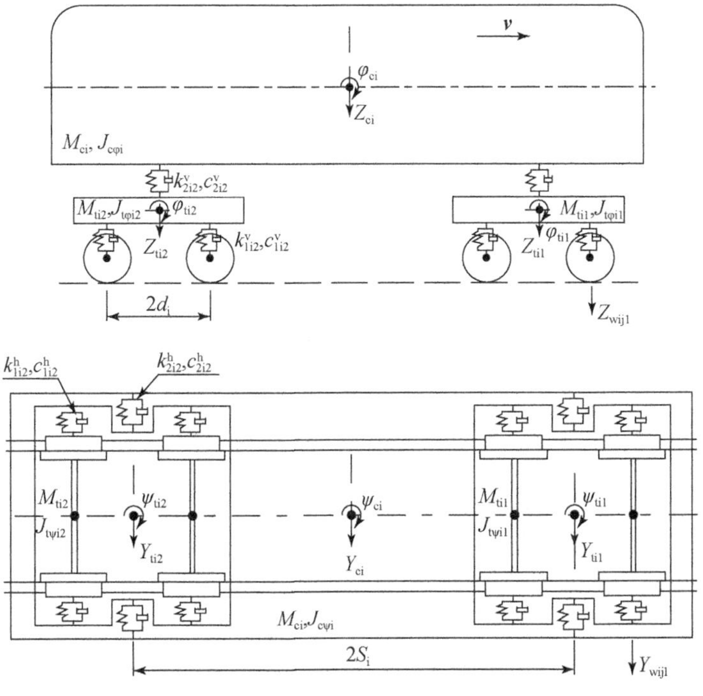

图 1.10 车桥空间耦合中的车辆系统模型

王开云(2012)基于车辆-轨道耦合动力学理论,提出曲线轨道轮轨动态相互作用分析模型,研究了曲线轨道轮轨动态性能匹配。Zhou 等(2013)为了研究扣件失效时高速铁路曲线轨道的动力响应特性,建立了三维车辆模型及离散支撑Timoshenko 梁轨道模型,轮轨间法向采用非线性 Hertz 接触理论,切向采用沈氏蠕滑理论实现车辆-轨道耦合。肖新标(2013)为了研究列车脱轨机理,采用多体动力学理论建立车辆模型,利用离散支撑 Timoshenko 梁建立轨道垂向振动模型、横向振动模型、扭转振动模型,根据 Hertz 接触理论和沈氏蠕滑理论完成了空间车辆-轨道耦合模型。Antolín 等(2013)为了研究高速列车-桥梁耦合模型,采用非线性轮轨接触实现轮轨耦合。马龙祥(2014)在车辆-轨道耦合周期结构研究的基础上,以移动简谐荷载作用下轨道结构动力响应的求解方法为基础,利用传递矩阵、傅里叶积分变换、坐标变换等方法,采用移动简谐荷载状态激振,在频域内建立了基于周期-无限结构理论的车辆-轨道动力耦合模型,如图 1.11 所示。

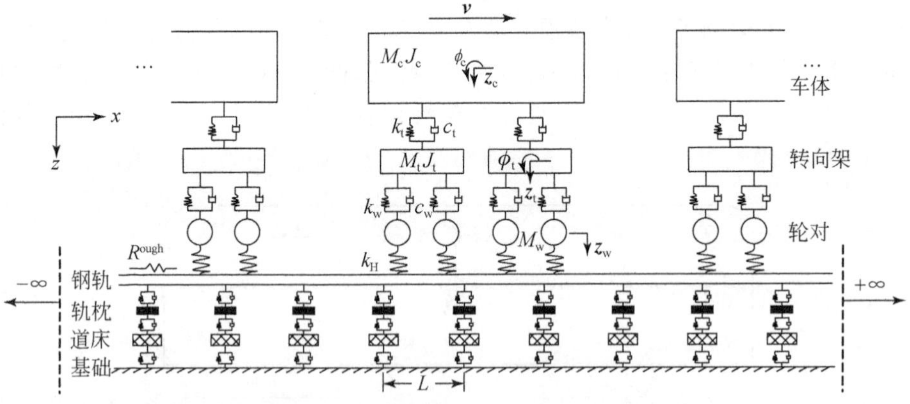

图 1.11　车辆-轨道动力耦合模型

凌亮(2015)通过分析列车动力学刚柔耦合模型、三层离散点支撑 Timoshenko 梁轨道模型、三维滚动接触改进计算模型,建立了匀速及变速状态下高速车辆-轨道三维刚柔耦合动力学理论分析模型。雷晓燕等(2016)运用有限元法建立车辆-轨道非线性耦合系统振动分析模型,其中,车辆系统采用具有二系悬挂的整车模型,轨道系统采用离散支撑的三层弹性梁模型,通过轮轨非线性接触力和位移协调条件实现耦合,并采用交叉迭代算法对车辆-轨道非线性耦合系统进行求解。韦凯等(2016)为了研究扣件胶垫的频变刚度对车辆-轨道垂向振动频域响应的影响,运用无穷周期子结构的辛数学方法与随机振动虚拟激励法,建立了车辆-轨道垂向随机振动虚拟辛分析模型,讨论了轮轨耦合系统随机振动频域响应特征的变化规律。Martínez-Casas 等(2017)采用有限元法建立了轮轨耦合高频振动分析模型,模型中采用柔性轮对,并采用 3D 移动单元代替 Timoshenko 梁模拟轨道。Dai 等

(2017)采用移动单元法建立了离散支撑轨道模型,采用移动二系弹簧质量系统模拟车辆,采用 Hertz 线性接触理论模拟轮轨耦合,分析了高速列车作用下的轨道动力响应。徐磊等(2017)将轨道结构视为一个参数随机系统,提出并建立了考虑铁路线路参数空间-时间随机变化的车辆-轨道动力计算模型。孙宇等(2017)通过直接求解脉冲激励下线性系统的动力学方程得到车辆系统和轨道系统格林函数的显式表达,基于格林函数和轮轨 Hertz 非线性接触理论,提出了求解车辆-轨道垂向耦合动力学的新方法。

近年来,随着计算机技术的快速发展,一些大型商业软件也广泛应用于车辆-轨道耦合动力学研究之中。例如,周爽(2014)利用 UM 和 ANSYS 建立车桥模型,研究了高速铁路车桥动力性能。方文珊(2014)通过 SIMPACK 建立车辆模型,研究了线性参数对不同频段车辆振动响应的影响。王珊珊等(2016)利用 SIMPACK 与 ANSYS 实现车辆系统的刚柔耦合,研究了弹性车辆系统的时频域振动特性。目前,有限元软件与多体动力学软件混合建模的研究方法得到了广泛应用,为综合考虑各方面因素的影响提供了有力的工具。

综合以上分析可知,现阶段针对车辆-轨道耦合动力学的研究现状如表 1.1 所示。

表 1.1 车辆-轨道耦合动力学的研究现状

<table>
<tr><th></th><th>方法</th><th colspan="3">内 容</th></tr>
<tr><td rowspan="7">车辆-轨道耦合动力学研究方法及发展过程</td><td>试验研究法</td><td>现场实测法(英国 Derby 铁路技术研究中心等)
试验线测试
实验室测试</td><td>振动试验台
模型试验</td><td>–</td></tr>
<tr><td rowspan="6">理论解析法</td><td rowspan="3">车辆系统动力学模型</td><td colspan="2">移动荷载模型(Krylov、Ferguson)</td></tr>
<tr><td>多刚体理论模型</td><td>簧下质量-一系悬挂模型(Lyon,1972)
“半车辆-轨道”集总参数模型(Sato,1973)
垂向车体模型(翟婉明,1991)
空间车体模型</td></tr>
<tr><td>刚柔耦合理论模型</td><td>弹性轮对车体模型
弹性转向架车体模型
弹性车体模型</td></tr>
<tr><td rowspan="3">轨道系统动力学模型</td><td>钢轨力学模型</td><td>Euler 梁模型(Winkler,1867)
Timoshenko 梁模型(Newton et al.,1979)</td></tr>
<tr><td>支撑形式</td><td>连续支撑模型(Winkler,1867)
离散支撑模型(Clark et al.,1982)</td></tr>
<tr><td>轨道结构</td><td>一层轨道结构(Winkler,1867)
两层轨道结构(Knothe et al.,1993)
多层轨道结构
板式轨道结构</td></tr>
</table>

续表

方法		内容		
车辆-轨道耦合动力学研究方法及发展过程	理论解析法	轮轨接触耦合力学模型	弹性固体 Hertz 接触理论(Hertz,1882) 二维滚动接触理论(Carter,1926) 无自旋三维滚动接触理论(Vermeulen et al.,1964) Kalker 线性蠕滑理论(Kalker,1967) 沈氏蠕滑理论(沈志云)(Shen et al.,1983) 三维 Hertz 滚动接触理论(Kalker,1982;1990)	
		耦合系统激励模型	激振方式	定点荷载状态激振 移动荷载状态激振
			激励模型	脉冲型激扰模型 谐波型激扰模型 动力型轨道刚度不平顺 轨道随机不平顺激扰模型
		动力耦合系统求解方法	时域积分法	逐步积分法 Newmark-β 法 Wilson-θ 法 Runge-Kutta 法 新型快速显式积分法(Zhai,1996) 新型预测-校正积分法(翟婉明,1991)
			频域法	轮轨导纳耦合法(Thompson et al.,1990) Floquet 理论 传递矩阵方法 周期-傅里叶方法(Belotserkovskiy,1996;马龙祥,2014)
	数值仿真法	车体低频动力响应	多体动力学软件	SIMPACK、NUCARS、UM、ADAMS
		轨道结构动力响应	有限元软件	ANSYS、ABAQUS
		刚柔耦合仿真分析	SIMPACK 与 ANSYS、UM 与 ANSYS 结合	

轨道交通快速发展渐成网络,在其运行过程中表现出自身的特点,如曲线轨道占比高、列车频繁加减速运行,以及为了减振降噪而采取的减振轨道结构占比较高等。列车的曲线运行,以及在直线或曲线轨道上的加减速运行,是轮轨动力相互作用的特殊问题,但是在城市轨道交通中,却是其最基本与主要的运行方式。由于轨道结构的空间形态,以及车辆转向架的迫导方式,曲线轨道-车辆动力相互作用关系与直线轨道结构明显不同,加减速运行与匀速运行也不相同。

1.3.2 列车曲线运行的轮轨相互作用研究

19 世纪末,摩擦中心法先后开始在欧洲几个国家出现,经过不断发展,至第二次世界大战前已十分成熟(Garg et al.,1984)。摩擦中心法是计算轮轨之间导向力和冲角的一种古典算法，德国学者 Heumann 和英国学者 Porter 分别于 1913 年和 1934 年利用以最小力法为原理的图解法和以平衡方程为基础的分析法完成了该法的研究(练松良，2003)。摩擦中心法属于稳态曲线通过的研究范畴，主要研究机车车辆以恒速通过半径为定值的圆曲线时的稳态运动。将其用于分析固定轴距的机车通过小半径曲线轨道结构时的动力响应，能取得合理的结果。该法在蒸汽机车的开发中发挥过作用。直到 20 世纪 60 年代，摩擦中心法一直作为唯一的方法应用于列车曲线通过的分析(张定贤等，1996)中。20 世纪 50 年代，摩擦中心法被引入我国，并成为一种例行的设计手段。

20 世纪 60 年代中期，随着机车车辆线性动力学的诞生、蠕滑理论取得突破性的进展，Newland(1968)和 Boocock(1969)先后提出了线性稳态曲线通过理论。它计入了滚动圆半径差及轮对相对于转向架的偏转自由度，但假定轮缘不贴靠钢轨，采用线性轮轨接触几何关系和线性蠕滑力与蠕滑率间的函数关系，并且认为车辆在曲线上做稳态振动。在计算中，该法认为线路条件不变，即曲率半径和超高都是常数且轨道绝对圆顺和平顺，车辆以恒定的速度运行，不产生加速度，惯性力为零，可按一般静力学问题进行处理。该法揭示了轮对依靠蠕滑力实现自转向，即实现蠕滑引导取代轮缘引导。但由于大部分机车车辆在通过中小半径的曲线时存在轮缘引导的现象，该法的适用范围十分有限，仅适用于曲线半径非常大的场合。

20 世纪 70 年代后半期，英国的 Elkins 等(1977)考虑了机车车辆在通过小半径曲线时，轮对的位移量较大且有可能出现大蠕滑现象，蠕滑特性和轮轨接触几何关系呈现明显的非线性特点，并且进一步分析了悬挂系统的非线性。在此基础上，为了改进现有计算方法，他们提出了一种非线性曲线通过计算方法。通过引入运动学约束条件分割曲线区段，将列车在每个曲线区段的运动视为稳态运动，从而完成列车通过曲线区段的计算，根据计算特点又称此种方法为准稳态运动。由于这种方法反映了实际的轮轨外形，并且考虑了轮轨接触几何关系的非线性和蠕滑力与蠕滑率间的非线性，同时考虑了牵引力和制动力的影响，适用于蠕滑引导和轮缘引导，使理论研究与实际情况更为接近。这种方法后来在美国和我国均得到应用。

自 20 世纪 80 年代以来，美国的 Nagurka、Hedrick、Wormley 等更为深入地考虑车辆从直线通过缓和曲线进入圆曲线和驶出圆曲线时的动态响应，并且进一步获得车辆在曲线上运行时较完整的动力学信息，如车辆横向平稳性指标、横向加速度、轮轨间动作用力、抗脱轨安全性系数、轮轨磨耗指数、车辆零部件间及轮对和钢轨之间的相对位移等，对车辆在曲线上运动的研究更趋完善。这些研究统称为动态曲线研究(何发礼，1999)。

我国的一些学者也在曲线轨道通过的理论方面做了很多工作。沈志云(1982)以两轴转向架式机车为例，提出了非线性曲线通过的一种简化计算方法，并推导了轮轨纵向、横向及旋转蠕滑率的计算。毛家驯等(1985)根据车辆稳态曲线通过原理分析了迫导向转向架的设计原理。段固敏等(1993)通过引入蠕滑理论及蠕滑系数的非线性理论,基于摩擦中心法提出了蠕滑中心法,计算中采用锥形车轮踏面,用蠕滑力代替摩擦力,提高了计算精度。练松良等(1995)考虑了轮轨踏面形状对钢轨受力的影响,采用动态和蠕滑理论分析了轨道所受的导向力和冲角。何发礼(1999)针对高速铁路中小跨度曲线梁桥的车桥耦合振动开展了研究,考虑曲线梁桥的弯扭耦合特性,采用沈氏蠕滑理论进行轮轨空间耦合,建立了曲线梁桥车辆通过模型。

进入 21 世纪之后,随着铁路行业在高速、重载、城市轨道交通等领域的快速发展,为了解决列车通过曲线轨道时产生的一系列问题,研究人员针对列车通过曲线轨道时产生的列车运行安全、稳定、舒适性,曲线轨道结构的安全性、耐久性等问题开展了一系列研究,推动了曲线轨道轮轨接触理论、轮轨动力匹配、曲线梁桥动力学特性、曲线轨道动力学特性等的发展,下面简要论述近年来的研究成果。

李德建等(1998)在铁路曲线轨道空间动力学特性分析方面进行了较为系统的研究,采用有限单元法分析曲线轨道的动力学特性,根据动力学势能驻值原理及形成矩阵的"对号入座"法则建立车辆-轨道系统振动矩阵方程,并采用子空间迭代法求解动力响应。单德山(1999)应用积分变换法,求解了移动荷载作用下简支曲线梁弯扭耦合振动的解析解,并进一步研究了高速铁路曲线梁桥车桥耦合振动。李芾等(2003)为了解决车辆曲线通过性能和横向稳定性之间的矛盾,研究了车辆径向转向架动态曲线通过的特性。罗文俊(2005)考虑了大蠕滑和较大横向位移及轮轨接触的极端情况,建立了轮对在通过曲线轨道时的非线性数学模型,利用现代分叉理论对轮对通过曲线轨道的横向振动稳定性进行了分析。王开云等(2005)针对小半径曲线轨道结构薄弱、轮轨横向相互作用较剧烈,影响列车运行的安全性和平稳性等问题,通过车辆-轨道空间耦合模型,对列车提速时曲线轨道结构的动力学特性进行了研究。龙许友等(2007)和时瑾等(2010)建立了曲线段列车的动态通过模型,分析了曲线半径、超高及行车速度对地铁及高速铁路列车通过曲线轨道时动力学特性的影响规律。Sun 等(2007)为了研究曲线轨道波磨,采用 Johnson-Vermunlen 蠕滑理论和 Hertz 接触理论实现轮轨切向和法向耦合,建立了曲线轨道-列车非线性耦合模型。

近十年来,针对曲线轨道车辆-轨道动力耦合相互作用的研究日益精细。Wen 等(2008)为了研究曲线段钢轨波磨,利用二维卡特接触理论,建立了车辆-曲线轨道垂向耦合模型,研究了钢轨划痕对钢轨塑性变形发展的影响。Pombo 等(2008)提出了新型轮轨接触模型,模型中可以考虑轮轨接触和轮缘-轨道两点接触的情况,并将该模型应用于小半径曲线轨道轮轨耦合模型中。任尊松等(2010)研究了车辆动态曲线通过时的轮轨多点接触现象。宋郁民等(2012)运用模态叠加法,通过考虑列车曲线的通过特点及轮轨非线性相互作用,建立了空间列车-桥梁的耦合方程。王开云(2012)基于车辆-轨道耦合动力学理论,提出了曲线轨道轮轨动态相互作用分析模型,研究了曲线轨道轮轨动态性能匹配问题。Zhou 等(2013)通过建立高速铁路车辆-轨道耦合模型,研究了扣件失效情况下列车通过曲线段时的动力性能。Torstensson 等(2014)为了研究小半径曲线轨道波磨增长情况,采用 Kalker 变分法实现轮轨耦合,得到了既可以考虑低频又可以考虑高频相互作用的轮轨接触模型。Martínez-Casas 等(2014)通过建立柔性轮对、柔性轨道,实现了曲线轨道轮轨耦合。时瑾等(2016)为研究重载铁路反向曲线段的参数设置,建立了大轴重列车-曲线桥动力分析模型,研究了大轴重列车通过桥上反向曲线时的运行安全性及动力性能,并给出了重载铁路桥上的曲线设置原则。李响等(2017)针对地铁小半径曲线段钢弹簧浮置板轨道的钢轨波磨问题,利用多体动力学仿真软件 Simpack 建立包含地铁车辆和轨道结构的车辆系统动力学模型,研究了车辆-轨道系统动力学性能及弹性轨道系统振动特性对波磨形成的影响。刘鹏飞等(2018)为了解决长大列车与连续长弹性轨道的同步仿真问题,采用重载列车车辆-轨道耦合动力学模型,给出了长大列车通过弹性曲线轨道的仿真求解方法。

由于在轨道结构的设计中采用准静态设计方法,曲率半径对轨道结构静力学特性几乎没有影响,所以早期针对曲线轨道结构动力学的研究常常忽视曲率的影响。近年来,随着研究的不断深入及精细,关于曲率半径对轨道结构动力响应的影响,部分学者对其开展了研究。

将曲线轨道视为曲线结构构件,针对曲线轨道的动力学特性开展研究,即对曲线结构构件进行研究。关于曲线梁振动问题的研究,Love(1927)研究了曲线梁平面外振动的响应方程,并求解了圆环响应的解析解;Vlasov(1961)对圆形截面弯曲杆件扭转问题进行了研究;Takahashi(1963)研究了圆拱的自由振动问题;Volterra 和 Morell(1961)计算了不同曲线梁的解析解问题。

曲线轨道模型可以考虑为连续或离散支撑上的曲线 Euler-Bernoulli 梁或曲线 Timoshenko 梁。Nair 等(1985)采用连续支撑曲线梁模型,研究了移动荷载作用下曲线轨道的动力稳定性。Kostovasilis 等(2013)建立了一个曲线轨道有限元模型,并比较了曲线梁单元和直线梁单元在计算曲线轨道动力响应上的差异,在另一篇文章中,Kostovasilis 等(2015)建立了一个考虑竖向/横向相互作用的曲线轨道动力解析模型,并讨论了曲线轨道的竖向/横向耦合效应问题。Dai 等(2015)采用三角函数逼近法推导了移动荷载作用下黏弹性地基上曲线轨道动力响应的解析解,并讨论了解的收敛性问题。李克飞(2012)和刘维宁等(2013)根据曲线梁的传递矩阵,以周期性轨道结构为基础,推导了移动荷载作用下曲线 Timoshenko 梁平面外振动响应的解析解,并引入车辆模型,建立了车辆-准曲线轨道耦合模型,探讨了由移动列车引起的准曲线轨道动力响应。Martinez-Casas 等(2014)提出了一个车辆-圆形轨道耦合模型,此模型考虑了柔性车轮和钢轨,并计算了多种条件下列车通过圆形曲线轨道时的轮轨接触力。杜林林等(2017)利用无限-周期结构频域数学模态叠加法,研究了曲线轨道结构的频响特性。

1.3.3 列车加减速运行车辆-轨道耦合动力响应研究

城市轨道交通区间较短,列车在50%以上的区段处于变速行驶状态,大量实测分析显示:列车进出站的环境振动影响不容忽视(李克飞,2012)。结合城市轨道交通中曲线线路占比较高的客观实际,列车在曲线轨道运行时也存在大量加减速运行的情况。经调查发现约有30%的地铁曲线线路存在列车加减速运行的情况。当列车在曲线线路上变速运行时,运行速度的变化导致曲线轨道车辆-轨道动力接触状态发生变化,轨道结构左右轨上的动力荷载幅值、方向等不断发生变化,增加了曲线轨道垂向、横向振动源强。

最早对变速移动荷载问题进行研究的是Lowan(1935)和Ryazanova(1958)。20世纪60年代,Schlack(1966)对变速移动荷载下梁的竖向振动响应问题进行了研究。之后,Kokhmanyuk等(1967)研究了变速移动质量问题。Lee(1996)对变速移动荷载作用下Euler梁的振动响应问题进行了研究,并求解了变速移动质量及任意速度移动质量作用下的Timoshenko梁动力响应问题。Zibdeh(1995)对随机变速荷载作用下,两端约束简支梁的动力响应进行了求解。随后Abuhilal(2000)得到了变速移动点荷载与简谐荷载作用下,任意支撑条件梁的动力响应解析解,并分析了初始速度、阻尼系数等因素的影响。Michaltsos(2002)研究了变速移动荷载下简支梁的振动响应,并考虑了匀加速和匀减速移动荷载的影响情况。Ichikawa等(2000)利用解析模型研究了多跨Euler-Bernoulli梁在时变移动荷载下的振动响应问题,并对变速移动荷载作用下对称三跨连续梁的动力放大系数进行了求解。

国内部分学者也对变速移动荷载问题进行了一定的研究。谢伟平等(2005)运用傅里叶变换和留数定理研究了变速移动荷载作用下Winkler弹性地基梁稳态动力响应的解析表达式。彭献等(2006)对变速移动荷载下简支梁的动力响应进行了研究,同时考虑了移动质量的附加惯性力及加速度对梁横向振动的影响,得到了荷载初始速度及加速度对梁挠度变化的影响规律。钟阳等(2007)利用傅里叶变换计算了连续支撑梁在变速移动荷载下的振动响应情况。陈上有等(2007)基于振型叠加原理,采用广义坐标变换的方式,建立了移动荷载匀变速通过简支梁桥时系统的动力平衡微分方程,运用数值法研究了车桥耦合振动问题。王少钦等(2010)从车桥共振的角度详细分析了桥梁最大挠度的变化趋势及车辆变速运行对桥梁最大挠度的影响。王颖泽等(2011)根据柔性梁振动理论,考虑移动质量间相互运动的耦合影响及与柔性梁弹性振动之间的耦合作用,建立了多移动质量-柔性梁系统的振动方程,并采用时变力学系统数值求解方法,对多移动质量以各种运动形式作用下柔性简支梁系统的振动响应进行了求解分析。冯耐含(2010)采用变速移动荷载作用下的无限长梁作为计算模型，通过积分变换对基本方程进行化简，采用数值模拟的方法，得到了梁的位移响应，并分析了荷载的初始速度、加速度、瞬时速度对梁动力响应的影响。Huang 等(2001)运用有限元法分析了变速荷载作用下板结构的振动响应情况。李克飞(2012)利用传递矩阵方法及广义 Dhuamel 积分方法，在无限-周期的概念下，对变速车辆-轨道动力耦合问题进行了频域解析研究。张谦等(2016)根据波函数展开法和镜像原理，利用 Graf 加法公式和贝塞尔函数公式，研究了地铁列车出、进站加、减速过程中的振动响应解析解。凌亮(2015)根据模态叠加法，建立了高速列车车辆-轨道三维刚柔耦合动力学理论分析模型，研究了牵引制动状态下高速列车车辆-轨道耦合振动性能与动态响应特征。Tran 等(2014)提出了计算移动单元的广义质量、广义阻尼及广义刚度矩阵的新方法，经过参数分析研究了动力响应幅值随加减速的变化规律。

1.4　北京交通大学轨道减振与控制课题组研究进展

北京交通大学轨道减振与控制课题组(以下简称课题组)从 2001 年开始对地铁列车振动环境影响进行研究，在振动源特性与模拟研究方面取得了一系列成果。课题组在频率-波数域内开发了适用于列车匀速、加减速移动及曲线轨道情况的车辆-轨道耦合解析模型计算程序，分析了在不同列车速度、轨道类型、隧道形式、地质情况及埋深等条件时的振动传播特性。

2001 年，在欧盟委员会第五次科研框架研究计划的支持下，刘维宁与比利时鲁汶大学 Geert Degrande 合作，对地铁列车环境振动影响进行了研究，运用传递矩阵及无限-周期理论，通过定义轨道结构基本元，将轨道结构动力响应的求解问题映射到一个轨道结构基本元内进行，在波频域内建立了轨道动力学解析分析模型(TRADE)(Liu et al.,2002)，奠定了课题组开展列车振动振源特性研究的理论基础。2004 年，课题组的张昀青利用 TRADE 解析轨道动力学模型，研究了轨道结构参数对轮轨振动的影响，为减振降噪型轨道结构的设计和研究提供了较好的理论基础。

2009 年，课题组的贾颖绚在 TRADE 解析轨道动力学模型的基础上，通过定义车辆-轨道耦合基本单元，将轨道动力学解析模型扩展到车辆-轨道耦合动力学解析模型，编制了车辆-轨道耦合解析模型软件包 TMCVT(theoretical model of coupled vehicle & track)。该模型将列车在轨道上行进的动力学作用，通过周期性时空变换，描述为车辆-轨道耦合基本单元在波频域内的某种积分组合。将列车在轨道上运行的空间-时间关系转换到波数-频率域内，也就是将时间及空间中的车辆-轨道耦合积分方程，映射到与时间、空间均无关的独立域中进行求解，通过对其结果的逆变换，即可得到时空域中车辆-轨道耦合作用的运行结果。

2012 年，课题组的李克飞在贾颖绚研究的基础上，首次在频域内推导了变速移动荷载作用下轨道动力响应解析解，以及移动荷载作用下曲线轨道平面外动力响应解析解。从理论的角度，在纵平面内建立了基于频域解析的变速及平面准曲线车辆-轨道耦合模型系统，系统考虑了整车模型、离散支撑轨道模型、轨道不平顺和轮轨接触等因素。整个求解过程在波数-频率域内完成，该模型可以较好地分析轮轨间任意频率带宽的相互作用。对影响地铁减振轨道动力学特性的扣件刚度、列车加速度、列车初始速度、列车速度和曲线轨道半径进行参数分析，给出了各参数对轨道减振及钢轨波磨影响的理论性结论。

随着地铁规划设计的快速与急迫性及各方对其引发的振动问题重视程度的不断提高，要求列车振动环境影响分析及预测具有更高的计算效率及计算精度。然而，现有关于列车运行引起环境振动的理论分析模型在计算效率及分析精度等方面仍存在一定的不足，尚不能很好地满足地铁规划和建设的需要。针对这一问题，2014 年，课题组的马龙祥以移动简谐荷载作用下轨道结构动力响应的求解方法为基础，在 TMCVT 的基础上，利用传递矩阵、傅里叶积分变换及坐标变换等方法，实现了车辆-轨道耦合的移动荷载状态激振，建立了更高计算效率的车辆-轨道动力耦合解析模型。并以此构造了浮置板轨道、梯式轨道等复杂的减振轨道结构的车辆-轨道动力耦合解析模型（SVTIPIST、STFSTI），极大地改善了地铁振动环境影响理论分析的计算效率、计算能力及计算精度。

2018 年，课题组的杜林林将以往建立的纵面模型拓展为空间模型，并将离散支撑曲线轨道力学模型引入曲线轨道车辆-轨道耦合模型中。为解决车辆与轨道间的移动多点激励问题，采用移动荷载状态激振，建立了曲线轨道柔度矩阵、车辆左右轮柔度矩阵，根据频域内轮轨力和位移的接触关系，构造了车辆系统与轨道系统动力学方程组，实现了列车在曲线轨道上的匀速、加速及减速的车辆-轨道耦合解析计算，建立了曲线轨道车辆-轨道动力耦合解析模型。基于该模型，其得出了不同曲线轨道横向、垂向源强动荷载的振动特性，为精准分析地铁列车曲线运行引起的环境振动及噪声预测评估提供了基础支撑，得出了若干有理论价值与应用指导价值的创新性成果。

第 2 章　轨道系统动力学频域解析

轨道交通列车运行所产生的振动主要源于车辆轮对与轨道之间的动力耦合作用，因此研究车辆-轨道动力耦合作用的力学过程是分析列车振动环境影响的基础。列车在钢轨上的运动，涉及车辆和轨道两方面的运动规律及其相互耦合的几何状态与接触关系。本章研究轨道结构的动力学解析分析方法。

2.1　线性系统动力响应的基本表达

在研究由轨道交通引起的环境振动问题时，一般将轨道结构视为线性时不变系统，即系统的输入和输出是线性关系，系统的参数不随时间变化，满足叠加原理。系统的响应只与输入的历史有关，而与输入的未来无关。

在研究轨道结构的动力学作用时，可利用线性系统的叠加原理，方便地求出系统对于任意复杂输入的响应。这个过程是通过把复杂的输入分解成某种基本函数的组合，再将系统对于基本函数的响应，经过线性叠加而得到系统的响应。

2.1.1　脉冲响应函数

系统的脉冲响应函数(impulse response function，IRF)，表示零初始条件时，线性系统对理想单位脉冲输入激励的响应。脉冲响应函数可作为系统动态特性的时域描述。

系统的零初始条件有两方面的含义：一是指输入量在 $t \geqslant t_0$ 时才作用于系统，因此在 $t=t_0^-$ 时输入量及其各阶导数均为零；二是指输入量加于系统之前，系统处于稳定的工作状态，即在 $t=t_0^-$ 时输出量及其各阶导数的值也为零，实际工程控制系统多属此类情况。

分析系统脉冲响应的基本函数之一为 Dirac 函数，记为 δ-函数。δ-函数满足以下性质：

$$\delta(t-t_0)=\begin{cases}0, & t \neq t_0 \\ \infty, & t=t_0\end{cases} \quad 且 \quad \int_{-\infty}^{+\infty} \delta(t-t_0)\mathrm{d}t=1 \tag{2.1}$$

将轨道结构表示为弹性地基梁系统，以此阐释脉冲响应函数的作用过程。一个弹性地基梁系统，在 t_0 时刻坐标 x_0^{F} 处作用一单位脉冲激励，当脉冲激励大小为 $\delta(t_0)\delta(x_0^{\mathrm{F}})$ 时，任意坐标点 ξ_x 在 t 时刻处的动力响应记为 $\boldsymbol{h}(\xi_x, x_0^{\mathrm{F}}, t)$，脉冲荷载作用下弹性地基梁系统动力响应力学分析模型如图 2.1 所示。

$\boldsymbol{h}(\xi_x, x_0^{\mathrm{F}}, t)$，即弹性地基梁系统的脉冲响应函数，理论上，它反映出该系统的所有动力学固有特性。

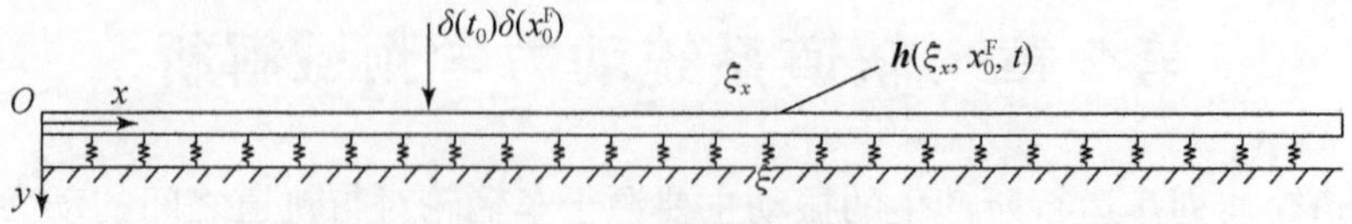

图 2.1 脉冲荷载作用下弹性地基梁系统动力响应力学分析模型

2.1.2 系统动力响应的 Duhamel 积分

对于任意荷载作用下弹性地基梁系统动力响应，如图 2.2 所示。根据 Duhamel 积分的基本原理，可将任意激励荷载 $\boldsymbol{f}(t)$ 分解成一系列强度为 $\boldsymbol{f}(\tau)\mathrm{d}\tau$ 的脉冲激励，如图 2.3(a)所示。

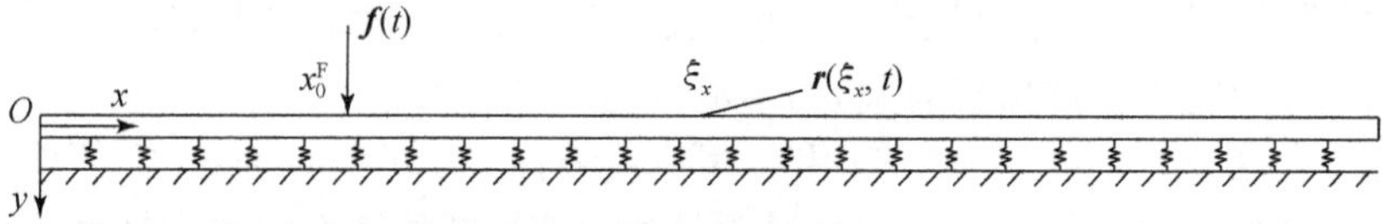

图 2.2 任意荷载作用下弹性地基梁系统动力响应

通过将各脉冲激励下系统的动力响应叠加，便得到 $\boldsymbol{f}(t)$ 作用时系统的总响应 $\boldsymbol{r}(t)$，这便是 Duhamel 积分。

$$\boldsymbol{r}(\xi_x, t) = \int_{-\infty}^{t} \boldsymbol{f}(\tau) \cdot \boldsymbol{h}(\xi_x, x_0^{\mathrm{F}}, t-\tau)\mathrm{d}\tau \tag{2.2}$$

式中，$\boldsymbol{h}(\xi_x, x_0^{\mathrm{F}}, t-\tau)$ 为在 $t=\tau$ 时刻，x_0^{F} 位置作用单位脉冲荷载时弹性地基梁系统任意一点 ξ_x 处的脉冲响应函数，如图 2.3(b)所示。

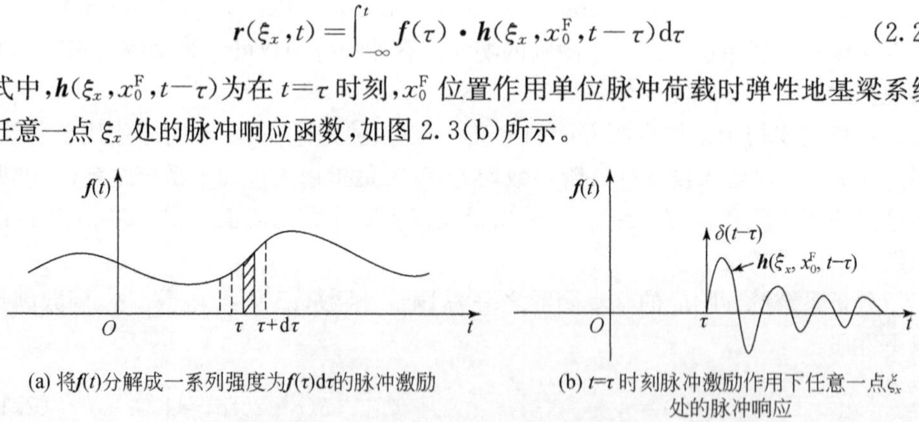

图 2.3 Duhamel 积分的基本原理

在积分式(2.2)中，积分下限 $\tau=-\infty$ 表示包含 t 时刻以前施加于系统的所有激励，根据线性时不变系统，假设 t 时刻以后的任何作用对系统在 t 时刻的响应不产生影响，即当 $t-\tau<0$ 时，$\boldsymbol{h}(\xi_x, x_0^{\mathrm{F}}, t-\tau)=\mathbf{0}$。因此，积分上限可以扩展到 $\tau=+\infty$，即

$$
\begin{aligned}
\boldsymbol{r}(\xi_x,t) &= \int_{-\infty}^{t} \boldsymbol{f}(\tau)\cdot \boldsymbol{h}(\xi_x,x_0^{\mathrm{F}},t-\tau)\mathrm{d}\tau \\
&= \int_{-\infty}^{+\infty} \boldsymbol{f}(\tau)\cdot \boldsymbol{h}(\xi_x,x_0^{\mathrm{F}},t-\tau)\mathrm{d}\tau
\end{aligned} \tag{2.3}
$$

式(2.3)即为任意激励 $\boldsymbol{f}(t)$作用下，弹性地基梁系统的动力响应。

对于线性时不变系统，式(2.3)的求解往往在频域进行，这不仅有很高的实用价值，而且在频域可以更清晰地展现系统的动力学特征。

2.1.3　传递函数

传递函数(transfer function，TF)定义为零初始条件下，线性系统响应量(输出量)的拉普拉斯变换与激励量(输入量)的拉普拉斯变换之比，如图 2.4 所示。

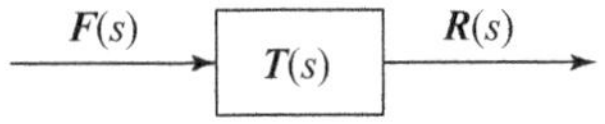

图 2.4　传递函数示意图

传递函数表示为

$$
\boldsymbol{T}(s)=\frac{\mathscr{L}[\boldsymbol{r}(t)]}{\mathscr{L}[\boldsymbol{f}(t)]}=\frac{\boldsymbol{R}(s)}{\boldsymbol{F}(s)} \tag{2.4}
$$

式中，$\boldsymbol{T}(s)$为线性系统的传递函数；$\mathscr{L}$为拉普拉斯变换；$\boldsymbol{r}(t)$、$\boldsymbol{f}(t)$分别为系统的响应量(力、位移、速度、加速度)和激励量(力)；$\boldsymbol{R}(s)$、$\boldsymbol{F}(s)$分别为响应量和激励量的拉普拉斯变换，$s=\beta+\mathrm{i}\omega$ 为拉普拉斯算子。

其中，拉普拉斯变换表示为

$$
\begin{aligned}
\boldsymbol{R}(s) &= \mathscr{L}[\boldsymbol{r}(t)]=\int_{0}^{+\infty} \boldsymbol{r}(t)\mathrm{e}^{-st}\mathrm{d}t \\
\boldsymbol{F}(s) &= \mathscr{L}[\boldsymbol{f}(t)]=\int_{0}^{+\infty} \boldsymbol{f}(t)\mathrm{e}^{-st}\mathrm{d}t
\end{aligned} \tag{2.5}
$$

根据传递函数的定义，系统的传递函数即为脉冲响应函数 $\boldsymbol{h}(\xi_x,x_0^{\mathrm{F}},t)$的拉普拉斯变换，即

$$
\boldsymbol{H}(\xi_x,x_0^{\mathrm{F}},s)=\int_{0}^{+\infty} \boldsymbol{h}(\xi_x,x_0^{\mathrm{F}},t)\mathrm{e}^{-st}\mathrm{d}t \tag{2.6}
$$

引入传递函数，便有可能采用代数的方法或图解分析的方法来简化系统特性的描述及简化系统的分析与综合。传递函数是线性系统理论中最基本的概念之一，比其他形式的系统描述更为方便。

传递函数的性质如下：

(1)传递函数只适用于线性定常系统。

(2)传递函数是在零初始条件下定义的，不能反映在非零初始条件下系统的运动情况。

(3)传递函数是一种用系统参数表示输出量与输入量之间关系的表达式,它只取决于系统的固有结构或参数特性,而与输入量及输出量的形式和大小无关。

(4)传递函数包含联系输入量与输出量所必需的单位。

如果系统的传递函数已知,则可以针对各种形式的输入量研究系统的输出量或响应。如果系统的传递函数未知,则可通过引入已知输入量并研究系统输出量的实验或各种辨识计算方法,来确定系统的传递函数。系统的传递函数一旦被确定,就能对系统的动态特性进行较好的描述。

在拉普拉斯变换中,当令 $s=\mathrm{i}\omega$(ω 为圆频率)时,可以只研究系统在复频域(称为傅里叶空间)的特性,此时拉普拉斯变换即为傅里叶变换,将求得的传递函数称为频响函数。

2.1.4 频响函数

系统的频响函数(frequency response function,FRF)是描述线性系统动态特性的一种常用方法,定义为结构输出响应的傅里叶变换和输入激励的傅里叶变换之比,即

$$\boldsymbol{H}(\omega)=\frac{\mathscr{F}[\boldsymbol{r}(t)]}{\mathscr{F}[\boldsymbol{f}(t)]}=\frac{\boldsymbol{R}(\omega)}{\boldsymbol{F}(\omega)} \tag{2.7}$$

式中,$\boldsymbol{H}(\omega)$为线性系统的频响函数;$\mathscr{F}$为傅里叶变换;$\boldsymbol{r}(t)$、$\boldsymbol{f}(t)$分别为系统的响应量和激励量;$\boldsymbol{R}(\omega)$、$\boldsymbol{F}(\omega)$分别为响应量和激励量的傅里叶变换。其中,傅里叶变换为

$$\begin{cases}\boldsymbol{R}(\omega)=\mathscr{F}[\boldsymbol{r}(t)]=\displaystyle\int_{-\infty}^{+\infty}\boldsymbol{r}(t)\mathrm{e}^{-\mathrm{i}\omega t}\,\mathrm{d}t\\ \boldsymbol{r}(t)=\mathscr{F}^{-1}[\boldsymbol{R}(\omega)]=\dfrac{1}{2\pi}\displaystyle\int_{-\infty}^{+\infty}\boldsymbol{R}(\omega)\mathrm{e}^{\mathrm{i}\omega t}\,\mathrm{d}\omega\end{cases} \tag{2.8}$$

$$\begin{cases}\boldsymbol{F}(\omega)=\mathscr{F}[\boldsymbol{f}(t)]=\displaystyle\int_{-\infty}^{+\infty}\boldsymbol{f}(t)\mathrm{e}^{-\mathrm{i}\omega t}\,\mathrm{d}t\\ \boldsymbol{f}(t)=\mathscr{F}^{-1}[\boldsymbol{F}(\omega)]=\dfrac{1}{2\pi}\displaystyle\int_{-\infty}^{+\infty}\boldsymbol{F}(\omega)\mathrm{e}^{\mathrm{i}\omega t}\,\mathrm{d}\omega\end{cases} \tag{2.9}$$

根据频响函数的定义可知,系统的频响函数即为脉冲响应函数 $\boldsymbol{h}(\xi_x,x_0^{\mathrm{F}},t)$的傅里叶变换,即

$$\boldsymbol{H}(\xi_x,x_0^{\mathrm{F}},\omega)=\int_{-\infty}^{+\infty}\boldsymbol{h}(\xi_x,x_0^{\mathrm{F}},t)\mathrm{e}^{-\mathrm{i}\omega t}\,\mathrm{d}t \tag{2.10}$$

频响函数是系统的固有特性,表征系统对不同频率的输入激励的响应,与系统本身的结构及参数有关,而与激励、响应等外界因素无关。

由于频响函数是复值函数,可以用幅值与相位或者实部与虚部来表示,所以频响函数具有幅频与相频、实部与虚部、奈奎斯特图等多种表现形式。

以上给出了系统的脉冲响应函数、传递函数、频响函数的含义及其数学表达。

系统的传递函数即为脉冲响应函数的拉普拉斯变换，而传递函数的复频域表达，即为系统脉冲响应函数的傅里叶变换，又称为系统的频响函数。因此，在轨道结构线性时不变系统的假设下，系统的传递函数有时也称为系统的频响函数，系统的频响函数有时也称为系统的传递函数。

2.1.5　固定激励下的频率响应

求解任意固定激励下线性系统的频响函数有两种方法：①频响函数法；②脉冲响应函数法。

1. 频响函数法

若激励 $\boldsymbol{f}(t)$是任意已知的非周期函数，当采用频响函数法时，不能将其展开成傅里叶级数，而是采用傅里叶积分形式，对 $\boldsymbol{f}(t)$作傅里叶变换。只要 $\boldsymbol{f}(t)$满足绝对可积的条件，即

$$\int_{-\infty}^{+\infty} \mid \boldsymbol{f}(t) \mid \mathrm{d}t < \infty \tag{2.11}$$

则其存在傅里叶变换

$$\boldsymbol{F}(\omega) = \int_{-\infty}^{+\infty} \boldsymbol{f}(t)\mathrm{e}^{-\mathrm{i}\omega t}\mathrm{d}t \tag{2.12}$$

式中，$\boldsymbol{F}(\omega)$为非周期函数激励 $\boldsymbol{f}(t)$的各简谐分量的幅值密度。根据式(2.7)，对于线性系统的每个频率的简谐分量，有

$$\boldsymbol{R}(\omega) = \boldsymbol{H}(\omega) \cdot \boldsymbol{F}(\omega) \tag{2.13}$$

因此，只要知道系统的频响函数 $\boldsymbol{H}(\omega)$，即可得到系统对于任意激励 $\boldsymbol{f}(t)$的频率响应 $\boldsymbol{R}(\omega)$。

2. 脉冲响应函数法

对于线性时不变系统，式(2.13)也可以通过对式(2.3)作傅里叶变换得到，即

$$\begin{aligned}
\boldsymbol{R}(\omega) &= \int_{-\infty}^{+\infty} \boldsymbol{r}(\xi_x, t)\mathrm{e}^{-\mathrm{i}\omega t}\mathrm{d}t \\
&= \int_{-\infty}^{+\infty} \left[\int_{-\infty}^{+\infty} \boldsymbol{f}(\tau) \cdot \boldsymbol{h}(\xi_x, x_0^{\mathrm{F}}, t-\tau)\mathrm{d}\tau\right]\mathrm{e}^{-\mathrm{i}\omega t}\mathrm{d}t \\
&= \int_{-\infty}^{+\infty} \boldsymbol{f}(\tau)\left[\int_{-\infty}^{+\infty} \boldsymbol{h}(\xi_x, x_0^{\mathrm{F}}, t-\tau)\mathrm{e}^{-\mathrm{i}\omega(t-\tau)}\mathrm{d}t\right]\mathrm{e}^{-\mathrm{i}\omega\tau}\mathrm{d}\tau \\
&= \int_{-\infty}^{+\infty} \boldsymbol{f}(\tau) \cdot \boldsymbol{H}(\xi_x, x_0^{\mathrm{F}}, \omega)\mathrm{e}^{-\mathrm{i}\omega\tau}\mathrm{d}\tau \\
&= \boldsymbol{H}(\xi_x, x_0^{\mathrm{F}}, \omega) \cdot \boldsymbol{F}(\omega)
\end{aligned} \tag{2.14}$$

由此可求解任意激励 $\boldsymbol{f}(t)$下线性系统的频率响应。

2.1.6 移动激励的频率响应

当激励 $\boldsymbol{f}(t)$以速度 $\boldsymbol{v}$ 移动时,移动荷载作用下弹性地基梁系统任意一点 ξ_x 的动力响应 $\boldsymbol{u}_i(\xi_x,t)$(图 2.5),可由 Duhamel 积分求得,即

$$\boldsymbol{u}_i(\xi_x,t)=\int_{-\infty}^{t}\boldsymbol{f}(\tau)\cdot\boldsymbol{h}_{iy}(\xi_x,x,t-\tau)\mathrm{d}\tau \tag{2.15}$$

式中,$\boldsymbol{f}(t)=\boldsymbol{g}(t)\cdot\delta(x-x_0^{\mathrm{F}}-vt)$,$\boldsymbol{g}(t)$为随时间变化的荷载;$x_0^{\mathrm{F}}+vt$ 为 t 时刻荷载的作用位置,x_0^{F} 为荷载的初始位置坐标,v 为荷载移动速度的大小;$\boldsymbol{u}_i(\xi_x,t)$为在$(-\infty,t)$时间内任意一点 ξ_x 在移动荷载作用下,i 方向的位移响应函数;$\boldsymbol{h}_{iy}(\xi_x,x,t-\tau)$为 $t=\tau$ 时刻,在 $x=x_0^{\mathrm{F}}+vt$ 位置作用 y 方向的单位脉冲荷载时,任意一点 ξ_x 在 i 方向的脉冲响应函数。

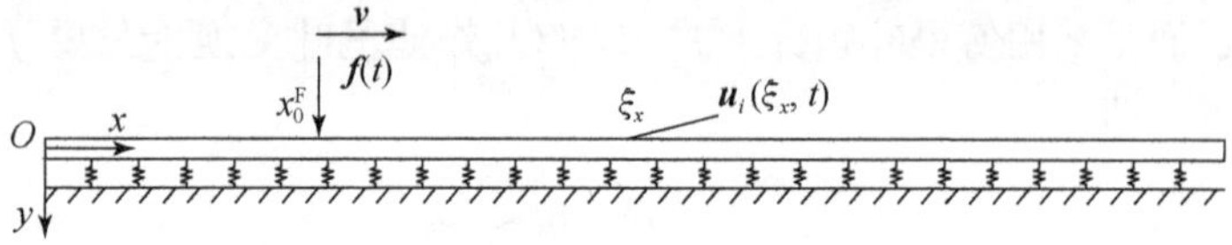

图 2.5 移动荷载作用下弹性地基梁系统任意一点 ξ_x 的动力响应

当 $t-\tau<0$ 时,$\boldsymbol{h}_{iy}(\xi_x,x,t-\tau)\equiv0$,式(2.15)中的积分上限可从 t 扩展到$+\infty$,即

$$\boldsymbol{u}_i(\xi_x,t)=\int_{-\infty}^{+\infty}\boldsymbol{g}(\tau)\cdot\boldsymbol{h}_{iy}(\xi_x,x_0^{\mathrm{F}}+v\tau,t-\tau)\mathrm{d}\tau \tag{2.16}$$

在线弹性假定下,由动力互等定理有

$$\boldsymbol{h}_{iy}(\xi_x,x_0^{\mathrm{F}}+v\tau,t-\tau)=\boldsymbol{h}_{yi}(x_0^{\mathrm{F}}+v\tau,\xi_x,t-\tau) \tag{2.17}$$

由此,弹性地基梁上任意一点 ξ_x 的位移响应可表示为

$$\boldsymbol{u}_i(\xi_x,t)=\int_{-\infty}^{+\infty}\boldsymbol{g}(\tau)\cdot\boldsymbol{h}_{yi}(x_0^{\mathrm{F}}+v\tau,\xi_x,t-\tau)\mathrm{d}\tau \tag{2.18}$$

经过傅里叶变换,其频域内的表达式为

$$\hat{\boldsymbol{u}}_i(\xi_x,\omega)=\int_{-\infty}^{+\infty}\left[\int_{-\infty}^{+\infty}\boldsymbol{g}(\tau)\cdot\boldsymbol{h}_{yi}(x_0^{\mathrm{F}}+v\tau,\xi_x,t-\tau)\mathrm{d}\tau\right]\mathrm{e}^{-\mathrm{i}\omega t}\mathrm{d}t \tag{2.19}$$

式中,符号“^”为频域内的物理量。

式(2.19)可以进一步表示为

$$\hat{\boldsymbol{u}}_i(\xi_x,\omega)=\int_{-\infty}^{+\infty}\boldsymbol{g}(\tau)\cdot\left[\int_{-\infty}^{+\infty}\boldsymbol{h}_{yi}(x_0^{\mathrm{F}}+v\tau,\xi_x,t-\tau)\mathrm{e}^{-\mathrm{i}\omega(t-\tau)}\mathrm{d}t\right]\mathrm{e}^{-\mathrm{i}\omega\tau}\mathrm{d}\tau \tag{2.20}$$

即

$$\hat{\boldsymbol{u}}_i(\xi_x,\omega)=\int_{-\infty}^{+\infty}\boldsymbol{g}(\tau)\cdot\hat{\boldsymbol{h}}_{yi}(x_0^{\mathrm{F}}+v\tau,\xi_x,\omega)\mathrm{e}^{-\mathrm{i}\omega\tau}\mathrm{d}\tau \tag{2.21}$$

式中,$\hat{\boldsymbol{h}}_{yi}(x_0^{\mathrm{F}}+v\tau,\xi_x,\omega)=\int_{-\infty}^{+\infty}\boldsymbol{h}_{yi}(x_0^{\mathrm{F}}+v\tau,\xi_x,t-\tau)\mathrm{e}^{-\mathrm{i}\omega(t-\tau)}\mathrm{d}t$,为弹性地基梁的传

递函数(或称频响函数)。

2.1.7　简谐移动激励响应函数

在前面讨论弹性地基梁上移动激励响应的基础上，根据列车在轨道上运动的建模分析需要，还需讨论移动车辆系统的激励问题。相对于固定坐标系中的移动荷载问题，在移动车辆系统的模型中，需要考虑在原来固定坐标系内再增加一个移动坐标系。于是，弹性地基梁上移动荷载激励的响应被表达在两套坐标系系统中。

设一速度为 $\boldsymbol{v}$ 的单位简谐移动力 $\boldsymbol{f}(t,\omega_f)$ 作用于弹性地基梁上，荷载初始时刻位于轨梁坐标原点 O。

其中，

$$\boldsymbol{f}(t)=\boldsymbol{g}(t)\cdot\delta(x-x_0^{\mathrm{F}}-vt) \tag{2.22}$$

荷载 $\boldsymbol{g}(t)$ 的大小为

$$g(t)=\overline{g}\cdot \mathrm{e}^{\mathrm{i}\omega_f(t+t_0)} \tag{2.23}$$

式(2.22)和式(2.23)中，$\overline{g}$、ω_f、t 分别为荷载幅值、频率及时间；v 为荷载移动速度的大小；如果 $\overline{g}=1$，即 $g(t)=\mathrm{e}^{\mathrm{i}\omega_f(t+t_0)}$，则 $\boldsymbol{g}(t)$ 为单位简谐荷载，t_0 为初始时刻荷载的相位。

引入与激励同速移动的移动坐标系 $x'=x-vt$，此时，单位移动简谐荷载作用下移动坐标系上系统动力响应求解如图 2.6 所示。在移动坐标系下，激励作用点坐标始终为 $x'=0\mathrm{m}$，于是根据式(2.15)，移动坐标系中 x' 处的响应可表示为

$$\boldsymbol{u}'(x',t,\omega_f)=\int_{-\infty}^{t}\boldsymbol{f}(\tau,\omega_f)\cdot\boldsymbol{h}'(x',0,t,\tau)\mathrm{d}\tau \tag{2.24}$$

式中，$\boldsymbol{u}'(x',t,\omega_f)$ 为移动坐标系下频率为 ω_f 的移动简谐荷载引起的点 x' 的位移响应，上标“$'$”为移动坐标系下的物理量；$\boldsymbol{h}'(x',0,t,\tau)$ 为脉冲响应函数，即 τ 时刻在移动坐标系下坐标原点 O' 处作用一单位脉冲荷载，引起的移动坐标为 x' 处 t 时刻的钢轨位移响应。

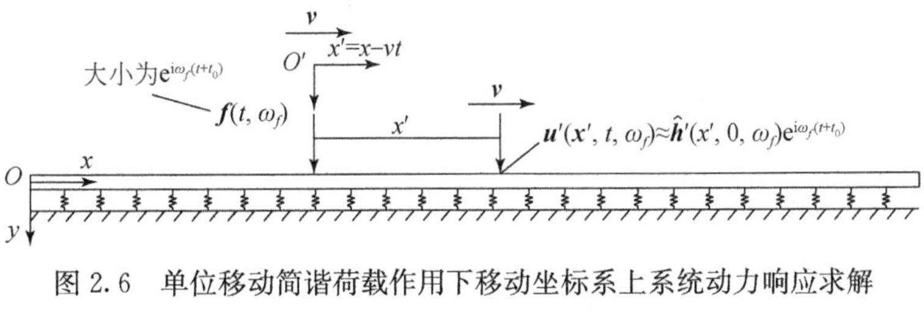

图 2.6　单位移动简谐荷载作用下移动坐标系上系统动力响应求解

在线性系统中，移动坐标系下的脉冲响应函数不依赖荷载初始位置，而仅由响应时间 t 与脉冲激励时间 τ 的差 $t-\tau$ 决定，因此，设

$$\boldsymbol{h}'(x',0,t,\tau)\approx\boldsymbol{h}'(x',0,t-\tau) \tag{2.25}$$

由于在移动坐标系中脉冲响应函数中的时间 τ 实际上代表不同激励位置，式(2.25)做出的简化实际上忽略了不同激励位置对移动坐标系下某点响应的影响。Sheng 等(2005)经过分析指出，当较低频率的荷载作用于弹性地基梁不同位置时，对移动坐标系下地基梁的响应影响不大。因此，相对于本书讨论的问题，这样的简化是合理的。

根据式(2.3)，将式(2.24)的积分上限扩展到无穷，有

$$\boldsymbol{u}'(x',t,\omega_f)=\int_{-\infty}^{+\infty}\boldsymbol{f}(\tau,\omega_f)\cdot\boldsymbol{h}'(x',0,t-\tau)\mathrm{d}\tau \tag{2.26}$$

对式(2.26)进行傅里叶变换，运用卷积傅里叶变换的性质，可得到

$$\hat{\boldsymbol{u}}'(x',\omega,\omega_f)=\hat{\boldsymbol{f}}(\omega,\omega_f)\cdot\hat{\boldsymbol{h}}'(x',0,\omega)=2\pi\delta(\omega-\omega_f)\cdot\hat{\boldsymbol{h}}'(x',0,\omega)\mathrm{e}^{\mathrm{i}\omega_f t_0} \tag{2.27}$$

式中，$\hat{\boldsymbol{f}}(\omega,\omega_f)$和 $\hat{\boldsymbol{h}}'(x',0,\omega)$分别为 $\boldsymbol{f}(t,\omega_f)$及 $\boldsymbol{h}'(x',0,t)$对应的频域量。

对式(2.27)关于角频率 ω 进行傅里叶逆变换，可得

$$\boldsymbol{u}'(x',t,\omega_f)=\hat{\boldsymbol{h}}'(x',0,\omega_f)\mathrm{e}^{\mathrm{i}\omega_f(t+t_0)} \tag{2.28}$$

式中，$\hat{\boldsymbol{h}}'(x',0,\omega_f)$可称作移动坐标系下简谐移动激励响应函数。$\hat{\boldsymbol{h}}'(x',0,\omega_f)$为单位脉冲荷载 $\delta(t)$在 $t=0$ 时作用在 $x'=0\mathrm{m}$ 处引起移动坐标为 x'处对应频率 ω_f 的位移响应。

这里的频响函数 $\hat{\boldsymbol{h}}'(x',0,\omega_f)$是移动坐标系下简谐移动激励响应函数，与前面推导的频响函数的区别在于：$\hat{\boldsymbol{h}}'(x',0,\omega_f)$中响应点 x'是移动坐标系中的点，随坐标系一起运动，且是对应激振频率的响应；而前面的频响函数是指固定点处的激励，对应整个频域的响应函数。

2.1.8　移动简谐荷载作用下周期结构响应传递特性

Belotserkovskiy(1996)在分析移动简谐荷载作用下平面轨道结构的动力响应时指出：轨道结构可以视为一种线性的无限-周期结构，这种结构在竖向移动简谐荷载 $\boldsymbol{f}(t)$的作用下，当荷载激励点 $x=x_0^{\mathrm{F}}+vt$ 移动一个基本元 L 后相应时间增量为 L/v，那么在 $t+L/v$ 时刻，其轨道结构的受力情况将与 t 时刻的相仿，即轨道结构响应幅值相似，而相位随着时间增加 L/v，成为 $\omega_f L/v$。

这种假设可表示为，轨道结构在 x 点对于荷载 $\boldsymbol{f}(t)$的响应 $\boldsymbol{u}(x,t)$，与荷载移动到 $x+L$ 位置时，轨道在 $x+L$ 点的响应 $\boldsymbol{u}(x+L,t+L/v)$满足以下条件：

$$\boldsymbol{u}(x+L,t+L/v)=\mathrm{e}^{\mathrm{i}\omega_f L/v}\boldsymbol{u}(x,t) \tag{2.29}$$

式(2.29)称为无限-周期结构的响应传递特性。

证明如下。

以图 2.7 所示无限-周期结构受单位脉冲荷载作用的两个状态为例。假设其

为沿 x 方向具有无限性及周期性的一维结构，且周期长度为 L，定义为“周期基本元”。考察该无限-周期结构在竖向(y 方向)单位脉冲荷载(大小为 $\delta(t)$)作用下的两个状态。

状态一为单位脉冲荷载作用在 x_2 点引起 x_1 点的竖向位移响应，如图 2.7(a)所示；状态二为单位脉冲荷载作用在 x_2+L 点引起 x_1+L 点的竖向位移响应，如图 2.7(b)所示。显然，由结构的周期性特点可知，状态一与状态二是完全相同的。于是，状态一中 x_1 点的竖向位移响应与状态二中 x_1+L 点的竖向位移响应必然是相等的，则无限-周期结构的脉冲响应传递函数满足如下关系：

$$\boldsymbol{h}(x_1+L,x_2+L,t)=\boldsymbol{h}(x_1,x_2,t) \tag{2.30}$$

式中，$\boldsymbol{h}(x_1,x_2,t)$为该结构的脉冲响应函数，表示在 x_2 位置作用竖向的单位脉冲荷载，在 t 时刻引起 x_1 位置处的竖向位移响应。

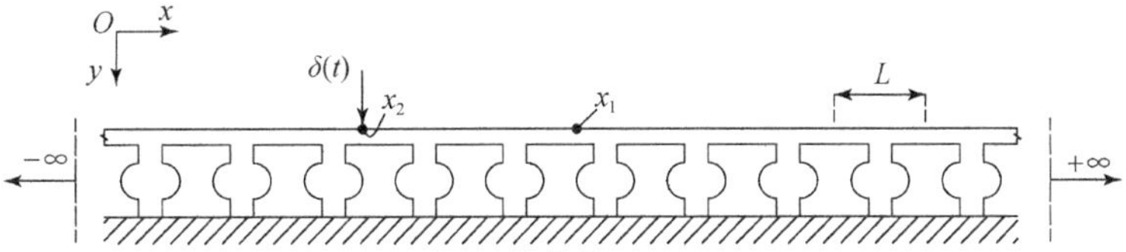

(a) 状态一

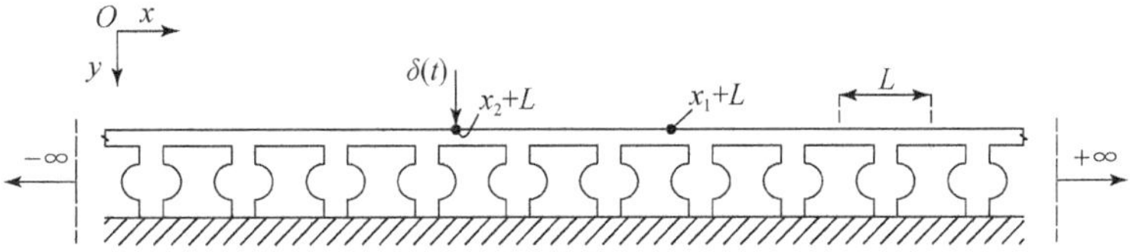

(b) 状态二

图 2.7　无限-周期结构受单位脉冲荷载作用的两个状态

进一步地，根据相同的性质，当脉冲激励点及响应点坐标相差周期长度 L 的相同整数倍时，相应脉冲响应函数也具有类似于式(2.30)的关系。

图 2.8 为移动简谐荷载作用下无限-周期结构动力响应求解示意图，设单位移动简谐荷载 $\boldsymbol{f}(t)$，其中，$\boldsymbol{f}(t)=\boldsymbol{g}(t)\cdot\delta(x-x_0^{\mathrm{F}}-vt)$，荷载 $\boldsymbol{g}(t)$的大小为 $g(t)=\bar{g}\cdot \mathrm{e}^{\mathrm{i}\omega_f t}$，$\bar{g}$、$\omega_f$、$t$ 分别为荷载幅值、频率及时间；v 为荷载移动速度的大小；如果 $\bar{g}=1$，即 $g(t)=\mathrm{e}^{\mathrm{i}\omega_f t}$，则 $\boldsymbol{g}(t)$为单位简谐荷载，x_0^{F} 为荷载初始位置，作用在无限-周期结构 x 处。

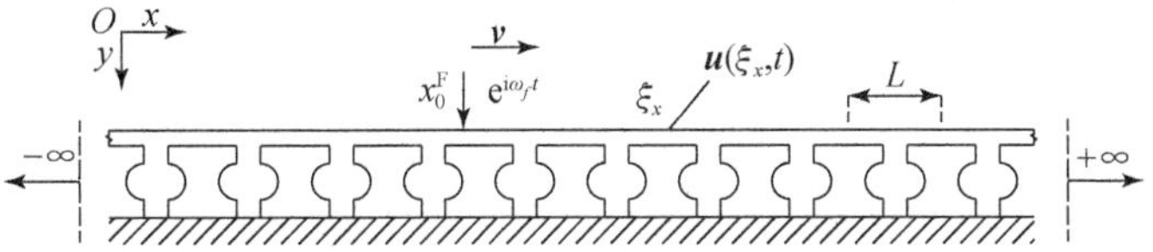

图 2.8　移动简谐荷载作用下无限-周期结构动力响应求解示意图

将荷载 $f(t)$代入式(2.15)中。根据式(2.30)，ξ_x+L 点在 $t+L/v$ 时刻的位移可以表示为

$$\begin{aligned}\boldsymbol{u}(\xi_x+L,t+L/v)&=\int_{-\infty}^{t+L/v}\boldsymbol{g}(\tau)\cdot\delta(x-x_0^{\mathrm{F}}-v\tau)\cdot\boldsymbol{h}(\xi_x+L,x_0^{\mathrm{F}}+v\tau,t+L/v-\tau)\mathrm{d}\tau\\&=\int_{-\infty}^{t}\boldsymbol{g}(\tau'+L/v)\cdot\delta(x-x_0^{\mathrm{F}}-v\tau'-L)\cdot\boldsymbol{h}(\xi_x+L,x_0^{\mathrm{F}}+v\tau'+L,t-\tau')\mathrm{d}\tau'\\&=\int_{-\infty}^{t}\boldsymbol{g}(\tau')\mathrm{e}^{\mathrm{i}\omega_f L/v}\cdot\delta(x-x_0^{\mathrm{F}}-v\tau')\cdot\boldsymbol{h}(\xi_x,x_0^{\mathrm{F}}+v\tau',t-\tau')\mathrm{d}\tau'\\&=\mathrm{e}^{\mathrm{i}\omega_f L/v}\boldsymbol{u}(\xi_x,t)\end{aligned}\tag{2.31}$$

因此，式(2.29)所示关系得到证明。

进一步地，对式(2.31)关于时间 t 作傅里叶积分变换，可得无限-周期结构理论在频域的表达为

$$\begin{aligned}\hat{\boldsymbol{u}}(\xi_x+L,\omega)&=\int_{-\infty}^{+\infty}\boldsymbol{u}(\xi_x+L,t+L/v)\mathrm{e}^{-\mathrm{i}\omega(t+L/v)}\mathrm{d}(t+L/v)\\&=\int_{-\infty}^{+\infty}\mathrm{e}^{\mathrm{i}(\omega_f-\omega)L/v}\boldsymbol{u}(\xi_x,t)\mathrm{e}^{-\mathrm{i}\omega t}\mathrm{d}t\\&=\mathrm{e}^{\mathrm{i}(\omega_f-\omega)L/v}\hat{\boldsymbol{u}}(\xi_x,\omega)\end{aligned}\tag{2.32}$$

2.2 轨道模型解析的频响传递矩阵方法

2.2.1 轨道结构的力学模型

轨道结构的力学模型，由一系列的子结构自下而上组成。最下部为轨道基础，即地面(路基)、桥梁或隧道结构的仰拱铺底，其力学作用可模拟为刚性或弹性基础，视力学模型的目的而定。轨道基础之上为道床结构，分有砟道床和无砟整体道床，一般将这一层作为轨道结构力学模型的第一层。如果是浮置式轨道，如浮置板、框架式道床板、梯式枕，也模拟在这一层。道床之上为轨枕(长枕、短枕)、扣件，模拟为弹性(阻尼)元件。顶层为钢轨，模拟为等间距离散点支撑的梁结构。轨道结构模型如图 2.9 所示。

钢轨的力学方程可以用 Euler-Bernoulli 梁或 Timoshenko 梁(简称轨梁)来描述，见式(2.33)和式(2.34)。而轨梁下部的支撑结构划分，可以按照分析的精细度要求确定。对于整体道床轨道结构，可分为一层或两层弹性/阻尼支撑子结构，如图 2.9(b)、2.9(c)所示；对于有砟道床轨道结构，可以模拟为三层弹性/阻尼支撑子

结构，如图 2.9(d)所示；对于浮置板道床轨道，可设置为多层梁模型，如图 2.9(e)所示。

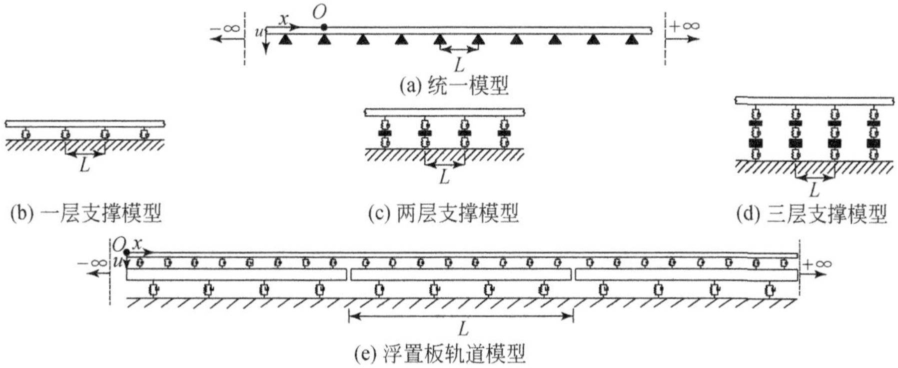

图 2.9　轨道结构模型

对于图 2.10 所示均布力作用下的梁力学模型，当视其为 Euler-Bernoulli 梁模型时，取其微单元进行受力分析(图 2.11(a))，可得其动力控制方程为

$$EI\frac{\partial^4 \boldsymbol{u}}{\partial x^4}+\rho A\frac{\partial^2 \boldsymbol{u}}{\partial t^2}=\boldsymbol{q} \tag{2.33}$$

式中，$\boldsymbol{u}$ 为梁的竖向位移；EI 为梁的弯曲刚度；$\boldsymbol{q}$ 为作用在梁上的荷载；ρ 为质量密度；A 为截面面积。

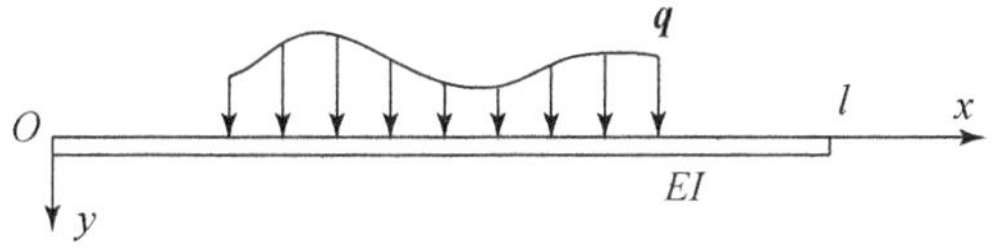

图 2.10　均布力作用下的梁力学模型

当视其为 Timoshenko 梁模型时，取其微单元进行受力分析，如图 2.11(b)所示，可得其动力控制方程为

$$\begin{cases} GAK\left(\dfrac{\partial\psi}{\partial x}-\dfrac{\partial^2 \boldsymbol{u}}{\partial x^2}\right)+\rho A\dfrac{\partial^2 \boldsymbol{u}}{\partial t^2}=\boldsymbol{q}(x,t) \\ GAK\left(\dfrac{\partial \boldsymbol{u}}{\partial x}-\psi\right)+EI\dfrac{\partial^2\psi}{\partial x^2}=\rho I\dfrac{\partial^2\psi}{\partial t^2} \end{cases} \tag{2.34}$$

式中，ψ 为由弯矩引起的转角变形；G 为梁的剪切弹性模量；K 为剪切系数。

在上述轨道力学的纵面模型方式下，本章将讨论单位脉冲荷载及移动简谐荷载激励下，轨道结构的动力响应解析解问题。

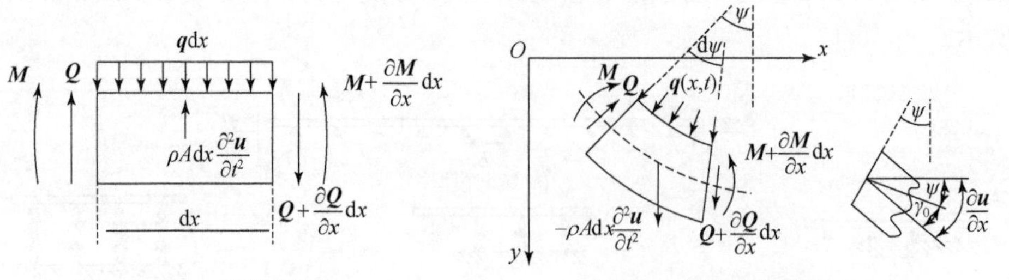

(a) Euler-Bernoulli梁微单元　　　　(b) Timoshenko梁微单元

图 2.11　Euler-Bernoulli 梁微单元及 Timoshenko 梁微单元受力分析

2.2.2　移动荷载下轨梁动力响应的广义 Duhamel 积分法

设任意一个随时间变化的固定荷载 $\boldsymbol{f}(x,t)=\boldsymbol{g}(t)\cdot\delta(x-x_0^{\mathrm{F}})$ 作用在轨梁结构坐标点 x_0^{F}，图 2.12 为固定时变荷载作用于轨梁结构，则轨梁上任意一点 ξ_x 的响应 $\boldsymbol{u}_i(\xi_x,t)$ 可以用 Duhamel 积分形式表示为

$$\boldsymbol{u}_i(\xi_x,t)=\int_{-\infty}^{t}\boldsymbol{g}(\tau)\cdot\boldsymbol{h}_{iy}(\xi_x,x_0^{\mathrm{F}},t-\tau)\mathrm{d}\tau \tag{2.35}$$

式中，$\boldsymbol{h}_{iy}(\xi_x,x_0^{\mathrm{F}},t-\tau)$ 为 $t=\tau$ 时刻，在 x_0^{F} 位置作用 y 方向的单位脉冲荷载时，任意一点 ξ_x 在 i 方向的位移响应，即脉冲响应函数。

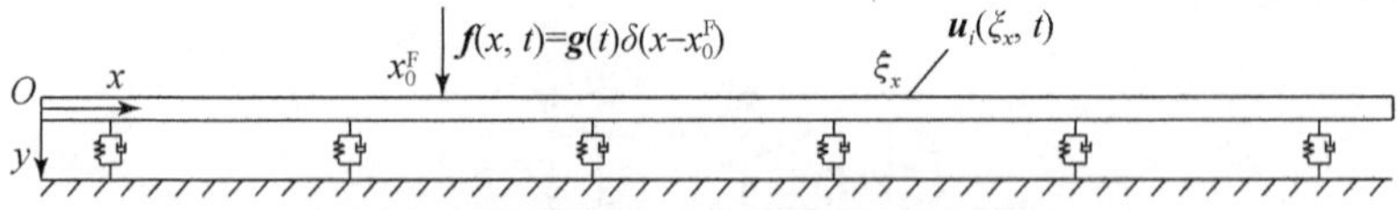

图 2.12　固定时变荷载作用于轨梁结构

根据式(2.3)，式(2.35)中的积分上限可以从 t 扩展到 $+\infty$，即

$$\boldsymbol{u}_i(\xi_x,t)=\int_{-\infty}^{+\infty}\boldsymbol{g}(\tau)\cdot\boldsymbol{h}_{iy}(\xi_x,x_0^{\mathrm{F}},t-\tau)\mathrm{d}\tau \tag{2.36}$$

若在初始时刻，荷载 $\boldsymbol{f}(x,t)$ 从初始位置 x_0^{F} 以速度 $\boldsymbol{v}$ 沿 x 轴移动，荷载作用位置 x 满足 $x=x_0^{\mathrm{F}}+vt$（v 为速度大小），移动荷载为 $\boldsymbol{f}(t)=\boldsymbol{g}(t)\cdot\delta(x-x_0^{\mathrm{F}}-vt)$，移动荷载作用下轨梁结构动力响应如图 2.13 所示。式(2.36)可进一步表达为

$$\boldsymbol{u}_i(\xi_x,t)=\int_{-\infty}^{+\infty}\boldsymbol{g}(\tau)\cdot\boldsymbol{h}_{iy}(\xi_x,x_0^{\mathrm{F}}+v\tau,t-\tau)\mathrm{d}\tau \tag{2.37}$$

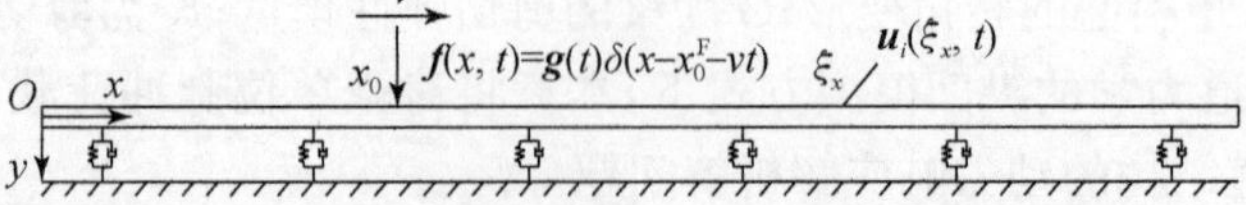

图 2.13　移动荷载作用下轨梁结构动力响应

设轨梁结构工作在线弹性范围内，根据动力互等定理，可得

$$\boldsymbol{h}_{iy}(\xi_x, x_0^{\mathrm{F}}+v\tau, t-\tau)=\boldsymbol{h}_{yi}(x_0^{\mathrm{F}}+v\tau, \xi_x, t-\tau) \tag{2.38}$$

式(2.37)可表示为

$$\boldsymbol{u}_i(\xi_x, t)=\int_{-\infty}^{+\infty}\boldsymbol{g}(\tau)\cdot\boldsymbol{h}_{yi}(x_0^{\mathrm{F}}+v\tau, \xi_x, t-\tau)\mathrm{d}\tau \tag{2.39}$$

对式(2.39)进行傅里叶变换，其频域内的表达式为

$$\hat{\boldsymbol{u}}_i(\xi_x, \omega)=\int_{-\infty}^{+\infty}\left[\int_{-\infty}^{+\infty}\boldsymbol{g}(\tau)\cdot\boldsymbol{h}_{yi}(x_0^{\mathrm{F}}+v\tau, \xi_x, t-\tau)\mathrm{d}\tau\right]\mathrm{e}^{-\mathrm{i}\omega t}\mathrm{d}t \tag{2.40}$$

式(2.40)可以进一步表示为

$$\hat{\boldsymbol{u}}_i(\xi_x, \omega)=\int_{-\infty}^{+\infty}\boldsymbol{g}(\tau)\left[\int_{-\infty}^{+\infty}\boldsymbol{h}_{yi}(x_0^{\mathrm{F}}+v\tau, \xi_x, t-\tau)\mathrm{e}^{-\mathrm{i}\omega(t-\tau)}\mathrm{d}t\right]\mathrm{e}^{-\mathrm{i}\omega\tau}\mathrm{d}\tau \tag{2.41}$$

记

$$\hat{\boldsymbol{u}}_i(\xi_x, \omega)=\int_{-\infty}^{+\infty}\boldsymbol{g}(\tau)\cdot\hat{\boldsymbol{h}}_{yi}(x_0^{\mathrm{F}}+v\tau, \xi_x, \omega)\mathrm{e}^{-\mathrm{i}\omega\tau}\mathrm{d}\tau \tag{2.42}$$

式中，$\hat{\boldsymbol{h}}_{yi}(x_0^{\mathrm{F}}+v\tau, \xi_x, \omega)=\int_{-\infty}^{+\infty}\boldsymbol{h}_{yi}(x_0^{\mathrm{F}}+v\tau, \xi_x, t-\tau)\mathrm{e}^{-\mathrm{i}\omega(t-\tau)}\mathrm{d}t$，为轨道结构的传递函数。

2.2.3　移动荷载下周期结构的响应

刘维宁等(2002)证明了移动荷载在轨道结构上移动时引起的轨道结构动力响应计算，可以用其在一个周期基本元内移动的响应来“叠加”实现，即 Floquet 变换方法。

当轨道结构按照其轨枕间距被视为以 L 为基本周期的无限-周期结构时，可以将移动荷载沿轨道移动，其在任意一点 ξ_x 产生的动力响应等效为移动荷载仅在一个周期基本元 L 内移动，其在点 ξ_x 的响应的一种按周期基本元响应的重复性叠加(线弹性系统)。周期基本元及 Floquet 变换如图 2.14 所示。

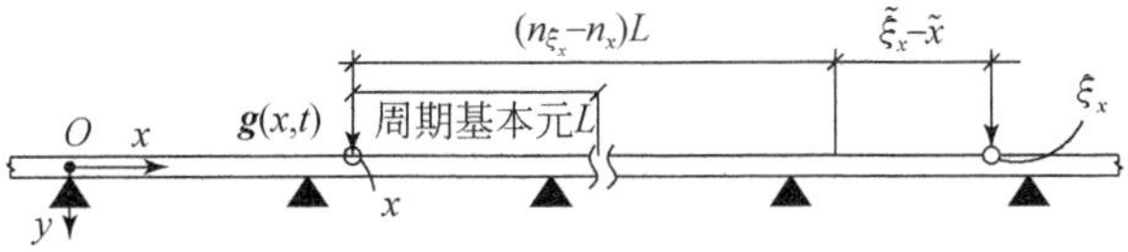

图 2.14　周期基本元及 Floquet 变换

具体地，设在周期基本元 L(以下简称基本元)局部坐标系内的坐标为 $\tilde{x}$。在 t 时刻，荷载在整体坐标系中的作用位置为 x，则其在基本元 L 内的投影为 $\tilde{x}$，即

$$\tilde{x}=x-n_xL \tag{2.43}$$

式中，n_x 为荷载在 t 时刻位置 x 距整体坐标原点长度中所含有的基本元 L 的个数。

设响应点坐标为 ξ_x，其在基本元 L 内的投影为 $\tilde{\xi}_x$。

$$\tilde{\xi}_x=\xi_x-n_{\xi_x}L \tag{2.44}$$

式中，n_{ξ_x} 为响应点 ξ_x 距整体坐标原点长度中所含有的基本元 L 的个数。

荷载在整体坐标系中的初始位置为 x_0^{F}，其在基本元 L 内的投影为 $\tilde{x}_0^{\mathrm{F}}$，即

$$\tilde{x}_0^{\mathrm{F}}=x_0^{\mathrm{F}}-n_{x_0^{\mathrm{F}}}L \tag{2.45}$$

式中，$n_{x_0^{\mathrm{F}}}$ 为竖向荷载初始位置 x_0^{F} 距整体坐标原点长度中所含有的基本元 L 的个数。

时间 t 表示为局部坐标系中距离与速度的函数如下：

$$t=(x-x_0^{\mathrm{F}})/v=\tilde{\tau}+(n_x-n_{x_0^{\mathrm{F}}})L/v \tag{2.46}$$

式中，$\tilde{\tau}$ 为 τ 时刻在基本元 L 内的表达，即

$$\tilde{\tau}=(\tilde{x}-\tilde{x}_0^{\mathrm{F}})/v \tag{2.47}$$

式中，$\tilde{\tau}$ 的取值区间为(0,L/v)。

于是，任意荷载 $\boldsymbol{f}(x,t)$ 在一个基本元 L 移动时，响应点 ξ_x 的响应可依据式(2.42)表示为

$$\begin{aligned}\hat{\boldsymbol{u}}_i(\xi_x,\omega)_{\mathrm{L}}&=\int_{-\infty}^{+\infty}\boldsymbol{g}(\tau)\cdot\hat{\boldsymbol{h}}_{yi}(x_0^{\mathrm{F}}+v\tau,\xi_x,\omega)\,\mathrm{e}^{-\mathrm{i}\omega\tau}\,\mathrm{d}\tau\\&=\int_0^{\frac{L}{v}}\boldsymbol{g}\left[\tilde{\tau}+\frac{(n_x-n_{x_0^{\mathrm{F}}})L}{v}\right]\cdot\hat{\boldsymbol{h}}_{yi}\left[x_0^{\mathrm{F}}+v\tilde{\tau}+(n_x-n_{x_0^{\mathrm{F}}})L,\xi_x,\omega\right]\\&\quad\cdot\exp\left\{-\mathrm{i}\omega\left[\tilde{\tau}+\frac{(n_x-n_{x_0^{\mathrm{F}}})L}{v}\right]\right\}\mathrm{d}\tilde{\tau}\end{aligned} \tag{2.48}$$

荷载每移动一个基本元 L，n_x 变化一次，荷载沿轨梁由$-\infty$移动到$+\infty$，n_x 由$-\infty$变化到$+\infty$。此时，荷载在响应点 ξ_x 所产生的动力响应可表示为对 n_x 从$-\infty$到$+\infty$的叠加，即

$$\begin{aligned}\hat{\boldsymbol{u}}_i(\xi_x,\omega)=&\sum_{n_x=-\infty}^{+\infty}\int_0^{\frac{L}{v}}\boldsymbol{g}\left[\tilde{\tau}+\frac{(n_x-n_{x_0^{\mathrm{F}}})L}{v}\right]\cdot\hat{\boldsymbol{h}}_{yi}\left[x_0^{\mathrm{F}}+v\tilde{\tau}+(n_x-n_{x_0^{\mathrm{F}}})L,\xi_x,\omega\right]\\&\cdot\exp\left\{-\mathrm{i}\omega\left[\tilde{\tau}+\frac{(n_x-n_{x_0^{\mathrm{F}}})L}{v}\right]\right\}\mathrm{d}\tilde{\tau}\end{aligned} \tag{2.49}$$

进一步进行变量代换 $\tilde{\tau}=(\tilde{x}-\tilde{x}_0^{\mathrm{F}})/v$，可将式(2.49)对时间的积分变换为对空间的积分，从而得到

$$\begin{aligned}\hat{\boldsymbol{u}}_i(\xi_x,\omega)=&\sum_{n_x=-\infty}^{+\infty}\frac{1}{v}\int_{\tilde{x}_0^{\mathrm{F}}}^{\tilde{x}_0^{\mathrm{F}}+L}\boldsymbol{g}\left[\frac{(\tilde{x}+n_xL)-(\tilde{x}_0^{\mathrm{F}}+n_{x_0^{\mathrm{F}}}L)}{v}\right]\\&\cdot\exp\left\{-\mathrm{i}\omega\left[\frac{(\tilde{x}+n_xL)-(\tilde{x}_0^{\mathrm{F}}+n_{x_0^{\mathrm{F}}}L)}{v}\right]\right\}\cdot\hat{\boldsymbol{h}}_{yi}(\tilde{x}+n_xL,\xi_x,\omega)\,\mathrm{d}\tilde{x}\end{aligned} \tag{2.50}$$

式(2.50)即为移动荷载在具有周期特性的轨梁上移动时，任意一点 ξ_x 产生的动力响应的基本方程在频域-波数域内的基本表达式。

根据轨梁结构传递函数的动力互等定理，有

$$\hat{\boldsymbol{h}}_{yi}(\tilde{x}+n_xL,\xi_x,\omega)=\hat{\boldsymbol{h}}_{yi}(\tilde{x},\xi_x-n_xL,\omega)=\hat{\boldsymbol{h}}_{yi}[\tilde{x},\tilde{\xi}_x+(n_{\xi_x}-n_x)L,\omega] \tag{2.51}$$

则式(2.50)进一步转换为

$$\hat{u}_i(\xi_x,\omega)=\sum_{n_x=-\infty}^{+\infty}\frac{1}{v}\int_{\tilde{x}_0^{\mathrm{F}}}^{\tilde{x}_0^{\mathrm{F}}+L}g\left[\frac{\tilde{x}-\tilde{x}_0^{\mathrm{F}}+(n_x-n_{x_0^{\mathrm{F}}})L}{v}\right]\hat{h}_{yi}[\tilde{x},\tilde{\xi}_x+(n_{\xi_x}-n_x)L,\omega]$$
$$\cdot\exp\left\{-\mathrm{i}\omega\left(\frac{\tilde{x}-\tilde{x}_0^{\mathrm{F}}+(n_x-n_{x_0^{\mathrm{F}}})L}{v}\right)\right\}\mathrm{d}\tilde{x} \tag{2.52}$$

如果荷载 $\boldsymbol{g}(t)$ 可以表达为简谐荷载的形式，其大小为 $\bar{g}\mathrm{e}^{\mathrm{i}\omega_f t}$，式(2.52)就转换为

$$\hat{\boldsymbol{u}}_i(\xi_x,\omega)=\sum_{n_x=-\infty}^{+\infty}\frac{g}{v}\int_{\tilde{x}_0^{\mathrm{F}}}^{\tilde{x}_0^{\mathrm{F}}+L}\exp\left\{\mathrm{i}(\omega_f-\omega)\left[\frac{\tilde{x}-\tilde{x}_0^{\mathrm{F}}+(n_x-n_{x_0^{\mathrm{F}}})L}{v}\right]\right\}$$
$$\cdot\hat{\boldsymbol{h}}_{yi}[\tilde{x},\tilde{\xi}_x+(n_{\xi_x}-n_x)L,\omega]\mathrm{d}\tilde{x} \tag{2.53}$$

这就表明，移动荷载在具有周期特性的轨道结构上移动时，其响应计算可转换为荷载只在一个基本元 L 内移动，与响应点 ξ_x 随 n_x 的变化反方向以基本元 L 跳跃式移动，然后通过对 n_x 从 $-\infty$ 到 $+\infty$ 叠加而得到，进而可得到该荷载在响应点 ξ_x 所产生的动力响应在频域内的解。

其中，基本元 L 的传递函数 $\hat{\boldsymbol{h}}_{yi}[\tilde{x},\tilde{\xi}_x+(n_{\xi_x}-n_x)L,\omega]$ 可根据钢轨被模拟为 Euler-Bernoulli 梁模型还是 Timoshenko 梁模型，由传递矩阵方法进行求解。

2.2.4　轨道结构的频响传递矩阵

考察轨道结构基本元 L 两端物理量之间的传递关系(转换关系)，可以发现轨道结构内物理量沿轨道长度方向的变化规律与轨道结构的周期支撑特性相关。因此，基本元传递函数 $\hat{\boldsymbol{h}}_{yi}[\tilde{x},\tilde{\xi}_x+(n_{\xi_x}-n_x)L,\omega]$ 具有周期性。

前面讨论了移动荷载作用下轨梁位移响应 $\boldsymbol{u}(\xi_x,t)$ 的周期性解析表达。进一步地，将这个位移响应 $\boldsymbol{u}(\xi_x,t)$ 函数扩展为包含位移、转角、剪力和弯矩多个变量的响应函数。

记 $\boldsymbol{S}(\xi_x,t)$ 为坐标 ξ_x 处轨梁的位移、转角、剪力和弯矩的状态向量，基本元两端点的状态函数如图 2.15 所示。

$$\boldsymbol{S}(\xi_x,t)=[\boldsymbol{u}(\xi_x,t)\quad \phi(\xi_x,t)\quad \boldsymbol{Q}(\xi_x,t)\quad \boldsymbol{M}(\xi_x,t)]^{\mathrm{T}} \tag{2.54}$$

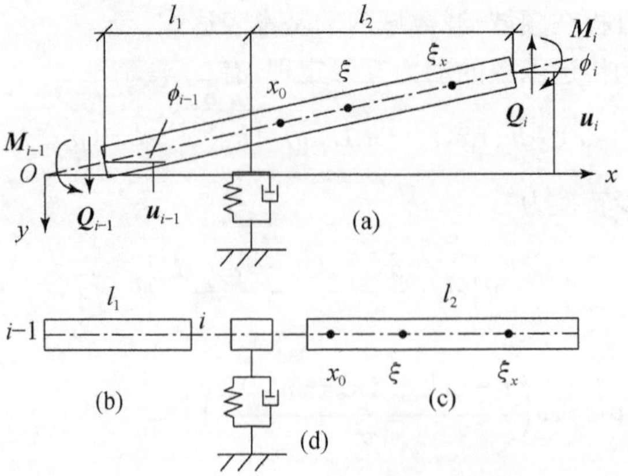

图 2.15　基本元两端点的状态函数

式中，$\boldsymbol{u}(\xi_x,t)$、$\phi(\xi_x,t)$、$\boldsymbol{Q}(\xi_x,t)$和$\boldsymbol{M}(\xi_x,t)$分别为 t 时刻在坐标 ξ_x 处轨梁的位移、转角、剪力和弯矩函数；上标“T”为矩阵的转置。

经由傅里叶变换，其在频域的表达为

$$\hat{\boldsymbol{S}}(\xi_x,\omega)=\left[\hat{\boldsymbol{u}}(\xi_x,\omega)\quad \hat{\phi}(\xi_x,\omega)\quad \hat{\boldsymbol{Q}}(\xi_x,\omega)\quad \hat{\boldsymbol{M}}(\xi_x,\omega)\right]^{\mathrm{T}} \tag{2.55}$$

式中，$\hat{\boldsymbol{u}}(\xi_x,\omega)$、$\hat{\phi}(\xi_x,\omega)$、$\hat{\boldsymbol{Q}}(\xi_x,\omega)$和$\hat{\boldsymbol{M}}(\xi_x,\omega)$分别为轨梁的位移、转角、剪力和弯矩函数的频域响应。

在移动荷载作用下，轨道结构在 x_0 的频域响应 $\hat{\boldsymbol{S}}(x_0,\omega)$将“传递”到 ξ_x，记为 $\hat{\boldsymbol{S}}(\xi_x,\omega)$。其传递关系记为传递矩阵 $\hat{\boldsymbol{T}}(\xi_x,x_0,\omega)$。

$$\hat{\boldsymbol{S}}(\xi_x,\omega)=\hat{\boldsymbol{T}}(\xi_x,x_0,\omega)\hat{\boldsymbol{S}}(x_0,\omega) \tag{2.56}$$

称为频响传递矩阵。根据前述对轨道结构的力学假设，频响传递矩阵显然是线性时不变的，并且与传递函数一样，具有互等性和周期性。

如图 2.15 所示，当轨道结构上任意两点 ξ_x 和 x_0 之间没有外力时，这两点间的频响传递矩阵记为 $\hat{\boldsymbol{T}}(\xi_x-x_0,x_0,\omega)$，$\xi_x$ 点响应向量为

$$\hat{\boldsymbol{S}}(\xi_x,\omega)=\hat{\boldsymbol{T}}(\xi_x-x_0,x_0,\omega)\hat{\boldsymbol{S}}(x_0,\omega) \tag{2.57}$$

传递矩阵中第一项 ξ_x-x_0 表示两点间的距离，第二项 x_0 表示已知向量对应的坐标点。

由式(2.57)可知，反向也成立，即

$$\hat{\boldsymbol{S}}(x_0,\omega)=\hat{\boldsymbol{T}}(x_0-\xi_x,\xi_x,\omega)\hat{\boldsymbol{S}}(\xi_x,\omega) \tag{2.58}$$

设 ζ 为轨道结构上不同于 ξ_x、x_0 的任意点，如图 2.15 所示。该点的向量为

$\hat{\boldsymbol{S}}(\zeta,\omega)$，根据式(2.57)，有

$$\hat{\boldsymbol{S}}(\xi_x,\omega)=\hat{\boldsymbol{T}}(\xi_x-\zeta,\zeta,\omega)\hat{\boldsymbol{S}}(\zeta,\omega) \tag{2.59}$$

$$\hat{\boldsymbol{S}}(\zeta,\omega)=\hat{\boldsymbol{T}}(\zeta-x_0,x_0,\omega)\hat{\boldsymbol{S}}(x_0,\omega) \tag{2.60}$$

由式(2.56)～式(2.60)可知，轨道结构的传递矩阵具有如下性质：

$$\hat{\boldsymbol{T}}(\xi_x-x_0,x_0,\omega)=\hat{\boldsymbol{T}}(\xi_x-\zeta,\zeta,\omega)\hat{\boldsymbol{T}}(\zeta-x_0,x_0,\omega) \tag{2.61}$$

$$\hat{\boldsymbol{T}}(\xi_x-x_0,x_0,\omega)=\hat{\boldsymbol{T}}(x_0-\xi_x,\xi_x,\omega)^{-1} \tag{2.62}$$

图 2.15 所示的轨道结构基本元 L 由两种类型构成，一类是两支撑之间“自由段”子结构，另一类则是“支撑段”子结构。根据式(2.61)，轨梁任意两点间的频响传递矩阵均可由相应基本元的频响传递矩阵按排列顺序依次相乘进行求解。

下面分别对两类基本子结构的频响传递矩阵进行求解。

1. 轨梁自由段

根据对轨道结构的 Euler-Bernoulli 梁或 Timoshenko 梁的不同力学模型假设，有两种频响传递矩阵表达。

1)Euler-Bernoulli 梁模型

Euler-Bernoulli 梁的自由振动方程为

$$E^* I\frac{\partial^4\boldsymbol{u}}{\partial x^4}+m\frac{\partial^2\boldsymbol{u}}{\partial t^2}=0 \tag{2.63}$$

式中，$\boldsymbol{u}(x,t)$为轨梁的竖向位移，简写为 $\boldsymbol{u}$；$E^*=E(1+\mathrm{i}\eta_\mathrm{r})$为考虑轨梁材料阻尼的弹性模量，$E$ 为轨梁的实弹性模量，η_r 为轨梁材料损耗因子；I 为轨梁惯性矩；m 为单位长度轨梁质量。

对应频率 ω 的频域动力学控制方程为

$$E^* I\frac{\mathrm{d}^4\hat{\boldsymbol{u}}}{\mathrm{d}x^4}-\omega^2 m\hat{\boldsymbol{u}}=0 \tag{2.64}$$

式中，$\hat{\boldsymbol{u}}$ 为轨梁的位移频响 $\hat{\boldsymbol{u}}(x,\omega)$的简写。

式(2.64)是一个 4 阶常系数线性微分方程，其解可以写为

$$\hat{u}(x,\omega)=\overline{\boldsymbol{E}}\overline{\boldsymbol{C}} \tag{2.65}$$

式中，$\hat{u}(x,\omega)$为位移响应 $\hat{\boldsymbol{u}}(x,\omega)$的大小；$\overline{\boldsymbol{E}}=[\mathrm{e}^{\mathrm{i}\gamma x}\quad \mathrm{e}^{-\gamma x}\quad \mathrm{e}^{-\mathrm{i}\gamma x}\quad \mathrm{e}^{\gamma x}]$，$\gamma=\sqrt[4]{m\omega^2/(E^* I)}$；$\overline{\boldsymbol{C}}=[\bar{c}_1\quad \bar{c}_2\quad \bar{c}_3\quad \bar{c}_4]^\mathrm{T}$，$\bar{c}_1$～$\bar{c}_4$ 为四个未知常数。

与此同时，该轨梁段两端点 $x=0$ 和 $x=L$(局部坐标)处的频域内广义位移(位移及转角)的大小及广义内力(剪力及弯矩)的大小可分别表示为

$$
\begin{cases}
\hat{u}^{\mathrm{L}}=\hat{u}, & x=0\\
\hat{\phi}^{\mathrm{L}}=\dfrac{\mathrm{d}\hat{u}}{\mathrm{d}x}, & x=0\\
\hat{u}^{\mathrm{R}}=\hat{u}, & x=L\\
\hat{\phi}^{\mathrm{R}}=\dfrac{\mathrm{d}\hat{u}}{\mathrm{d}x}, & x=L
\end{cases},\quad
\begin{cases}
\hat{Q}^{\mathrm{L}}=E^{*}I\dfrac{\mathrm{d}^3\hat{u}}{\mathrm{d}x^3}, & x=0\\
\hat{M}^{\mathrm{L}}=-E^{*}I\dfrac{\mathrm{d}^2\hat{u}}{\mathrm{d}x^2}, & x=0\\
\hat{Q}^{\mathrm{R}}=-E^{*}I\dfrac{\mathrm{d}^3\hat{u}}{\mathrm{d}x^3}, & x=L\\
\hat{M}^{\mathrm{R}}=E^{*}I\dfrac{\mathrm{d}^2\hat{u}}{\mathrm{d}x^2}, & x=L
\end{cases}
\tag{2.66}
$$

式中，$\hat{u}$、$\hat{M}$、$\hat{Q}$分别为位移$\hat{\boldsymbol{u}}$、弯矩$\hat{\boldsymbol{M}}$及剪力$\hat{\boldsymbol{Q}}$的大小；上标L及R分别为该轨梁段的左端点$x=0$及右端点$x=L$。

将式(2.66)代入式(2.65)，可得

$$
\hat{\boldsymbol{U}}=\boldsymbol{M}\overline{\boldsymbol{C}}
\tag{2.67}
$$

$$
\hat{\boldsymbol{F}}=\boldsymbol{N}\overline{\boldsymbol{C}}
\tag{2.68}
$$

式中，$\hat{\boldsymbol{U}}=\begin{bmatrix}\hat{u}^{\mathrm{L}} & \hat{\phi}^{\mathrm{L}} & \hat{u}^{\mathrm{R}} & \hat{\phi}^{\mathrm{R}}\end{bmatrix}^{\mathrm{T}}$；

$\hat{\boldsymbol{F}}=\begin{bmatrix}\hat{Q}^{\mathrm{L}} & \hat{M}^{\mathrm{L}} & \hat{Q}^{\mathrm{R}} & \hat{M}^{\mathrm{R}}\end{bmatrix}^{\mathrm{T}}$；

$$
\boldsymbol{M}=\begin{bmatrix}
1 & 1 & 1 & 1\\
\mathrm{i}\gamma & -\gamma & -\mathrm{i}\gamma & \gamma\\
\mathrm{e}^{\mathrm{i}\gamma L} & \mathrm{e}^{-\gamma L} & \mathrm{e}^{-\mathrm{i}\gamma L} & \mathrm{e}^{\gamma L}\\
\mathrm{i}\gamma\mathrm{e}^{\mathrm{i}\gamma L} & -\gamma\mathrm{e}^{-\gamma L} & -\mathrm{i}\gamma\mathrm{e}^{-\mathrm{i}\gamma L} & \gamma\mathrm{e}^{\gamma L}
\end{bmatrix};
$$

$$
\boldsymbol{N}=E^{*}I\begin{bmatrix}
(\mathrm{i}\gamma)^3 & (-\gamma)^3 & (-\mathrm{i}\gamma)^3 & \gamma^3\\
-(\mathrm{i}\gamma)^2 & -(-\gamma)^2 & -(-\mathrm{i}\gamma)^2 & -\gamma^2\\
-(\mathrm{i}\gamma)^3\mathrm{e}^{\mathrm{i}\gamma L} & -(-\gamma)^3\mathrm{e}^{-\gamma L} & -(-\mathrm{i}\gamma)^3\mathrm{e}^{-\mathrm{i}\gamma L} & -\gamma^3\mathrm{e}^{\gamma L}\\
(\mathrm{i}\gamma)^2\mathrm{e}^{\mathrm{i}\gamma L} & (-\gamma)^2\mathrm{e}^{-\gamma L} & (-\mathrm{i}\gamma)^2\mathrm{e}^{-\mathrm{i}\gamma L} & \gamma^2\mathrm{e}^{\gamma L}
\end{bmatrix}。
$$

联立式(2.67)及式(2.68)，消去未知常数向量$\overline{\boldsymbol{C}}$，有

$$
\hat{\boldsymbol{F}}=\boldsymbol{N}\boldsymbol{M}^{-1}\hat{\boldsymbol{U}}=\boldsymbol{K}\hat{\boldsymbol{U}}
\tag{2.69}
$$

式中，$\boldsymbol{K}=\boldsymbol{N}\boldsymbol{M}^{-1}$为轨梁单元对应特定频率$\omega$的动力刚度矩阵(dynamic stiffness matrix，DSM)。

基于上述动力刚度矩阵，可以求解基本元的频响传递矩阵。

对于第j个基本元，将其左端点的广义位移和广义力写在一起，形成该点的响应向量$\hat{\boldsymbol{S}}_j=\begin{bmatrix}\hat{\boldsymbol{u}}_j^{\mathrm{L}} & \hat{\phi}_j^{\mathrm{L}} & \hat{\boldsymbol{Q}}_j^{\mathrm{L}} & \hat{\boldsymbol{M}}_j^{\mathrm{L}}\end{bmatrix}^{\mathrm{T}}$，同理，$\hat{\boldsymbol{S}}_{j+1}=\begin{bmatrix}\hat{\boldsymbol{u}}_{j+1}^{\mathrm{L}} & \hat{\phi}_{j+1}^{\mathrm{L}} & \hat{\boldsymbol{Q}}_{j+1}^{\mathrm{L}} & \hat{\boldsymbol{M}}_{j+1}^{\mathrm{L}}\end{bmatrix}^{\mathrm{T}}$。根据式(2.57)，第$j$与第$j+1$的响应向量可由该单元(第$j$单元)的频响传递矩阵联系起来，记为$\hat{\boldsymbol{T}}_{\mathrm{rail}}(L)$。

进一步考察位移协调和力平衡条件：第 j 单元右端点的位移应与第 $j+1$ 单元左端点的位移相同；第 j 单元右端点的内力应与第 $j+1$ 单元左端点的内力互为作用力与反作用力。在式(2.69)中，将 DSM 按左右端点进行分块，并将上述位移协调和力平衡条件代入，可得

$$\begin{bmatrix}\hat{\boldsymbol{F}}_j^{\mathrm{L}}\\ \hat{\boldsymbol{F}}_j^{\mathrm{R}}\end{bmatrix}=\begin{bmatrix}\hat{\boldsymbol{F}}_j^{\mathrm{L}}\\ -\hat{\boldsymbol{F}}_{j+1}^{\mathrm{L}}\end{bmatrix}=\begin{bmatrix}\boldsymbol{K}_{\mathrm{LL}} & \boldsymbol{K}_{\mathrm{LR}}\\ \boldsymbol{K}_{\mathrm{RL}} & \boldsymbol{K}_{\mathrm{RR}}\end{bmatrix}\begin{bmatrix}\hat{\boldsymbol{U}}_j^{\mathrm{L}}\\ \hat{\boldsymbol{U}}_j^{\mathrm{R}}\end{bmatrix}=\begin{bmatrix}\boldsymbol{K}_{\mathrm{LL}} & \boldsymbol{K}_{\mathrm{LR}}\\ \boldsymbol{K}_{\mathrm{RL}} & \boldsymbol{K}_{\mathrm{RR}}\end{bmatrix}\begin{bmatrix}\hat{\boldsymbol{U}}_j^{\mathrm{L}}\\ \hat{\boldsymbol{U}}_{j+1}^{\mathrm{L}}\end{bmatrix}\tag{2.70}$$

式中，$\hat{\boldsymbol{F}}_j^{\mathrm{L}}=\begin{bmatrix}\hat{\boldsymbol{Q}}^{\mathrm{L}} & \hat{\boldsymbol{M}}^{\mathrm{L}}\end{bmatrix}^{\mathrm{T}}$；$\hat{\boldsymbol{F}}_j^{\mathrm{R}}=\begin{bmatrix}\hat{\boldsymbol{Q}}^{\mathrm{R}} & \hat{\boldsymbol{M}}^{\mathrm{R}}\end{bmatrix}^{\mathrm{T}}$；$\hat{\boldsymbol{U}}_j^{\mathrm{L}}=\begin{bmatrix}\hat{u}^{\mathrm{L}} & \hat{\phi}^{\mathrm{L}}\end{bmatrix}^{\mathrm{T}}$；$\hat{\boldsymbol{U}}_j^{\mathrm{R}}=\begin{bmatrix}\hat{u}^{\mathrm{R}} & \hat{\phi}^{\mathrm{R}}\end{bmatrix}^{\mathrm{T}}$。

对式(2.70)进行重新排列，可得

$$\begin{bmatrix}\hat{\boldsymbol{U}}_{j+1}^{\mathrm{L}}\\ \hat{\boldsymbol{F}}_{j+1}^{\mathrm{L}}\end{bmatrix}=\begin{bmatrix}-\boldsymbol{K}_{\mathrm{LR}}^{-1}\boldsymbol{K}_{\mathrm{LL}} & \boldsymbol{K}_{\mathrm{LR}}^{-1}\\ \boldsymbol{K}_{\mathrm{RR}}\boldsymbol{K}_{\mathrm{LR}}^{-1}\boldsymbol{K}_{\mathrm{LL}}-\boldsymbol{K}_{\mathrm{RL}} & -\boldsymbol{K}_{\mathrm{RR}}\boldsymbol{K}_{\mathrm{LR}}^{-1}\end{bmatrix}\begin{bmatrix}\hat{\boldsymbol{U}}_j^{\mathrm{L}}\\ \hat{\boldsymbol{F}}_j^{\mathrm{L}}\end{bmatrix}\tag{2.71}$$

而式(2.71)给出了两个状态向量$\boldsymbol{S}_j$ 和$\boldsymbol{S}_{j+1}$之间的关系：

$$\hat{\boldsymbol{S}}_{j+1}=\hat{\boldsymbol{T}}_{\mathrm{rail}}(L)\hat{\boldsymbol{S}}_j\tag{2.72}$$

式中，$\hat{\boldsymbol{T}}_{\mathrm{rail}}(L)=\begin{bmatrix}-\boldsymbol{K}_{\mathrm{LR}}^{-1}\boldsymbol{K}_{\mathrm{LL}} & \boldsymbol{K}_{\mathrm{LR}}^{-1}\\ \boldsymbol{K}_{\mathrm{RR}}\boldsymbol{K}_{\mathrm{LR}}^{-1}\boldsymbol{K}_{\mathrm{LL}}-\boldsymbol{K}_{\mathrm{RL}} & -\boldsymbol{K}_{\mathrm{RR}}\boldsymbol{K}_{\mathrm{LR}}^{-1}\end{bmatrix}$，即为第 j 基本元的轨梁传递矩阵。

2)Timoshenko 梁模型

Timoshenko 梁的自由振动方程为

$$\begin{aligned}&GAK\left[\frac{\partial^2\boldsymbol{u}(x,t)}{\partial x^2}-\frac{\partial\varphi(x,t)}{\partial x}\right]-\rho A\frac{\partial^2\boldsymbol{u}(x,t)}{\partial t^2}=0\\&EI\frac{\partial^2\varphi(x,t)}{\partial x^2}+GAK\left[\frac{\partial\boldsymbol{u}(x,t)}{\partial x}-\varphi(x,t)\right]-\rho I\frac{\partial^2\varphi(x,t)}{\partial t^2}=0\end{aligned}\tag{2.73}$$

式中，$\boldsymbol{u}$ 为梁上任意一点沿 y 方向的竖向位移；φ 为由梁内弯矩引起的截面转角；G 为梁的剪切模量；E 为梁的弹性模量；I 为梁的惯性矩；A 为梁的横截面积；ρ 为梁的材料密度；K 为梁的截面几何形状常数。

式(2.73)在频域 ω 内的自由振动方程为

$$\begin{aligned}&D^2\hat{\boldsymbol{u}}(x,\omega)-D\hat{\varphi}(x,\omega)+a\hat{\boldsymbol{u}}(x,\omega)=0\\&D^2\hat{\varphi}(x,\omega)+b[D\hat{\boldsymbol{u}}(x,\omega)-\hat{\varphi}(x,\omega)]+c\hat{\varphi}(x,\omega)=0\end{aligned}\tag{2.74}$$

式中，$D=\dfrac{\partial}{\partial x}$；$a=\dfrac{\rho A\omega^2}{GAK}$；$b=\dfrac{GAK}{EI}$；$c=\dfrac{\rho I\omega^2}{EI}$。

对式(2.74)中的变量 x 进行拉普拉斯变换得

$$\begin{bmatrix} s^2+a & -s \\ bs & s^2-b+c \end{bmatrix}\begin{bmatrix} \hat{\boldsymbol{u}}_i \\ \hat{\varphi}_i \end{bmatrix}=\begin{bmatrix} s & 1 & 1 & 0 \\ b & s & 0 & 1 \end{bmatrix}\begin{bmatrix} \hat{\boldsymbol{u}}_{i-1} \\ \hat{\varphi}_{i-1} \\ \hat{\boldsymbol{u}}'_{i-1} \\ \hat{\varphi}'_{i-1} \end{bmatrix} \tag{2.75}$$

式中，s 为拉普拉斯算子；$()'=\dfrac{\partial()}{\partial x}$；点 $i-1$ 和 i 分别为所示单元的左端点和右端点，如图 2.15 所示。

由此可以得到第 i 点的位移变量与第 $i-1$ 点的位移变量有如下传递关系：

$$\begin{bmatrix} \hat{\boldsymbol{u}}_i \\ \hat{\varphi}_i \\ \hat{\boldsymbol{u}}'_i \\ \hat{\varphi}'_i \end{bmatrix}=\boldsymbol{T}\cdot\begin{bmatrix} \hat{\boldsymbol{u}}_{i-1} \\ \hat{\varphi}_{i-1} \\ \hat{\boldsymbol{u}}'_{i-1} \\ \hat{\varphi}'_{i-1} \end{bmatrix}=\begin{bmatrix} T_{11} & T_{12} & T_{13} & T_{14} \\ T_{21} & T_{22} & T_{23} & T_{24} \\ T_{31} & T_{32} & T_{33} & T_{34} \\ T_{41} & T_{42} & T_{43} & T_{44} \end{bmatrix}\begin{bmatrix} \hat{\boldsymbol{u}}_{i-1} \\ \hat{\varphi}_{i-1} \\ \hat{\boldsymbol{u}}'_{i-1} \\ \hat{\varphi}'_{i-1} \end{bmatrix} \tag{2.76}$$

式(2.76)中矩阵 $\boldsymbol{T}$ 中各元素 $T_{ij}(i,j=1,2,3,4)$ 的显式表达式为

$$T_{11}=\frac{c+s_1}{s_1-s_2}\cosh\sqrt{s_1}\,l-\frac{c+s_2}{s_1-s_2}\cosh\sqrt{s_2}\,l$$

$$T_{12}=\frac{b-c}{(s_1-s_2)\sqrt{s_1}}\sinh\sqrt{s_1}\,l-\frac{b-c}{(s_1-s_2)\sqrt{s_2}}\sinh\sqrt{s_2}\,l$$

$$T_{13}=\frac{c-b+s_1}{(s_1-s_2)\sqrt{s_1}}\sinh\sqrt{s_1}\,l+\frac{b-c-s_2}{(s_1-s_2)\sqrt{s_2}}\sinh\sqrt{s_2}\,l$$

$$T_{14}=\frac{1}{s_1-s_2}\cosh\sqrt{s_1}\,l-\frac{1}{s_1-s_2}\cosh\sqrt{s_2}\,l$$

$$T_{21}=\frac{ab}{(s_1-s_2)\sqrt{s_1}}\sinh\sqrt{s_1}\,l-\frac{ab}{(s_1-s_2)\sqrt{s_2}}\sinh\sqrt{s_2}\,l$$

$$T_{22}=\frac{a+b+s_1}{s_1-s_2}\cosh\sqrt{s_1}\,l-\frac{a+b+s_2}{s_1-s_2}\cosh\sqrt{s_2}\,l$$

$$T_{23}=\frac{-b}{s_1-s_2}\cosh\sqrt{s_1}\,l+\frac{b}{s_1-s_2}\cosh\sqrt{s_2}\,l$$

$$T_{24}=\frac{(a+s_1)\sqrt{s_1}}{s_1-s_2}\sinh\sqrt{s_1}\,l-\frac{(a+s_2)\sqrt{s_2}}{s_1-s_2}\sinh\sqrt{s_2}\,l$$

$$T_{31}=\frac{(c+s_1)\sqrt{s_1}}{s_1-s_2}\sinh\sqrt{s_1}\,l-\frac{(c+s_2)\sqrt{s_2}}{s_1-s_2}\sinh\sqrt{s_2}\,l$$

$$T_{32}=\frac{b-c}{s_1-s_2}\cosh\sqrt{s_1}\,l-\frac{b-c}{s_1-s_2}\cosh\sqrt{s_2}\,l$$

$$T_{33}=\frac{c-b+s_1}{s_1-s_2}\cosh\sqrt{s_1}\,l+\frac{b-c-s_2}{s_1-s_2}\cosh\sqrt{s_2}\,l$$

$$
\begin{aligned}
T_{34}&=\frac{1}{s_1-s_2}\sqrt{s_1}\sinh\sqrt{s_1}\,l-\frac{1}{s_1-s_2}\sqrt{s_2}\sinh\sqrt{s_2}\,l\\
T_{41}&=\frac{ab}{s_1-s_2}\cosh\sqrt{s_1}\,l-\frac{ab}{s_1-s_2}\cosh\sqrt{s_2}\,l\\
T_{42}&=\frac{(a+b+s_1)\sqrt{s_1}}{s_1-s_2}\sinh\sqrt{s_1}\,l-\frac{(a+b+s_2)\sqrt{s_2}}{s_1-s_2}\sinh\sqrt{s_2}\,l\\
T_{43}&=\frac{-b\sqrt{s_1}}{s_1-s_2}\sinh\sqrt{s_1}\,l+\frac{b\sqrt{s_2}}{s_1-s_2}\sinh\sqrt{s_2}\,l\\
T_{44}&=\frac{a+s_1}{s_1-s_2}\cosh\sqrt{s_1}\,l-\frac{a+s_2}{s_1-s_2}\cosh\sqrt{s_2}\,l
\end{aligned}
\tag{2.77}
$$

式中，l 为梁单元的长度；$s_1=\dfrac{-g+\sqrt{g^2-4h}}{2}$；$s_2=\dfrac{-g-\sqrt{g^2-4h}}{2}$；$g=a+c$；$h=a(c-b)$。

由梁的内力和变形之间的基本关系得

$$
\begin{bmatrix}\hat{\boldsymbol{u}}_i\\ \hat{\varphi}_i\\ \hat{\boldsymbol{u}}_i'\\ \hat{\varphi}_i'\end{bmatrix}=\begin{bmatrix}1&0&0&0\\0&1&0&0\\0&1&\dfrac{1}{GAK}&0\\0&0&0&\dfrac{1}{EI}\end{bmatrix}\begin{bmatrix}\hat{\boldsymbol{u}}_i\\ \hat{\varphi}_i\\ \hat{\boldsymbol{Q}}_i\\ \hat{\boldsymbol{M}}_i\end{bmatrix}
\tag{2.78}
$$

综合式(2.76)、式(2.78)，图 2.15(b)所示单元的右端点 i 的状态变量可以由左端点 $i-1$ 的状态变量表达为

$$
\begin{bmatrix}\hat{\boldsymbol{u}}_i\\ \hat{\varphi}_i\\ \hat{\boldsymbol{Q}}_i\\ \hat{\boldsymbol{M}}_i\end{bmatrix}=\begin{bmatrix}1&0&0&0\\0&1&0&0\\0&-GAK&GAK&0\\0&0&0&EI\end{bmatrix}\boldsymbol{T}\begin{bmatrix}1&0&0&0\\0&1&1&1\\0&1&\dfrac{1}{GAK}&0\\0&0&0&\dfrac{1}{EI}\end{bmatrix}\begin{bmatrix}\hat{\boldsymbol{u}}_{i-1}\\ \hat{\varphi}_{i-1}\\ \hat{\boldsymbol{Q}}_{i-1}\\ \hat{\boldsymbol{M}}_{i-1}\end{bmatrix}
\tag{2.79}
$$

于是，Timoshenko 梁单元的传递矩阵为

$$
\hat{\boldsymbol{T}}_{\text{rail}}(L)=\begin{bmatrix}1&0&0&0\\0&1&0&0\\0&-GAK&GAK&0\\0&0&0&EI\end{bmatrix}\boldsymbol{T}\begin{bmatrix}1&0&0&0\\0&1&1&1\\0&1&\dfrac{1}{GAK}&0\\0&0&0&\dfrac{1}{EI}\end{bmatrix}
\tag{2.80}
$$

2. 轨梁支撑段

对于支撑段，如图 2.15(d)所示，其左端的响应向量与相接的下一端点的响应向量由位移协调和力平衡条件可以写出如下关系：

$$
\boldsymbol{S}_{j+1}=\begin{bmatrix} 1 & 0 & 0 & 0 \\ 0 & 1 & 0 & 0 \\ -k_{\mathrm{C}}(\omega) & 0 & 1 & 0 \\ 0 & 0 & 0 & 1 \end{bmatrix}\boldsymbol{S}_j \tag{2.81}
$$

式中，$k_{\mathrm{C}}(\omega)$为支撑点的复合刚度，它可由下述公式进行计算。

具有不同支撑层数的轨道模型基本元如图 2.16 所示。对于一层支撑体系轨道模型，如图 2.16(a)所示，支撑点的复合刚度为

$$
k_{\mathrm{C}}(\omega)=k_{\mathrm{Cr}}(\omega) \tag{2.82}
$$

对于两层支撑体系轨道模型，如图 2.16(b)所示，支撑点的复合刚度为

$$
k_{\mathrm{C}}(\omega)=\frac{1}{\dfrac{1}{k_{\mathrm{Cr}}(\omega)}+\dfrac{1}{k_{\mathrm{Cb}}(\omega)-m_{\mathrm{s}}\omega^2}} \tag{2.83}
$$

对于三层支撑体系轨道模型，如图 2.16(c)所示，支撑点的复合刚度为

$$
k_{\mathrm{C}}(\omega)=\frac{1}{\dfrac{1}{k_{\mathrm{Cr}}(\omega)}+\dfrac{1}{k_{\mathrm{Cb}}(\omega)-m_{\mathrm{s}}\omega^2}+\dfrac{1}{k_{\mathrm{Cf}}(\omega)-m_{\mathrm{b}}\omega^2}} \tag{2.84}
$$

式中，$k_{\mathrm{Cr}}(\omega)=k_{\mathrm{r}}+\mathrm{i}c_{\mathrm{r}}\omega$；$k_{\mathrm{Cb}}(\omega)=k_{\mathrm{b}}+\mathrm{i}c_{\mathrm{b}}\omega$；$k_{\mathrm{Cf}}(\omega)=k_{\mathrm{f}}+\mathrm{i}c_{\mathrm{f}}\omega$；$k_{\mathrm{r}}$、$c_{\mathrm{r}}$ 分别为第一层支撑的刚度及阻尼(对应扣件刚度及阻尼)；m_{s} 为第二层支撑的质量(对应轨枕质量)；k_{b}、c_{b} 分别为第二层支撑的刚度及阻尼(对应轨枕受到其下部体系支撑的刚度及阻尼)；m_{b} 为第三层支撑的质量(对应一个轨枕范围内的道床质量)；k_{f}、c_{f} 分别为第三层支撑的刚度及阻尼(对应基础的刚度及阻尼)。

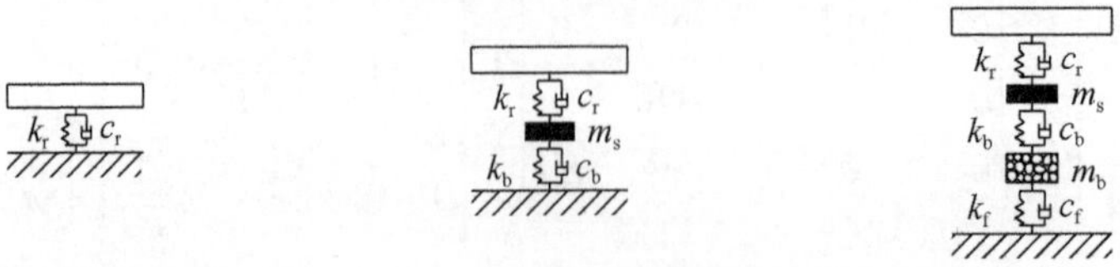

(a) 一层支撑体系轨道模型　　(b) 两层支撑体系轨道模型　　(c) 三层支撑体系轨道模型

图 2.16　具有不同支撑层数的轨道模型基本元

所以，轨梁支撑段的传递矩阵$\hat{\boldsymbol{T}}_{\mathrm{support}}$为

$$\hat{\boldsymbol{T}}_{\text{support}}=\begin{bmatrix}1&0&0&0\\0&1&0&0\\-k_{\text{C}}(\omega)&0&1&0\\0&0&0&1\end{bmatrix}\tag{2.85}$$

研究图 2.17 所示的脉冲荷载作用下轨道结构力学模型。轨道结构是从 $-\infty$ 到 $+\infty$ 的周期-无限结构，基本元长度为 L。一单位脉冲荷载 $\boldsymbol{f}(x,t)$（大小满足 $f(x,t)=\delta(x)\cdot\delta(t)$）作用于任意位置 x，响应点设在任意 ξ_x 位置。ξ_x 位置与 x 的距离为 $\tilde{\xi}_x-\tilde{x}+(n_{\xi_x}-n_x)L$。或者说，激振点 $x(=\tilde{x}+n_xL)$ 与响应点 ξ_x 之间划分为 $n_{\xi_x}-n_x$ 个长度为 L 的基本元再加 1 个长度为 $\tilde{\xi}_x-\tilde{x}$ 的单元，如图 2.17(c) 所示。

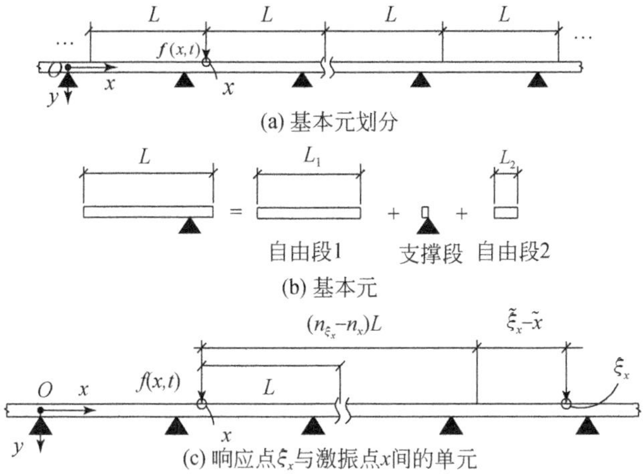

图 2.17　脉冲荷载作用下轨道结构力学模型

响应点 $\xi_x(=\tilde{\xi}_x+n_\xi L)$ 在脉冲激励作用下的状态向量，可以表示为荷载作用点 x 处的响应向量和 $(n_{\xi_x}-n_x)+1$ 个单元的频响传递矩阵的乘积。

因此，有

$$\hat{\boldsymbol{S}}(\xi_x,\omega)=\begin{cases}\hat{\boldsymbol{T}}([(n_{\xi_x}-n_x)L+(\tilde{\xi}_x-\tilde{x})],x,\omega)\hat{\boldsymbol{S}}(x^+,\omega), & \xi_x\geqslant x\\ \hat{\boldsymbol{T}}([(n_{\xi_x}-n_x)L+(\tilde{\xi}_x-\tilde{x})],x,\omega)\hat{\boldsymbol{S}}(x^-,\omega), & \xi_x<x\end{cases}$$

$$=\begin{cases}\hat{\boldsymbol{T}}(\tilde{\xi}_x-\tilde{x},x,\omega)\hat{\boldsymbol{T}}_{\text{L}}(L,x,\omega)^{n_{\xi_x}-n_x}\cdot\hat{\boldsymbol{S}}(x^+,\omega), & \xi_x\geqslant x\\ \hat{\boldsymbol{T}}(\tilde{\xi}_x-\tilde{x},x,\omega)\hat{\boldsymbol{T}}_{\text{L}}(L,x,\omega)^{n_{\xi_x}-n_x}\cdot\hat{\boldsymbol{S}}(x^-,\omega), & \xi_x<x\end{cases}\tag{2.86}$$

式中，$\xi_x=\tilde{\xi}_x+n_{\xi_x}L$；$x=\tilde{x}+n_xL$；$n_{\xi_x}\in\mathbf{Z}$；$n_x\in\mathbf{Z}$；$\tilde{\xi}_x\in[0,L)$；$\tilde{x}\in[0,L)$。

式(2.86)中$\hat{\boldsymbol{T}}_{\mathrm{L}}(L,x,\omega)$为基本元的传递矩阵，根据式(2.61)，其可由相应基本子结构的传递矩阵相乘得到，即

$$\hat{\boldsymbol{T}}_{\mathrm{L}}(L,x,\omega)=\hat{\boldsymbol{T}}_{\mathrm{rail}}(L_2)\hat{\boldsymbol{T}}_{\mathrm{support}}\hat{\boldsymbol{T}}_{\mathrm{rail}}(L_1) \tag{2.87}$$

式中，$\hat{\boldsymbol{T}}_{\mathrm{rail}}(L_2)$、$\hat{\boldsymbol{T}}_{\mathrm{support}}$和$\hat{\boldsymbol{T}}_{\mathrm{rail}}(L_1)$分别为图 2.17(b)中构成基本元的基本子结构相对应的传递矩阵，它们可由前述方法分别进行求解。

式(2.86)中，$\hat{\boldsymbol{T}}(\tilde{\xi}_x-\tilde{x},x,\omega)$为不足一个基本元长度，即$\tilde{\xi}_x-\tilde{x}<L$一段的频响传递矩阵，可由相应基本子结构的频响传递矩阵相乘进行求解。

式(2.86)中，$\hat{\boldsymbol{S}}(x^+,\omega)$和$\hat{\boldsymbol{S}}(x^-,\omega)$分别为无限接近荷载作用点$x$右侧位置和左侧位置的响应向量，它们也分别为右侧和左侧半无限-周期结构的初始状态向量。

基本元的频响传递矩阵$\hat{\boldsymbol{T}}_{\mathrm{L}}(L,x,\omega)$具有四个不同的特征值($\lambda_1^{\mathrm{R}}$、$\lambda_2^{\mathrm{R}}$、$\lambda_1^{\mathrm{L}}$和$\lambda_2^{\mathrm{L}}$)及相对应的四个线性无关的特征向量($\boldsymbol{V}_1^{\mathrm{R}}$、$\boldsymbol{V}_2^{\mathrm{R}}$、$\boldsymbol{V}_1^{\mathrm{L}}$和$\boldsymbol{V}_2^{\mathrm{L}}$)。这四个特征向量$\boldsymbol{V}_1^{\mathrm{R}}$和$\boldsymbol{V}_2^{\mathrm{R}}$、$\boldsymbol{V}_1^{\mathrm{L}}$和$\boldsymbol{V}_2^{\mathrm{L}}$能分成两组特征对，一组对应的特征值$\lambda_1^{\mathrm{R}}$和$\lambda_2^{\mathrm{R}}$的模值小于1，代表向右传的波，另一组对应的特征值$\lambda_1^{\mathrm{L}}$和$\lambda_2^{\mathrm{L}}$的模值大于1，代表向左传的波。上标“R”和“L”分别代表波沿着轨梁模型传播的两个方向(向右传播和向左传播)。

从数学的角度来看，由于基本元频响传递矩阵的特征向量$\boldsymbol{V}_1^{\mathrm{R}}$、$\boldsymbol{V}_2^{\mathrm{R}}$、$\boldsymbol{V}_1^{\mathrm{L}}$和$\boldsymbol{V}_2^{\mathrm{L}}$线性无关，点$x^-$和点$x^+$的响应向量作为一个普通的$4\times1$向量，可以写成这些特征向量的线性组合，有

$$\hat{\boldsymbol{S}}(x^-,\omega)=C_1^{\mathrm{L}}\boldsymbol{V}_1^{\mathrm{L}}+C_2^{\mathrm{L}}\boldsymbol{V}_2^{\mathrm{L}}+C_3^{\mathrm{L}}\boldsymbol{V}_1^{\mathrm{R}}+C_4^{\mathrm{L}}\boldsymbol{V}_2^{\mathrm{R}} \tag{2.88}$$

$$\hat{\boldsymbol{S}}(x^+,\omega)=C_1^{\mathrm{R}}\boldsymbol{V}_1^{\mathrm{R}}+C_2^{\mathrm{R}}\boldsymbol{V}_2^{\mathrm{R}}+C_3^{\mathrm{R}}\boldsymbol{V}_1^{\mathrm{L}}+C_4^{\mathrm{R}}\boldsymbol{V}_2^{\mathrm{L}} \tag{2.89}$$

式中，C_j^{L}、$C_j^{\mathrm{R}}(j=1,2,3,4)$为线性组合的系数。

但是，由于无穷远处的动力响应为0，模值大于1的特征值对应项应为0，式(2.88)和式(2.89)中C_3^{L}、C_4^{L}、C_3^{R}和C_4^{R}只能取0，所以$\hat{\boldsymbol{S}}(x^-,\omega)$和$\hat{\boldsymbol{S}}(x^+,\omega)$最终可表示为

$$\hat{\boldsymbol{S}}(x^-,\omega)=C_1^{\mathrm{L}}\boldsymbol{V}_1^{\mathrm{L}}+C_2^{\mathrm{L}}\boldsymbol{V}_2^{\mathrm{L}} \tag{2.90}$$

$$\hat{\boldsymbol{S}}(x^+,\omega)=C_1^{\mathrm{R}}\boldsymbol{V}_1^{\mathrm{R}}+C_2^{\mathrm{R}}\boldsymbol{V}_2^{\mathrm{R}} \tag{2.91}$$

为了求解四个未知系数C_1^{L}、C_2^{L}、C_1^{R}和C_2^{R}，考察荷载作用点处的位移协调和内力平衡(图 2.18)，有

$$\hat{\boldsymbol{S}}(x^-,\omega)-\hat{\boldsymbol{S}}(x^+,\omega)=[0\quad 0\quad -1\quad 0]^{\mathrm{T}} \tag{2.92}$$

将式(2.90)和式(2.91)代入式(2.92)，可得

$$[\boldsymbol{V}_1^{\mathrm{L}}\quad \boldsymbol{V}_2^{\mathrm{L}}\quad -\boldsymbol{V}_1^{\mathrm{R}}\quad -\boldsymbol{V}_2^{\mathrm{R}}][C_1^{\mathrm{L}}\quad C_2^{\mathrm{L}}\quad C_1^{\mathrm{R}}\quad C_2^{\mathrm{R}}]^{\mathrm{T}}=[0\quad 0\quad -1\quad 0]^{\mathrm{T}} \tag{2.93}$$

求解式(2.93)，可以得到C_1^{L}、C_2^{L}、C_1^{R}和C_2^{R}。将解得的C_1^{L}、C_2^{L}、C_1^{R}和C_2^{R}代入

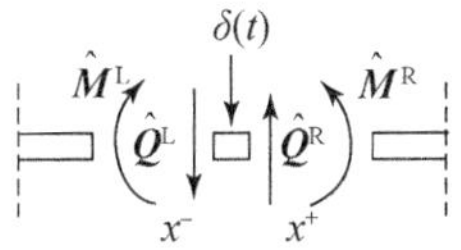

图 2.18　荷载作用点处的位移协调和内力平衡

式(2.90)和式(2.91),即可求得荷载作用点处的初始状态向量 $\hat{\boldsymbol{S}}(x^-,\omega)$和 $\hat{\boldsymbol{S}}(x^+,\omega)$。

另外,将式(2.90)和式(2.91)代入式(2.86),可得

$$\hat{\boldsymbol{S}}(\xi_x,\omega)=\begin{cases}\hat{\boldsymbol{T}}(\tilde{\xi}_x-\tilde{x},x,\omega)[(\lambda_1^{\mathrm{R}})^{n_{\xi_x}-n_x}C_1^{\mathrm{R}}\boldsymbol{V}_1^{\mathrm{R}}+(\lambda_2^{\mathrm{R}})^{n_{\xi_x}-n_x}C_2^{\mathrm{R}}\boldsymbol{V}_2^{\mathrm{R}}], & \xi_x\geqslant x\\ \hat{\boldsymbol{T}}(\tilde{\xi}_x-\tilde{x},x,\omega)[(\lambda_1^{\mathrm{L}})^{n_{\xi_x}-n_x}C_1^{\mathrm{L}}\boldsymbol{V}_1^{\mathrm{L}}+(\lambda_2^{\mathrm{L}})^{n_{\xi_x}-n_x}C_2^{\mathrm{L}}\boldsymbol{V}_2^{\mathrm{L}}], & \xi_x<x\end{cases}\tag{2.94}$$

于是,将解得的 C_1^{L}、C_2^{L}、C_1^{R} 和 C_2^{R} 代入式(2.94),即可求得轨梁任意位置处的状态向量。

轨道结构的位移频响函数可由式(2.95)进行求解:

$$\hat{\boldsymbol{u}}(\xi_x,\omega)=\boldsymbol{S}_1(\xi_x,\omega)\tag{2.95}$$

式中,$\boldsymbol{S}_1(\xi_x,\omega)$为状态向量 $\hat{\boldsymbol{S}}(\xi_x,\omega)$的第一个元素。

按上述方法对角频率 ω 的样本进行采样循环,即可求得由移动荷载作用产生的轨梁上任意一点的动力响应,进而利用离散傅里叶逆变换可求得其响应时程。

在简谐荷载激励下,当求得轨道由一个具有单一激振频率的单位移动简谐荷载作用所引起的动力响应时,实际移动荷载引发轨道的动力响应可由叠加原理进行求解。假设实际移动荷载的大小可以分解为 N 个简谐函数的叠加,即

$$g(t)=\sum_{f=1}^{N}(\bar{g}_f\mathrm{e}^{\mathrm{i}\omega_f t})\tag{2.96}$$

式中,ω_f 为简谐荷载角频率,对应轨道不平顺的特定空间角频率和列车特定的运行速度,$\bar{g}_f$ 为其对应的振幅。则由实际移动荷载引发轨道的动力响应可以表示为

$$\hat{\boldsymbol{u}}(x,\omega)=\sum_{f=1}^{N}[\bar{g}_f\hat{\boldsymbol{u}}(x,\omega,\omega_f)]\tag{2.97}$$

以上,即为轨道结构动力响应的频响传递矩阵解析方法。

2.3　移动简谐荷载作用下轨道结构动力响应的求解

由于任意荷载都可写为一系列具有特定频率成分的简谐荷载的叠加,因此在求解移动荷载作用下轨道的动力响应时,可研究轨道由一个具有单一激振频率的移动简谐荷载作用所引起的动力响应。为此,对于速度为 $\boldsymbol{v}$、激振频率为 ω_f 的单位

移动简谐荷载作用下普通道床轨道结构动力响应分析(图 2.19),其轨梁的控制方程可以写为

$$E^* I \frac{\partial^4 \boldsymbol{u}}{\partial x^4} + m \frac{\partial^2 \boldsymbol{u}}{\partial t^2} = \boldsymbol{f}(t) - \sum_{n=-\infty}^{n=+\infty} [\boldsymbol{f}_n(t)\delta(x - x_n)] \tag{2.98}$$

式中,$\boldsymbol{f}(t)$为单位移动简谐荷载,其中 $\boldsymbol{f}(t)=\boldsymbol{g}(t)\cdot e^{i\omega_f t}\cdot\delta(x-x_0^F-vt)$,荷载 $\boldsymbol{g}(t)$ 的大小为 1,x_0^F 为该移动简谐荷载初始时刻的位置,v 为荷载移动速度大小;$x_n=nL$ 为第 n 个扣件支座的坐标,L 为扣件间距,亦为轨道结构的基本元;$\boldsymbol{f}_n(t)$为第 n 个扣件支座给钢轨的支撑反力。

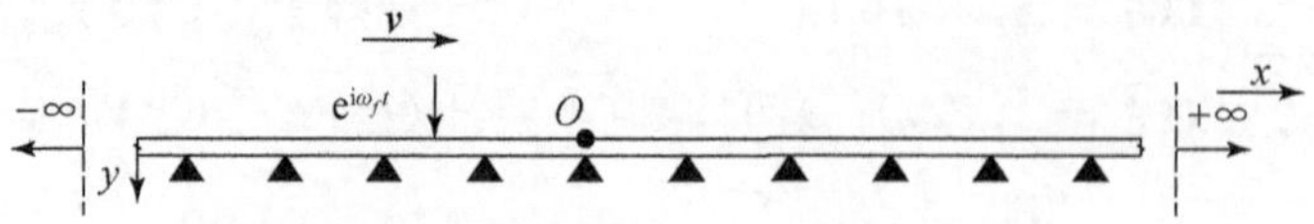

图 2.19　单位移动简谐荷载作用下普通道床轨道结构动力响应分析

于是,任意两个相邻扣件支座之间的轨梁振动方程可以写为

$$E^* I \frac{\partial^4 \boldsymbol{u}}{\partial x^4} + m \frac{\partial^2 \boldsymbol{u}}{\partial t^2} = \boldsymbol{g}(t) e^{i\omega_f t}\delta(x - x_0 - vt) \tag{2.99}$$

对式(2.99)的时间 t 作傅里叶变换,将其转换到频域,有

$$E^* I \frac{d^4 \hat{\boldsymbol{u}}}{dx^4} - \omega^2 m \hat{\boldsymbol{u}} = \frac{\hat{\boldsymbol{g}}}{v} e^{i\frac{\omega_f - \omega}{v}(x - x_0)} \tag{2.100}$$

式中,$\hat{\boldsymbol{u}}(x,\omega,\omega_f)$为频域内的轨梁竖向位移响应,简写为 $\hat{\boldsymbol{u}}$。

由于普通道床轨道结构是以扣件间距 L 为周期的无限-周期结构,在移动简谐荷载作用下,轨道结构振动响应满足式(2.32)所示的无限-周期结构理论。依据式(2.32)可提供相应的周期边界条件,进而可将轨道动力响应问题的求解放在一个基本元之内进行,不妨将坐标 $x=-L/2$ 到 $x=L/2$ 范围内的轨梁作为研究所取基本元,如图 2.20 所示。

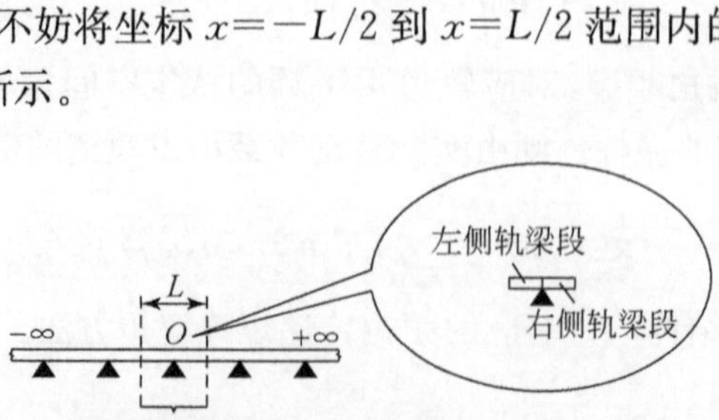

图 2.20　研究所取基本元

可以看出,所取基本元在支撑两侧具有两段轨梁:在支撑左侧的左侧轨梁段及在支撑右侧的右侧轨梁段,如图 2.20 所示。这两段轨梁的动力方程均满足

式(2.100)所示的 4 阶常微分方程，因此所取基本元内的轨梁位移响应大小可由式(2.100)的通解表示为如下方式。

1）当 $\omega>0$ 时

$$\hat{u}(x,\omega,\omega_f)=\begin{cases}c_1\mathrm{e}^{\mathrm{i}\alpha x}+c_2\mathrm{e}^{-\alpha x}+c_3\mathrm{e}^{-\mathrm{i}\alpha x}+c_4\mathrm{e}^{\alpha x}+d_1\mathrm{e}^{\mathrm{i}\frac{\omega_f-\omega}{v}x}, & -L/2\leqslant x\leqslant 0\\ c_5\mathrm{e}^{\mathrm{i}\alpha x}+c_6\mathrm{e}^{-\alpha x}+c_7\mathrm{e}^{-\mathrm{i}\alpha x}+c_8\mathrm{e}^{\alpha x}+d_1\mathrm{e}^{\mathrm{i}\frac{\omega_f-\omega}{v}x}, & 0<x\leqslant L/2\end{cases}$$

(2.101)

2)当 $\omega=0$ 且 $\omega_f\neq 0$ 时

$$\hat{u}(x,\omega,\omega_f)=\begin{cases}c_1x^3+c_2x^2+c_3x+c_4+d_2\mathrm{e}^{\mathrm{i}\frac{\omega_f}{v}x}, & -L/2\leqslant x\leqslant 0\\ c_5x^3+c_6x^2+c_7x+c_8+d_2\mathrm{e}^{\mathrm{i}\frac{\omega_f}{v}x}, & 0<x\leqslant L/2\end{cases}\tag{2.102}$$

3)当 $\omega=0$ 且 $\omega_f=0$ 时

$$\hat{u}(x,\omega,\omega_f)=\begin{cases}c_1x^3+c_2x^2+c_3x+c_4+d_3x^4, & -L/2\leqslant x\leqslant 0\\ c_5x^3+c_6x^2+c_7x+c_8+d_3x^4, & 0<x\leqslant L/2\end{cases}\tag{2.103}$$

式中，$c_1\sim c_8$ 为 8 个未知常数；$\alpha=\sqrt[4]{\dfrac{\omega^2m}{E^*I}}$；$d_1=\dfrac{\mathrm{e}^{-\mathrm{i}\frac{\omega_f-\omega}{v}x_0}}{v\{E^*I[(\omega_f-\omega)/v]^4-m\omega^2\}}$；$d_2=\dfrac{v^3\mathrm{e}^{-\mathrm{i}\frac{\omega_f}{v}x_0}}{E^*I\omega_f{}^4}$；$d_3=\dfrac{1}{24E^*Iv}$。

将式(2.101)～式(2.103)中的 8 个未知常数 $c_1\sim c_8$ 写为如下向量形式：

$$\boldsymbol{c}=[c_1\quad c_2\quad\cdots\quad c_8]^{\mathrm{T}}\tag{2.104}$$

确定该未知向量就需用到所取基本元两轨梁端点的周期条件及扣件支座处的位移协调和力平衡条件。

此刻轨梁的动力响应满足式(2.32)所示的无限-周期结构理论，又由于 Euler-Bernoulli 梁的转角、弯矩、剪力与位移存在下述关系：

$$\hat{\phi}=\frac{\mathrm{d}\hat{\boldsymbol{u}}}{\mathrm{d}x},\quad \hat{\boldsymbol{M}}=-E^*I\frac{\mathrm{d}^2\hat{\boldsymbol{u}}}{\mathrm{d}x^2},\quad \hat{\boldsymbol{Q}}=E^*I\frac{\mathrm{d}^3\hat{\boldsymbol{u}}}{\mathrm{d}x^3}\tag{2.105}$$

可引入所取基本元两轨梁端点处位移、转角、弯矩及剪力存在的周期性边界条件，为

$$\left.\frac{\mathrm{d}^j\hat{\boldsymbol{u}}(x,\omega,\omega_f)}{\mathrm{d}x^j}\right|_{x=L/2}=\mathrm{e}^{\mathrm{i}(\omega_f-\omega)L/v}\cdot\left.\frac{\mathrm{d}^j\hat{\boldsymbol{u}}(x,\omega,\omega_f)}{\mathrm{d}x^j}\right|_{x=-L/2},\quad j=0,1,2,3$$

(2.106)

式中，$j=0,1,2,3$ 分别对应轨梁的位移、转角、弯矩及剪力。

则所取基本元扣件支座处($x=0\mathrm{m}$)的位移协调和力平衡条件可表示为

$$\left.\frac{\mathrm{d}^j\hat{\boldsymbol{u}}(x,\omega,\omega_f)}{\mathrm{d}x^j}\right|_{x=0^-}=\left.\frac{\mathrm{d}^j\hat{\boldsymbol{u}}(x,\omega,\omega_f)}{\mathrm{d}x^j}\right|_{x=0^+},\quad j=0,1,2 \tag{2.107}$$

$$E^*I\left.\frac{\mathrm{d}^3\hat{\boldsymbol{u}}(x,\omega,\omega_f)}{\mathrm{d}x^3}\right|_{x=0^-}-E^*I\left.\frac{\mathrm{d}^3\hat{\boldsymbol{u}}(x,\omega,\omega_f)}{\mathrm{d}x^3}\right|_{x=0^+}=k_{\mathrm{C}}(\omega)\hat{\boldsymbol{u}}(0,\omega,\omega_f) \tag{2.108}$$

式中，上标－、＋分别为左、右趋近；$k_{\mathrm{C}}(\omega)$为钢轨下部支撑对应角频率ω的复合刚度，计算方法见式(2.82)～式(2.84)。

联立式(2.106)～式(2.108)，并利用式(2.101)计算它们中蕴含的位移导数，可得

$$\boldsymbol{D}\boldsymbol{c}=\boldsymbol{S} \tag{2.109}$$

式中，$\boldsymbol{c}$为未知常数向量；$\boldsymbol{D}$和$\boldsymbol{S}$分别为8×8矩阵和8×1向量，可表示为如下方式。

1）当$\omega>0$时

$$\boldsymbol{D}=\begin{bmatrix} -W\mathrm{e}^{-\mathrm{i}\beta} & -W\mathrm{e}^{\beta} & -W\mathrm{e}^{\mathrm{i}\beta} & -W\mathrm{e}^{-\beta} & \mathrm{e}^{\mathrm{i}\beta} & \mathrm{e}^{-\beta} & \mathrm{e}^{-\mathrm{i}\beta} & \mathrm{e}^{\beta} \\ -\mathrm{i}\alpha W\mathrm{e}^{-\mathrm{i}\beta} & \alpha W\mathrm{e}^{\beta} & \mathrm{i}\alpha W\mathrm{e}^{\mathrm{i}\beta} & -\alpha W\mathrm{e}^{-\beta} & \mathrm{i}\alpha\mathrm{e}^{\mathrm{i}\beta} & -\alpha\mathrm{e}^{-\beta} & -\mathrm{i}\alpha\mathrm{e}^{-\mathrm{i}\beta} & \alpha\mathrm{e}^{\beta} \\ \alpha^2W\mathrm{e}^{-\mathrm{i}\beta} & -\alpha^2W\mathrm{e}^{\beta} & \alpha^2W\mathrm{e}^{\mathrm{i}\beta} & -\alpha^2W\mathrm{e}^{-\beta} & -\alpha^2\mathrm{e}^{\mathrm{i}\beta} & \alpha^2\mathrm{e}^{-\beta} & -\alpha^2\mathrm{e}^{-\mathrm{i}\beta} & \alpha^2\mathrm{e}^{\beta} \\ \mathrm{i}\alpha^3W\mathrm{e}^{-\mathrm{i}\beta} & \alpha^3W\mathrm{e}^{\beta} & -\mathrm{i}\alpha^3W\mathrm{e}^{\mathrm{i}\beta} & -\alpha^3W\mathrm{e}^{-\beta} & -\mathrm{i}\alpha^3\mathrm{e}^{\mathrm{i}\beta} & -\alpha^3\mathrm{e}^{-\beta} & \mathrm{i}\alpha^3\mathrm{e}^{-\mathrm{i}\beta} & \alpha^3\mathrm{e}^{\beta} \\ 1 & 1 & 1 & 1 & -1 & -1 & -1 & -1 \\ \mathrm{i}\alpha & -\alpha & -\mathrm{i}\alpha & \alpha & -\mathrm{i}\alpha & \alpha & \mathrm{i}\alpha & -\alpha \\ -\alpha^2 & \alpha^2 & -\alpha^2 & \alpha^2 & \alpha^2 & -\alpha^2 & \alpha^2 & -\alpha^2 \\ -\mathrm{i}Y-k_{\mathrm{C}}(\omega) & -Y-k_{\mathrm{C}}(\omega) & \mathrm{i}Y-k_{\mathrm{C}}(\omega) & Y-k_{\mathrm{C}}(\omega) & \mathrm{i}Y & Y & -\mathrm{i}Y & -Y \end{bmatrix}$$

式中，$W=\mathrm{e}^{\mathrm{i}(\omega_f-\omega)L/v}$；$Y=\alpha^3E^*I$；$\beta=\alpha L/2$。

$$\boldsymbol{S}=[0\quad 0\quad 0\quad 0\quad 0\quad 0\quad 0\quad k_{\mathrm{C}}(\omega)d_1]^{\mathrm{T}}$$

2）当$\omega=0$且$\omega_f\neq0$时

$$\boldsymbol{D}=\begin{bmatrix} \mathrm{e}^{\mathrm{i}\omega_fL/v}L^3/8 & -\mathrm{e}^{\mathrm{i}\omega_fL/v}L^2/4 & \mathrm{e}^{\mathrm{i}\omega_fL/v}L/2 & -\mathrm{e}^{\mathrm{i}\omega_fL/v} & L^3/8 & L^2/4 & L/2 & 1 \\ -3\mathrm{e}^{\mathrm{i}\omega_fL/v}L^2/4 & \mathrm{e}^{\mathrm{i}\omega_fL/v}L & -\mathrm{e}^{\mathrm{i}\omega_fL/v} & 0 & 3L^2/4 & L & 1 & 0 \\ 3\mathrm{e}^{\mathrm{i}\omega_fL/v}L & -2\mathrm{e}^{\mathrm{i}\omega_fL/v} & 0 & 0 & 3L & 2 & 0 & 0 \\ -6\mathrm{e}^{\mathrm{i}\omega_fL/v} & 0 & 0 & 0 & 6 & 0 & 0 & 0 \\ 0 & 0 & 0 & 1 & 0 & 0 & 0 & -1 \\ 0 & 0 & 1 & 0 & 0 & 0 & -1 & 0 \\ 0 & 2 & 0 & 0 & 0 & -2 & 0 & 0 \\ 6E^*I & 0 & 0 & -k_{\mathrm{C}}(\omega) & -6E^*I & 0 & 0 & 0 \end{bmatrix}$$

$$\boldsymbol{S}=[0\quad 0\quad 0\quad 0\quad 0\quad 0\quad 0\quad k_{\mathrm{C}}(\omega)d_2]^{\mathrm{T}}$$

3) 当 $\omega=0$ 且 $\omega_f=0$ 时

$$
\boldsymbol{D}=\begin{bmatrix}
L^3/8 & -L^2/4 & L/2 & -1 & L^3/8 & L^2/4 & L/2 & 1\\
-3L^2/4 & L & -1 & 0 & 3L^2/4 & L & 1 & 0\\
3L & -2 & 0 & 0 & 3L & 2 & 0 & 0\\
-6 & 0 & 0 & 0 & 6 & 0 & 0 & 0\\
0 & 0 & 0 & 1 & 0 & 0 & 0 & -1\\
0 & 0 & 1 & 0 & 0 & 0 & -1 & 0\\
0 & 2 & 0 & 0 & 0 & -2 & 0 & 0\\
6E^*I & 0 & 0 & -k_C(\omega) & -6E^*I & 0 & 0 & 0
\end{bmatrix}
$$

$$
\boldsymbol{S}=[0\quad -d_3L^3\quad 0\quad -24d_3L\quad 0\quad 0\quad 0\quad 0]^{\mathrm{T}}
$$

解式(2.109)并将求得的 $\boldsymbol{c}$ 代入式(2.101)～式(2.103)，就可得到所取基本元内一特定角频率 ω 的轨梁位移响应。对于其他基本元内轨梁的位移响应，可由所取基本元内轨梁的位移响应按式(2.32)所示的无限-周期结构理论映射关系进行拓展求解，具体按式(2.110)进行求解：

$$
\hat{\boldsymbol{u}}(x,\omega,\omega_f)=\mathrm{e}^{\mathrm{i}(\omega_f-\omega)n_L L/v}\hat{\boldsymbol{u}}(\tilde{x},\omega,\omega_f) \tag{2.110}
$$

式中，$x=\tilde{x}+n_L L$；$x(-L/2\leqslant x\leqslant L/2)$ 为点 x 在所取基本元内对应的点；n_L 为点 x 和点 $\tilde{x}$ 之间所包含的基本元个数；$\hat{\boldsymbol{u}}(\tilde{x},\omega,\omega_f)$ 可以通过上述方法进行求解。

按上述方法对角频率 ω 的样本进行采样循环，即可求得由单位移动简谐荷载 $\boldsymbol{g}\mathrm{e}^{\mathrm{i}\omega_f t}$ 作用引发的轨梁上任意一点频域内的位移响应，进而利用离散傅里叶逆变换可求得其位移时程。至于轨道其他部分的响应，它们可由轨梁响应求得。

在求得轨道由一个具有单一激振频率的单位移动简谐荷载作用所引起的动力响应后，实际移动荷载引发轨道的动力响应可由叠加原理进行求解。假设实际移动荷载可以分解为 N 个简谐荷载的叠加，即

$$
\boldsymbol{g}(t)=\sum_{f=1}^{N}[\boldsymbol{g}_f(t)\mathrm{e}^{\mathrm{i}\omega_f t}] \tag{2.111}
$$

式中，ω_f 为简谐荷载角频率，对应轨道不平顺的特定空间角频率和列车特定的运行速度；$|\boldsymbol{g}_f(t)|$ 为其对应的荷载大小。

实际移动荷载引发轨道的动力响应可以表示为

$$
\hat{\boldsymbol{u}}(x,\omega)=\sum_{f=1}^{N}[|\hat{\boldsymbol{g}}_f(\omega)|\hat{\boldsymbol{u}}(x,\omega,\omega_f)] \tag{2.112}
$$

2.4 案例解析

2.4.1 固定点脉冲荷载下的轨道频响函数

根据上述推导，编制了 MATLAB 程序，并以此分析图 2.21 所示两层离散支撑轨道结构模型的频响函数，其中，响应点与激振点位置相同。

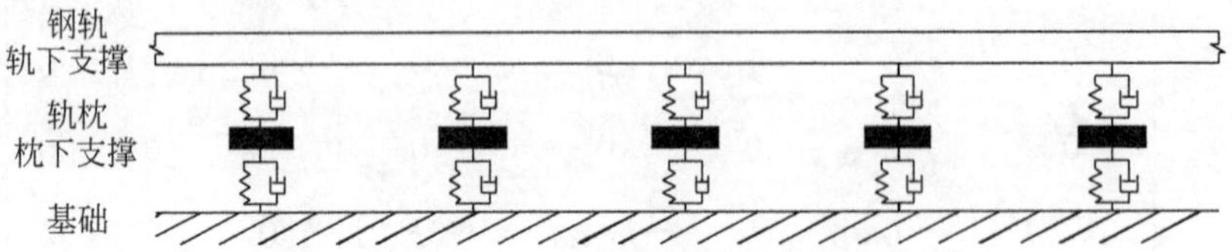

图 2.21 两层离散支撑轨道结构模型

在计算中，钢轨采用 60 轨，单位长度质量 $m_r=60\text{kg/m}$，弹性模量 $E=210\text{GPa}$，横截面面积 $A=7.60\times10^{-3}\text{m}^2$，截面惯性矩 $I=3.04\times10^{-5}\text{m}^4$，结构阻尼比 $\xi_r=0.01$。轨枕质量 $m_s=50\text{kg}$，基本元长 $L_{cell}=$ 支撑间距 $=0.625\text{m}$。轨枕单位长度质量 $M_s=260\text{kg/m}$。轨梁下支撑参数为：计算刚度 $k_r=50\text{MN/m}$，阻尼参数 $c_r=0.05\text{MN}\cdot\text{s/m}$。枕下弹簧-阻尼系数：$k_{sb}=100\text{MN/m}$，$c_{sb}=0.05\text{MN}\cdot\text{s/m}$。

单位脉冲荷载作用下两层离散支撑轨道结构位移频响函数如图 2.22 所示，图中分别标出轨道系统共振频率（f_t）、钢轨共振频率（f_r）、反共振频率（$f_{b\text{-}a}$）及 pinned-pinned 共振频率（f_{pp}）。轨道在这些共振频率点处的相应振型可参见相关文献（李克飞，2012）。

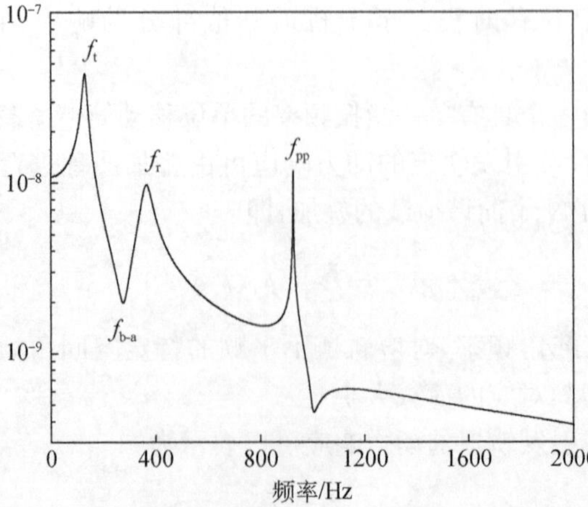

图 2.22 单位脉冲荷载作用下两层离散支撑轨道结构位移频响函数

根据这个模型，可以研究不同轨道结构参数对轨道动力学特性的影响，在保持其他参数不变的情况下，对上述特定参数进行调整，轨道结构计算参数的取值情况如表 2.1 所示。将计算结果进行对比，图 2.23 为不同参数对轨道结构位移频响函数的影响情况。

表 2.1　轨道结构计算参数的取值情况

工况	轨道支撑间距/m	轨下支撑刚度/(MN/m)	轨下支撑阻尼/(MN·s/m)	枕下支撑刚度/(MN/m)	枕下支撑阻尼/(MN·s/m)	激振点-响应点位置
1	0.45	10	0.05	100	0.05	midspan-midspan
2	0.6					
3	0.75					
4	0.9					
5	0.6	20	0.05	100	0.05	midspan-midspan
6		40				
7		60				
8		80				
9	0.6	10	0.02	100	0.05	midspan-midspan
10			0.03			
11			0.04			
12			0.05			
13	0.6	10	0.05	10	0.05	midspan-midspan
14				20		
15				40		
16				80		
17	0.6	10	0.05	100	0.01	midspan-midspan
18					0.03	
19					0.05	
20					0.07	
21	0.6	10	0.05	100	0.05	support-support
22						midspan-midspan
23						support-midspan
24						midspan-support

注：表中，“support-support”指激振点与响应点同处于支撑正上方，“midspan-midspan”指激振点与响应点同处于相邻支撑跨中，“support-midspan”指激振点处于轨下支撑上方，响应点处于相邻支撑跨中，“midspan-support”类似。

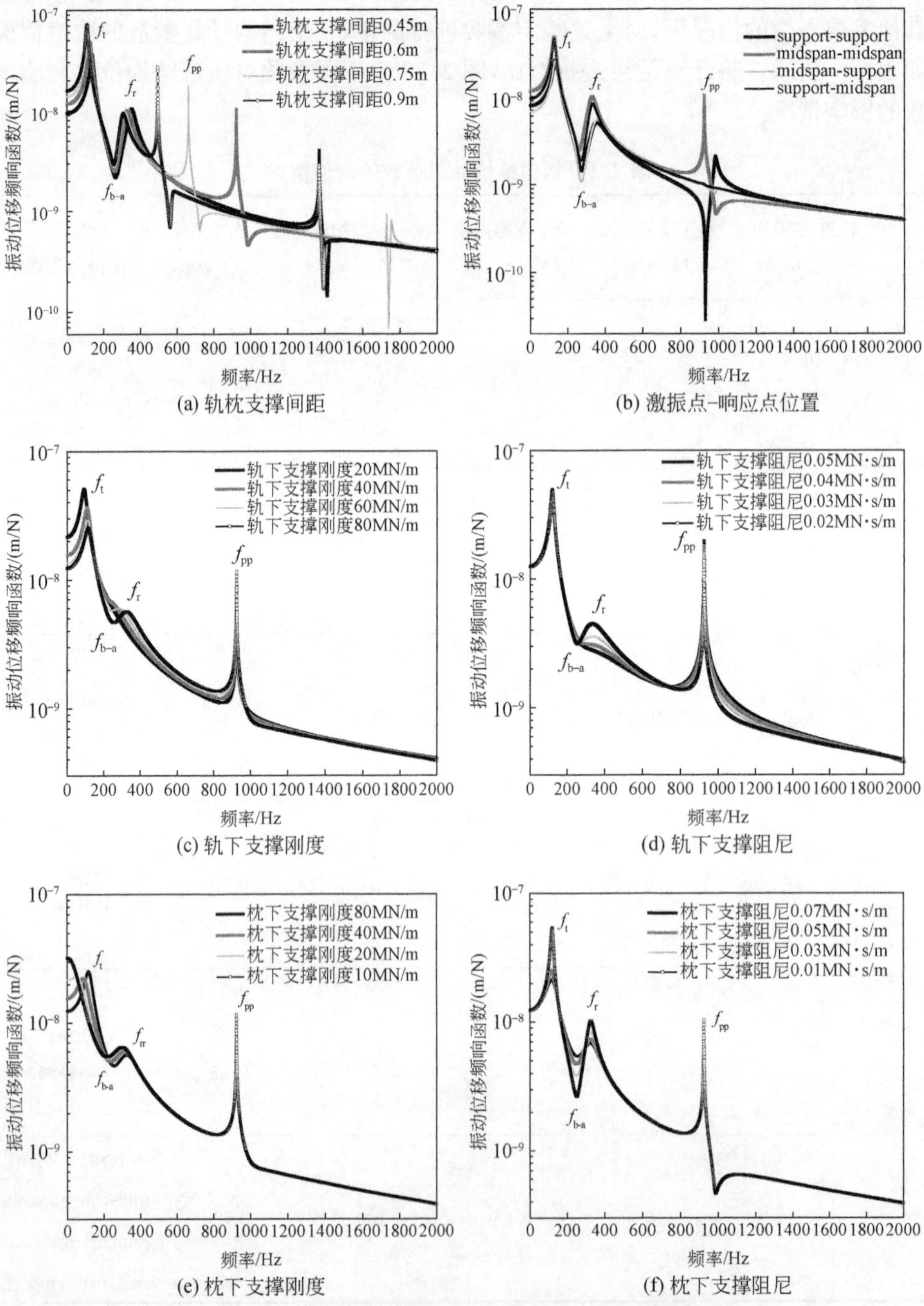

图 2.23　不同参数对轨道结构位移频响函数的影响情况

2.4.2　匀速移动荷载作用下的动力响应解析

单位移动常力作用下轨道结构振动响应如图 2.24 所示，其中，响应点距荷载初始位置 9.3m，荷载移动速度大小 $v=16\text{km/h}$。

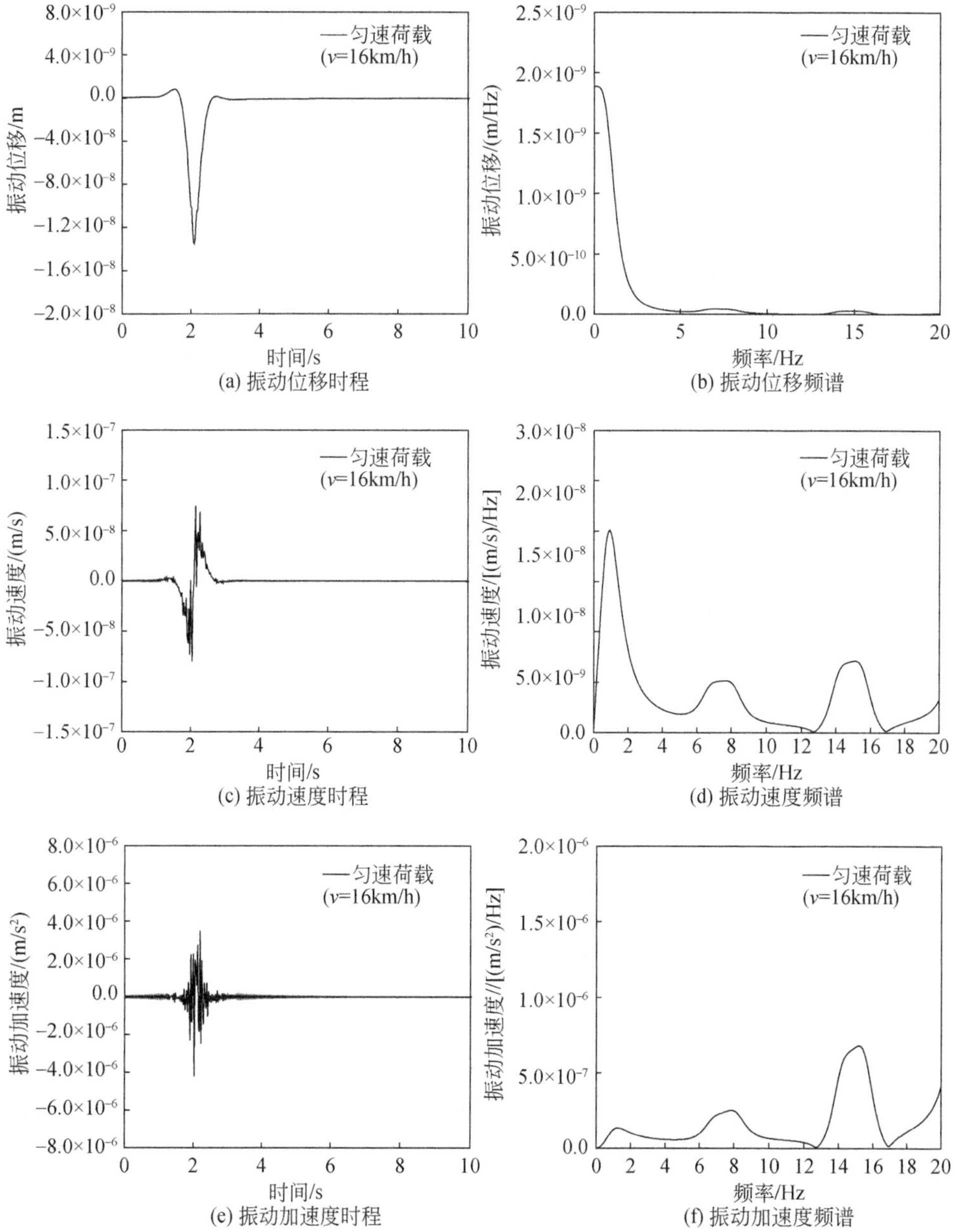

图 2.24　单位移动常力作用下轨道结构振动响应

从图 2.24 中可以看出：

(1) 时域内，如图 2.24(a)、图 2.24(c)、图 2.24(e)所示，轨道结构振动响应峰值的出现时刻反映了荷载通过轨道响应点的时刻。

(2) 频域内，响应点的振动响应在 7.19Hz 及其倍频附近出现峰值。根据荷载的移动速度，荷载通过响应点所在单元的时间为 0.139s，振动响应峰值的频率点恰是荷载通过响应点所在单元时间的倒数及其倍数。

2.4.3　移动简谐荷载作用下轨道结构动力响应分析

单位移动简谐荷载作用下轨道结构动力响应分析如图 2.25 所示，荷载移动速度 v=50km/h。

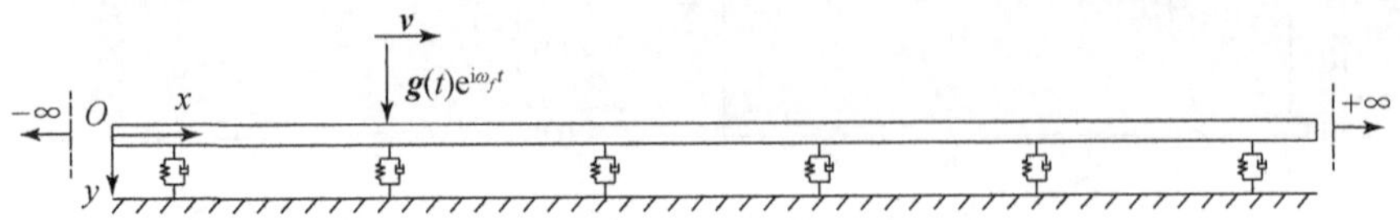

图 2.25　单位移动简谐荷载作用下轨道结构动力响应分析

Sheng 等(2005)曾在文献中给出一个求解移动简谐荷载作用下周期离散支撑的无限长 Timoshenko 梁轨道结构动力响应的方法，现将该方法运用于 Euler-Bernoulli 梁轨道模型中并与本章提出的方法进行比较。

图 2.26 为移动简谐荷载 $\boldsymbol{g}(t)\mathrm{e}^{\mathrm{i}\omega_f t}$ 引起的钢轨位移频谱对比分析。从图 2.26 中可以看出，不同方法计算得到的响应吻合良好，验证了本章方法的正确性。与此同时，采用本章方法计算了时程响应，如图 2.27 所示，即为移动简谐荷载 $\boldsymbol{g}(t)\mathrm{e}^{\mathrm{i}\omega_f t}$ 引起的钢轨位移时程。

从图 2.26 和图 2.27 中可以看出：

(1)在一特定激振频率的移动荷载作用下，在响应频谱上轨道响应显著的频段位于荷载激振频率附近，而在时程上，当荷载到达响应点时，响应取得最大值。

(2)在时程响应上，扣件支座点响应与跨中点响应几乎相同，而在频谱上，两者的响应也只在远离荷载激振频率的频段才会表现出一定的差别。

(3)在非 0Hz 频率的移动简谐荷载作用下，轨道结构的频域响应会出现明显的多普勒效应，其表现为响应频谱在荷载激振频率高低两侧，且距荷载频率较近频率位置处会各出现一个显著峰值，见图 2.26(c)及图 2.26(d)中的小图。

再来分析单位移动简谐荷载作用时，不同移动速度对轨道结构动力响应的影响。图 2.28 和图 2.29 分别为三种移动速度的单位简谐力引起的钢轨位移响应频谱和时程，其中，荷载移动速度大小分别为 v = 50km/h、v = 100km/h 和 v = 200km/h，荷载激振频率 $f=\omega_f/(2\pi)$=250Hz，响应点分别为点 x=20.7m(跨中点)和点 x=21m (扣件支座点)处。

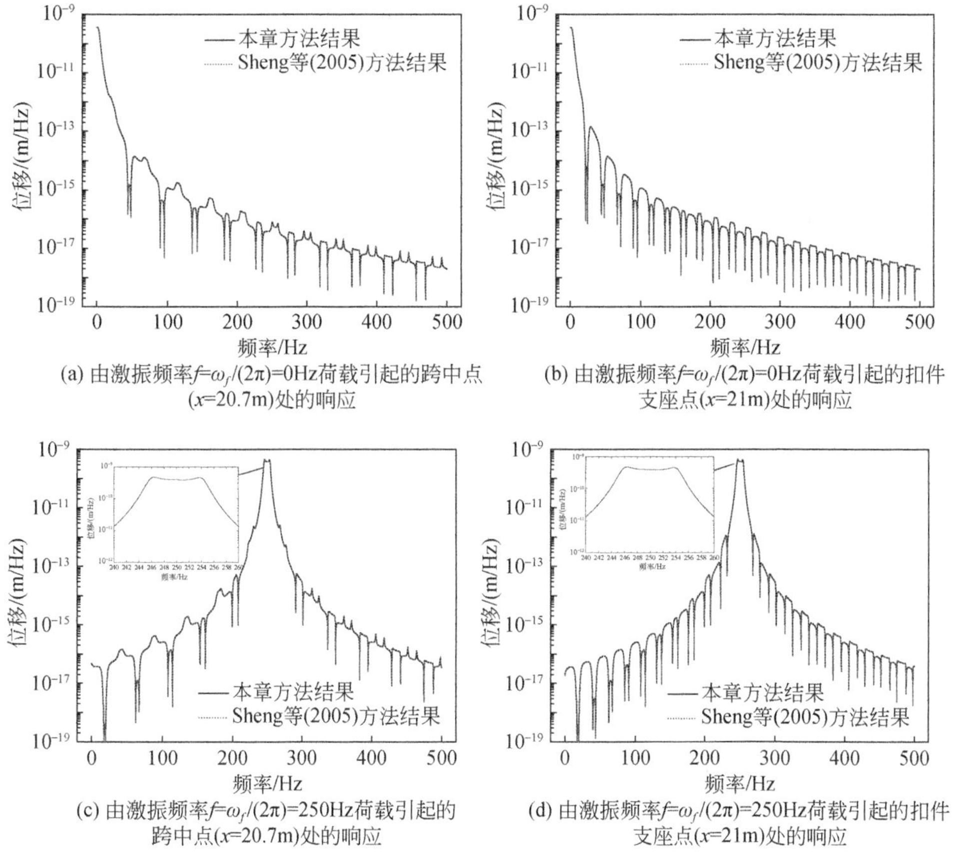

(a) 由激振频率$f=\omega_f/(2\pi)$=0Hz荷载引起的跨中点(x=20.7m)处的响应

(b) 由激振频率$f=\omega_f/(2\pi)$=0Hz荷载引起的扣件支座点(x=21m)处的响应

(c) 由激振频率$f=\omega_f/(2\pi)$=250Hz荷载引起的跨中点(x=20.7m)处的响应

(d) 由激振频率$f=\omega_f/(2\pi)$=250Hz荷载引起的扣件支座点(x=21m)处的响应

图 2.26　移动简谐荷载 $\boldsymbol{g}(t)e^{i\omega_f t}$ 引起的钢轨位移频谱对比分析(v=50km/h)

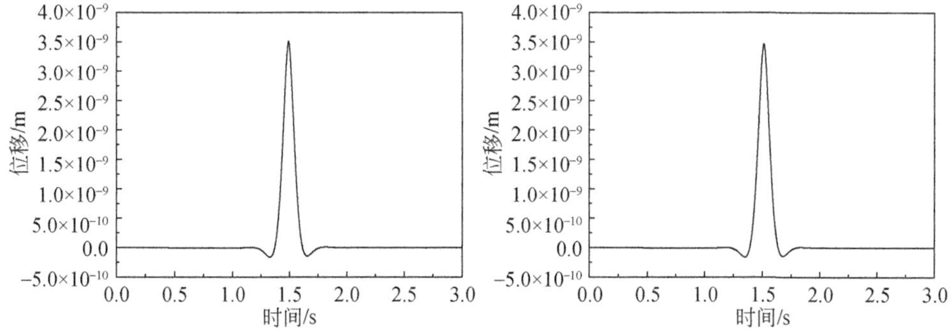

(a) 由激振频率$f=\omega_f/(2\pi)$=0Hz荷载引起的跨中点(x=20.7m)处的响应

(b) 由激振频率$f=\omega_f/(2\pi)$=0Hz荷载引起的扣件支座点(x=21m)处的响应

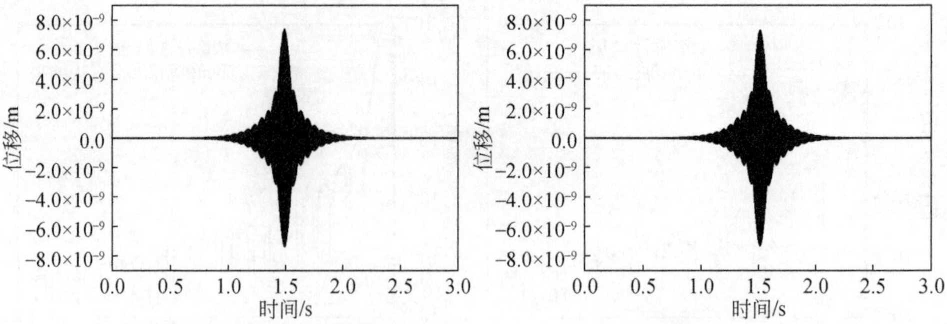

(c) 由激振频率$f=\omega_f/(2\pi)$=250Hz荷载引起的跨中点(x=20.7m)处的响应

(d) 由激振频率$f=\omega_f/(2\pi)$=250Hz荷载引起的扣件支座点(x=21m)处的响应

图 2.27　移动简谐荷载 $\boldsymbol{g}(t)\mathrm{e}^{\mathrm{i}\omega_f t}$ 引起的钢轨位移时程(v=50km/h)

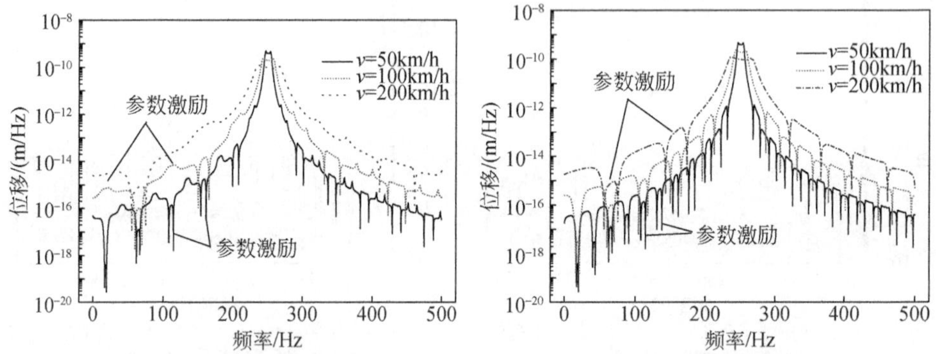

(a) 跨中点x=20.7m　　(b) 扣件支座点x=21m

图 2.28　三种移动速度的单位简谐力($f=\omega_f/(2\pi)=250$Hz)引起的钢轨位移响应频谱

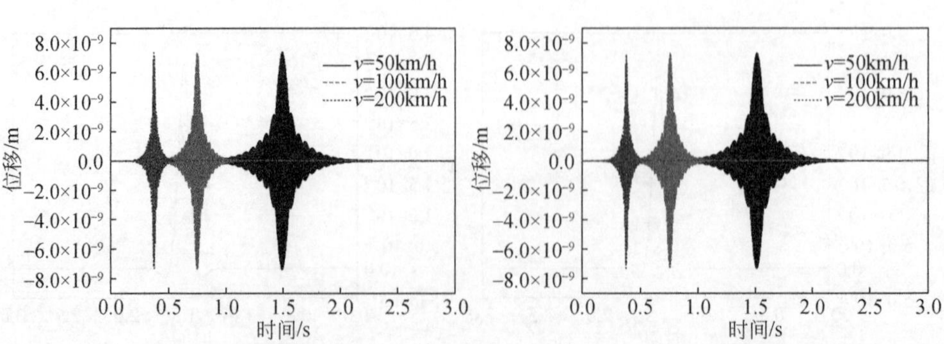

(a) 跨中点x=20.7m　　(b) 扣件支座点x=21m

图 2.29　三种移动速度的单位简谐力($f=\omega_f/(2\pi)=250$Hz)引起的钢轨位移响应时程

从图 2.28 可以看出:在一特定激振频率的移动荷载作用下,在响应频谱上,轨道响应显著的频段位于荷载激振频率附近;随着荷载移动速度的增加,荷载激振频率附近一个很窄频段内的位移响应将有所减小,但其他大部分频段内的位移响应将显著增大。此外,由图 2.28 可以看到,轨道响应频谱在荷载频率两侧均出现了彼此间距为 v/L 的一系列“尖刺”及“凸台”,这些就是由钢轨的离散支撑而引起的参数激励。从图 2.29 中可以看到,随着荷载移动速度的增加,移动简谐荷载引起轨道响应在时程上的最大峰值变化不大,但响应显著的持续时间将变短。

第 3 章 车辆-轨道动力耦合频域解析模型

第 2 章讨论了轨道结构频域解析模型的建立方法。本章专门讨论纵平面内车辆频域解析模型及车辆-轨道耦合解析问题。

3.1 车辆动力学方程

图 3.1 为车辆纵面模型,该模型是一个含有二系质量弹簧系统的多刚体。其中,第 m 节车辆各刚体的运动自由度为 10,即轮对垂向沉浮自由度 4、转向架垂向沉浮自由度 2、车体垂向沉浮自由度 1、车体点头转动自由度 1 和转向架点头转动自由度 2。

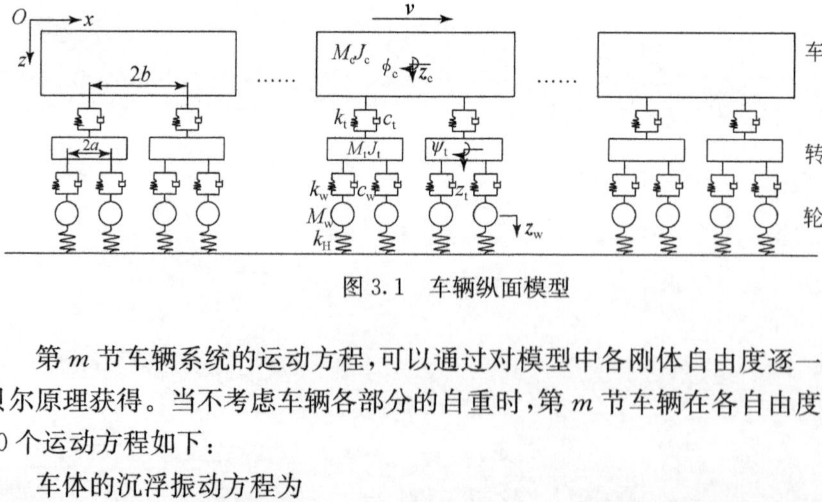

图 3.1 车辆纵面模型

第 m 节车辆系统的运动方程,可以通过对模型中各刚体自由度逐一应用达朗贝尔原理获得。当不考虑车辆各部分的自重时,第 m 节车辆在各自由度上对应的 10 个运动方程如下:

车体的沉浮振动方程为

$$
\begin{aligned}
&M_{cm}\ddot{z}_{cm}+[(\dot{z}_{cm}-\dot{z}_{tm1}+\dot{\phi}_{cm}b)+(\dot{z}_{cm}-\dot{z}_{tm2}-\dot{\phi}_{cm}b)]c_{tm}\\
&\quad+[(z_{cm}-z_{tm1}+\phi_{cm}b)+(z_{cm}-z_{tm2}-\phi_{cm}b)]k_{tm}=\mathbf{0}
\end{aligned}
\tag{3.1}
$$

车体的点头转动振动方程为

$$
\begin{aligned}
&J_{cm}\ddot{\phi}_{cm}+[(\dot{z}_{cm}-\dot{z}_{tm1}+\dot{\phi}_{cm}b)-(\dot{z}_{cm}-\dot{z}_{tm2}-\dot{\phi}_{cm}b)]c_{tm}b\\
&\quad+[(\dot{z}_{cm}-\dot{z}_{tm1}+\dot{\phi}_{cm}b)-(\dot{z}_{cm}-\dot{z}_{tm2}-\dot{\phi}_{cm}b)]k_{tm}b=\mathbf{0}
\end{aligned}
\tag{3.2}
$$

转向架的沉浮振动方程为

$$
M_{tm}\ddot{z}_{tm1}-(\dot{z}_{cm}-\dot{z}_{tm1}+\dot{\phi}_{cm}b)c_{tm}-(z_{cm}-z_{tm1}+\phi_{cm}b)k_{tm}
$$

$$+[(\dot{z}_{tm1}-\dot{z}_{wm1}+\dot{\phi}_{tm1}a)+(\dot{z}_{tm1}-\dot{z}_{wm2}-\dot{\phi}_{tm1}a)]c_{wm}$$
$$+[(z_{tm1}-z_{wm1}+\phi_{tm1}a)+(z_{tm1}-z_{wm2}-\phi_{tm1}a)]k_{wm}=\mathbf{0} \tag{3.3}$$

$$M_{tm}\ddot{z}_{tm2}-(\dot{z}_{cm}-\dot{z}_{tm2}-\dot{\phi}_{cm}b)c_{tm}-(z_{cm}-z_{tm2}-\phi_{cm}b)k_{tm}$$
$$+[(\dot{z}_{tm2}-\dot{z}_{wm3}+\dot{\phi}_{tm2}a)+(\dot{z}_{tm2}-\dot{z}_{wm4}-\dot{\phi}_{tm2}a)]c_{wm}$$
$$+[(z_{tm2}-z_{wm3}+\phi_{tm2}a)+(z_{tm2}-z_{wm4}-\phi_{tm2}a)]k_{wm}=\mathbf{0} \tag{3.4}$$

转向架的点头转动振动方程为

$$J_{tm}\ddot{\phi}_{tm1}+[(\dot{z}_{tm1}-\dot{z}_{wm1}+\dot{\phi}_{tm1}a)-(\dot{z}_{tm1}-\dot{z}_{wm2}-\dot{\phi}_{tm1}a)]c_{wm}a$$
$$+[(z_{tm1}-z_{wm1}+\phi_{tm1}a)-(z_{tm1}-z_{wm2}-\phi_{tm1}a)]k_{wm}a=\mathbf{0} \tag{3.5}$$

$$J_{tm}\ddot{\phi}_{tm2}+[(\dot{z}_{tm2}-\dot{z}_{wm3}+\dot{\phi}_{tm2}a)-(\dot{z}_{tm2}-\dot{z}_{wm4}-\dot{\phi}_{tm2}a)]c_{wm}a$$
$$+[(z_{tm2}-z_{wm3}+\phi_{tm2}a)-(z_{tm2}-z_{wm4}-\phi_{tm2}a)]k_{wm}a=\mathbf{0} \tag{3.6}$$

轮对的沉浮振动方程为

$$M_{wm1}\ddot{z}_{wm1}-(\dot{z}_{tm1}-\dot{z}_{wm1}+\dot{\phi}_{tm1}a)c_{wm}-(z_{tm1}-z_{wm1}+\phi_{tm1}a)k_{wm}=-Q_{m1}^{wr}(t) \tag{3.7}$$

$$M_{wm2}\ddot{z}_{wm2}-(\dot{z}_{tm1}-\dot{z}_{wm2}-\dot{\phi}_{tm1}a)c_{wm}-(z_{tm1}-z_{wm2}-\phi_{tm1}a)k_{wm}=-Q_{m2}^{wr}(t) \tag{3.8}$$

$$M_{wm3}\ddot{z}_{wm3}-(\dot{z}_{tm2}-\dot{z}_{wm3}+\dot{\phi}_{tm2}a)c_{wm}-(z_{tm2}-z_{wm3}+\phi_{tm2}a)k_{wm}=-Q_{m3}^{wr}(t) \tag{3.9}$$

$$M_{wm4}\ddot{z}_{wm4}-(\dot{z}_{tm2}-\dot{z}_{wm4}-\dot{\phi}_{tm2}a)c_{wm}-(z_{tm2}-z_{wm4}-\phi_{tm2}a)k_{wm}=-Q_{m4}^{wr}(t) \tag{3.10}$$

式(3.1)～式(3.10)中，下标 c、t 和 w 分别表示车体、转向架和轮对，各符号的具体含义如下：

M_{cm}、J_{cm}分别为第 m 节车辆车体的质量与转动惯量；

M_{tmi}、J_{tmi}分别为第 m 节车辆转向架的质量与转动惯量，$i=1,2$；

k_{wm}、k_{tm}分别为第 m 节车辆一、二系悬挂刚度；

c_{wm}、c_{tm}分别为第 m 节车辆一、二系悬挂阻尼；

M_{wmi}为第 m 节车辆第 i 个车轮的质量，$i=1,2,3,4$；

z_{cm}、ϕ_{cm}分别为第 m 节车辆车体沉浮振动的垂向位移和车体点头振动的角位移；

z_{tmi}、ϕ_{tmi}分别为第 m 节车辆第 i 个转向架沉浮振动的垂向位移和点头振动的角位移，$i=1,2$；

z_{wmi}为第 m 节车辆第 i 个车轮的垂向位移，$i=1,2,3,4$；

a 为转向架固定轴距的一半；

b 为车辆定距的一半；

t 为时间；

$Q_{mi}^{wr}(t)$为轨道不平顺引起的第 m 节车辆的第 i 轮对与钢轨之间的相互作用力，$i=1,2,3,4$。

基于上述车辆各自由度的动力学方程，列车第 m 节车辆的控制方程为

$$\mathbf{M}_m\ddot{\mathbf{A}}_m(t)+\mathbf{C}_m\dot{\mathbf{A}}_m(t)+\mathbf{K}_m\mathbf{A}_m(t)=\mathbf{Q}_m(t) \tag{3.11}$$

式中，$\boldsymbol{A}_m(t)$、$\dot{\boldsymbol{A}}_m(t)$和$\ddot{\boldsymbol{A}}_m(t)$分别为第 m 节车辆的位移、速度和加速度向量；$\boldsymbol{Q}_m(t)$为作用在第 m 节车辆上的动态激励力向量；$\boldsymbol{M}_m$、$\boldsymbol{C}_m$ 和$\boldsymbol{K}_m$ 分别为第 m 节车辆的质量、阻尼和刚度矩阵。这些矩阵的具体形式如下：

$$\boldsymbol{A}_m=\begin{bmatrix} z_{cm} & \phi_{cm} & z_{tm1} & z_{tm2} & \phi_{tm1} & \phi_{tm2} & z_{wm1} & z_{wm2} & z_{wm3} & z_{wm4}\end{bmatrix}^{\mathrm{T}}$$

$$\dot{\boldsymbol{A}}_m=\begin{bmatrix} \dot{z}_{cm} & \dot{\phi}_{cm} & \dot{z}_{tm1} & \dot{z}_{tm2} & \dot{\phi}_{tm1} & \dot{\phi}_{tm2} & \dot{z}_{wm1} & \dot{z}_{wm2} & \dot{z}_{wm3} & \dot{z}_{wm4}\end{bmatrix}^{\mathrm{T}}$$

$$\ddot{\boldsymbol{A}}_m=\begin{bmatrix} \ddot{z}_{cm} & \ddot{\phi}_{cm} & \ddot{z}_{tm1} & \ddot{z}_{tm2} & \ddot{\phi}_{tm1} & \ddot{\phi}_{tm2} & \ddot{z}_{wm1} & \ddot{z}_{wm2} & \ddot{z}_{wm3} & \ddot{z}_{wm4}\end{bmatrix}^{\mathrm{T}}$$

$$\boldsymbol{Q}_m(t)=\begin{bmatrix}\mathbf{0} & \mathbf{0} & \mathbf{0} & \mathbf{0} & \mathbf{0} & \mathbf{0} & -\boldsymbol{Q}_{m1}^{\mathrm{wr}}(t) & -\boldsymbol{Q}_{m2}^{\mathrm{wr}}(t) & -\boldsymbol{Q}_{m3}^{\mathrm{wr}}(t) & -\boldsymbol{Q}_{m4}^{\mathrm{wr}}(t)\end{bmatrix}^{\mathrm{T}}$$

$$\boldsymbol{M}_m=\mathrm{diag}\,(M_{cm},J_{cm},M_{tm},M_{tm},J_{tm},J_{tm},M_{wm},M_{wm},M_{wm},M_{wm})^{\mathrm{T}}$$

$$\boldsymbol{K}_m=\begin{bmatrix}
2k_{tm} & 0 & -k_{tm} & -k_{tm} & 0 & 0 & 0 & 0 & 0 & 0\\
 & 2b_m^2k_{tm} & -b_mk_{tm} & b_mk_{tm} & 0 & 0 & 0 & 0 & 0 & 0\\
 & & 2k_{wm}+k_{tm} & 0 & 0 & 0 & -k_{wm} & -k_{wm} & 0 & 0\\
 & & & 2k_{wm}+k_{tm} & 0 & 0 & 0 & 0 & -k_{wm} & -k_{wm}\\
 & & & & 2a_m^2k_{wm} & 0 & -a_mk_{wm} & a_mk_{wm} & 0 & 0\\
 & & & & & 2a_m^2k_{wm} & 0 & 0 & -a_mk_{wm} & a_mk_{wm}\\
 & & \text{symmetry}^{*} & & & & k_{wm} & 0 & 0 & 0\\
 & & & & & & & k_{wm} & 0 & 0\\
 & & & & & & & & k_{wm} & 0\\
 & & & & & & & & & k_{wm}
\end{bmatrix}$$

$$\boldsymbol{C}_m=\begin{bmatrix}
2c_{tm} & 0 & -c_{tm} & -c_{tm} & 0 & 0 & 0 & 0 & 0 & 0\\
 & 2b_m^2c_{tm} & -b_mc_{tm} & b_mc_{tm} & 0 & 0 & 0 & 0 & 0 & 0\\
 & & 2c_{wm}+c_{tm} & 0 & 0 & 0 & -c_{wm} & -c_{wm} & 0 & 0\\
 & & & 2c_{wm}+c_{tm} & 0 & 0 & 0 & 0 & -c_{wm} & -c_{wm}\\
 & & & & 2a_m^2c_{wm} & 0 & -a_mc_{wm} & a_mc_{wm} & 0 & 0\\
 & & & & & 2a_m^2c_{wm} & 0 & 0 & -a_mc_{wm} & a_mc_{wm}\\
 & & \text{symmetry} & & & & c_{wm} & 0 & 0 & 0\\
 & & & & & & & c_{wm} & 0 & 0\\
 & & & & & & & & c_{wm} & 0\\
 & & & & & & & & & c_{wm}
\end{bmatrix}$$

将式(3.11)进行傅里叶变换，其频域下的动力方程表达为

* "symmetry"表示，此矩阵为对角矩阵。

$$(-\boldsymbol{M}_m\omega^2+\mathrm{i}\,\boldsymbol{C}_m\omega+\boldsymbol{K}_m)\hat{\boldsymbol{A}}_m(\omega)=\hat{\boldsymbol{Q}}_m(\omega) \tag{3.12}$$

整理式(3.12),可得

$$\hat{\boldsymbol{A}}_m(\omega)=(-\boldsymbol{M}_m\omega^2+\mathrm{i}\,\boldsymbol{C}_m\omega+\boldsymbol{K}_m)^{-1}\hat{\boldsymbol{Q}}_m(\omega) \tag{3.13}$$

令

$$\boldsymbol{A}_{vm}(\omega)=(-\boldsymbol{M}_m\omega^2+\mathrm{i}\,\boldsymbol{C}_m\omega+\boldsymbol{K}_m)^{-1} \tag{3.14}$$

则$\boldsymbol{A}_{vm}(\omega)$即为第 m 节车辆的柔度矩阵。

而第 m 节车辆轮对柔度矩阵可由式(3.15)计算得到:

$$\boldsymbol{A}_{wm}(\omega)=\boldsymbol{H}\boldsymbol{A}_{vm}(\omega)\boldsymbol{H}^{\mathrm{T}} \tag{3.15}$$

式中,$\boldsymbol{H}=[\boldsymbol{0}_{6\times4}\quad \boldsymbol{I}_{4\times4}]^{\mathrm{T}}$,$\boldsymbol{0}_{6\times4}$为 6×4 的零矩阵,$\boldsymbol{I}_{4\times4}$为 4×4 的单位矩阵。

当考虑具有 n 节车辆编组和 $m_{\mathrm{w}}(=4n)$轮对的列车时,整列车的轮对柔度矩阵 $\boldsymbol{A}^{\mathrm{wheel}}(\omega)$可由一辆车对应轮对的柔度矩阵扩展得到

$$\boldsymbol{A}^{\mathrm{wheel}}(\omega)=\mathrm{diag}(\boldsymbol{A}_{w1}(\omega),\boldsymbol{A}_{w2}(\omega),\cdots,\boldsymbol{A}_{wn}(\omega)) \tag{3.16}$$

式中,diag 表示对角矩阵。

将列车受到的轮轨激励力视为由简谐荷载叠加而成,即

$$\boldsymbol{Q}(\omega_f,t)=\overline{\boldsymbol{Q}}^{\mathrm{wr}}(\omega_f)\mathrm{e}^{\mathrm{i}\omega_f t},\quad \omega_f\neq0 \tag{3.17}$$

式中,$\boldsymbol{Q}(\omega_f,t)$为作用在车辆上的对应激振频率 ω_f 的动态激励力向量;$\overline{\boldsymbol{Q}}^{\mathrm{wr}}(\omega_f)=[\overline{Q}_1^{\mathrm{wr}}(\omega_f)\quad \overline{Q}_2^{\mathrm{wr}}(\omega_f)\quad \cdots\quad \overline{Q}_{m_{\mathrm{w}}}^{\mathrm{wr}}(\omega_f)]^{\mathrm{T}}$ 为对应激振频率 ω_f 的轮轨力幅值组成的向量,$\overline{Q}_i^{\mathrm{wr}}(\omega_f)$为列车第 i 个轮轨力 $\boldsymbol{Q}_i^{\mathrm{wr}}(\omega_f)$的幅值。则整列车轮对的位移$\boldsymbol{Z}^{\mathrm{wheel}}(t)$可以表示为

$$\boldsymbol{Z}^{\mathrm{wheel}}(t)=-\boldsymbol{A}^{\mathrm{wheel}}(\omega_f)\boldsymbol{Q}(\omega_f,t) \tag{3.18}$$

式中,右侧的负号"—"表示轮对位移的方向与轮轨力的方向是相反的。

因此,整列车轮对对应激振频率 ω_f 的轮轨力的简谐位移幅值$\overline{\boldsymbol{Z}}^{\mathrm{wheel}}(\omega_f)$为

$$\overline{\boldsymbol{Z}}^{\mathrm{wheel}}(\omega_f)=-\boldsymbol{A}^{\mathrm{wheel}}(\omega_f)\overline{\boldsymbol{Q}}^{\mathrm{wr}}(\omega_f) \tag{3.19}$$

式中,$\overline{\boldsymbol{Z}}^{\mathrm{wheel}}(\omega_f)=[\overline{Z}_1^{\mathrm{wheel}}(\omega_f)\quad \overline{Z}_2^{\mathrm{wheel}}(\omega_f)\quad \cdots\quad \overline{Z}_{m_{\mathrm{w}}}^{\mathrm{wheel}}(\omega_f)]^{\mathrm{T}}$,$\overline{Z}_i^{\mathrm{wheel}}(\omega_f)$为列车第 i 个轮对位移 $\boldsymbol{Z}_i^{\mathrm{wheel}}(\omega_f)$的幅值。

3.2　轮轨接触点的轨梁柔度矩阵

车辆与轨道通过车轮和钢轨接触,接触点的轮轨关系是非常复杂的非线性动力学和运动学问题。正如本书第 1 章所言,本书不准备就此问题进行深入研究,而是假设轮轨接触点为线弹性跟随。后面的讨论都是基于这个基本假设进行的。

当对轮轨接触点轨梁柔度矩阵进行求解时,本书的方法是在轨道固定坐标系之上,建立一个与列车同速运行的移动坐标系,在这个移动坐标系中建立各轮轨接

触点间的柔度矩阵。

根据 2.1.7 节的推导,由式(2.26)得到了移动坐标系内,弹性地基梁对应激振频率 ω_f 时的移动激励响应函数 $\hat{\boldsymbol{h}}'(x',0,\omega_f)$。这表示在移动单位力作用下移动坐标点的位移,也就是柔度。

令

$$A(x',\omega_f)=\hat{h}'(x',0,\omega_f) \tag{3.20}$$

式中,$\hat{h}'(x',0,\omega_f)$为响应函数 $\hat{\boldsymbol{h}}'(x',0,\omega_f)$的大小,表示 $x'=x-vt$ 点对应频率 ω_f 的移动柔度。那么,在移动轮轨力作用下,轨道结构上轮轨接触点的柔度矩阵(对应频率 ω_f)可以写为

$$\boldsymbol{A}^{\text{rail}}(\omega_f)=\begin{bmatrix} A(d_{11},\omega_f) & A(d_{12},\omega_f) & \cdots & A(d_{1m_w},\omega_f) \\ A(d_{21},\omega_f) & A(d_{22},\omega_f) & \cdots & A(d_{2m_w},\omega_f) \\ A(d_{31},\omega_f) & A(d_{32},\omega_f) & \cdots & A(d_{3m_w},\omega_f) \\ \vdots & \vdots & & \vdots \\ A(d_{m_w1},\omega_f) & A(d_{m_w2},\omega_f) & \cdots & A(d_{m_wm_w},\omega_f) \end{bmatrix} \tag{3.21}$$

式中,$A(d_{ij},\omega_f)=\hat{h}'(d_{ij},0,\omega_f)$即为轨梁柔度系数;$d_{ij}=x_i'-x'_j$ 为列车第 i 轮对及第 j 轮对间的距离;x_i'和 x'_j 分别为第 i 轮对及第 j 轮对在移动坐标系里的坐标;m_w 为列车的总轮对数或总轴数。

因此,当轨道结构受到简谐轮轨力 $\boldsymbol{Q}(\omega_f,t)$作用时,钢轨上轮轨接触点的位移 $\boldsymbol{Z}^{\text{rail}}(\omega_f)$可以表示为

$$\boldsymbol{Z}^{\text{rail}}(\omega_f)=\boldsymbol{A}^{\text{rail}}(\omega_f)\boldsymbol{Q}(\omega_f,t) \tag{3.22}$$

而此时钢轨上轮轨接触点的位移响应幅值$\overline{\boldsymbol{Z}}^{\text{rail}}(\omega_f)$为

$$\overline{\boldsymbol{Z}}^{\text{rail}}(\omega_f)=\boldsymbol{A}^{\text{rail}}(\omega_f)\overline{\boldsymbol{Q}}^{\text{wr}}(\omega_f) \tag{3.23}$$

式中,$\overline{\boldsymbol{Z}}^{\text{rail}}(\omega_f)=\begin{bmatrix}\overline{Z}_1^{\text{rail}}(\omega_f) & \overline{Z}_2^{\text{rail}}(\omega_f) & \cdots & \overline{Z}_{m_w}^{\text{rail}}(\omega_f)\end{bmatrix}^{\text{T}}$,$\overline{Z}_i^{\text{rail}}(\omega_f)$为钢轨上第 i 个轮轨接触点的位移响应 $\boldsymbol{Z}_i^{\text{rail}}(\omega_f)$的幅值。

3.3 普通道床轨道钢轨上轮轨接触点柔度矩阵的求解

对于普通道床轨道结构,可以用解析的方法求得上述简化的轮轨接触点的柔度矩阵。求解过程需要从轨梁柔度系数 $A(d_{ij},\omega_f)$的物理含义出发。

由前面可知,$A(d_{ij},\omega_f)$是单位脉冲荷载(大小为 $\delta(t)$)在 $t=0$ 时刻,作用在轨梁移动坐标 $x'=0$ 点,引起移动坐标 $x'=d_{ij}$ 处对应频率 ω_f 的位移大小。因此,考虑单位脉冲荷载 $\delta(t)$在 $t=0$ 时刻作用在轨道结构 $x'=0$ 处引发轨道移动坐标系下

某点的响应，即单位脉冲荷载 $\delta(t)$ 作用时的轨梁柔度系数，如图 3.2 所示。

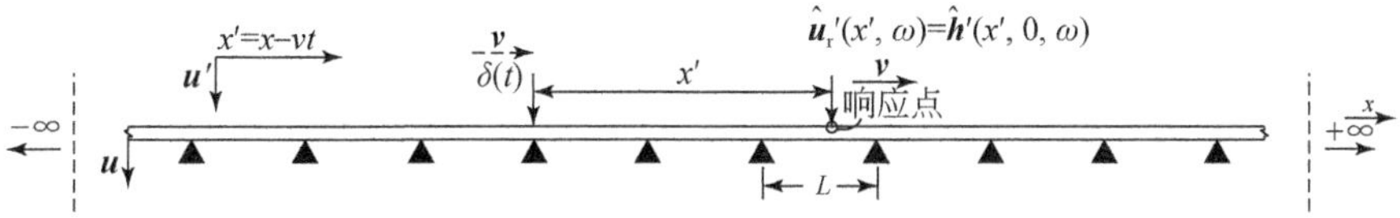

图 3.2　单位脉冲荷载 $\delta(t)$ 作用时的轨梁柔度系数

考虑钢轨的材料阻尼，采用 Euler-Bernoulli 梁模拟钢轨，称为轨梁，此时，轨梁上移动坐标为 x' 点的位移响应满足如下控制方程：

$$
\begin{aligned}
&E_r^* I_r \frac{\partial^4 u_r'}{\partial x'^4}+mv^2 \frac{\partial^2 u_r'}{\partial x'^2}-2mv \frac{\partial^2 u_r'}{\partial x' \partial t}+m \frac{\partial^2 u_r'}{\partial t^2} \\
&=f_e(x',t)-\sum_{n=-\infty}^{n=+\infty}\left[f_n(t)\delta(x'+vt-x_n)\right] \qquad (3.24)
\end{aligned}
$$

式中，u_r' 为移动坐标系下轨梁稳态位移响应大小 $u_r'(x',t)$ 的简写；$E_r^*=E_r(1+\mathrm{i}\eta_r)$ 为考虑钢轨材料阻尼的弹性模量，E_r 为钢轨的实弹性模量，η_r 为钢轨材料损耗因子；I_r 为钢轨惯性矩；m 为单位长度钢轨质量；$x_n=nL$ 为第 n 个支点在固定坐标系下的坐标，L 为扣件间距，亦为轨道结构的基本周期元；$f_e(x',t)=\delta(t)\delta(x')$ 为轨道结构所受外荷载的大小；$f_n(t)$ 为单位脉冲荷载 $\delta(t)$ 作用在轨梁上引起的支点支撑反力的大小，如图 3.3 所示。

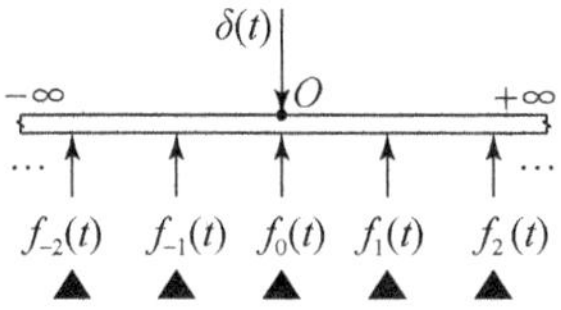

图 3.3　单位脉冲荷载 $\delta(t)$ 作用在轨梁上引起的支点支撑反力

根据 Dirac 函数的性质，有

$$f_e(x',t)=\delta(t)\delta(x')=\delta(t)\delta(x-vt)=\delta(t)\delta(x) \qquad (3.25)$$

这表明单位脉冲荷载 $\delta(t)$ 在移动坐标系及固定坐标系中是等效的。这也是图 3.2 中用虚线箭头表示单位脉冲荷载 $\delta(t)$ 是一个“移动”荷载的原因。因此，$f_e(x',t)$ 可以认为是 $t=0$ 时刻作用在固定点 $x=0\mathrm{m}$ 处的单位脉冲荷载。

定义双重傅里叶变换及傅里叶逆变换为如下形式：

$$\tilde{F}(\xi,\omega)=\int_{-\infty}^{+\infty}\int_{-\infty}^{+\infty} f(x',t)\mathrm{e}^{-\mathrm{i}\omega t}\mathrm{e}^{\mathrm{i}\xi x'}\mathrm{d}t\mathrm{d}x' \qquad (3.26)$$

$$f(x',t)=\frac{1}{4\pi^2}\int_{-\infty}^{+\infty}\int_{-\infty}^{+\infty} \tilde{F}(\xi,\omega)\mathrm{e}^{\mathrm{i}\omega t}\mathrm{e}^{-\mathrm{i}\xi x'}\mathrm{d}t\mathrm{d}x' \qquad (3.27)$$

式中，ξ 为波数。

运用式(3.26)将式(3.24)从时间-空间域变换到频率-波数域,有

$$E^* I\xi^4 \tilde{u}'_{\mathrm{r}} - mv^2\xi^2 \tilde{u}'_{\mathrm{r}} - 2mv\xi\omega \tilde{u}'_{\mathrm{r}} - m\omega^2 \tilde{u}'_{\mathrm{r}} = 1 - \sum_{n=-\infty}^{n=+\infty} \left[\mathrm{e}^{\mathrm{i}\xi x_n} \hat{f}_n(\omega + v\xi) \right] \tag{3.28}$$

由式(3.28),$\tilde{u}'_{\mathrm{r}}(\xi,\omega)$可以写为

$$\tilde{u}'_{\mathrm{r}}(\xi,\omega) = \frac{1 - \sum\limits_{n=-\infty}^{n=+\infty} \left[\mathrm{e}^{\mathrm{i}\xi x_n} \hat{f}_n(\omega + v\xi) \right]}{E^* I\xi^4 - mv^2\xi^2 - 2mv\xi\omega - m\omega^2} \tag{3.29}$$

对式(3.29)关于波数ξ作傅里叶逆变换,将其变换到频率-空间域,即

$$\tilde{u}'_{\mathrm{r}}(x',\omega) = \frac{1}{2\pi}\int_{-\infty}^{+\infty} \frac{1 - \sum\limits_{n=-\infty}^{n=+\infty} \left[\mathrm{e}^{\mathrm{i}\xi x_n} \hat{f}_n(\omega + v\xi) \right]}{E^* I\xi^4 - mv^2\xi^2 - 2mv\xi\omega - m\omega^2} \mathrm{e}^{-\mathrm{i}\xi x'} \mathrm{d}\xi \tag{3.30}$$

进而由轮对柔度系数$A(d_{ij},\omega_f)$的定义及物理意义,可知

$$A(d_{ij},\omega_f) = \tilde{u}'_{\mathrm{r}}(d_{ij},\omega_f) = \frac{1}{2\pi}\int_{-\infty}^{+\infty} \frac{1 - \sum\limits_{n=-\infty}^{n=+\infty} \left[\mathrm{e}^{\mathrm{i}\xi x_n} \hat{f}_n(\omega_f + v\xi) \right]}{E^* I\xi^4 - mv^2\xi^2 - 2mv\xi\omega_f - m\omega_f^2} \mathrm{e}^{-\mathrm{i}\xi d_{ij}} \mathrm{d}\xi \tag{3.31}$$

在具体计算式(3.31)右侧的积分式时,$\mathrm{e}^{\mathrm{i}\xi x_n} \hat{f}_n(\omega_f + v\xi)$不可能从$n=-\infty$考虑到$n=+\infty$,而只能考虑有限项。但只要考虑足够多的项,轮对柔度系数就能得到收敛的结果。

在具体计算时,考虑固定坐标系原点O两侧各N_{k}个支点,计$2N_{\mathrm{k}}+1$个支点,并将式(3.31)分为三部分,即

$$\begin{aligned} A(d_{ij},\omega_f) &= \frac{1}{2\pi}\int_{-\infty}^{+\infty} \frac{\mathrm{e}^{-\mathrm{i}\xi d_{ij}}}{E^* I\xi^4 - mv^2\xi^2 - 2mv\xi\omega_f - m\omega_f^2} \mathrm{d}\xi \\ &\quad - \frac{1}{2\pi}\int_{-\infty}^{+\infty} \frac{\sum\limits_{n=-N_{\mathrm{k}}}^{n=p} \left[\mathrm{e}^{\mathrm{i}\xi (x_n - d_{ij})} \hat{f}_n(\omega_f + v\xi) \right]}{E^* I\xi^4 - mv^2\xi^2 - 2mv\xi\omega_f - m\omega_f^2} \mathrm{d}\xi \\ &\quad - \frac{1}{2\pi}\int_{-\infty}^{+\infty} \frac{\sum\limits_{n=p+1}^{n=N_{\mathrm{k}}} \left[\mathrm{e}^{\mathrm{i}\xi (x_n - d_{ij})} \hat{f}_n(\omega_f + v\xi) \right]}{E^* I\xi^4 - mv^2\xi^2 - 2mv\xi\omega_f - m\omega_f^2} \mathrm{d}\xi \\ &= P_1 - P_2 - P_3 \end{aligned} \tag{3.32}$$

式中,p为对应d_{ij}的支点编号,第p个和第$p+1$个支点在固定坐标系中满足$x_p <$

$d_{ij} \leqslant x_{p+1}$；P_1、P_2、P_3 依次与式(3.32)中的三个积分式对应。

由于 $\hat{f}_n(\omega_f + v\xi)$ 在复平面内不存在奇点，通过围道积分及留数定理，可以求得式(3.32)中的三个积分式，即

$$P_1 = \begin{cases} \sum\limits_{j=1}^{2} \dfrac{-\mathrm{i} \cdot \mathrm{e}^{-\mathrm{i}\xi_j d_{ij}}}{E^* I\Pi_j}, & d_{ij} \geqslant 0 \\ \sum\limits_{j=3}^{4} \dfrac{\mathrm{i} \cdot \mathrm{e}^{-\mathrm{i}\xi_j d_{ij}}}{E^* I\Pi_j}, & d_{ij} < 0 \end{cases} \tag{3.33}$$

$$P_2 = \sum_{j=1}^{2} \frac{-\mathrm{i} \cdot \left\{ \sum\limits_{n=-N_\mathrm{k}}^{n=p} \left[\mathrm{e}^{\mathrm{i}\xi_j (x_n - d_{ij})} \hat{f}_n(\omega_f + v\xi_j) \right] \right\}}{E^* I\Pi_j} \tag{3.34}$$

$$P_3 = \sum_{j=3}^{4} \frac{\mathrm{i} \cdot \left\{ \sum\limits_{n=p+1}^{n=N_\mathrm{k}} \left[\mathrm{e}^{\mathrm{i}\xi_j (x_n - d_{ij})} \hat{f}_n(\omega_f + v\xi_j) \right] \right\}}{E^* I\Pi_j} \tag{3.35}$$

式中，$\Pi_j = (\xi_j - \xi_1)\cdots(\xi_j - \xi_{j-1})(\xi_j - \xi_{j+1})\cdots(\xi_j - \xi_4)$；$\hat{f}_n(\omega_f + v\xi_j)$ $(n = -N_\mathrm{k} \sim N_\mathrm{k})$ 为 $\delta(t)$ 作用于固定坐标原点引起的对应角频率 $\omega_f + v\xi_j$ 的支撑反力；ξ_1、ξ_2、ξ_3 和 ξ_4 为方程 $E^* I\xi^4 - mv^2\xi^2 - 2mv\xi\omega_f - m\omega_f^2 = 0$ 在特定 $\omega_f(\neq 0)$ 下的四个根，具体地，ξ_1 和 ξ_2 的虚部为负，而 ξ_3 和 ξ_4 的虚部为正。可以证明，当考虑钢轨损耗因子 η，即取 $\eta > 0$ 时，方程 $E^* I\xi^4 - mv^2\xi^2 - 2mv\xi\omega_f - m\omega_f^2 = 0$ 的四个根，两个虚部为负，另外两个虚部为正。

支撑反力可以通过传递矩阵方法进行求解。将系列支点的频域内支撑反力 $\hat{f}_n(\omega_f + v\xi_j)$ $(n = -N_\mathrm{k} \sim N_\mathrm{k})$ 代入式(3.33)～式(3.35)，并利用式(3.32)，就可求得轨梁柔度系数 $A(d_{ij}, \omega_f)$。进而利用式(3.21)，可得到轮轨接触点的柔度矩阵 $\mathbf{A}^{\mathrm{rail}}(\omega_f)$。

3.4　轨道不平顺

轨道结构的不平顺是客观存在的，根据存在条件的区别，可将其分为静态不平顺和动态不平顺。静态不平顺是指在列车通过之前，轨道结构在静力状态中就已经存在的几何不平顺，主要包括钢轨顶面的不均匀磨耗及道床路基的永久变形。而动态不平顺，则是在列车通过过程中，受车辆和轨道的相互作用影响，又加剧车辆和轨道间动力相互作用的不平顺，表现为受各种因素影响的钢轨基础弹性不均

匀性。

轨道不平顺可分为高低不平顺、方向不平顺、水平不平顺和轨距不平顺，如图 3.4所示。

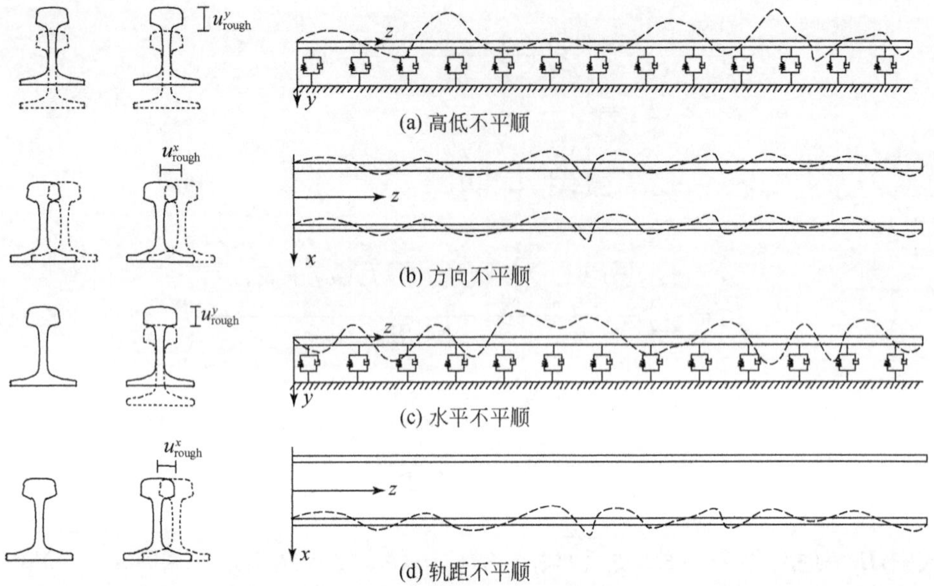

图 3.4　轨道不平顺示意图

目前，描述轨道不平顺特性最有效的方法是对其进行功率谱统计。常见的轨道不平顺谱有美国轨道谱、德国轨道谱和中国轨道谱。本书选择美国轨道谱进行分析与模拟。

(1)轨道高低不平顺：

$$S_{\rm v}(\Omega)=\frac{kA_{\rm v}\Omega_{\rm c}^2}{\Omega^2(\Omega^2+\Omega_{\rm c}^2)} \tag{3.36}$$

(2)轨道方向不平顺：

$$S_{\rm a}(\Omega)=\frac{kA_{\rm a}\Omega_{\rm c}^2}{\Omega^2(\Omega^2+\Omega_{\rm c}^2)} \tag{3.37}$$

(3)轨道水平及轨距不平顺：

$$S_{\rm c}(\Omega)=S_{\rm g}(\Omega)=\frac{4kA_{\rm v}\Omega_{\rm c}^2}{(\Omega^2+\Omega_{\rm c}^2)(\Omega^2+\Omega_{\rm s}^2)} \tag{3.38}$$

式中，$S(\Omega)$为功率谱密度；Ω 为空间频率；$A_{\rm v}$、$A_{\rm a}$ 为粗糙度常数；$\Omega_{\rm c}$、$\Omega_{\rm s}$ 为截断频率；k 为安全系数，一般取 0.25。

所有轨道级别的轨道谱参数如表 3.1 所示。

表 3.1　轨道谱参数

物理量		各级轨道的参数值					
符号	单位	6 级	5 级	4 级	3 级	2 级	1 级
A_v	$cm^2/(rad \cdot m)$	0.0339	0.2095	0.5376	0.6816	1.0181	1.2107
A_a	$cm^2/(rad \cdot m)$	0.0339	0.0762	0.3027	0.4128	1.2107	3.3634
Ω_s	rad/m	0.4380	0.8290	1.1312	0.8520	0.9308	0.6046
Ω_c	rad/m	0.8245	0.8245	0.8245	0.8245	0.8245	0.8245
货车最高运行速度/(km/h)		176	128	96	64	40	16
客车最高运行速度/(km/h)		176	144	128	96	48	24

根据大量研究，轨道不平顺可视为平稳的 Gauss 随机过程，其样本可由轨道不平顺功率谱密度通过三角级数模拟方法得到。但传统的三角级数模拟方法认为列车的所有轮对历经了相同的不平顺激励，因此列车各轴历经的不平顺将会呈现出一个由轴距和速度决定的相位差，从而导致模拟的结果与实测的结果相差较大。接下来，本章以垂向高低不平顺为例，提出一个改进的三角级数模拟方法，用于车辆-轨道耦合模型中。

在实际列车行进的过程中，列车在钢轨上的走行带及不同轴与钢轨之间接触点的轨迹线如图 3.5 所示。由于车辆的横向振动和车轮的不同磨耗，不同车轮与钢轨的接触点将位于钢轨踏面走行带以内的不同轨迹线上，如图 3.5 所示。由于走行带较为狭窄，可认为列车各轴历经的不平顺具有相同的功率谱密度。依据传统的三角级数模拟方法，可将列车第 k 轴历经的轨道不平顺(夏禾，2010)表示为

$$R_k(x)=\sum_{f=1}^{N_R}\left\{\sqrt{2S(\Omega_f)\Delta\Omega}\cdot\cos[\Omega_f(x-x_k)+\theta_{fk}]\right\} \tag{3.39}$$

式中，$S(\Omega_f)$ 为轨道的不平顺功率谱密度函数，定义在空间角频率区间 $[\Omega_1,\Omega_{N_R}]$ 上；区间 $[\Omega_1,\Omega_{N_R}]$ 的选择依赖感兴趣的频率范围和列车速度；$\Delta\Omega$ 和 Ω_f $(f=1,2,\cdots,N_R)$ 分别为将区间 $[\Omega_1,\Omega_{N_R}]$ 等分为 N_R 个子区间后的子区间长度及各子区间的中心频率；θ_{fk} 是 $0\sim 2\pi$ 的随机相位；x_k 为第 k 轴在固定坐标系下的初始位置；x 为轨道结构的固定坐标。

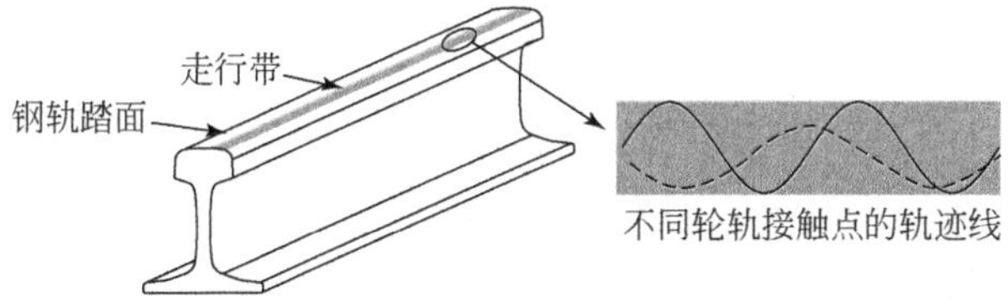

图 3.5　列车在钢轨上的走行带及不同轴与钢轨之间接触点的轨迹线

式(3.39)可以进一步写为

$$R_k(x)=\sum_{f=1}^{N_R}\left(\frac{\sqrt{2S(\Omega_f)\Delta\Omega}}{2}e^{i[\Omega_f(x-x_k)+\theta_{fk}]}\right)+\sum_{f=1}^{N_R}\left(\frac{\sqrt{2S(\Omega_f)\Delta\Omega}}{2}e^{-i[\Omega_f(x-x_k)+\theta_{fk}]}\right) \tag{3.40}$$

由于$x=x_k+vt$，$\Omega_f=\omega_f/v$，第k轴历经的轨道不平顺为

$$\begin{aligned}R_k(x)&=\sum_{f=1}^{N_R}\left(\frac{\sqrt{2S(\Omega_f)\Delta\Omega}}{2}e^{i\theta_{fk}}e^{i\omega_f t}\right)+\sum_{f=1}^{N_R}\left(\frac{\sqrt{2S(\Omega_f)\Delta\Omega}}{2}e^{-i\theta_{fk}}e^{-i\omega_f t}\right)\\&=\sum_{f=1}^{N_R}\left(\frac{\sqrt{2S(\Omega_f)\Delta\Omega}}{2}e^{i\theta_{fk}}e^{i\omega_f t}\right)+\sum_{f=-N_R}^{-1}\left(\frac{\sqrt{2S(\Omega_f)\Delta\Omega}}{2}e^{i\theta_{fk}}e^{i\omega_f t}\right)\end{aligned} \tag{3.41}$$

式中，$\Omega_f=-\Omega_{-f}$，$\omega_f=-\omega_{-f}$，$\theta_{fk}=-\theta_{(-f)k}$，$S(\Omega_f)=S(-\Omega_f)=S(\Omega_{-f})$。

由式(3.41)可以看出，轨道不平顺的样本函数是由许多不同频率成分的谐波分量组成的。由于不同波长的不平顺是由不同的因素引起的，可以认为不同频率的轨道不平顺是相互独立的，即对应单个空间角频率，轨道不平顺是一个确定的函数。具体地，根据式(3.41)，列车第k轴历经的对应激振频率ω_f($f=-N_R,\cdots,-1,1,\cdots,N_R$)的轨道不平顺幅值可以写为

$$\overline{R}_k^{\text{ough}}(\omega_f)=\overline{R}_k(\Omega_f)e^{i\theta_{fk}} \tag{3.42}$$

式中，$\overline{R}_k(\Omega_f)=\sqrt{2S(\Omega_f)\Delta\Omega}/2$。需要注意的是，$\overline{R}_k^{\text{ough}}(\omega_f)=\overline{R}_k^{\text{ough}}(\omega_{-f})^*$，符号“*”代表复共轭。

从式(3.42)可以看出，在改进的三角级数模拟方法中，不同轴历经的不平顺将具有一个随机相位差，这与传统的三角级数模拟方法有所不同。在传统三角级数模拟方法中，不同轴历经的不平顺具有一个由轴距和列车运行速度所决定的相位差。

基于上述描述，车辆-轨道系统所有轮轨接触点历经的对应单一激振频率ω_f的轨道不平顺幅值为

$$\overline{\boldsymbol{R}}^{\text{ough}}(\omega_f)=\left[\overline{R}_1^{\text{ough}}(\omega_f)\quad\overline{R}_2^{\text{ough}}(\omega_f)\quad\cdots\quad\overline{R}_{m_w}^{\text{ough}}(\omega_f)\right]^T \tag{3.43}$$

式中，$\overline{R}_k^{\text{ough}}(\omega_f)$($k=1,2,\cdots,m_w$)按式(3.42)计算。

以上分析是考虑垂向车轨动力相互作用时，轨道高低不平顺的计算方法。当根据计算需要考虑轨道方向不平顺时，可采用类似的计算方法。

3.5　车辆-轨道的耦合及系统响应的求解

3.5.1　轮轨接触耦合

根据本书的研究目的，设轮轨间的接触关系为线弹性接触，根据 Hertz 理论，车轮和钢轨间产生的弹性变形使轮轨呈现椭圆形接触面，如图 3.6 所示，其尺度由作用于接触面上的法向力决定，椭圆形接触面的长半轴 a 和短半轴 b 的长度取决于车轮和钢轨剖面的曲率。

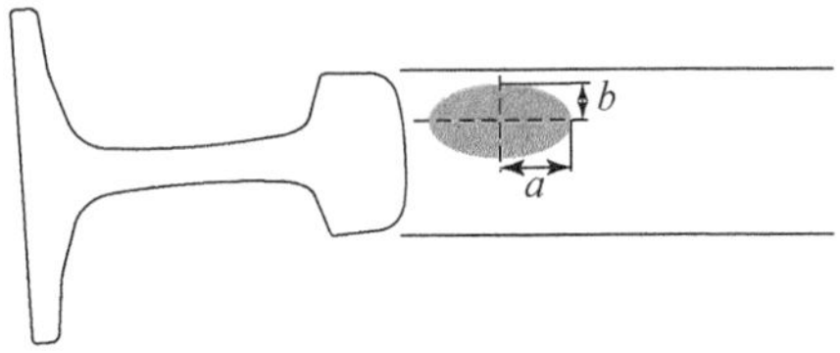

图 3.6　轮轨椭圆形接触面示意图

轮轨间的垂向相互作用力满足

$$F_k=\frac{\delta y^{\frac{3}{2}}}{G} \tag{3.44}$$

式中，F_k 为列车第 k 轴轮对与钢轨之间轮轨力 $\boldsymbol{F}_k$ 的大小，$k\in[1,m_{\mathrm{w}}]$；δy 为轮轨间的弹性压缩量；G 为轮轨接触常数。

对式(3.44)作如下变换：

$$\frac{\mathrm{d}F_k}{\mathrm{d}(\delta y)}=\frac{3}{2G}F_k{}^{\frac{1}{3}} \tag{3.45}$$

将轮轨接触弹簧简化为线性弹簧，弹簧的刚度为

$$k_{\mathrm{H}k}=\frac{\mathrm{d}F_k}{\mathrm{d}(\delta y)}\bigg|_{F_k=F_{k0}}=\frac{3}{2G}F_{k0}{}^{\frac{1}{3}} \tag{3.46}$$

式中，F_{k0} 为列车第 k 轴轮轨之间的垂向静态轮轨力。

轮轨间法向作用力多在静轮重附近变化，因此以静轮重作为轮轨间垂向作用力可满足轮轨线性相互作用条件。接触弹簧刚度(Sheng，2001)取为

$$k_{\mathrm{H}k}=3P_{k0}{}^{1/3}/G \tag{3.47}$$

式中，P_{k0} 为列车第 k 轴与钢轨之间的静态轮轨力(对应单股钢轨及单个车轮)。

轮轨接触常数 G 的计算(翟婉明，1991)如下：

对于锥形踏面车轮，有

$$G=4.57R^{-0.149}\times 10^{-8}\ \mathrm{m/N^{2/3}} \tag{3.48}$$

对于磨耗形踏面车轮，有

$$G=3.86R^{-0.115}\times 10^{-8}\ \mathrm{m/N^{2/3}} \tag{3.49}$$

式中，R 为车轮半径。

在单一激振频率 ω_f 的轨道不平顺下，假设车轮与钢轨始终保持接触，则第 k 个车轮与钢轨之间的轮轨力幅值为

$$\overline{Q}_k^{\mathrm{wr}}(\omega_f)=k_{\mathrm{H}k}[\overline{Z}_k^{\mathrm{wheel}}(\omega_f)-\overline{Z}_k^{\mathrm{rail}}(\omega_f)-\overline{R}_k^{\mathrm{ough}}(\omega_f)],\quad k=1,2,\cdots,m_{\mathrm{w}} \tag{3.50}$$

将式(3.50)写成矩阵形式，有

$$\overline{\boldsymbol{Q}}^{\mathrm{wr}}(\omega_f)=\boldsymbol{k}_{\mathrm{H}}[\overline{\boldsymbol{Z}}^{\mathrm{wheel}}(\omega_f)-\overline{\boldsymbol{Z}}^{\mathrm{rail}}(\omega_f)-\overline{\boldsymbol{R}}^{\mathrm{ough}}(\omega_f)] \tag{3.51}$$

式中，$\boldsymbol{k}_{\mathrm{H}}=\mathrm{diag}(k_{\mathrm{H1}},k_{\mathrm{H2}},\cdots,k_{\mathrm{H}m_{\mathrm{w}}})$。

进而将式(3.19)和式(3.23)代入式(3.51)，有

$$\overline{\boldsymbol{Q}}^{\mathrm{wr}}(\omega_f)=\boldsymbol{k}_{\mathrm{H}}[-\boldsymbol{A}^{\mathrm{wheel}}(\omega_f)\overline{\boldsymbol{Q}}^{\mathrm{wr}}(\omega_f)-\boldsymbol{A}^{\mathrm{rail}}(\omega_f)\overline{\boldsymbol{Q}}^{\mathrm{wr}}(\omega_f)-\overline{\boldsymbol{R}}^{\mathrm{ough}}(\omega_f)] \tag{3.52}$$

整理式(3.52)，可得

$$\overline{\boldsymbol{Q}}^{\mathrm{wr}}(\omega_f)=-[\boldsymbol{A}^{\mathrm{wheel}}(\omega_f)+\boldsymbol{A}^{\mathrm{rail}}(\omega_f)+\boldsymbol{k}_{\mathrm{H}}^{-1}]^{-1}\overline{\boldsymbol{R}}^{\mathrm{ough}}(\omega_f) \tag{3.53}$$

解式(3.53)就可得到对应激振频率 ω_f 的轨道不平顺激励下的动态轮轨力的幅值。对于由实际轨道不平顺引起的动态轮轨力，只需根据式(3.42)和式(3.43)所示的轨道不平顺叠加表达，求出各激振频率 $\omega_f(f=-N_{\mathrm{R}},\cdots,-1,1,\cdots,N_{\mathrm{R}})$ 的不平顺所对应的轮轨力幅值，再将这些轮轨力进行叠加就可求得。

3.5.2 总轮轨力的求解

在求得由轨道不平顺引起的动态轮轨力之后，叠加上静态轮轨力，便可得到列车第 k 轴的总轮轨力的大小，即

$$Q_k^{\mathrm{wr}}(t)=2P_{k0}+\sum_{f=1}^{N_{\mathrm{R}}}[\overline{Q}_k^{\mathrm{wr}}(\omega_f)\mathrm{e}^{\mathrm{i}\omega_f t}]+\sum_{f=-N_{\mathrm{R}}}^{-1}[\overline{Q}_k^{\mathrm{wr}}(\omega_f)\mathrm{e}^{\mathrm{i}\omega_f t}] \tag{3.54}$$

式中，P_{k0} 为单股钢轨对应的第 k 轴静态轮轨力的大小，而 $2P_{k0}$ 为第 k 轴静态轴重或静态轮轨力(对应双股钢轨)。

式(3.54)可以统一写为

$$Q_k^{\mathrm{wr}}(t)=\sum_{f=-N_{\mathrm{R}}}^{N_{\mathrm{R}}}[\overline{Q}_k^{\mathrm{wr}}(\omega_f)\mathrm{e}^{\mathrm{i}\omega_f t}] \tag{3.55}$$

式中，$\overline{Q}_k^{\mathrm{wr}}(\omega_0)=2P_{k0}$，$\omega_0=0\mathrm{rad/s}$。

由于 $\overline{R}_k^{\mathrm{ough}}(\omega_f)=\overline{R}_k^{\mathrm{ough}}(\omega_{-f})^*$，容易推得动态轮轨力之间也存在类似关系，即

$$\overline{Q}_k^{\mathrm{wr}}(\omega_f)=\overline{Q}_k^{\mathrm{wr}}(\omega_{-f})^* \tag{3.56}$$

所以，列车第 k 轴总轮轨力的大小可以重新写为

$$Q_k^{\mathrm{wr}}(t)=2P_{k0}+2\mathrm{Re}\left\{\sum_{f=1}^{N_{\mathrm{R}}}\left[\overline{Q}_k^{\mathrm{wr}}(\omega_f)\mathrm{e}^{\mathrm{i}\omega_f t}\right]\right\} \tag{3.57}$$

式中，"Re"为取实部。

式(3.57)表示，在计算总轮轨力时，只需考虑正激振频率 $\omega_f(f=1,2,\cdots,N_{\mathrm{R}})$ 的不平顺$\overline{\boldsymbol{R}}^{\mathrm{ough}}(\omega_f)$，计算相应的动态轮轨力即可。

3.5.3　车辆动力响应的求解

将求得的动态轮轨力结果代入车辆系统的动力学方程(3.11)，即可求得车辆的动力响应。同样地，由于在对应的轮轨力$\overline{\boldsymbol{Q}}^{\mathrm{wr}}(\omega_f)$和$\overline{\boldsymbol{Q}}^{\mathrm{wr}}(\omega_{-f})$作用下，会得到两个共轭的车辆响应，所以在计算车辆动力响应的过程中，也只需计算对应正激振频率 $\omega_f(f=1,2,\cdots,N_{\mathrm{R}})$的响应，而后取其实部的两倍作为最终结果即可。

3.5.4　轨道动力响应的求解

基于求得的轮轨力，可以进行轨道动力响应的求解。轨道的时域响应可由非负频段的单边响应谱求得。同时在频谱上，大小为$\overline{Q}^{\mathrm{wr}}(\omega_f)\mathrm{e}^{\mathrm{i}\omega_f t}$的单一激振频率的轮轨力作用所引起的轨道响应，其显著的频段位于一个包含荷载激振频率的较窄频段(详见后续计算分析)。因此，在计算轨道非负频段动力响应时，可以忽略激振频率为负的轮轨力，所考虑的轮轨力可以写成

$$Q_k^{\mathrm{wr}}(t)=\sum_{f=0}^{N_{\mathrm{R}}}\left[\overline{Q}_k^{\mathrm{wr}}(\omega_f)\mathrm{e}^{\mathrm{i}\omega_f t}\right],\quad k=1,2,\cdots,m_{\mathrm{w}} \tag{3.58}$$

在具有列车轴分布规律的、大小为 $\overline{Q}_k^{\mathrm{wr}}(\omega_f)\mathrm{e}^{\mathrm{i}\omega_f t}(k=1,2,\cdots,m_{\mathrm{w}})$的系列轴分布单一频率移动简谐荷载作用下，轨道结构的动力响应求解如图 3.7 所示。由叠加原理可知，此时轨道结构的响应仍然满足无限-周期结构理论，即

$$\hat{\boldsymbol{u}}_{\mathrm{r}}(x+L,\omega,\omega_f)=\mathrm{e}^{\mathrm{i}(\omega_f-\omega)L/v}\hat{\boldsymbol{u}}_{\mathrm{r}}(x,\omega,\omega_f) \tag{3.59}$$

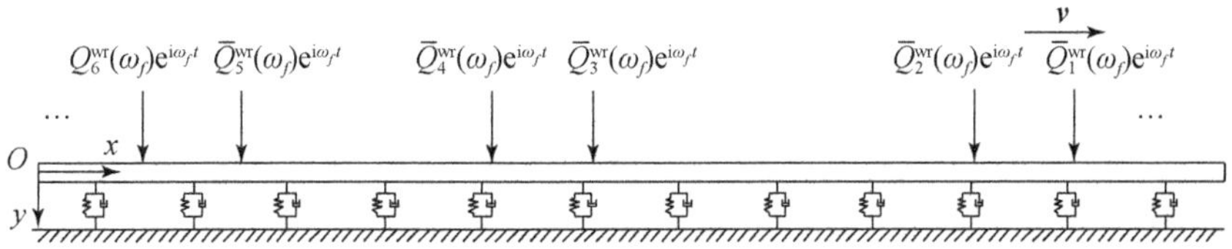

图 3.7　系列轴分布单一频率移动简谐荷载作用下轨道结构的动力响应求解

于是，为了求解移动列车荷载作用下轨道结构的动力响应，需进一步求解在大小为 $\overline{Q}_k^{\mathrm{wr}}(\omega_f)\mathrm{e}^{\mathrm{i}\omega_f t}(k=1,2,\cdots,m_{\mathrm{w}})$的列车轴分布系列移动简谐荷载作用下轨道结构的动力响应。

记单位移动简谐荷载(大小为 $e^{i\omega_f t}$)作用所产生的轨道结构频域响应大小为 $\hat{u}_{1r}(x,\omega,\omega_f)$。显然,轨道系统在大小为 $\overline{Q}_k^{wr}(\omega_f)e^{i\omega_f t}(k=1,2,\cdots,m_w)$的系列移动简谐荷载作用下,所受外荷载大小为

$$f_e(x,t)=\sum_{k=1}^{m_w}\left[\overline{Q}_k^{wr}(\omega_f)e^{i\omega_f t}\delta(x-x_k^F-vt)\right] \tag{3.60}$$

相应的频域表达为

$$\hat{f}_e(x,\omega)=\frac{1}{v}\sum_{k=1}^{m_w}\left[\overline{Q}_k^{wr}(\omega_f)e^{i\frac{\omega_f-\omega}{v}(x-x_k^F)}\right] \tag{3.61}$$

而一个随第一轴荷载移动的单位简谐荷载(大小为 $e^{i\omega_f t}$)作用于轨道结构上时,系统所受外荷载大小为

$$f_e(x,t)=e^{i\omega_f t}\delta(x-x_1^F-vt) \tag{3.62}$$

相应的频域表达为

$$\hat{f}_e(x,\omega)=\frac{1}{v}e^{i\frac{\omega_f-\omega}{v}(x-x_1^F)} \tag{3.63}$$

比较式(3.61)与式(3.63),轨道系统模型是线性的,可得系列移动简谐荷载 $\overline{Q}_k^{wr}(\omega_f)e^{i\omega_f t}(k=1,2,\cdots,m_w)$作用下,轨道系统的频域位移响应大小为

$$\hat{u}_j(x,\omega,\omega_f)=\left\{\sum_{k=1}^{m_w}\left[\overline{Q}_k^{wr}(\omega_f)e^{i\frac{\omega_f-\omega}{v}d_{1k}}\right]\right\}\hat{u}_{1r}(x,\omega,\omega_f) \tag{3.64}$$

式中,$\hat{u}_{1r}(x,\omega,\omega_f)$为轨道结构上坐标 x 点的频域位移响应大小。

进而由叠加原理,在大小为 $Q_k^{wr}(t)(k=1,2,\cdots,m_w)$的各频率成分列车轮轨力作用下,轨道结构的频域响应大小可写成

$$\hat{u}_r(x,\omega)=\sum_{f=0}^{N_R}\hat{u}_r(x,\omega,\omega_f)=\sum_{f=0}^{N_R}\left\{\sum_{k=1}^{m_w}\left[\overline{Q}_k^{wr}(\omega_f)e^{i\frac{\omega_f-\omega}{v}d_{1k}}\right]\hat{u}_{1r}(x,\omega,\omega_f)\right\} \tag{3.65}$$

通过对角频率 ω 的计算,可以得到钢轨的位移响应频谱,而相应的位移时程可通过其傅里叶逆变换得到。进一步地,基于求得的位移响应,容易求得钢轨的速度及加速度响应。特别地,对于普通道床轨道,容易由其钢轨的动力响应求得下部轨枕、道床等部件的动力响应。在计算过程中,采样频率最小值 $\omega_{smallest}$ 可设为 0,最大值 $\omega_{largest}$ 可按需要的频率范围进行设置,但是需小于轨道不平顺考虑的最高激振频率 ω_{N_R},以保证轨道在频段 $\omega_{smallest}\sim\omega_{largest}$ 响应计算结果的准确性。

3.6　轨下基础振动力的求解

对于轨道结构，在大小为 $\bar{Q}_k^{\mathrm{wr}}(\omega_f)\mathrm{e}^{\mathrm{i}\omega_f t}(k=1,2,\cdots,m_\mathrm{w})$ 的特定单一激振频率 ω_f 的系列轮轨激励力作用下，可以根据支撑层数，由受力分析得到第 k 个支点传递给轨下基础的振动激励力 $\hat{\boldsymbol{F}}_k(\omega,\omega_f)$，轨道结构传递给轨下基础的振动激励力如图 3.8所示(图 3.8 中以两层支撑轨道系统为例)。

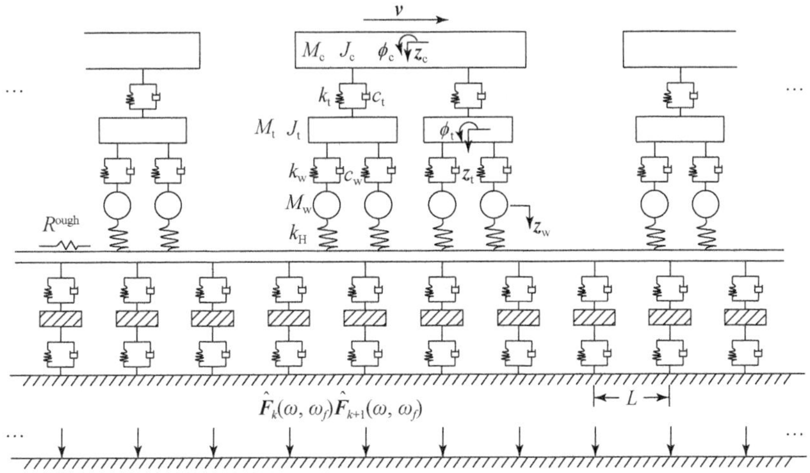

图 3.8　轨道结构传递给轨下基础的振动激励力

普通道床轨道支点对应的轨下结构受力分析模型如图 3.9 所示。针对一层支撑普通道床轨道，第 k 个支点对应的轨下结构受力分析如图 3.9(a)所示，其传递给轨下基础的振动激励力为

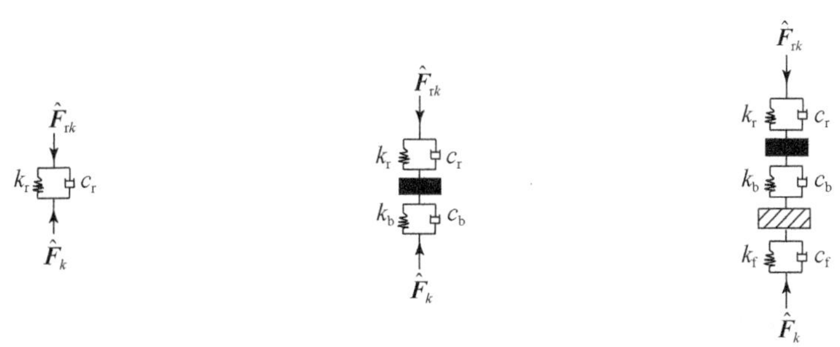

(a) 一层支撑普通道床轨道　(b) 两层支撑普通道床轨道　(c) 三层支撑普通道床轨道

图 3.9　普通道床轨道支点对应的轨下结构受力分析模型

$$\hat{\boldsymbol{F}}_k(\omega,\omega_f)=\hat{\boldsymbol{F}}_{rk}(\omega,\omega_f)=\frac{k_C(\omega)}{2}\hat{\boldsymbol{u}}_r(kL,\omega,\omega_f) \tag{3.66}$$

式中，$\hat{\boldsymbol{F}}_k(\omega,\omega_f)$为第 k 个支点传递给轨下基础的振动激励力；$\hat{\boldsymbol{F}}_{rk}(\omega,\omega_f)$为钢轨作用于第 k 个支点上的力；$k_C(\omega)$为轨下结构的复合刚度；式中部分相应于两股钢轨的参数均除以 2。

针对两层支撑普通道床轨道，对第 k 个支点对应的轨下结构进行受力分析，如图 3.9(b)所示，有

$$\begin{cases}\hat{\boldsymbol{F}}_{rk}(\omega,\omega_f)=\dfrac{k_C(\omega)}{2}\hat{\boldsymbol{u}}_r(kL,\omega,\omega_f)=\dfrac{k_r+\mathrm{i}c_r\omega}{2}[\hat{\boldsymbol{u}}_r(kL,\omega,\omega_f)-\hat{\boldsymbol{u}}_{sk}(\omega,\omega_f)]\\ \dfrac{k_r+\mathrm{i}c_r\omega}{2}[\hat{\boldsymbol{u}}_r(kL,\omega,\omega_f)-\hat{\boldsymbol{u}}_{sk}(\omega,\omega_f)]=\dfrac{k_b+\mathrm{i}c_b\omega-m_s\omega^2}{2}\hat{\boldsymbol{u}}_{sk}(\omega,\omega_f)\\ \dfrac{k_b+\mathrm{i}c_b\omega}{2}\hat{\boldsymbol{u}}_{sk}(\omega,\omega_f)=\hat{\boldsymbol{F}}_k(\omega,\omega_f)\end{cases} \tag{3.67}$$

式中，$\hat{\boldsymbol{u}}_{sk}(\omega,\omega_f)$为第 k 个支点处第二层支撑质量块(对应轨枕)的频域位移响应；$k_C(\omega)$为钢轨下复合刚度；k_r、c_r 分别为第一层支撑的刚度及阻尼(对应扣件刚度及阻尼)；m_s 为第二层支撑的质量(对应轨枕质量)；k_b、c_b 分别为第二层支撑的刚度及阻尼(对应轨枕受到其下部体系支撑的刚度及阻尼)；式中部分相应于两股钢轨的参数均除以 2。

针对两层支撑普通道床轨道，由式(3.67)可解得单股钢轨对应的第 k 个支点传递给轨下基础的振动激励力，即

$$\begin{aligned}\hat{\boldsymbol{F}}_k(\omega,\omega_f)&=\frac{k_C(\omega)}{2}\hat{\boldsymbol{u}}_r(kL,\omega,\omega_f)+\frac{m_s}{2}\omega^2\hat{\boldsymbol{u}}_{sk}(\omega,\omega_f)\\&=\left\{k_C(\omega)+\frac{m_s\omega^2[k_r+\mathrm{i}c_r\omega-k_C(\omega)]}{k_r+\mathrm{i}c_r\omega}\right\}\hat{\boldsymbol{u}}_r(kL,\omega,\omega_f)/2\end{aligned} \tag{3.68}$$

针对三层支撑普通道床轨道，对其第 k 个支点对应的单股钢轨轨下结构进行受力分析，如图 3.9(c)所示，有

$$\begin{cases}\hat{\boldsymbol{F}}_{rk}(\omega,\omega_f)=\dfrac{k_C(\omega)}{2}\hat{\boldsymbol{u}}_r(kL,\omega,\omega_f)=\dfrac{k_r+\mathrm{i}c_r\omega}{2}[\hat{\boldsymbol{u}}_r(kL,\omega,\omega_f)-\hat{\boldsymbol{u}}_{sk}(\omega,\omega_f)]\\ \dfrac{k_r+\mathrm{i}c_r\omega}{2}[\hat{\boldsymbol{u}}_r(kL,\omega,\omega_f)-\hat{\boldsymbol{u}}_{sk}(\omega,\omega_f)]=-\dfrac{m_s}{2}\omega^2\hat{\boldsymbol{u}}_{sk}(\omega,\omega_f)\\ \qquad\qquad+\dfrac{k_b+\mathrm{i}c_b\omega}{2}[\hat{\boldsymbol{u}}_{sk}(\omega,\omega_f)-\hat{\boldsymbol{u}}_{bk}(\omega,\omega_f)]\\ \dfrac{k_b+\mathrm{i}c_b\omega}{2}[\hat{\boldsymbol{u}}_{sk}(\omega,\omega_f)-\hat{\boldsymbol{u}}_{bk}(\omega,\omega_f)]=-\dfrac{m_b}{2}\omega^2\hat{\boldsymbol{u}}_{bk}(\omega,\omega_f)+\dfrac{k_f+\mathrm{i}c_f\omega}{2}\hat{\boldsymbol{u}}_{bk}(\omega,\omega_f)\\ \dfrac{k_f+\mathrm{i}c_f\omega}{2}\hat{\boldsymbol{u}}_{bk}(\omega,\omega_f)=\hat{\boldsymbol{F}}_k(\omega,\omega_f)\end{cases}$$

(3.69)

式中，$\hat{\boldsymbol{u}}_{bk}(\omega,\omega_f)$为第 k 个支点处第三层支撑质量块（对应道砟）的频域位移响应；$k_C(\omega)$为钢轨下复合刚度；m_b 为第三层支撑的质量（对应一个轨枕范围内的道砟质量）；k_f、c_f 分别为第三层支撑的刚度及阻尼（对应基础的刚度及阻尼）；式中部分相应于两股钢轨的参数均除以 2。

针对三层支撑普通道床轨道，由式(3.69)可解得单股钢轨对应的第 k 个支点传递给轨下基础的振动激励力，即

$$\begin{aligned}\hat{\boldsymbol{F}}_k(\omega,\omega_f)&=\frac{k_C(\omega)}{2}\hat{\boldsymbol{u}}_r(kL,\omega,\omega_f)+\frac{m_s}{2}\omega^2\hat{\boldsymbol{u}}_{sk}(\omega,\omega_f)+\frac{m_b}{2}\omega^2\hat{\boldsymbol{u}}_{bk}(\omega,\omega_f)\\&=\left\{k_C(\omega)+\frac{m_s\omega^2[k_r+\mathrm{i}c_r\omega-k_C(\omega)]}{k_r+\mathrm{i}c_r\omega}+\frac{m_b\omega^2[k_r+\mathrm{i}c_r\omega-k_C(\omega)](k_b+\mathrm{i}c_b\omega)}{(k_r+\mathrm{i}c_r\omega)(k_b+\mathrm{i}c_b\omega+k_f+\mathrm{i}c_f\omega-m_b\omega^2)}\right\}\\&\quad\hat{\boldsymbol{u}}_r(kL,\omega,\omega_f)/2\end{aligned}\tag{3.70}$$

由于在特定激振频率 ω_f 的轮轨激励力作用下，根据无限-周期结构理论有

$$\hat{\boldsymbol{u}}_r[(k+1)L,\omega,\omega_f]=\mathrm{e}^{\mathrm{i}(\omega_f-\omega)L/v}\hat{\boldsymbol{u}}_r(kL,\omega,\omega_f)\tag{3.71}$$

结合式(3.66)、式(3.68)、式(3.70)及式(3.71)可以得出，在大小为 $\bar{Q}_k^{WT}(\omega_f)\mathrm{e}^{\mathrm{i}\omega_f t}$ $(k=1,2,\cdots,m_w)$、具有特定激振频率 ω_f 的系列轮轨激励力作用下，轨道第 $k+1$ 个扣件和第 k 个扣件对应的，由轨道结构传递给轨下基础的振动激励力同样满足周期性条件，即

$$\hat{\boldsymbol{F}}_{k+1}(\omega,\omega_f)=\mathrm{e}^{\mathrm{i}(\omega_f-\omega)L/v}\hat{\boldsymbol{F}}_k(\omega,\omega_f)\tag{3.72}$$

由叠加原理，车辆-轨道系统的总轮轨力 $\boldsymbol{Q}_k^{WT}(t)(k=1,2,\cdots,m_w)$作用下，轨道第 k 个扣件对应轨下结构传递给轨下基础的振动激励力$\hat{\boldsymbol{F}}_k(\omega)$（对应单股钢轨）可表示为

$$\hat{\boldsymbol{F}}_k(\omega)=\sum_{f=0}^{N_R}\hat{\boldsymbol{F}}_k(\omega,\omega_f)\tag{3.73}$$

式中，N_R 为计算频率范围内的激振频率数量。

3.7　模型验证

本节将对前面提出车辆-轨道动力耦合模型中的关键点的正确性进行讨论。

这里推导的基于无限-周期结构理论的列车-普通道床轨道动力耦合模型，是以纯解析方式建立的。因此，模型中轮对柔度系数求解的正确性，是模型正确的关键。下面将以 $DTVI_2$ 扣件轨道模型为例，对车辆-轨道动力耦合模型中轮对柔度系数求解方法的正确性进行验证，$DTVI_2$ 扣件轨道参数（翟婉明，2015）如表 3.2 所示。

表 3.2　DTVI₂ 扣件轨道参数*

物理量	参数	物理量	参数
钢轨单位长度质量 m/(kg/m)	121.28	扣件刚度 k_{r}/(N/m)	1.2×10^{8}
钢轨弹性模量 E/(N/m²)	2.059×10^{11}	扣件阻尼 c_{r}/(N·s/m)	6×10^{4}
钢轨截面惯性矩 I/m⁴	6.434×10^{-5}	扣件间距 L/m	0.6
钢轨损耗因子 η	0.01		

* 轨道参数均对应两股钢轨。

对于车辆-轨道动力耦合模型，在计算轮对柔度系数时，考虑轨道长度为有限值 $2N_{\mathrm{k}}+1$ 的支点数(式(3.32))。因此，柔度系数是否随计入支点数的增加而收敛，以及确保柔度系数准确性的支点数取值，成为模型是否准确的关键问题。作为模型验证的一部分，先对柔度系数 $A(x',\omega_f)$进行收敛分析。

图 3.10 为计算支点数对柔度系数的影响，图中给出一层支撑 DTVI₂ 扣件轨道模型在特定距离取值($x'=0$m、2.2m、-2.2m 和 12.6m)及不同计算扣件数(支点数)下，对应列车速度 50km/h 时的柔度系数。其中，距离 x'分别对应地铁车辆的特定轴间距，它们分别代表轮对对自身的影响、同一转向架后轮对对前轮对的影响、同一转向架前轮对对后轮对的影响及同一车辆最后一个轮对对第一个轮对的影响。

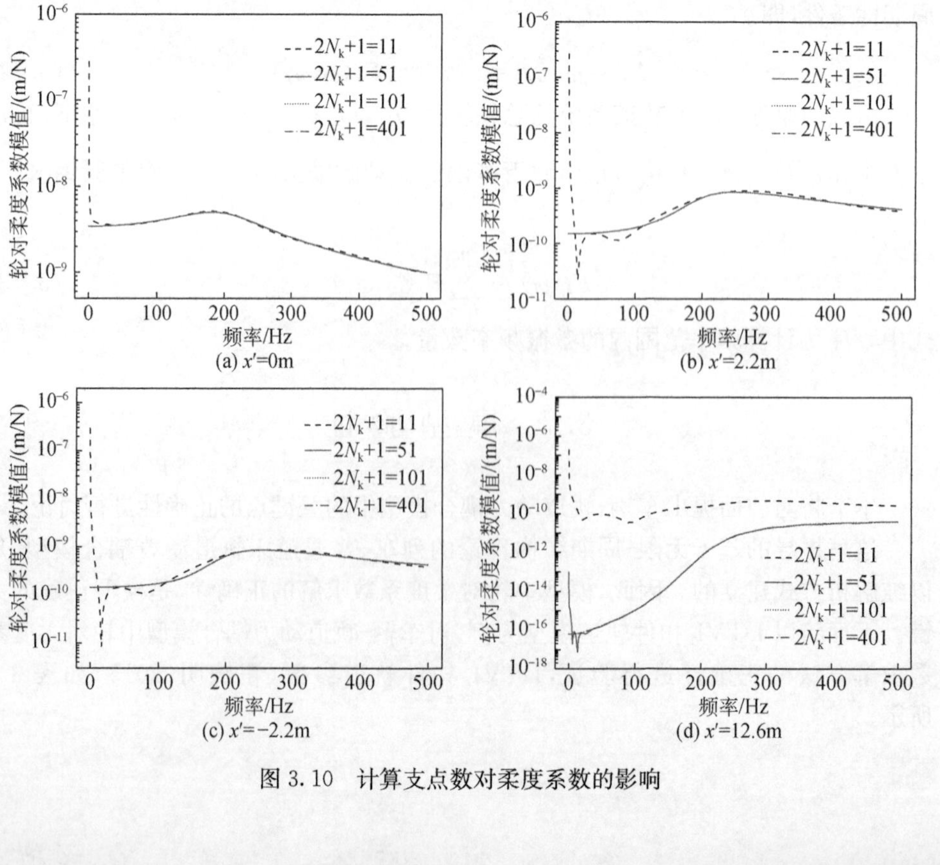

图 3.10　计算支点数对柔度系数的影响

从图 3.10 中可以看出计算支点数对柔度系数的影响：当计算支点数取得足够大时，柔度系数将收敛。以图 3.10(a)为例，当计算支点数取 11 时，柔度系数并未达到收敛，特别是在低频段范围。而当计算支点数达到和超过 51 时，计算得到的柔度系数几乎是一致的，此时柔度系数达到收敛。此外，从图 3.10 中还可以看出：对于越大的距离 x'，$A(x',\omega_f)$达到收敛需要的计算支点数就越多。具体地，当 $x'=0\text{m}$、2.2m 和 -2.2m 时，计算 51 个支点就能得到收敛的柔度系数；但是当 $x'=12.6\text{m}$时，同样计算 51 个支点就不能得到准确的柔度系数，特别是在低频段，此时需要将更多的支点纳入考虑。总之，当运用基于无限-周期结构理论的列车-普通道床轨道动力耦合模型时，只要计算支点数取得足够大，就能得到收敛准确的柔度系数，即模型能从自身保证其准确性。

将模型中柔度系数的求解方法同其他模型进行对比，以更好地验证其正确性。Sheng 等(2005)在文献中给出了求解移动简谐荷载作用下周期离散支撑的无限长 Timoshenko 梁轨道结构动力响应的方法。因此，将该方法运用于 Euler-Bernoulli 梁轨道模型中进行计算，并与本章提出的车辆-轨道模型中柔度系数求解方法的求解结果进行比较。

考虑速度为 50km/h 的单位移动简谐荷载 $e^{i\omega_f t}$ 作用于具有上述参数的一层支撑轨道模型上，图 3.11 为单位移动简谐荷载作用下一层支撑轨道结构动力响应分析模型。在该情况下，引入一个原点位于荷载作用点且随荷载一同移动的移动坐标系。

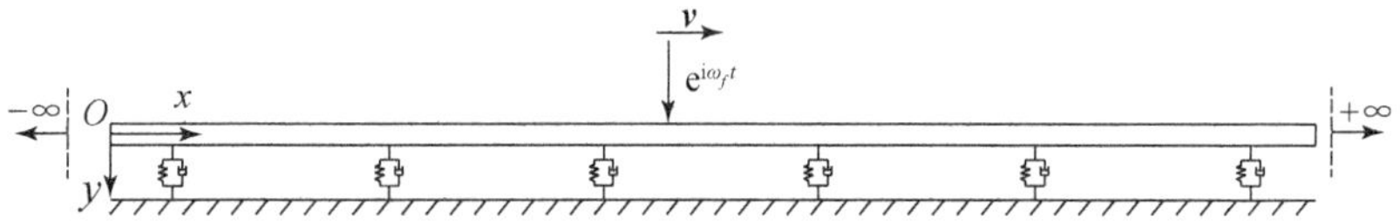

图 3.11　单位移动简谐荷载作用下一层支撑轨道结构动力响应分析模型

由文献(Sheng et al.,2005)可知，移动简谐荷载作用下，周期支撑轨道移动坐标系下的轨梁响应并不是单纯简谐的，而是具有如下形式的响应，即

$$u_r(x',t,\omega_f)=\left[A_1(x',\omega_f)+A_2\left(x',\frac{x_0^F+vt}{L}\right)\right]e^{i\omega_f t} \tag{3.74}$$

式中，$u_r(x',t,\omega_f)$为轨梁位移响应 $\boldsymbol{u}_r(x',t,\omega_f)$的大小；$x'$为移动坐标；$x_0^F$ 为荷载初始时刻位置；$A_1(x',\omega_f)$与 $A_2(x',(x_0^F+vt)/L)$分别为响应幅值的两个组成部分，其中，$A_2(x',(x_0^F+vt)/L)$关于时间 t 是以 L/v 为周期的函数。

从式(3.74)可以看出，响应幅值 $A_2(x',(x_0^F+vt)/L)$的存在导致轨梁响应并非单纯简谐。由于 $A_2(x',(x_0^F+vt)/L)$以 L/v 为周期，当 $x_0^F=0$ 时，$A_2(x',(x_0^F+vt)/L)$的取值随时间 t 在区间$[0,L/v]$内变化，等效于当 $t=0$ 时，$A_2(x',(x_0^F+$

$vt)/L$)的取值随荷载初始位置坐标 x_0^F 的取值在区间[0,L]内变化。也就是说当计算 $A_2(x',(x_0^F+vt)/L)$时,可以令 $t=0$,并在区间[0,L]内取 x_0^F 的值,即可认为移动简谐荷载作用下,周期支撑轨道移动坐标系下轨梁响应幅值依赖荷载初始位置。

本章车辆-轨道耦合模型在求解柔度系数时,对移动坐标系中轨梁响应幅值依赖荷载初始位置这一事实进行简化,因此将由 Sheng 等(2005)的方法计算出的两种荷载初始位置(扣件上及扣件间跨中心)与本章方法进行对比,图 3.12 为轨梁柔度系数计算结果对比图。

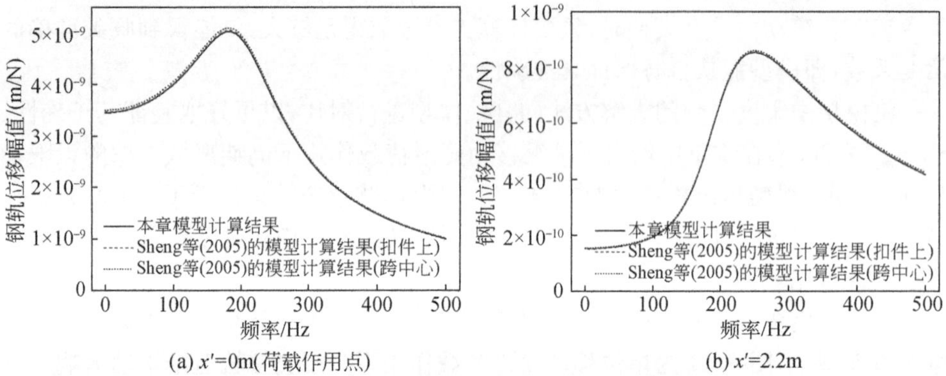

图 3.12　轨梁柔度系数计算结果对比图

在图 3.12 中,由于轨道扣件刚度较大,由 Sheng 等(2005)的方法计算出的两种荷载初始位置下的结果几乎是一致的,且这两种结果均与由本章模型计算得到的结果一致。实际上,即使扣件刚度较小,由 Sheng 等(2005)的方法计算出的两种荷载初始位置下的结果在列车引起环境振动关注的低频段也几乎是一致的。因此,可以看出,在本章车辆-轨道耦合模型中对柔度系数的求解简化满足该求解方法的正确性要求。

3.8　基于无限-周期结构理论的车辆-轨道耦合动力分析软件简介

基于无限-周期结构理论的车辆-轨道耦合动力分析软件(simulation of vehicle/track interaction based on periodic-infinite structure theory,SVTIPIST,登记号 2013SRBJ0106),如图 3.13 所示,主要用于分析车辆-轨道动力耦合系统。该软件包含了完善的车辆模型及轨道模型,可以考虑各种参数条件下的一层支撑(由钢轨及扣件等主要部件构成)、两层支撑(由钢轨、扣件、轨枕及枕下支撑等主要部件构成)及三层支撑(由钢轨、扣件、轨枕、枕下支撑、道床及基础支撑等部件构成)轨道系统及各种类型、各种参数条件下的车辆系统，可以选择任一级美国轨道谱进行系统激励（轨道不平顺）的输入。通过该软件的计算分析，在特定车辆、轨道、不平顺条件下，车辆的动力响应、轮轨力、轨道结构的动力响应及列车运行经由轨道系统传递给轨下基础的振动激励力均可求得。因此，该软件不仅能供使用者研究车辆、轨道的振动问题，还能为使用者研究由列车运行引起环境振动问题提供振动激励力。

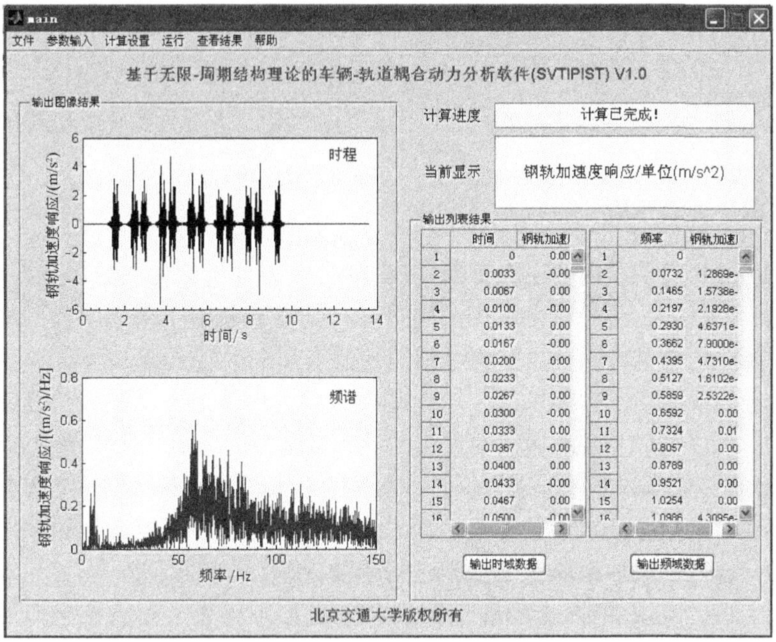

图 3.13　基于无限-周期结构理论的车辆-轨道耦合动力分析软件

SVTIPIST 的可视化操作界面使得软件操作极为简便。图 3.13～图 3.15 给出 SVTIPIST 的主界面及部分计算控制对话框。软件主界面主要显示计算分析结果，其中，“输出图像结果”显示的是特定物理量的图像结果，有时程和频谱之分（一些物理量的时程及频谱均会显示，而另一些物理量只显示时程）；“输出列表结果”显示特定物理量的数据列表结果，同样有时域、频域之分；“当前显示”窗口表明目前界面显示的物理量，显示的物理量可以在运行计算完成后在下拉菜单的“查看结果”中选取；“计算进度”窗口显示计算是否完成，当计算正在进行时，其显示“计算正在进行，请耐心等待！”，当计算完成时，其显示“计算已完成！”，表明此时可以查看结果。对于计算控制对话框（图 3.14 及图 3.15），用户则可根据实际情况的参数取值进行输入。

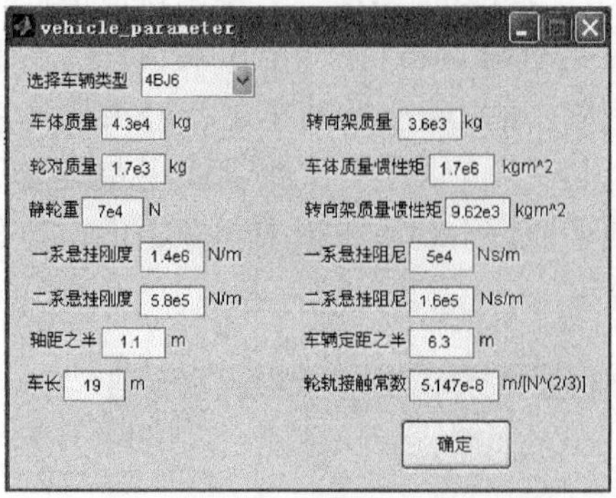

图 3.14　车辆参数输入对话框

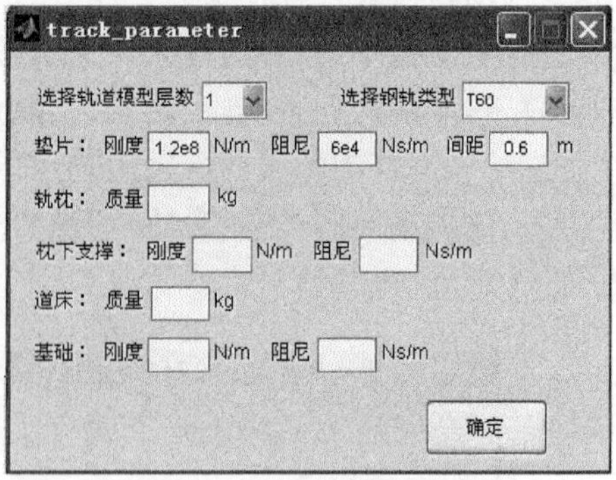

图 3.15　轨道参数输入对话框

3.8.1　软件计算步骤

基于无限-周期结构理论的车辆-轨道耦合动力分析软件在分析列车-普通道床轨道耦合系统时，将轮轨力视为由列车轴重荷载和轨道不平顺引起的动态激励力两部分组成，而其计算分析过程可归纳为以下几个主要步骤。

(1)轮轨动态激励力的求解。轮轨动态激励力由轨道不平顺的三角级数模拟方法出发，可以写成与各激振频率对应的动态激励力的叠加。在软件中，对轮轨动态激励力的各激振频率进行采样循环，对所有考虑激振频率对应的动态激励力逐一进行求解，最后叠加求得总的轮轨动态激励力。对于一特定激振频率对应的动态激励力，软件中具体采取以下步骤进行求解：①根据车辆参数，求解轮对处的柔度矩阵；②根据轨道参数，求解移动荷载状态激振下钢轨上轮轨接触点的柔度矩阵；③求解轨道不平顺对应当前激振频率的幅值；④由轮轨线性 Hertz 接触关系，解得当前激振频率对应的动态轮轨力幅值。

(2)由轮轨动态激励力求解车辆系统的振动响应。

(3)叠加轴重荷载及轮轨动态激励力，求解所考虑激振频率范围内的总轮轨力。

(4)利用总轮轨力，求解轨道系统响应及列车运行经由轨道系统传递给轨下基础的振动激励力。软件首先运用无限-周期结构理论，对各频率成分的各轴轮轨力作用下的轨道系统响应及经由轨道系统传递给轨下基础的振动激励力进行求解，而后通过叠加原理解得在所考虑激振频率范围内轮轨力作用下的轨道结构总响应及传递给轨下基础的总振动激励力。

3.8.2　软件典型计算结果

SVTIPIST 典型的计算结果如图 3.16 所示，包括“钢轨加速度响应”“钢轨位移响应”“车辆响应”及“轮轨力”等物理量。其中,“车辆响应”及“轮轨力”由于在时间上的不消逝性(不存在连续频谱),软件仅计算其时程,其余的物理量,软件将同时计算其时程及频谱(连续频谱)。

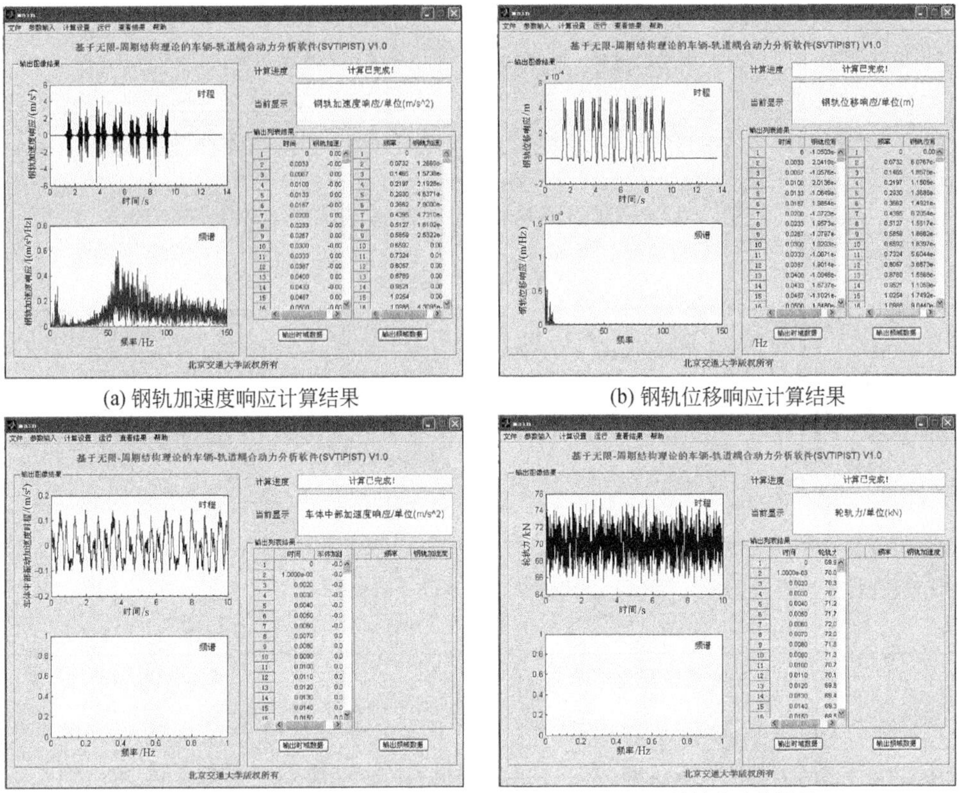

(a) 钢轨加速度响应计算结果　　(b) 钢轨位移响应计算结果

(c) 车辆响应计算结果　　(d) 轮轨力计算结果

图 3.16　SVTIPIST 典型的计算结果

3.9　案例分析

本节以一个具体案例的车辆-轨道耦合系统动力学特性进行分析,详细讨论柔度系数、准静态轴重作用下轨道的动力响应、谐波不平顺输入下轨道的动力响应及随机不平顺输入下车辆-轨道系统的动力响应。该区间列车运行速度为 50km/h。

案例以图 3.17 所示的一层 $DTVI_2$ 扣件轨道车辆-轨道耦合模型进行分析。轨道结构参数如表 3.2 所示。地铁列车常采取 6 节编组,地铁列车参数(马龙祥,2014)如表 3.3 所示。

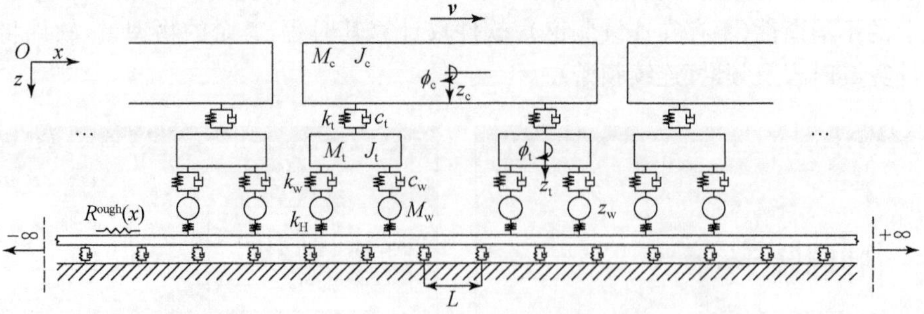

图 3.17 一层 $DTVI_2$ 扣件轨道车辆-轨道耦合模型

表 3.3 地铁列车参数*

物理量	参数	物理量	参数
车体质量 M_c/kg	4.3×10^4	二系悬挂刚度 k_t/(N/m)	5.8×10^5
转向架质量 M_t/kg	3.6×10^3	二系悬挂阻尼 c_t/(N·s/m)	1.6×10^5
轮对质量 M_w/kg	1.7×10^3	一系悬挂刚度 k_w/(N/m)	1.4×10^6
车体质量惯性矩 J_c/(kg·m²)	1.7×10^6	一系悬挂阻尼 c_w/(N·s/m)	5×10^4
转向架质量惯性矩 J_t/(kg·m²)	9.62×10^3	半定距 b/m	6.3
轮轨接触常数 G/(m/N$^{2/3}$)	5.147×10^{-8}	半轴距 a/m	1.1
车长 l/m	19		

* 以上车辆参数见相关文献(马龙祥,2014)。

轨梁柔度系数是车辆-轨道耦合的一个重要物理量。通过前面的研究可以知道,当计算的扣件数取得足够大时,可以得到收敛的轨梁柔度系数。本案例经收敛分析可得,在列车以 50km/h 速度运行,计算数量达到 401(对应轨道长度为 241.2m,相当于 1.3 倍 8 节 A 型列车编组的长度)时,可以保证当前情况下"轮轨接触点轨梁柔度矩阵"求解的准确性,因此本案例均以此轨道长度进行考虑。

3.9.1 轨梁柔度系数

首先本案例对轨梁柔度系数 $A(x',\omega_f)$(式(3.31))进行讨论,以便研究列车在 $DTVI_2$ 扣件轨道结构上行进时,各轮对之间的相互影响情况。

图 3.18 为一些典型的轨梁柔度系数,给出列车以 50km/h 速度运行下对应距离 $x'=0$m、2.2m、-2.2m 和 12.6m 的柔度系数,即给出轨梁柔度系数函数 $A(x',\omega_f)$在上述特定 x'取值时随频率变化的情况。图 3.18 中给出相应柔度系数的模值、实部及虚部。

图 3.18 中的轨梁柔度系数很好地反映了轨道的动力学特性。

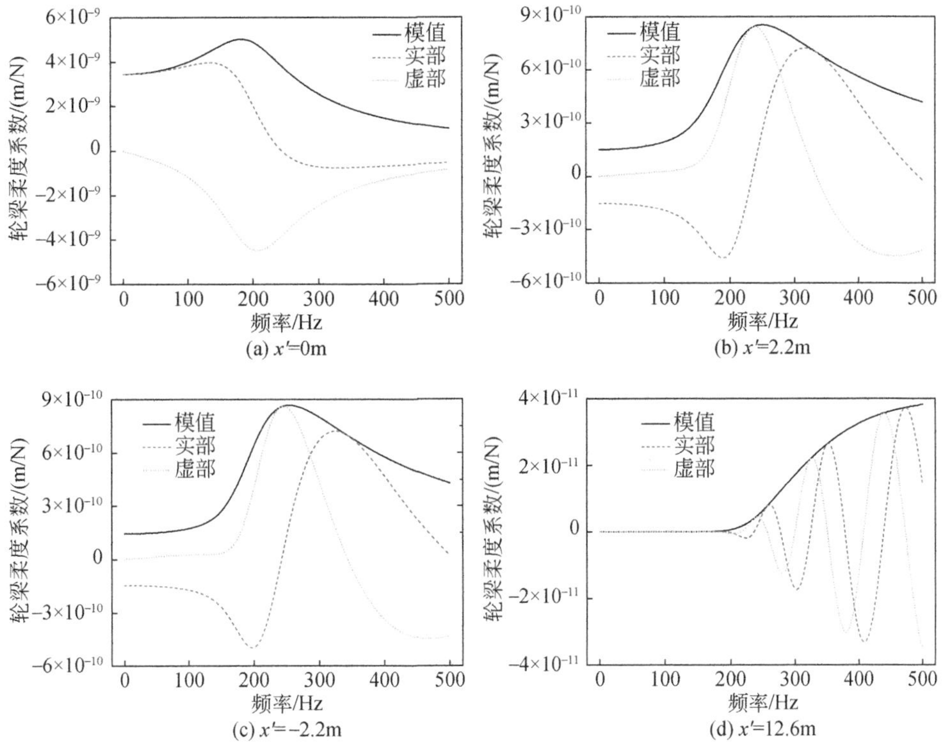

图 3.18 一些典型的轨梁柔度系数

仔细比较图 3.18 中 $x'=2.2\mathrm{m}$ 和 $x'=-2.2\mathrm{m}$ 时对应的轨梁柔度系数，可以发现它们并不完全相同。这表明，轨道结构上移动的两轮对，前轮对对后轮对的影响与后轮对对前轮对的影响是不完全相同的。这样的不对称现象是采用定点荷载状态激励无法反映的，因为轮对自身的移动方向就带来了问题的不对称。运用该算法研究表明，在钢轨下部支撑刚度更小的情况下，这样的不对称现象将会更加明显。此外，从图 3.18 中还可以看出，不同轮轨接触点的轨梁柔度系数对应的显著频率有所差别：当 x' 取 0m 时，相应柔度系数在频率 180Hz 附近有最为显著的影响；当 x' 取 2.2m 及−2.2m 时，相应柔度系数在频率 250Hz 附近有最为显著的影响；而当 x' 取 12.6m 时，轨梁柔度系数较为显著的频段又变到一个更高的频段。

再考察轨梁柔度系数函数 $A(x',\omega_f)$ 的模值在 ω_f 取一定值时随距离 x' 变化的情况。图 3.19 给出 $A(x',\omega_f)$ 的模值在一些特定激振频率 ω_f 时随距离 x' 的变化情况。

从图 3.19 中可以看出：

(1) $A(x',\omega_f)$ 并不严格关于 x' 偶对称，这是因为荷载的移动方向造成了问题的不对称性。这更充分地表明，轨道结构上移动的两轮对，前轮对对后轮对的影响与后轮对对前轮对的影响是不完全相同的。

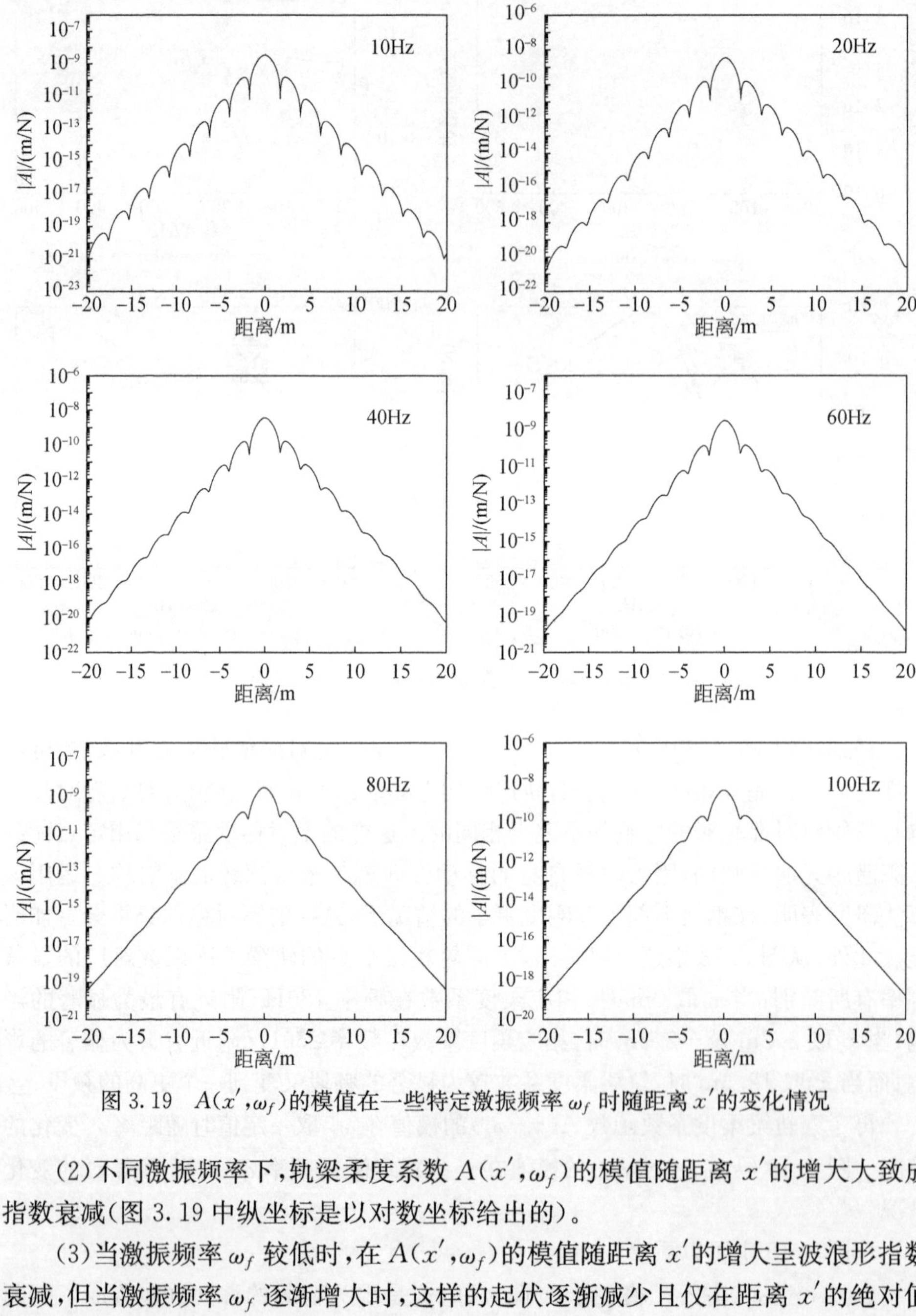

图 3.19 $A(x',\omega_f)$的模值在一些特定激振频率 ω_f 时随距离 x'的变化情况

(2)不同激振频率下，轨梁柔度系数 $A(x',\omega_f)$的模值随距离 x'的增大大致成指数衰减(图 3.19 中纵坐标是以对数坐标给出的)。

(3)当激振频率 ω_f 较低时，在 $A(x',\omega_f)$的模值随距离 x'的增大呈波浪形指数衰减，但当激振频率 ω_f 逐渐增大时，这样的起伏逐渐减少且仅在距离 x'的绝对值很小时出现。

3.9.2　准静态轴重作用下轨道结构振动响应

对由地铁列车准静态轴重引起的 $DTVI_2$ 扣件轨道结构振动响应进行分析，将最高分析频率取为 150Hz。

图 3.20 给出列车准静态轴重引起的轨道结构振动响应，其中，列车运行速度 $v=50$km/h，轨道结构振动响应对应 $x=20.7$m 点处钢轨的位移和加速度响应。

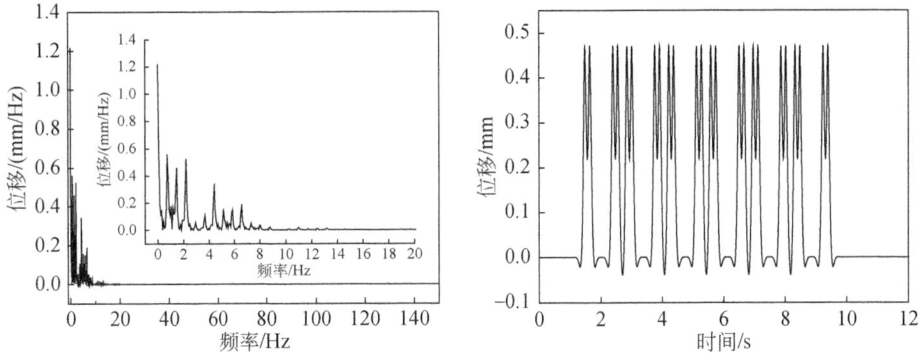

(a) 钢轨位移频谱及时程

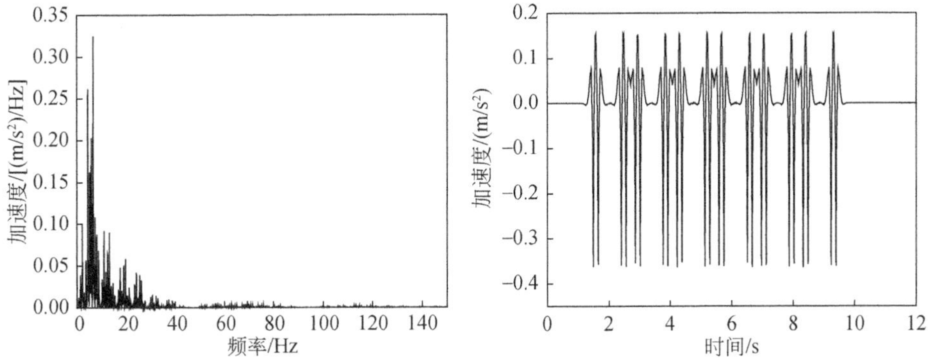

(b) 钢轨加速度频谱及时程

图 3.20　列车准静态轴重引起的轨道结构振动响应($v=50$km/h)

图 3.20 很好地反映了列车各轴通过响应点的波形图，从图中可以得到如下结论：

(1)在响应频谱上，由列车准静态轴重引起的轨道位移响应及加速度响应都集中在低频。

(2)从响应的时程来看，当前参数下列车准静态轴重引起的钢轨最大位移响应约为 0.48mm，引起的最大加速度响应约为 0.36m/s^2。

3.9.3 谐波不平顺输入下轨道结构振动响应

以谐波不平顺作为输入,研究车辆-轨道耦合系统的动力响应。将轨道结构振动响应的最高分析频率取为150Hz。假设各轴历经的不平顺具有随机相位,且第k轴历经的不平顺可以写为

$$\bar{R}_k^{\text{ough}}(\omega_f)=A_f\cdot e^{i\theta_k}\cdot e^{i\omega_f t} \tag{3.75}$$

式中,$A_f\cdot e^{i\theta_k}$为幅值,θ_k为$[0,2\pi]$内的随机相位。

显然,在谐波不平顺输入下,车辆响应及轮轨力都是简谐的,因此这里仅讨论轨道结构振动响应并给出加速度响应。

图3.21和图3.22为简谐不平顺输入下由列车引起的钢轨加速度响应(由列车的静态轴重引起轨道结构振动响应并不包含在内)。其中,图3.21中简谐不平顺$A_f=2\times10^{-6}$m,$\omega_f=2\pi\times50$rad/Hz(对应波长$\lambda_f=2\pi v/\omega_f=0.287$m);图3.22中简谐不平顺$A_f=2\times10^{-6}$m,$\omega_f=2\pi\times70$rad/Hz(对应波长$\lambda_f=2\pi v/\omega_f=0.198$m),轨道系统钢轨响应点$x=20.7$m。

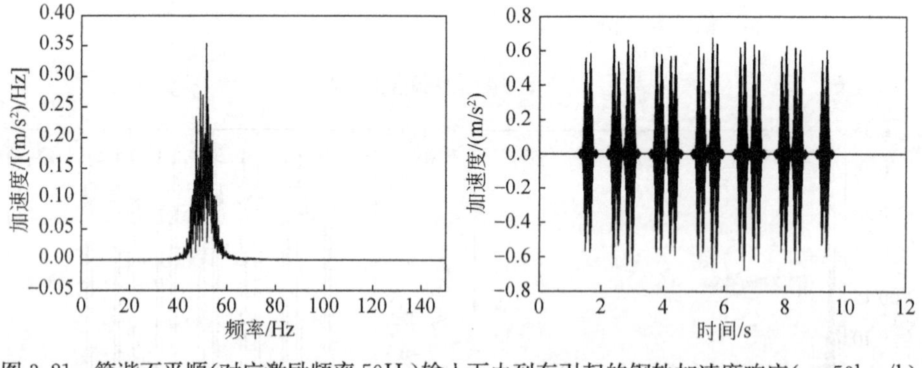

图3.21 简谐不平顺(对应激励频率50Hz)输入下由列车引起的钢轨加速度响应(v=50km/h)

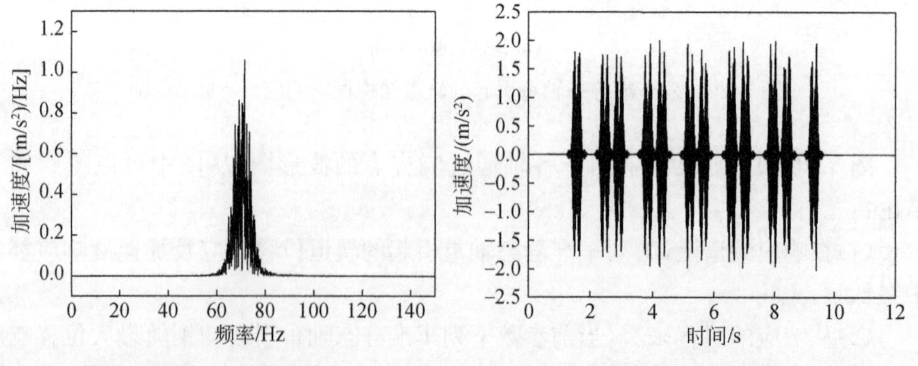

图3.22 简谐不平顺(对应激励频率70Hz)输入下由列车引起的钢轨加速度响应(v=50km/h)

从图 3.21 和图 3.22 中可以看出，在简谐不平顺激励下，钢轨振动响应的频谱集中在不平顺激励频率附近（图中分别为 50Hz 及 70Hz）。此外，图 3.21 和图 3.22 中时程也很好地反映了列车各轴通过响应点的过程。

3.9.4　随机不平顺输入下车辆-轨道耦合体系的响应

以随机不平顺模拟该区间实际轨道不平顺，进行该区间实际车辆-轨道耦合系统动力响应的研究。下面分析截止频率为 150Hz 以内的轨道结构振动响应。为此，将轮轨力最高激振频率取为一个比 150Hz 更大的值。因而，考虑引起轮轨力激振频率在－170～170Hz 内的不平顺。在分析中，采用美国轨道六级谱来模拟 $DTVI_2$ 扣件区段的轨道不平顺，采样点 $N_R=256$。

图 3.23 给出总轮轨力时程，该轮轨力是对应激振频率－170～170Hz 的结果。图 3.24 为当前不平顺采样点数下，动态轮轨力幅值频率分布。值得注意的是，轮轨力幅值与轨道不平顺采样点数有关。图 3.25 为车体中部振动加速度响应，图中给出加速度响应的时程及频率成分（其中，图 3.25(b) 中车体振动加速度在各频率的幅值也与轨道不平顺采样点数有关）。

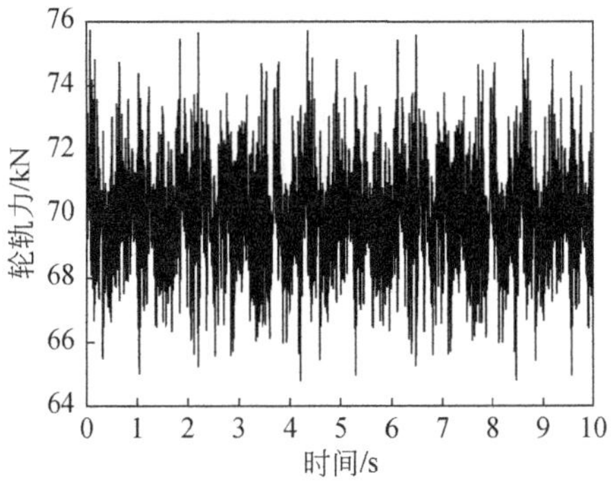

图 3.23　总轮轨力时程

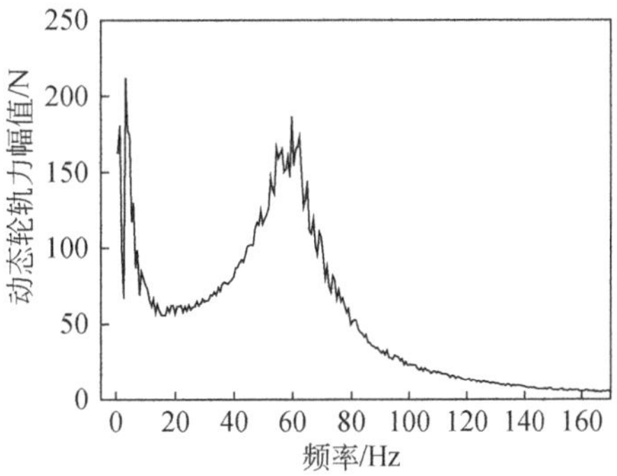

图 3.24　动态轮轨力幅值频率分布

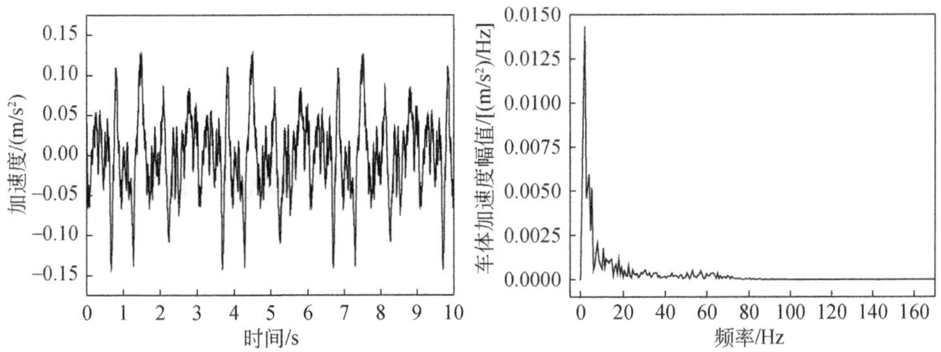

(a) 时程　　(b) 频率成分

图 3.25　车体中部振动加速度响应

图 3.26 为随机不平顺时列车运行引起的钢轨响应，图中钢轨位移响应和加速度响应对应 $x=20.7\text{m}$ 点，此时列车运行速度 $v=50\text{km/h}$。如图 3.26(c)所示，钢轨加速度频谱响应的第一个峰值频段是由列车准静态荷载决定的，第二个峰值频段是由车辆-轨道耦合系统的动力学特性及轨道不平顺决定的。

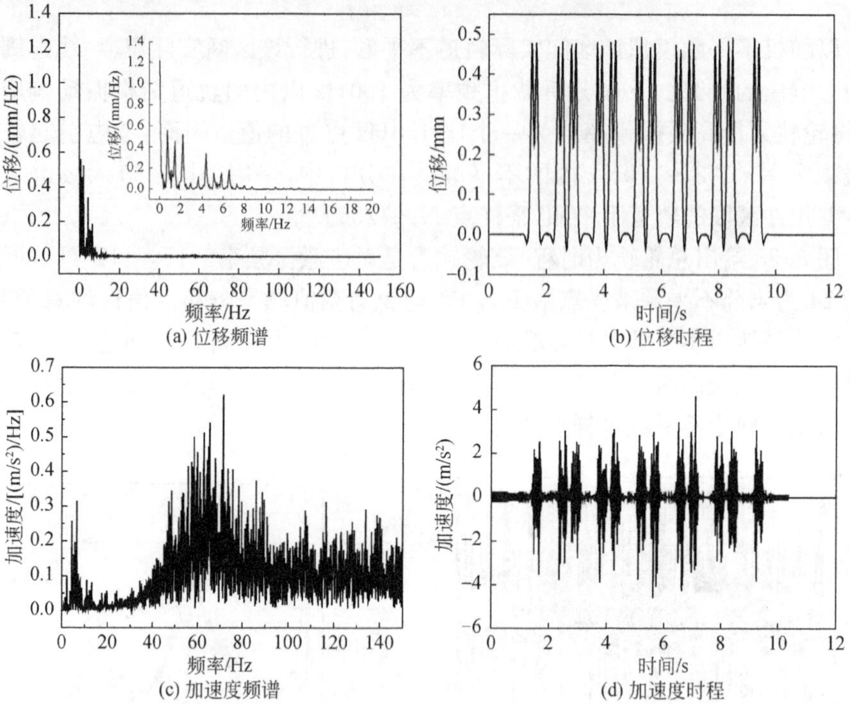

图 3.26　随机不平顺时列车运行引起的钢轨响应($v=50\text{km/h}$)

图 3.27 为实测运行列车作用下的钢轨加速度响应，列车运行速度为 50km/h，图中频谱给出 0～150Hz 频段内的响应，时程与该频段内的频谱对应。图 3.28 为模拟和实测钢轨加速度响应 1/3 倍频程对比。

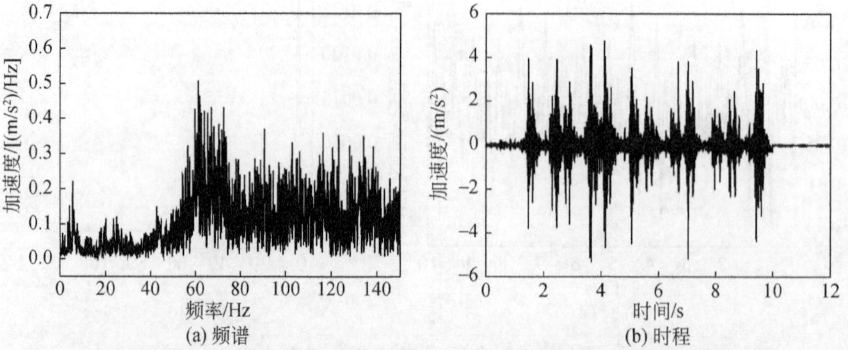

图 3.27　实测运行列车作用下的钢轨加速度响应($v=50\text{km/h}$)

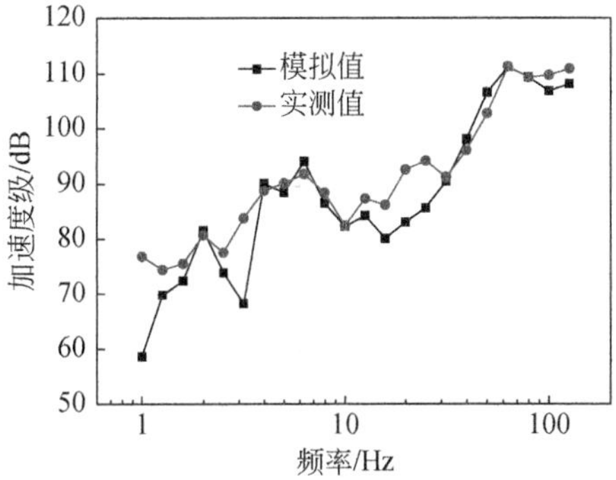

图 3.28　模拟和实测钢轨加速度响应 1/3 倍频程对比(v=50km/h)

第 4 章　浮置板轨道车辆-轨道耦合频域解析模型

钢弹簧浮置板轨道是一种较为成熟的轨道隔振措施，在国内外的城市轨道交通中应用非常广泛。它能够有效地降低地铁列车振动响应，目前，在所有的隔振措施中效果最好。钢弹簧浮置板自振频率最低可降至 5～7Hz，在较低频段减振方面具有非常明显的优势。本章根据前述所建立的车辆-轨道耦合解析方法，研究浮置板轨道车辆-轨道耦合系统的动力学特性。

4.1　浮置板轨道模型

设浮置板轨道的每段板长为 L，并将其视为以 L 为周期的离散支撑无限-周期浮置板轨道结构，其力学模型如图 4.1 所示。其中，将浮置板模拟为固定基础上离散点支撑的有限长 Euler-Bernoulli 梁（称作板梁），将在浮置板上对称布置的扣件（间距 d_r、数量 N_r）和板下隔振器（间距 d_s、数量 N_s）模拟为弹簧阻尼元件。将钢轨模拟为浮置板结构上离散点支撑的无限长 Euler-Bernoulli 梁（称作轨梁）。模型坐标原点 O 取在浮置板某一间断点处。这样，浮置板长 L 范围内的轨道结构模型可视作该无限轨道模型的一个基本元。

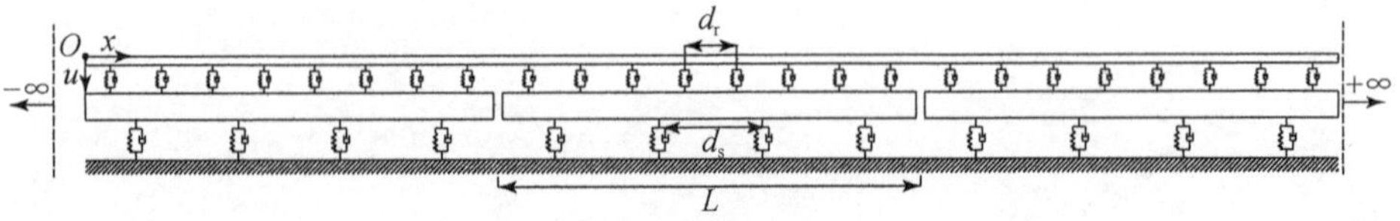

图 4.1　无限-周期浮置板轨道结构力学模型

4.2　浮置板轨道动力响应的模态叠加法

根据第 2 章讨论的轨道无限-周期结构特性，本节将给出一个用于求解移动简谐荷载作用下浮置板轨道动力响应的新型频域数学模态叠加法。

由前述假设，浮置板轨道响应在移动简谐荷载 $e^{i\omega_f t}$ 作用下具有如下周期性质：

$$\hat{\boldsymbol{u}}_r(x+L,\omega,\omega_f)=e^{i(\omega_f-\omega)L/v}\cdot\hat{\boldsymbol{u}}_r(x,\omega,\omega_f) \tag{4.1}$$

$$\hat{\boldsymbol{u}}_s(x+L,\omega,\omega_f)=e^{i(\omega_f-\omega)L/v}\cdot\hat{\boldsymbol{u}}_s(x,\omega,\omega_f) \tag{4.2}$$

式中，下标“r”和“s”分别表示轨梁（钢轨）及板梁（浮置板）；$\hat{\boldsymbol{u}}_{\mathrm{r}}$ 和 $\hat{\boldsymbol{u}}_{\mathrm{s}}$ 分别为 $\hat{\boldsymbol{u}}_{\mathrm{r}}(x,\omega,\omega_f)$ 及 $\hat{\boldsymbol{u}}_{\mathrm{s}}(x,\omega,\omega_f)$ 的简写，代表轨梁及板梁频域竖向位移；ω_f 为简谐荷载的激振频率。

当 $x=nL$（n 为整数）时，式(4.2)表示的是相邻两块板右端点（或左端点）位移响应之间的关系。

构造辅助函数 $\hat{\boldsymbol{P}}(x,\omega,\omega_f)$，使其满足

$$\hat{\boldsymbol{P}}(x,\omega,\omega_f)=\hat{\boldsymbol{u}}_{\mathrm{r}}(x,\omega,\omega_f)\mathrm{e}^{-\mathrm{i}(\omega_f/v-\omega/v)x} \tag{4.3}$$

结合式(4.1)与式(4.2)，有

$$\hat{\boldsymbol{P}}(x+L,\omega,\omega_f)=\hat{\boldsymbol{P}}(x,\omega,\omega_f) \tag{4.4}$$

因此，函数 $\hat{\boldsymbol{P}}(x,\omega,\omega_f)$ 是周期为 L 的函数，其大小可用傅里叶级数表示为

$$\hat{P}(x,\omega,\omega_f)=\sum_{n=-\infty}^{+\infty}\left[C_n(\omega,\omega_f)\mathrm{e}^{\mathrm{i}\xi_n x}\right] \tag{4.5}$$

式中，$C_n(\omega,\omega_f)$ 为傅里叶级数的系数；$\xi_n=2\pi n/L$。

于是，在单位移动简谐荷载作用下，浮置板轨道轨梁频域内位移响应 $\hat{\boldsymbol{u}}_{\mathrm{r}}(x,\omega,\omega_f)$ 的大小 $\hat{u}_{\mathrm{r}}(x,\omega,\omega_f)$ 可以写为傅里叶级数表达式，为

$$\hat{u}_{\mathrm{r}}(x,\omega,\omega_f)=\sum_{n=-\infty}^{+\infty}\left[C_n(\omega,\omega_f)\mathrm{e}^{\mathrm{i}(\xi_n+\omega_f/v-\omega/v)x}\right] \tag{4.6}$$

记

$$\hat{V}_n(x,\omega,\omega_f)=\mathrm{e}^{\mathrm{i}(\xi_n+\omega_f/v-\omega/v)x} \tag{4.7}$$

并将其称作频域内轨梁位移数学模态，简称轨梁数学模态。

于是，$\hat{u}_{\mathrm{r}}(x,\omega,\omega_f)$ 可以写为各轨梁数学模态与相应模态坐标乘积的和，即

$$\hat{u}_{\mathrm{r}}(x,\omega,\omega_f)=\sum_{n=-\infty}^{+\infty}\left[C_n(\omega,\omega_f)\hat{V}_n(x,\omega,\omega_f)\right] \tag{4.8}$$

在实际计算中，$C_n(\omega,\omega_f)\hat{V}_n(x,\omega,\omega_f)$ 不可能考虑无穷项，而只能考虑有限项。因此，式(4.8)可以写为

$$\hat{u}_{\mathrm{r}}(x,\omega,\omega_f)=\sum_{n=-N}^{+N}\left[C_n(\omega,\omega_f)\hat{V}_n(x,\omega,\omega_f)\right] \tag{4.9}$$

式中，$2N+1$ 为纳入考虑的轨梁模态数，将其记为 NMR，即 NMR$=2N+1$。

根据第 2 章的基本理论，基于式(4.9)，将无限长浮置板轨道结构动力响应问题的求解转换到一个基本元内进行，不妨取整体坐标 $x=0$ 到 $x=L$ 范围内的浮置板轨道结构基本元进行研究，如图 4.2 所示。

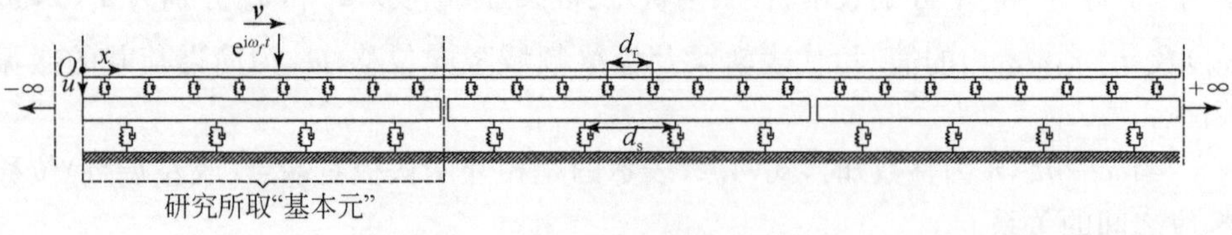

图 4.2 浮置板轨道结构基本元

在所取基本元内，根据 Euler-Bernoulli 梁理论，轨梁与板梁在频域内的动力控制方程分别为

$$E_r^* I_r \frac{\partial^4 \hat{\boldsymbol{u}}_r}{\partial x^4} - \omega^2 m_r \hat{\boldsymbol{u}}_r + \bar{k}_r \sum_{j=1}^{N_r} [(\hat{\boldsymbol{u}}_r - \hat{\boldsymbol{u}}_s)\delta(x - x_{rj})] = \frac{1}{\boldsymbol{v}} e^{i\frac{\omega_f - \omega}{v}(x - x_0^F)} \quad (4.10)$$

$$E_s^* I_s \frac{\partial^4 \hat{\boldsymbol{u}}_s}{\partial x^4} - \omega^2 m_s \hat{\boldsymbol{u}}_s - \bar{k}_r \sum_{j=1}^{N_r} [(\hat{\boldsymbol{u}}_r - \hat{\boldsymbol{u}}_s)\delta(x - x_{rj})] + \bar{k}_s \sum_{j=1}^{N_s} [\hat{\boldsymbol{u}}_s \delta(x - x_{sj})] = 0 \quad (4.11)$$

式中，$E_j^* = E_j(1 + i\eta_j)(j = \mathrm{r}$ 或 $\mathrm{s})$为考虑材料阻尼的弹性模量，$E_j(j = \mathrm{r}$ 或 $\mathrm{s})$为轨梁或板梁的实弹性模型，而 $\eta_j(j = \mathrm{r}$ 或 $\mathrm{s})$为轨梁或板梁的材料损耗因子；$I_j(j = \mathrm{r}$ 或 $\mathrm{s})$为轨梁或板梁的横截面惯性矩；$m_j(j = \mathrm{r}$ 或 $\mathrm{s})$为轨梁或板梁的线密度；x_{rj} 和 x_{sj} 分别为所取基本元内板上第 j 个扣件及板下第 j 个隔振器的坐标；$\bar{k}_r = k_r + ic_r\omega$，$k_r$ 和 c_r 分别为扣件的刚度及阻尼；$\bar{k}_s = k_s + ic_s\omega$，$k_s$ 和 c_s 分别为隔振器的刚度及阻尼。

上述基本元的边界条件为

$$\left.\frac{d^j \hat{\boldsymbol{u}}_r}{dx^j}\right|_{x=L} = e^{i(\omega_f - \omega)L/v} \left.\frac{d^j \hat{\boldsymbol{u}}_r}{dx^j}\right|_{x=0}, \quad j = 0,1,2,3 \quad (4.12)$$

$$\left.\frac{d^j \hat{\boldsymbol{u}}_s}{dx^j}\right|_{x=L} = \left.\frac{d^j \hat{\boldsymbol{u}}_s}{dx^j}\right|_{x=0} = 0, \quad j = 2,3 \quad (4.13)$$

式(4.12)表示该基本元内轨梁的位移和力的周期边界条件，由式(4.1)引入，$j=0$，1，2，3 分别对应轨梁的位移、转角、弯矩与剪力；式(4.13)表示板梁两自由端弯矩、剪力为 0 的边界条件。当板梁位移响应采用自由梁模态叠加进行表达时，式(4.13)自动满足，可不再考虑；当轨梁位移响应采用式(4.9)的级数进行表达时，式(4.12)自动满足，可不再考虑。

选取 NMS 个广义坐标 $T_p(\omega, \omega_f)$，将板梁频域内动力响应的大小 $\hat{u}_s(x, \omega, \omega_f)$ 表达为自由梁的模态叠加，即

$$\hat{u}_s(x, \omega, \omega_f) = \sum_{p=1}^{\mathrm{NMS}} [X_p(x) T_p(\omega, \omega_f)] \quad (4.14)$$

式中，$X_p(x)(p = 1 \sim \mathrm{NMS})$为自由梁正交函数系，有

$$\begin{cases} X_1 = 1 \\ X_2 = \sqrt{3}\left(1 - \dfrac{2x}{L}\right) \\ X_p = [\mathrm{ch}(\beta_p x) + \cos(\beta_p x)] - C_p[\mathrm{sh}(\beta_p x) + \sin(\beta_p x)], \quad p > 2 \end{cases} \tag{4.15}$$

式中，β_p 和 C_p 为常数，它们的取值可参见文献(曹志远，1989)。NMS 的选取使得其对应的模态频率大于分析的最高频率。特别地，当浮置板长度较短以至于不能视其为梁时，取 NMS=2，即只考虑板的沉浮及转动两个自由度，此时，代表浮置板的板梁在模型中退化为一个刚体。

运用模态叠加方法对轨道动力学控制方程进行求解。具体地，将式(4.10)两边同乘 $\hat{V}_m(x,\omega,\omega_f)^{-1} = \mathrm{e}^{-\mathrm{i}(\xi_m + \omega_f/v - \omega/v)x}$ $(m = -N \sim N)$，将式(4.11)两边同乘 $X_p(x)$ $(p = 1 \sim \mathrm{NMS})$，然后再对两式在坐标$[0, L]$上积分，由正交性及 Dirac 函数的性质有

$$\begin{aligned} & E_{\mathrm{r}}^{*} I_{\mathrm{r}} L\left(\xi_m + \frac{\omega_f}{v} - \frac{\omega}{v}\right)^4 C_m(\omega,\omega_f) - \omega^2 m_{\mathrm{r}} L C_m(\omega,\omega_f) \\ & + \bar{k}_{\mathrm{r}} \sum_{j=1}^{N_{\mathrm{r}}} \{[\hat{u}_{\mathrm{r}}(x_{\mathrm{r}j},\omega,\omega_f) - \hat{u}_{\mathrm{s}}(x_{\mathrm{r}j},\omega,\omega_f)] \hat{V}_m(x_{\mathrm{r}j},\omega,\omega_f)^{-1}\} \\ & = \frac{1}{v} \mathrm{e}^{-\mathrm{i}\frac{\omega_f - \omega}{v} x_0^{\mathrm{F}}} \int_0^L \mathrm{e}^{-\mathrm{i}\xi_m x} \mathrm{d}x, \quad m = -N \sim N \end{aligned} \tag{4.16}$$

$$\begin{aligned} & E_{\mathrm{s}}^{*} I_{\mathrm{s}} L \beta_p^4 T_p(\omega,\omega_f) - \omega^2 m_{\mathrm{s}} L T_p(\omega,\omega_f) - \bar{k}_{\mathrm{r}} \sum_{j=1}^{N_{\mathrm{r}}} \{[\hat{u}_{\mathrm{r}}(x_{\mathrm{r}j},\omega,\omega_f) - \hat{u}_{\mathrm{s}}(x_{\mathrm{r}j},\omega,\omega_f)] X_p(x_{\mathrm{r}j})\} \\ & + \bar{k}_{\mathrm{s}} \sum_{j=1}^{N_{\mathrm{s}}} [\hat{u}_{\mathrm{s}}(x_{\mathrm{s}j},\omega,\omega_f) X_p(x_{\mathrm{s}j})] = 0, \quad p = 1 \sim \mathrm{NMS} \end{aligned} \tag{4.17}$$

又由于

$$\hat{u}_{\mathrm{r}}(x_{\mathrm{r}j},\omega,\omega_f) = \sum_{n=-N}^{+N} [C_n(\omega,\omega_f) \hat{V}_n(x_{\mathrm{r}j},\omega,\omega_f)], \quad j = 1, 2, \cdots, N_{\mathrm{r}} \tag{4.18}$$

$$\hat{u}_{\mathrm{s}}(x_{\mathrm{r}j},\omega,\omega_f) = \sum_{p=1}^{\mathrm{NMS}} [X_p(x_{\mathrm{r}j}) T_p(\omega,\omega_f)], \quad j = 1, 2, \cdots, N_{\mathrm{r}} \tag{4.19}$$

$$\hat{u}_{\mathrm{s}}(x_{\mathrm{s}j},\omega,\omega_f) = \sum_{p=1}^{\mathrm{NMS}} [X_p(x_{\mathrm{s}j}) T_p(\omega,\omega_f)], \quad j = 1, 2, \cdots, N_{\mathrm{s}} \tag{4.20}$$

将式(4.18)～式(4.20)代入式(4.16)和式(4.17)，整理可得

$$\boldsymbol{Ac} = \boldsymbol{P} \tag{4.21}$$

式中，$\boldsymbol{c} = [C_{-N}(\omega,\omega_f) \quad C_{-N+1}(\omega,\omega_f) \quad \cdots \quad C_N(\omega,\omega_f) \quad T_1(\omega,\omega_f) \quad \cdots \quad T_{\mathrm{NMS}}(\omega,\omega_f)]^{\mathrm{T}}$；$\boldsymbol{A}$ 为组建成的 NMR+NMS 阶已知方阵；$\boldsymbol{P}$ 为组建成的(NMR+NMS)×1 已知向量，其第 j 行的值为

$$\boldsymbol{P}(j,1) = \begin{cases} L\mathrm{e}^{-\mathrm{i}\frac{\omega_f - \omega}{v} x_0^{\mathrm{F}}} / v, & j = N+1 \\ 0, & j = \text{其他} \end{cases} \tag{4.22}$$

在任一角频率 ω 下，解式(4.21)可得所取基本元内轨梁和板梁的各模态坐标。将解得的轨梁模态坐标代入式(4.9)，可求得所取基本元内轨梁上任意一点对应频率 ω 的位移响应。而将解得的板梁模态坐标代入式(4.14)，即可求得所取基本元内板梁上任意一点对应频率 ω 的位移响应。对于其他基本元内的板梁响应，可由当前所取基本元内的板梁响应利用式(4.1)扩展得到，即

$$\hat{\boldsymbol{u}}_{\mathrm{s}}(\widehat{x},\omega,\omega_f)=\mathrm{e}^{\mathrm{i}(\omega_f-\omega)nL/v}\cdot\hat{\boldsymbol{u}}_{\mathrm{s}}(x,\omega,\omega_f) \tag{4.23}$$

4.2.1 模型验证

考虑一个初始时刻位于坐标原点、激振频率为 60Hz、速度为 60km/h 的单位移动简谐荷载，作用在板长 6m 的浮置板轨道结构上，浮置板轨道参数如表 4.1 所示。运用文献(马龙祥等，2012)中解析方法及本章方法，对钢轨及浮置板在某点(x=81m，某板中部位置)的响应进行计算，两种方法计算结果的对比如图 4.3 所示，图中分别给出对数坐标及线性坐标的对比结果。其中，运用本章方法的计算结果是在频段 0～100Hz 的收敛解。比较图 4.3 中两种方法的计算结果可以发现，它们基本吻合，特别是钢轨动力响应，两种方法的计算结果吻合良好。

表 4.1 浮置板轨道参数*

物理量	参数	物理量	参数
钢轨质量 m_{r}/(kg/m)	121.28	扣件刚度 k_{r}/(MN/m)	130
钢轨抗弯模量 $E_{\mathrm{r}}I_{\mathrm{r}}$/(MN·m^2)	13.25	扣件阻尼 c_{r}/(kN·s/m)	60
钢轨损耗因子 η_{r}	0.01	扣件间距 d_{r}/m	0.6
浮置板质量 m_{s}/(kg/m)	2500	板下隔振器个数 N_{s}	5
浮置板抗弯模量 $E_{\mathrm{s}}I_{\mathrm{s}}$/(MN·m^2)	413.54	隔振器刚度 k_{s}/(MN/m)	13.8
浮置板损耗因子 η_{s}	0.05	隔振器阻尼 c_{s}/(kN·s/m)	30
浮置板长 L/m	6	隔振器间距 d_{s}/m	1.2
板上扣件个数 N_{r}	10		

* 以上轨道参数均对应两股钢轨，浮置板轨道参数见(刘卫丰，2009)。

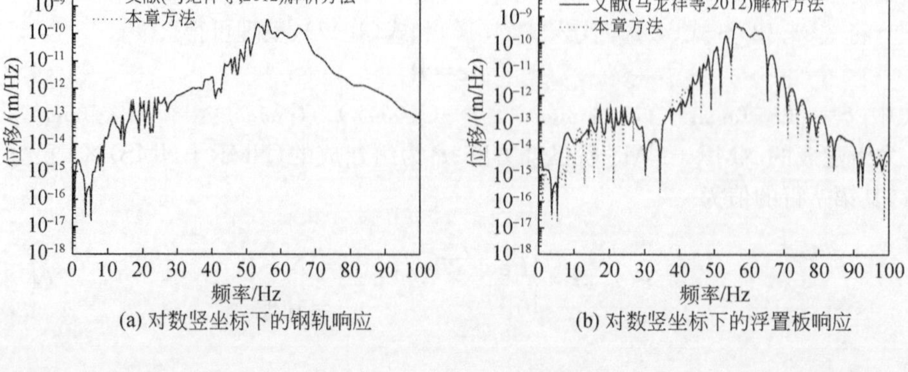

(a) 对数竖坐标下的钢轨响应　　(b) 对数竖坐标下的浮置板响应

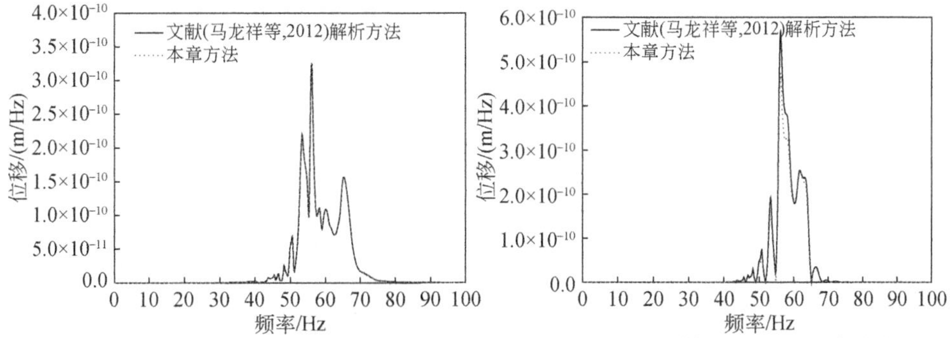

(c) 线性竖坐标下的钢轨响应　　(d) 线性竖坐标下的浮置板响应

图 4.3　两种方法计算结果的对比

4.2.2　模型的收敛特性及移动简谐荷载作用下的轨道响应

在上述方法中，钢轨位移响应采用轨梁的模态叠加表达，浮置板的位移响应采用板梁的模态叠加表达。在具体计算中，板梁计算模态数以使其最高阶对应浮置板模态频率大于最高分析频率的原则进行选取。在此基础上，算法中轨梁的计算模态数对模拟结果的影响程度是需要回答的问题。因此，本小节对浮置板轨道动力响应的模态叠加法中的轨梁计算模态数对模拟结果的影响进行收敛分析并讨论其收敛机理。

以 30m 板长浮置板轨道为例(其余参数如表 4.1 所示)，在单位移动简谐荷载作用下，研究轨梁计算模态数 NMR(NMR＝$2N+1$)对模拟轨道动力响应的影响。在本章下面的计算中，取板梁前 40 阶模态进行计算，即取 NMS＝40。表 4.2 列出当前参数下浮置板前 40 阶模态频率(前两阶模态分别为竖直平动及转动，相应模态频率均为 0Hz)。由表 4.2 可以看到，取 NMS＝40 足以从板梁计算模态数上保证 1000Hz 以下频段轨道响应的模拟准确性。

表 4.2　浮置板前 40 阶模态频率

模态阶数	频率/Hz	模态阶数	频率/Hz	模态阶数	频率/Hz	模态阶数	频率/Hz	模态阶数	频率/Hz
1	0	6	14.4	11	64.1	16	149.3	21	270.0
2	0	7	21.5	12	78.3	17	170.6	22	298.4
3	1.6	8	30.0	13	93.9	18	193.3	23	328.2
4	4.4	9	39.9	14	110.9	19	217.5	24	359.5
5	8.7	10	51.3	15	129.4	20	243.0	25	392.1

续表

模态阶数	频率/Hz	模态阶数	频率/Hz	模态阶数	频率/Hz	模态阶数	频率/Hz	模态阶数	频率/Hz
26	426.2	29	537.0	32	660.5	35	796.9	38	946.0
27	461.7	30	576.8	33	704.6	36	845.2	39	998.5
28	498.6	31	617.9	34	750.0	37	894.9	40	1052.5

图 4.4 和图 4.5 分别为不同轨梁计算模态数下由单位移动简谐荷载引起钢轨和浮置板的模拟位移响应，其中，轨梁计算模态数 NMR($=2N+1$)分别为 1、3、21、41、81 和 201，荷载为初始时刻位于坐标原点、移动速度为 60km/h、激振频率为 60Hz 的简谐荷载，钢轨和浮置板位移响应响应点为 $x=54$m。为了更好地展示轨梁模态的收敛机理，图 4.4 和图 4.5 中的各子图将同时绘出相邻两 NMR 取值时的计算结果。

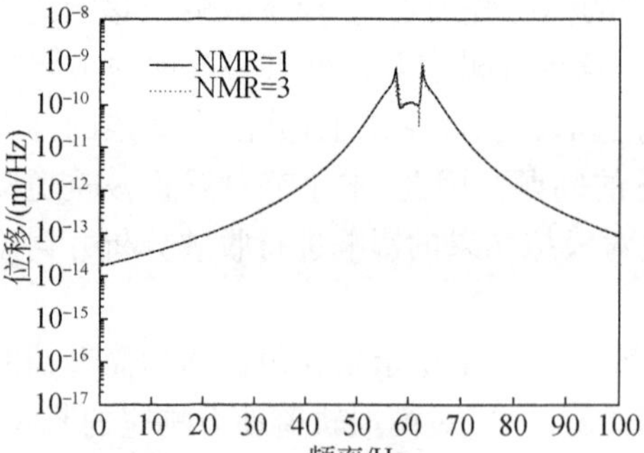

(a) NMR=1,3

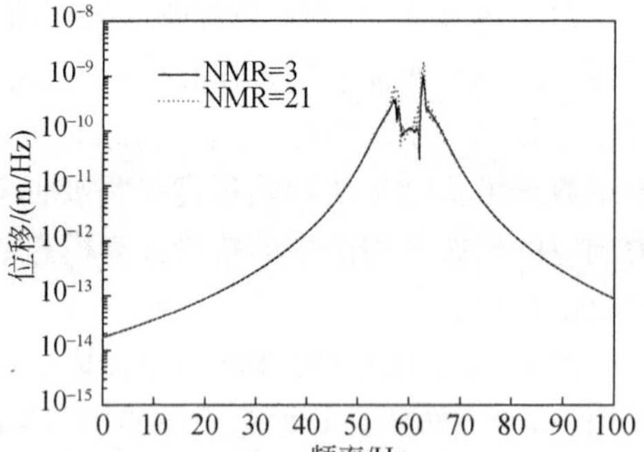

(b) NMR=3,21

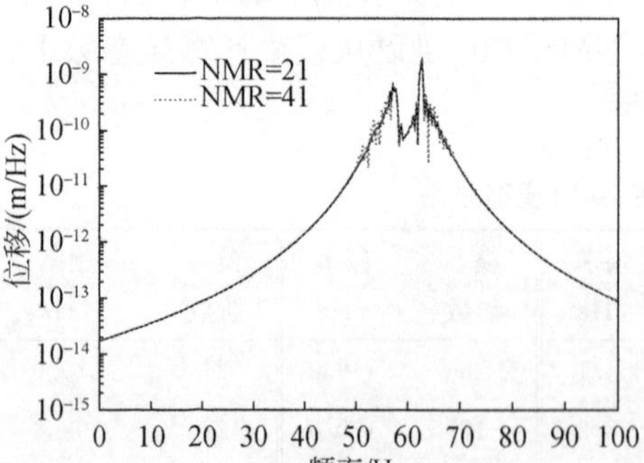

(c) NMR=21,41

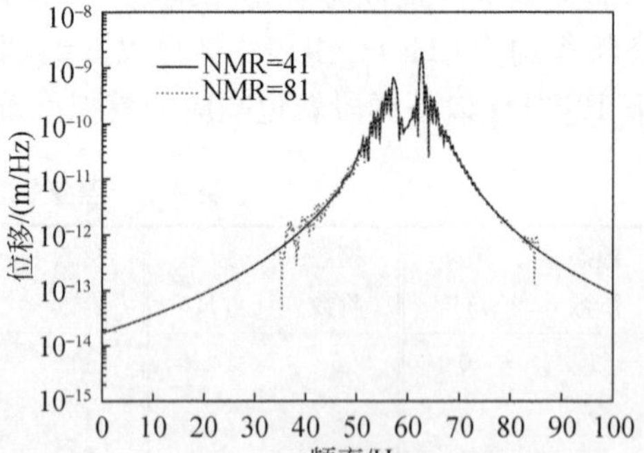

(d) NMR=41,81

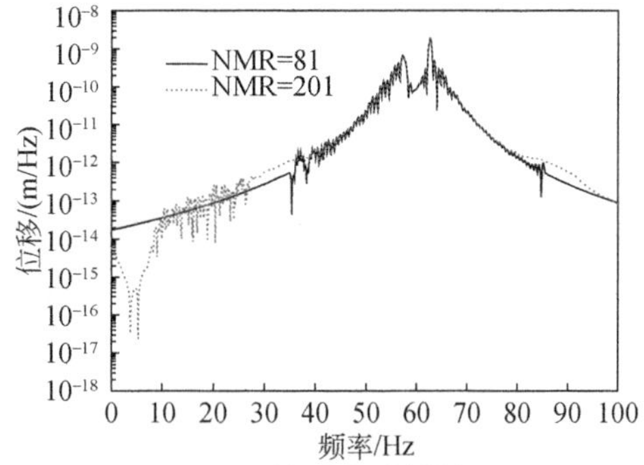

(e) NMR=81,201

图 4.4　不同轨梁计算模态数下由单位移动简谐荷载($f=\omega_f/(2\pi)=60\text{Hz}$)引起钢轨的模拟位移响应

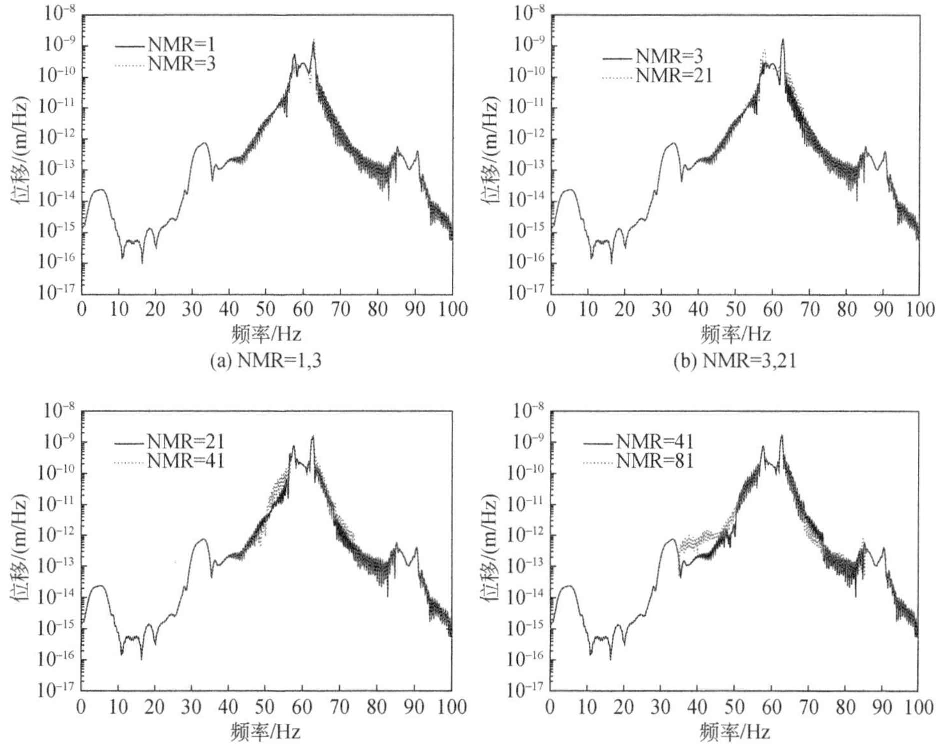

(a) NMR=1,3　(b) NMR=3,21

(c) NMR=21,41　(d) NMR=41,81

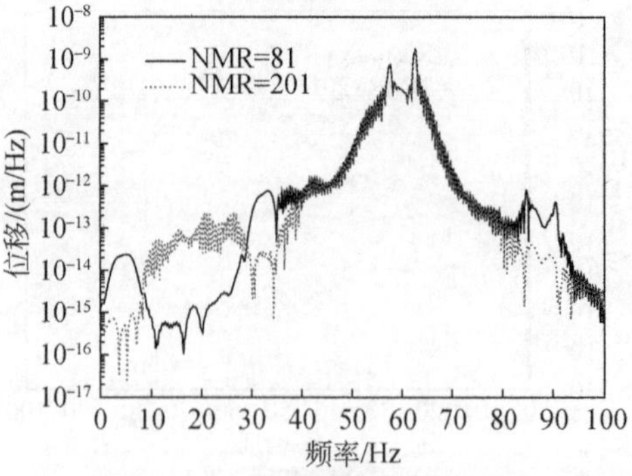

(e) NMR=81,201

图 4.5　不同轨梁计算模态数下由单位移动简谐荷载($f=\omega_f/(2\pi)=60\text{Hz}$)引起浮置板的模拟位移响应

从图 4.4 和图 4.5 中可以看到，在移动简谐荷载作用下，钢轨及浮置板轨道响应显著的频段位于荷载激励频率附近，在逐渐远离荷载激励频率的频段，响应迅速减小。分别比较图 4.4 和图 4.5 中的每张子图，可得以下结论。

(1)在激振频率 ω_f 的移动简谐荷载作用下，轨道响应频谱曲线整体趋势由 $\hat{V}_0(x,\omega,\omega_f)=\mathrm{e}^{\mathrm{i}(\omega_f/v-\omega/v)x}$所代表的模态(对应 NMR=1 的情况)决定。

(2)当轨梁模态 $\hat{V}_n(x,\omega,\omega_f)=\mathrm{e}^{\mathrm{i}(\xi_n+\omega_f/v-\omega/v)x}$ ($\xi_n=2\pi n/L$)计算数 NMR 考虑较少阶时，即仅考虑 $|n|$ 较小时对应的模态，模型将首先保证荷载激振频率附近频段，也就是响应最为显著频段计算结果的准确性。当考虑更多的轨梁模态时，模型将在包含荷载频率的一个更宽频段内保证计算结果的准确性。

在远离荷载频率的频段，轨道结构振动响应远远小于荷载激励频率附近的频段，且模型轨梁模态的收敛特性首先保证的是响应最为显著的频段，因此移动简谐荷载作用下浮置板轨道动力响应的频域快速数值算法具有优越的收敛特性。理论上，NMR 设置得越大，模型计算结果越好，但设置得太大不仅影响模型的计算效率且毫无意义。实际上，取 NMR 的值以保证荷载激励频率左右各 10Hz 频段结果的准确性就已经足够。

图 4.6 为不同轨梁计算模态数下由移动简谐荷载引起的浮置板轨道位移响应对比结果，其中，图中为荷载激励频率左右各 10Hz 频段内的响应计算结果。从图 4.6 可以看到，在当前参数情况下，轨梁计算模态数 NMR 取 41 时即可认为得到的结果是收敛的。

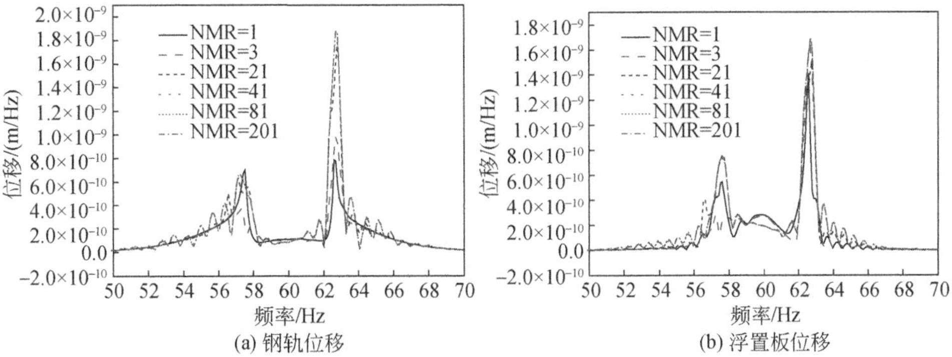

图 4.6　不同轨梁计算模态数下由移动简谐荷载($f=\omega_f/(2\pi)=60$Hz)引起的浮置板轨道位移响应对比结果

图 4.7 为单位移动简谐荷载作用下浮置板轨道位移响应，其中，荷载移动速度为 60km/h，响应点为浮置板轨道上 $x=54$m 处。图 4.7 中给出荷载频率 60Hz 及 600Hz 时的结果。由于其他频段的谱值相对很小，频谱只给出包含荷载频率 100Hz 频段内的响应。为保证频谱的准确性，计算中取轨梁计算模态数 NMR＝201。

从图 4.7 的频谱可以得到以下结论：

(1)在移动简谐荷载作用下，钢轨及浮置板轨道响应显著的频段位于荷载激励频率附近，在逐渐远离荷载激励频率的频段，响应迅速减小。

(2)在非 0Hz 频率的移动简谐荷载作用下，轨道结构的频域响应会出现明显的多普勒效应，其表现为响应频谱在荷载激励频率高低两侧且距荷载频率较近频率位置处各出现一个显著峰值。

(3)同普通轨道一样，在移动简谐荷载作用下，浮置板轨道由于不连续板的周期排列及扣件的周期离散支撑，也会存在参数激励(特别是在板的响应上)，由参数激励引起的一些“凸台”或“毛刺”以间隔 $v/L=0.56$Hz(由不连续板的周期排列引起)及 $v/d_r=27.8$Hz(由扣件的周期离散支撑引起)排列在荷载激励频率两侧。

从图 4.7 中的时程上可以看到：

(1)钢轨和浮置板的响应在 $t=1.8$s 到 $t=3.6$s 之间具有远远大于其他时刻的响应。这是因为在这个时间段内荷载移动到当前响应点所在的浮置板上。

(2)在 $t=3.24$s 时，即移动荷载到达响应点时，轨道响应达到最大值。

比较图 4.7 中不同激振频率荷载引发的振动响应可以发现：在 60Hz 荷载激励时，钢轨和浮置板几乎以一个整体振动；而在 600Hz 荷载激励时，浮置板的振动很小，轨道振动主要在钢轨中进行。这在一定程度上反映了由两层质量弹簧体系构成的浮置板轨道的动力学特性，即不同激振频率荷载作用将激起轨道系统钢轨和

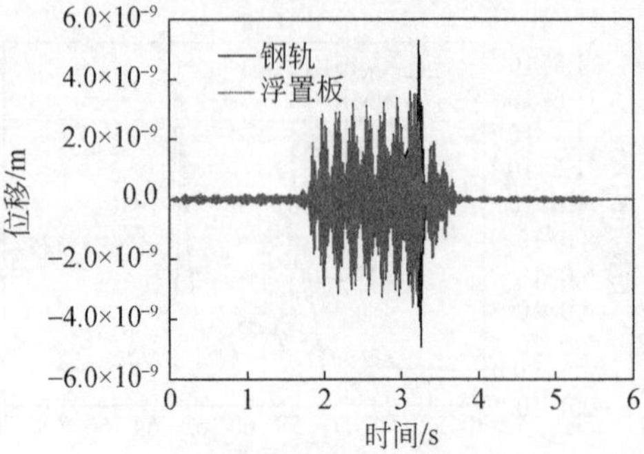

(a) 60Hz频率荷载引起的时程

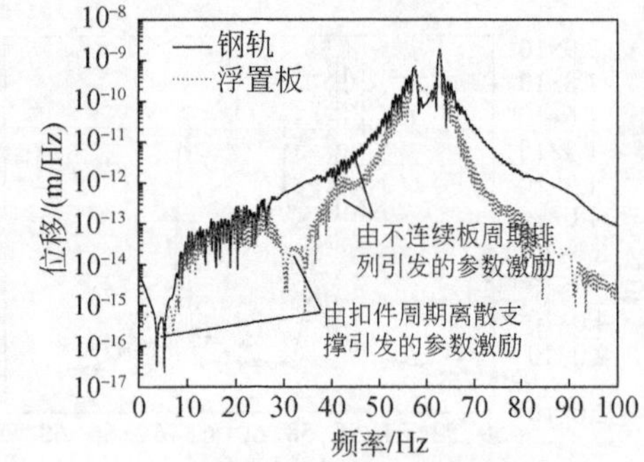

(b) 60Hz频率荷载引起的频谱

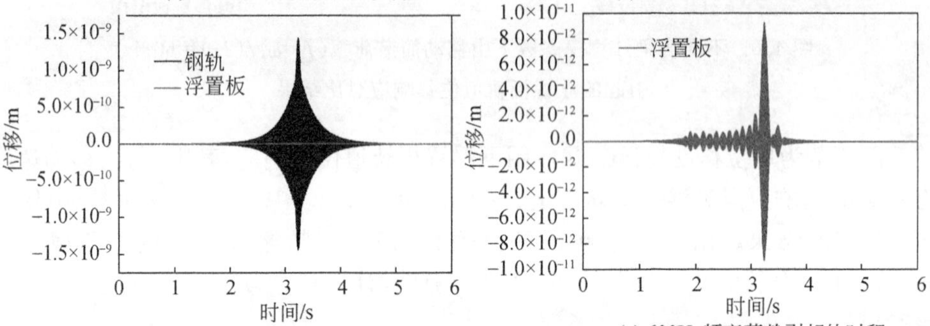

(c) 600Hz频率荷载引起的时程

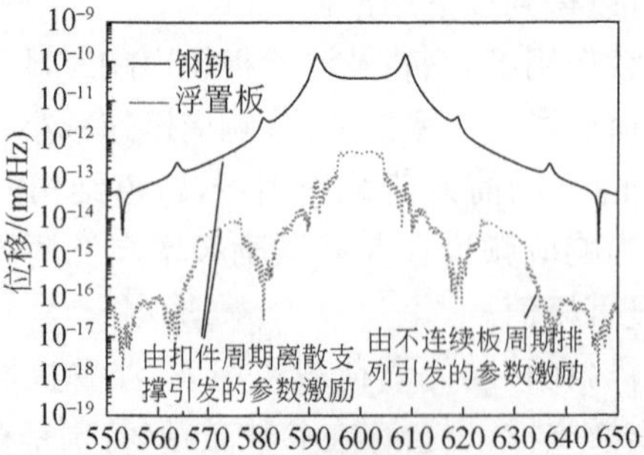

(d) 600Hz频率荷载引起的频谱

图 4.7　单位移动简谐荷载作用下浮置板轨道位移响应($v=60$km/h)

浮置板不同的振动方式。此外,还可以看到,不同激振频率的移动荷载作用下,无论在轨道响应频谱还是时程上,峰值大小均有所不同。显然这与轨道的固有动力学特性有关,当荷载频率等于或接近轨道某些固有频率时,会引发轨道的共振,从而产生更大的振动。

图 4.8 为不同速度的单位移动简谐荷载作用下浮置板轨道的位移响应频谱及时程对比,其中,荷载激振频率为 60Hz,响应点为 $x=54$m,轨梁计算模态数 NMR$=201$,图中考虑的三种荷载移动速度分别为 60km/h、120km/h 和 240km/h。

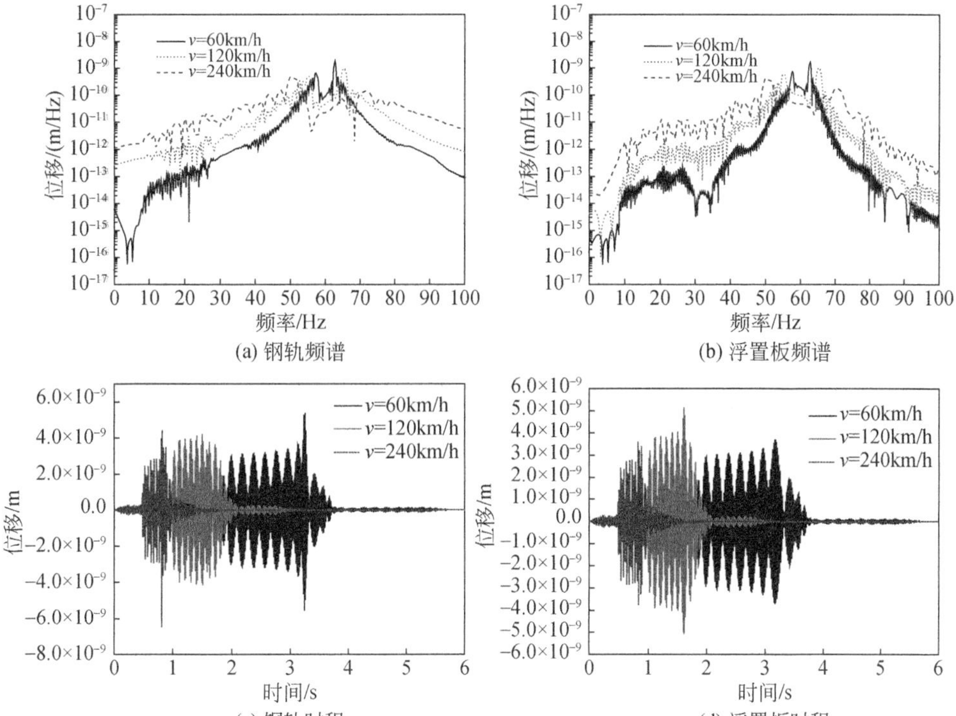

(a) 钢轨频谱　(b) 浮置板频谱

(c) 钢轨时程　(d) 浮置板时程

图 4.8　不同速度的单位移动简谐荷载($f=\omega_f/(2\pi)=60$Hz)作用下浮置板轨道的位移响应频谱及时程对比

从图 4.8 中可以看出，在移动简谐荷载作用下，随着荷载速度的增加，轨道响应在荷载激励频率附近一个很窄的频段内会有所下降，但在其他大部分频段内会显著增大。

4.3　列车-浮置板轨道频域动力耦合模型

4.3.1　车辆-轨道动力耦合模型的建立及求解基本思路

图 4.9 为浮置板轨道车辆-轨道动力耦合模型，根据前面的分析，这里给出车辆-轨道耦合模型建立的基本思路。

(1)将轨道不平顺表示成一系列三角函数的叠加，在各单一频率成分的不平顺下，求解对应频率的车辆轮对柔度矩阵及钢轨上轮轨接触点的柔度矩阵，而后耦合车辆系统及轨道系统，求得相应频率成分的动态轮轨激励力。

(2)将考虑的所有频率成分动态轮轨力进行叠加，将总轮轨力表示成一系列具

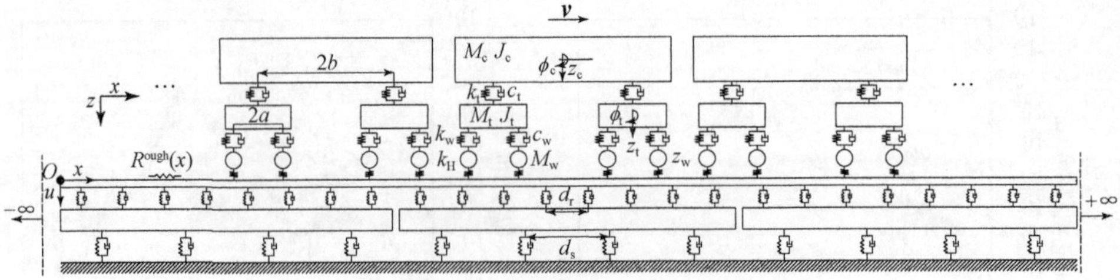

图 4.9　浮置板轨道车辆-轨道动力耦合模型

有不同频率成分的简谐力的叠加。

(3)利用求得的轮轨力，进行车辆响应及轨道响应的求解。

本节建立的浮置板轨道车辆-轨道耦合模型与第 3 章中整体道床轨道车辆-轨道耦合模型相比，区别在于轨道系统的求解。因此，通过对浮置板轨道系统的柔度矩阵进行求解分析，采用与第 3 章中相同的车辆模型、轮轨接触关系，以及轨道不平顺输入方法，建立浮置板轨道车辆-轨道耦合模型。

4.3.2　浮置板轨道轨梁柔度矩阵

对于浮置板轨道，难以用解析的方法求得钢轨上轮轨接触点的柔度矩阵，因此这里采用一种数值的方法对柔度矩阵进行求解。

设一速度大小为 v、初始时刻位于轨梁坐标原点 O 的单位移动简谐荷载作用于浮置板轨梁上，引入同荷载同速移动的坐标 $x'=x-vt$，图 4.10 为无限-周期浮置板轨道轮对柔度系数函数的求解。

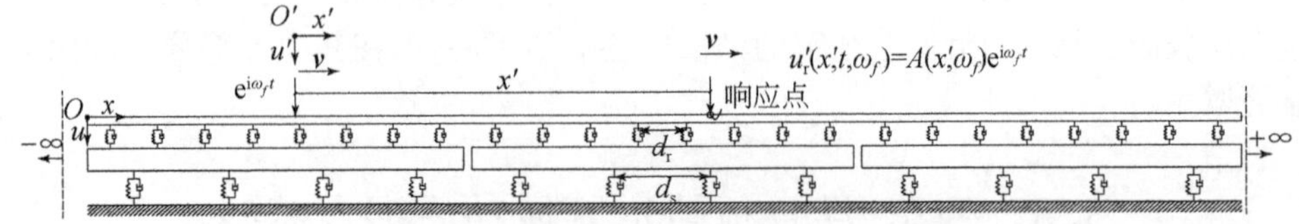

图 4.10　无限-周期浮置板轨道轮对柔度系数函数的求解

如前所述，移动坐标系下轨梁的位移响应为 $\boldsymbol{u}'_{\mathrm{r}}(x',t,\omega_f)$，其大小 $u'_{\mathrm{r}}(x',t,\omega_f)$ 可以近似写为以轮对柔度系数函数 $A(x',\omega_f)$ 为幅值的谐响应，即

$$u'_{\mathrm{r}}(x',t,\omega_f)=\mathrm{A}(x',\omega_f)\mathrm{e}^{\mathrm{i}\omega_f t} \tag{4.24}$$

另外，移动简谐荷载作用引发的浮置板轨道固定坐标系及移动坐标系下的轨梁位移响应具有下述关系，即

$$u_{\mathrm{r}}(x,t,\omega_f)=u'_{\mathrm{r}}(x-vt,t,\omega_f) \tag{4.25}$$

由式(4.24)及式(4.25)，可得

$$u_r(x,t,\omega_f)=A(x-vt,\omega_f)e^{i\omega_f t} \tag{4.26}$$

令

$$B(x,t,\omega_f)=A(x-vt,\omega_f) \tag{4.27}$$

于是，式(4.26)可以重新写为

$$u_r(x,t,\omega_f)=B(x,t,\omega_f)e^{i\omega_f t} \tag{4.28}$$

对 $u_r(x,t,\omega_f)$进行关于时间 t 的连续傅里叶变换，有

$$\begin{aligned}\hat{u}_r(x,\omega,\omega_f)&=\int_{-\infty}^{+\infty}A(x-vt,\omega_f)e^{i\omega_f t}e^{-i\omega t}dt\\&=\int_{-\infty}^{+\infty}B(x,t,\omega_f)e^{-i(\omega-\omega_f)t}dt=\hat{B}(x,\omega-\omega_f,\omega_f)\end{aligned} \tag{4.29}$$

再对式(4.29)中的 $\hat{B}(x,\omega-\omega_f,\omega_f)$进行傅里叶逆变换，可得到 $B(x,t,\omega_f)$，即

$$B(x,t,\omega_f)=\frac{1}{2\pi}\int_{-\infty}^{+\infty}\hat{B}(x,\omega-\omega_f,\omega_f)e^{i(\omega-\omega_f)t}d\omega=\frac{1}{2\pi}\int_{-\infty}^{+\infty}\hat{u}_r(x,\omega,\omega_f)e^{i(\omega-\omega_f)t}d\omega \tag{4.30}$$

由式(4.27)，可得轨梁柔度系数函数满足

$$A(x,\omega_f)=B(x,0,\omega_f) \tag{4.31}$$

利用式(4.30)和式(4.31)，可得浮置板轨道上轨梁柔度系数的计算公式，为

$$A(d_{ij},\omega_f)=\frac{1}{2\pi}\int_{-\infty}^{+\infty}\hat{u}_r(d_{ij},\omega,\omega_f)d\omega \tag{4.32}$$

$\hat{u}_r(d_{ij},\omega,\omega_f)$为移动简谐荷载作用引发的浮置板轨道在固定坐标系下的轨梁位移响应大小，且其在特定频率 ω 的取值可按 4.2 节给出的方法进行求解，因此式(4.32)右侧的积分表达式可以由数值积分得到，即

$$A(d_{ij},\omega_f)=\frac{1}{2\pi}\sum_{j=1}^{M}\left[a_j\,\hat{u}_r(d_{ij},\omega_j,\omega_f)\Delta\omega\right] \tag{4.33}$$

式中，$a_1=0.5$，$a_M=0.5$，$a_j=1(j=2,3,\cdots,M)$；$\hat{u}_r(d_{ij},\omega_j,\omega_l)$为轨梁 $x=d_{ij}$处由单位移动简谐荷载 $e^{i\omega_f t}$引起的对应角频率 ω_j 的位移，可利用无限-周期结构理论按 4.2 节给出的方法进行求解；$\Delta\omega=(\omega_M-\omega_1)/(M-1)$为离散采样频率点的间隔；$\omega_j$ 为等间距的采样频率点。

在计算式(4.33)时，计算频率 $\omega_1\sim\omega_M$ 应涵盖$\hat{u}_r(x,\omega,\omega_f)$响应显著的频率范围，以保证计算的准确性；计算频率间隔 $\Delta\omega$ 应取得较小，以保证计算的精度。

在上述基础上，利用式(4.33)，可求得浮置板轨道钢轨上轮轨接触点的柔度矩阵 $A^{\text{rail}}(\omega_f)$。

4.4　列车-浮置板轨道动力相互作用仿真软件简介

4.4.1　软件概述

列车-浮置板轨道动力相互作用仿真软件(Simulation of Train/Floating Slab Track Interaction,STFSTI,登记号 2013SRBJ0290),如图 4.11 所示,主要用于分析列车-浮置板轨道耦合系统的动力学特性。软件包含完善的列车模型及轨道模型,可以考虑各种类型、各种参数条件下的列车系统及各种参数条件下的浮置板轨道系统,可以选择任一级轨道谱进行系统激励(轨道不平顺)的输入。通过软件的计算分析,特定列车、轨道、不平顺条件下,车辆的动力响应、轮轨力、轨道结构的动力响应及列车运行经由轨道系统传递给轨下基础的振动激励力(即浮置板下隔振器中的力)均可求得。因此,软件不仅能供使用者研究列车-浮置板轨道的振动问题,还能为使用者研究浮置板轨道使用后列车运行引起的环境振动问题提供振动激励力。

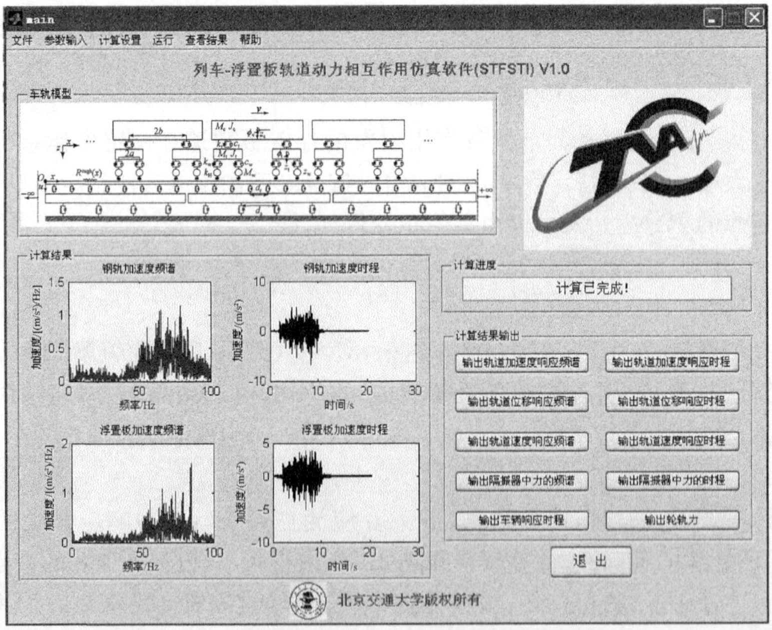

图 4.11　列车-浮置板轨道动力相互作用仿真软件

STFSTI 的可视化操作界面使得软件操作极为简便。图 4.11～图 4.14 给出 STFSTI 的主界面及部分计算控制对话框。软件主界面主要由"车轨模型"示意窗口、“计算进度”显示窗口、“计算结果”显示窗口、“计算结果输出”窗口等部分组成。其中，“车轨模型”示意窗口显示软件所分析的列车-浮置板轨道耦合问题的力学模型；“计算进度”显示窗口显示计算是否完成，当计算正在进行时，其显示“计算正在进行，请耐心等待！”，当计算完成时，其显示“计算已完成！”，表明此时可以查看结果；“计算结果”显示窗口显示计算分析的图像结果，其显示的物理量可以在运行计算完成后在下拉菜单的“查看结果”中选取。“计算结果输出”窗口用于输出保存计算分析的列表(数据)结果，各计算物理量均单独给出输出保存命令按钮，用户可根据自己的需要，选择感兴趣的物理量进行数据的输出与提取。对于计算控制对话框(图 4.12～图 4.14)，用户则可根据实际情况进行取值的输入。

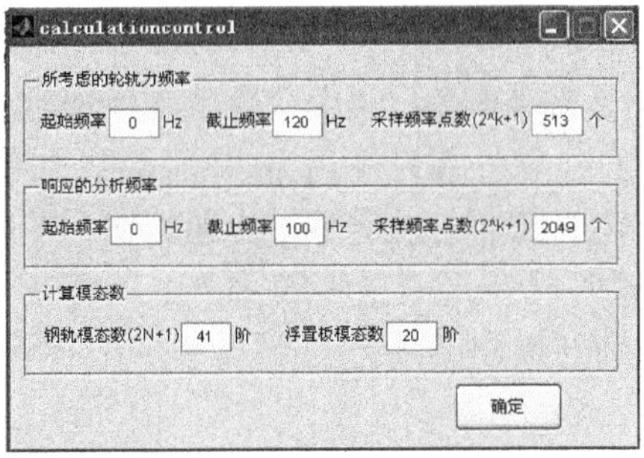

图 4.12　计算控制参数输入对话框

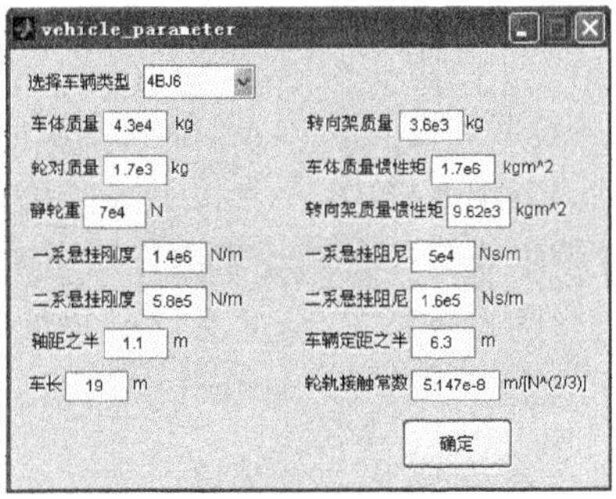

图 4.13　车辆参数输入对话框

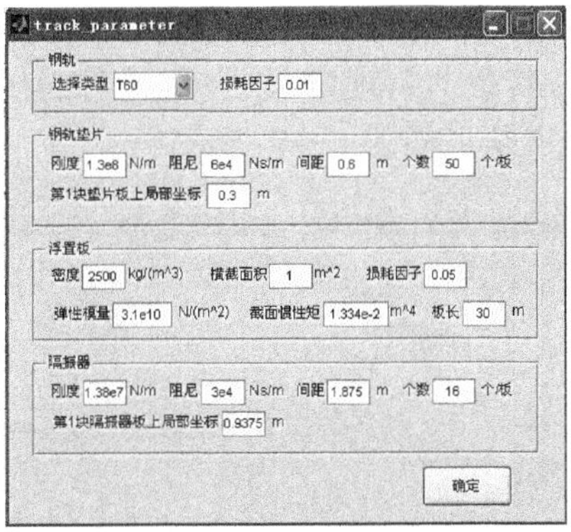

图 4.14　轨道参数输入对话框

4.4.2　软件计算步骤及流程图

列车-浮置板轨道动力相互作用仿真软件在分析列车-浮置板轨道耦合系统时，将轮轨力视为由列车轴重荷载和轨道不平顺引起的动态激励力两部分组成，其计算分析过程可归纳为以下几个主要步骤。

(1)轮轨动态激励力的求解。轮轨动态激励力由轨道不平顺的三角级数模拟(或表达),可以写成与各激振频率对应的动态激励力的叠加,在软件中,对轮轨动态激励力的各激振频率进行采样循环,对考虑的所有激振频率对应的动态激励力逐一进行求解,进而进行叠加求得总的轮轨动态激励力。对于一特定激振频率对应的轮轨动态激励力,软件中具体采取以下步骤进行求解。①根据车辆参数,求解轮对处的柔度矩阵。②根据轨道参数,求解移动荷载状态激振下钢轨上轮轨接触点的柔度矩阵。③求解轨道不平顺对应当前激振频率的幅值。④由轮轨线性Hertz 接触关系,解得当前激振频率对应的动态轮轨力幅值。

(2)由轮轨动态激励力求解车辆系统的振动响应。

(3)叠加轴重荷载及轮轨动态激励力,求解所考虑激振频率范围内的总轮轨力。

(4)依据总轮轨力,求解轨道系统的响应及列车运行经由轨道系统传递给轨下基础的振动激励力(浮置板下隔振器中的力)。软件首先运用无限-周期结构理论,对各频率成分的各轴轮轨力作用下的轨道响应及经由轨道系统传递给轨下基础的振动激励力进行求解,而后通过叠加原理求得在所考虑激振频率范围内轮轨力作用下的轨道结构总响应及传递给轨下基础的总振动激励力。

4.4.3　软件典型计算结果

STFSTI 可计算“轨道加速度响应”“轨道位移响应”“车辆响应”“轮轨力”等物理量,其中“车辆响应”及“轮轨力”由于在时间上的不消逝性(不存在连续频谱),软件仅给出其时程,其余的物理量,软件将同时给出其时程及频谱(连续频谱)。STFSTI 典型的计算结果如图 4.15 所示。

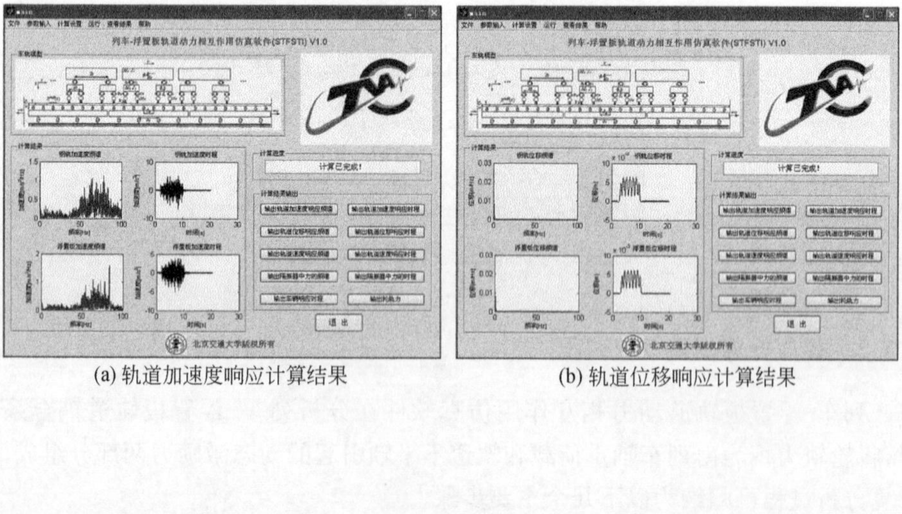

(a) 轨道加速度响应计算结果　　(b) 轨道位移响应计算结果

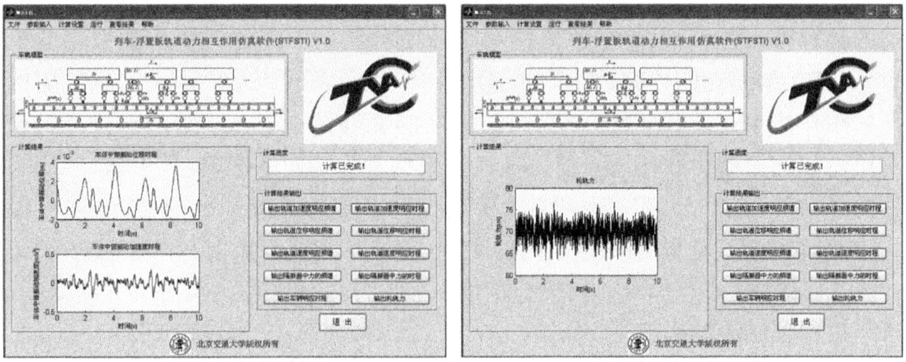

(c) 车辆响应计算结果　　　　(d) 轮轨力计算结果

图 4.15　STFSTI 典型的计算结果

4.5　案 例 分 析

4.5.1　计算模型参数

讨论一种现浇长型浮置板轨道的车辆-轨道耦合分析。现浇长型浮置板轨道参数如表 4.3 所示。在计算中将浮置板模拟为梁；地铁列车常采取 6 节编组，在以下计算中列车均被模拟为由 6 节参数相同的车辆组成，车辆参数如表 3.3 所示。

表 4.3　现浇长型浮置板轨道参数*

物理量	参数	物理量	参数
钢轨质量 m_r/(kg/m)	121.28	扣件刚度 k_r/(MN/m)	130
钢轨抗弯模量 E_rI_r/(MN · m^2)	13.25	扣件阻尼 c_r/(kN · s/m)	60
钢轨损耗因子 η_r	0.01	扣件间距 d_r/m	0.6
浮置板质量 m_s/(kg/m)	2500	板下隔振器个数 N_s	16
浮置板抗弯模量 E_sI_s/(MN · m^2)	413.54	隔振器刚度 k_s/(MN/m)	13.8
浮置板损耗因子 η_s	0.05	隔振器阻尼 c_s/(kN · s/m)	30
浮置板长 L/m	30	隔振器间距 d_s/m	1.875
板上扣件个数 N_r	50		

* 以上轨道参数均对应两股钢轨。

4.5.2　浮置板轨道车辆-轨道耦合系统的动力分析

设区间列车运行速度为 60km/h。将轨道的最高分析频率取为 100Hz。为保证分析频率内轨道响应的准确性，可取计算板梁模态数 NMS＝20。在确定了轨道板梁的计算模态数后，以单个单位移动简谐荷载作用下浮置板轨道动力响应为切入点，确定轨梁模态的计算数。如前面所述，轨梁计算模态数 NMR 的取值应保证简谐荷载作用下荷载频率左右各 10Hz 频段的准确性。表 4.4 给出轨梁计算模态数对单位移动简谐荷载作用下浮置板轨道结构动力响应的影响，其中，轨梁模态数分别为 NMR＝1、3、21、41、61 和 81，荷载移动速度为 60km/h。从表 4.4 可以看出，在当前参数下，对于 100Hz 以内的响应，钢轨计算模态数取 NMR＝2×20＋1，即计算 41 阶钢轨模态即可得到较为精确的解。本小节后续计算中取 NMR＝2×40＋1，以保证结果的准确性。

表 4.4 轨梁计算模态数对单位移动简谐荷载作用下浮置板轨道结构动力响应的影响

	钢轨响应	浮置板响应
荷载频率 30Hz	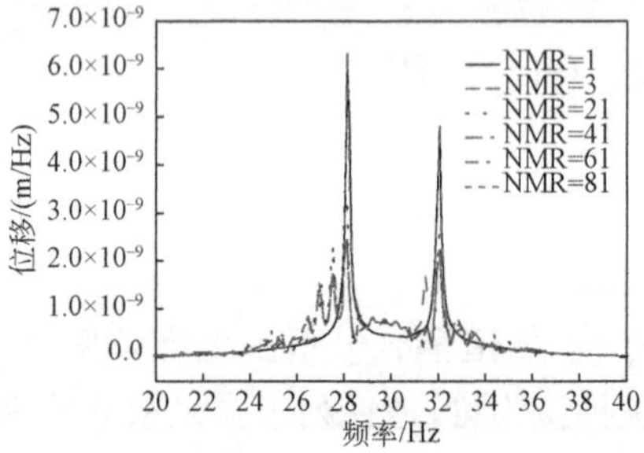	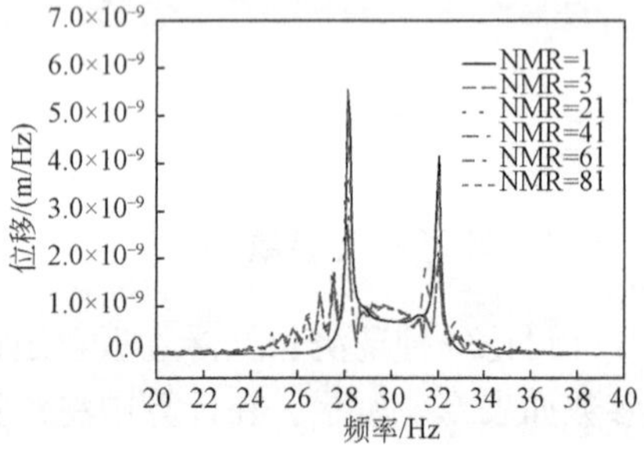
荷载频率 60Hz	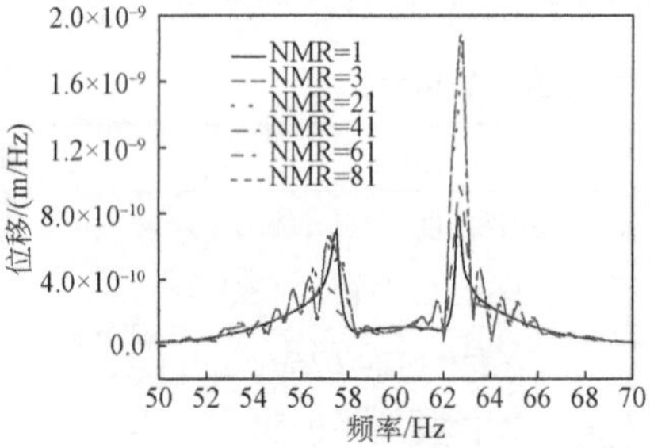	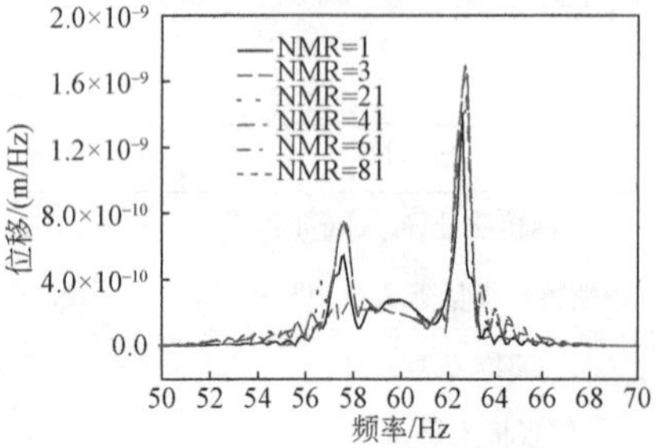
荷载频率 90Hz	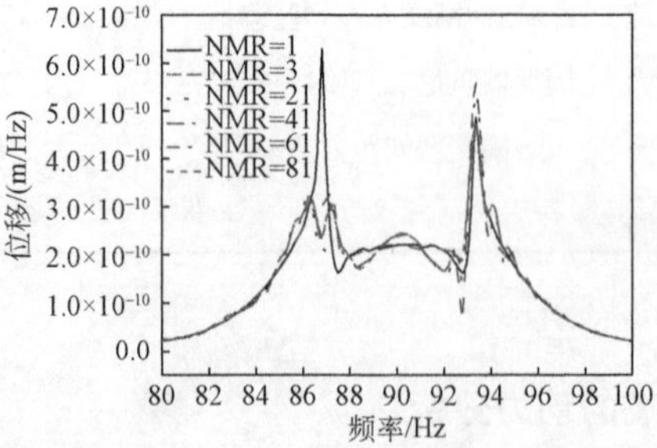	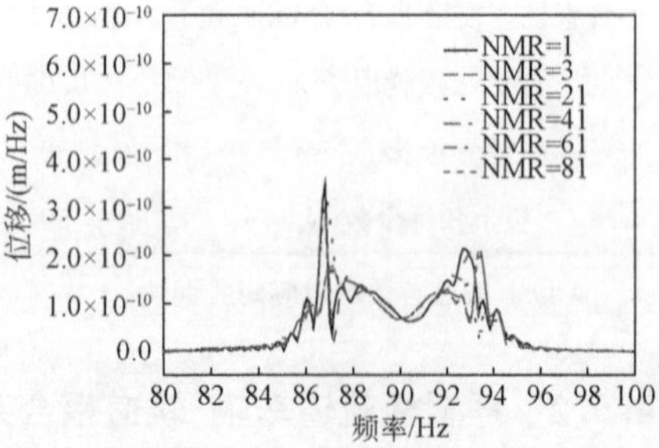

轨梁柔度系数是实现车辆-轨道耦合的一个重要物理量。在基于无限-周期结构理论的列车-浮置板轨道模型中，其计算是基于固定坐标系下轨道的动力响应及数值积分公式(4.33)进行的。本小节在式(4.33)的计算中，为了保证计算的准确性，取 $\omega_1=-2\pi\times10\text{rad/s}$，$\omega_M=2\pi\times130\text{rad/s}$，$\Delta\omega=2\pi\times0.07\text{rad/s}$，即取 2001 个采样频率点进行计算。

4.5.3　轨梁柔度系数的讨论

图 4.16 为特定 x' 值时轨梁柔度系数函数 $A(x',\omega_f)$ 随激振频率的变化情况，其中，列车移动速度为 60km/h，$x'=0\text{m}$、2.2m、-2.2m 和 12.6m，上述 4 个距离分别对应轮对自身的影响、同一转向架下后轮对对前轮对的影响、同一转向架下前轮对对后轮对的影响及同一车辆最后一个轮对对第一个轮对的影响。图 4.16 中给出相应柔度系数的模值、实部及虚部。

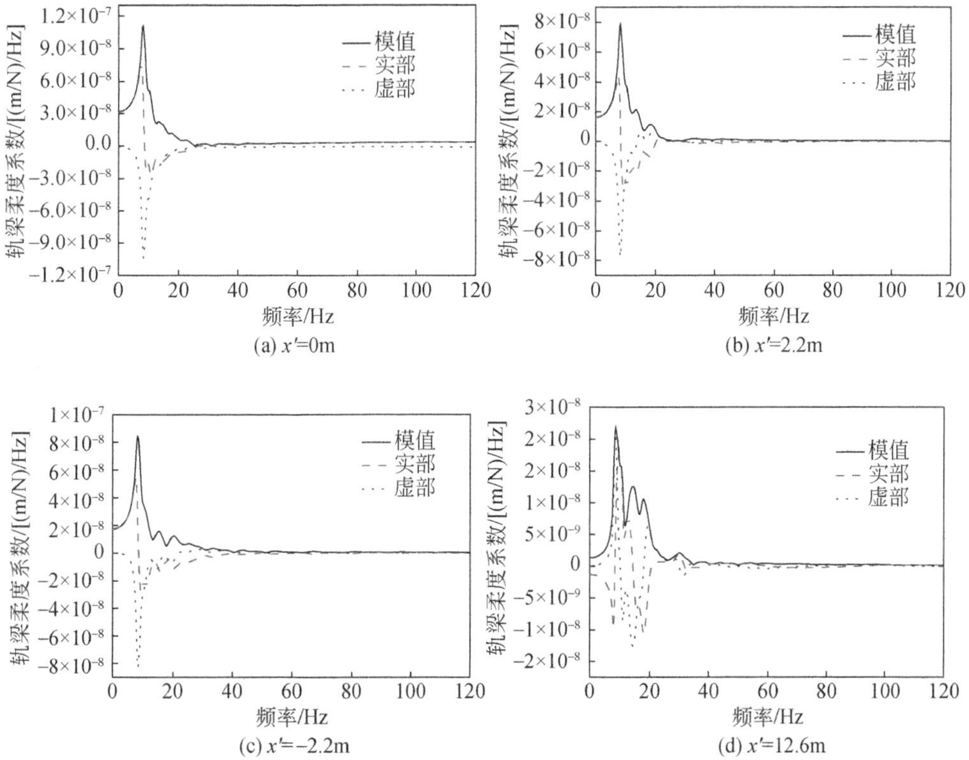

图 4.16　特定 x' 值时轨梁柔度系数函数 $A(x',\omega_f)$ 随激振频率的变化情况

图 4.16 中的轨梁柔度系数很好地反映了轨道的动力学特性。仔细比较图 4.16 中 $x'=2.2$m 和 $x'=-2.2$m 对应的轨梁柔度系数，可以发现它们并不完全相同。这表明，浮置板轨道结构上移动的两轮对，前轮对对后轮对的影响与后轮对对前轮对的影响不是完全相同的。这样的不对称现象是采用定点荷载状态激励所无法反映的，因为轮对自身的移动方向就带来问题的不对称。从图 4.16 中还可以看出，不同轮对间的柔度系数对应的显著频率有所差别：当 x'取 0m、2.2m 及 -2.2m 等较小值时，相应轮对之间的柔度系数只在频段 6～10Hz 内有较为显著的影响；而当 x'取 12.6m 时，相应轮对之间在一个更宽的频段 6～22Hz 之内都会存在较为显著的影响。

再来考察轨梁柔度系数函数 $A(x',\omega_f)$的模值在 ω_f 取一定值时随距离变化的情况。图 4.17 为特定激振频率 ω_f 时 $A(x',\omega_f)$模值随距离 x'的变化规律，图中只给出一些特定激振频率对应的结果。

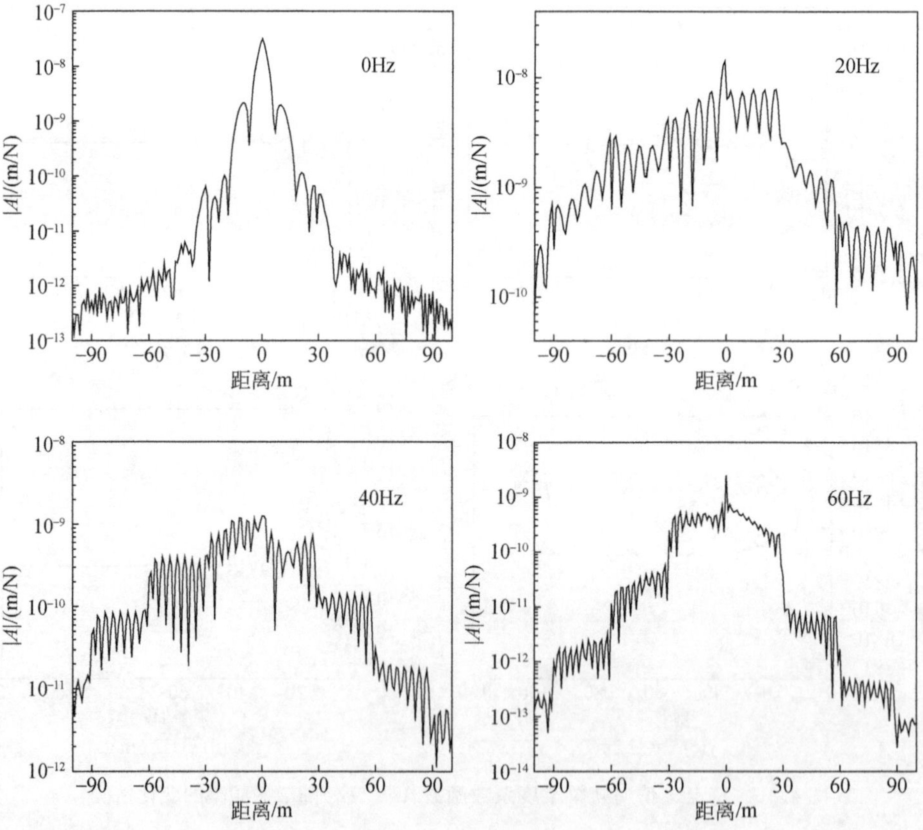

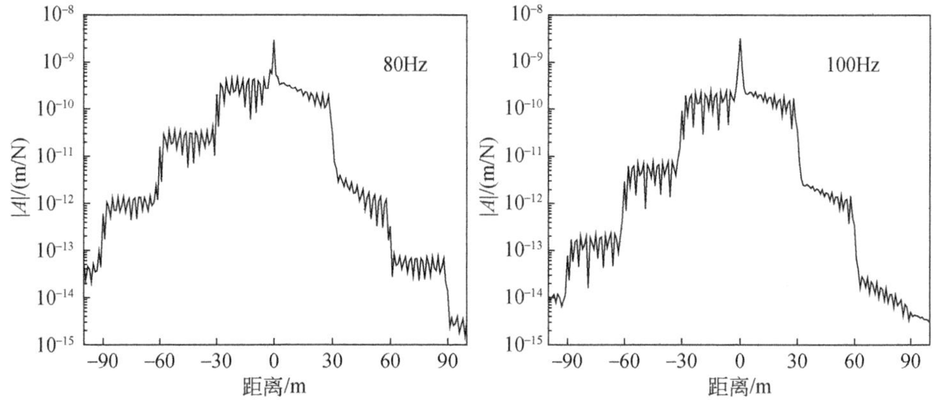

图 4.17　特定激振频率 ω_f 时 $A(x',\omega_f)$ 模值随距离 x' 的变化规律

从图 4.17 中可以看出：

(1)$A(x',\omega_f)$并不严格关于 x' 偶对称，这是因为荷载的移动方向造成问题的不对称。这也更为充分地表明，轨道结构上移动的两轮对，前轮对对后轮对的影响与后轮对对前轮对的影响不是完全相同的。

(2)不同激振频率下，轮对对自身位置或附近位置处钢轨位移响应的影响最大(大部分激振频率在 $x'=0\text{m}$ 处取得最大值)，对离自身位置较远距离处的钢轨位移响应影响较小，且总体趋势是，对越远距离处钢轨位移响应的影响越小。

(3)当激振频率达到一定值时，$A(x',\omega_f)$随距离增加大致呈现出阶梯衰减的规律，而这个阶梯长度恰好为浮置板板长(30m)。

4.5.4　准静态轴重作用下轨道结构振动响应

对地铁列车由准静态轴重引起的浮置板轨道结构振动响应进行分析，将轨道的最高分析频率取为 100Hz。图 4.18 和图 4.19 分别为列车准静态轴重引起的浮置板轨道位移响应和加速度响应，其中，浮置板轨道响应点为 $x=54\text{m}$。图 4.18 和图 4.19 很好地反映了列车各轴通过响应点的波形图。

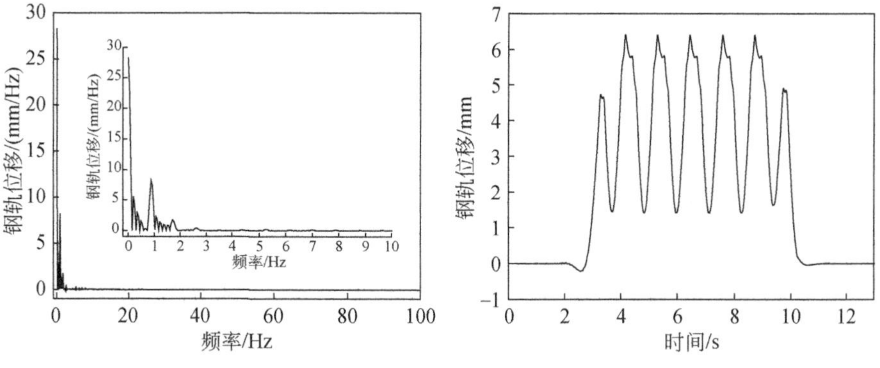

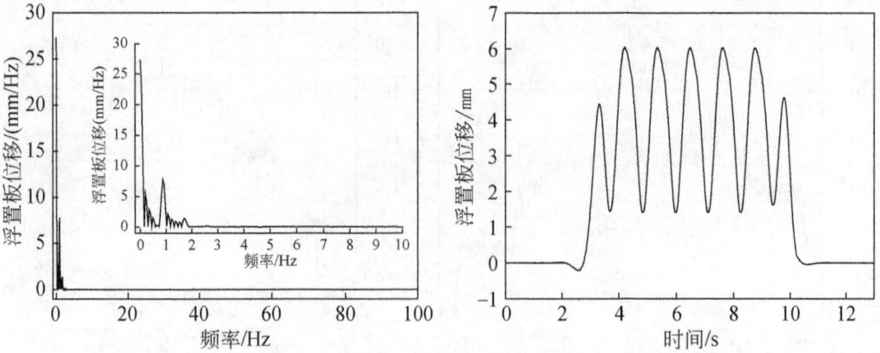

图 4.18 列车准静态轴重引起的浮置板轨道位移响应(v=60km/h)

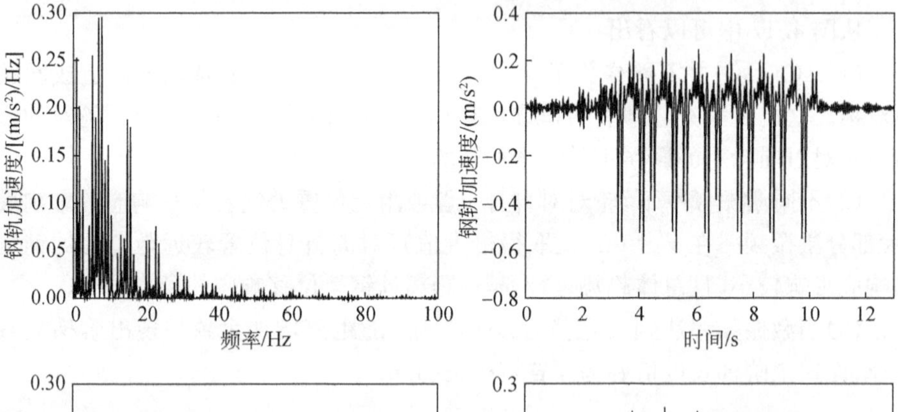

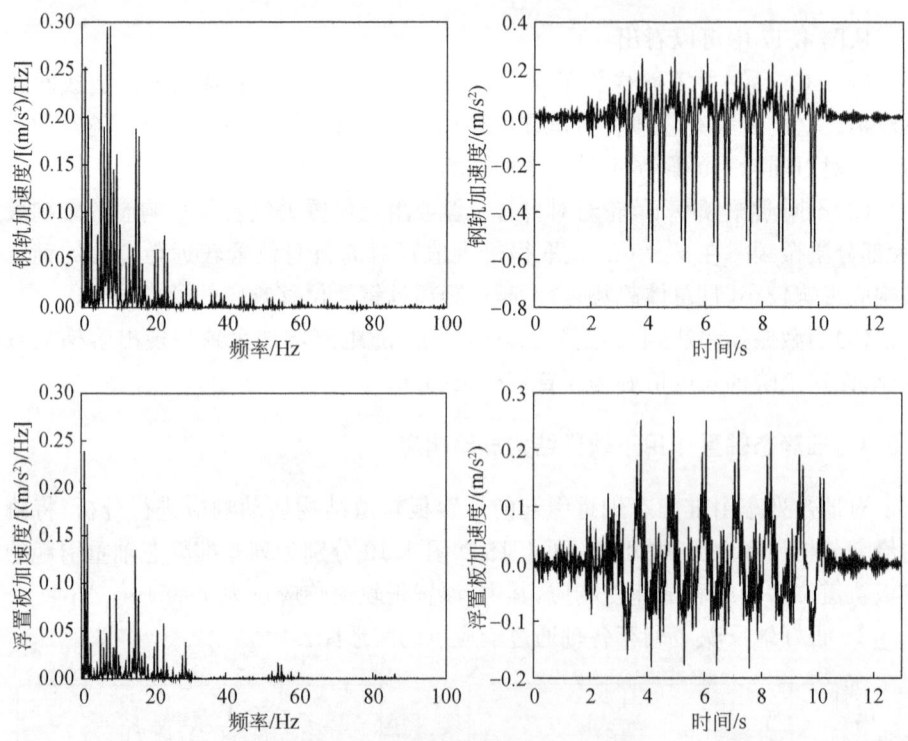

图 4.19 列车准静态轴重引起的浮置板轨道加速度响应(v=60km/h)

从图 4.18 和图 4.19 中可以得到如下结论：

(1)在响应频谱上，由列车准静态轴重引起的轨道位移响应及加速度响应都集中在低频。

(2)从响应的时程来看，当前参数下列车准静态轴重引起的钢轨和浮置板的最大位移响应分别为 6.5mm 及 6mm，引起的最大加速度响应分别为 0.6m/s^2 和 0.25m/s^2。

4.5.5　谐波不平顺输入下轨道结构振动响应

以谐波不平顺作为输入，研究浮置板轨道系统的动力响应。假设各轴历经的不平顺具有随机相位且第 k 轴历经的不平顺可以写为

$$\bar{R}_k^{\mathrm{ough}}(\omega_f)=A_f\cdot \mathrm{e}^{\mathrm{i}\theta_k}\cdot \mathrm{e}^{\mathrm{i}\omega_f t} \tag{4.34}$$

式中，$A_f\cdot \mathrm{e}^{\mathrm{i}\theta_k}$ 为幅值，θ_k 为[0,2π]内的随机相位。

显然，在列车-浮置板轨道耦合模型中，只考虑一个激振频率的情形，可以求得该情况下车辆-轨道耦合系统的动力响应。在谐波不平顺输入下，车辆响应及轮轨力都是简谐的，因此本小节仅讨论轨道结构振动响应并给出其加速度响应。

图 4.20 和图 4.21 为简谐不平顺输入下由列车引起的浮置板轨道加速度响应（列车的静态轴重引起轨道结构振动响应并不包含在内）。其中，图 4.20 中简谐不平顺 $A_f=2\times10^{-6}$ m、$\omega_f=2\pi\times50$rad/Hz（对应波长 $\lambda_f=2\pi v/\omega_f=1/3$m），图 4.21 中简谐不平顺 $A_f=2\times10^{-6}$ m、$\omega_f=2\pi\times70$rad/Hz（$\lambda_f=2\pi v/\omega_f=0.238$m），轨道系统钢轨响应点 $x=54$m。

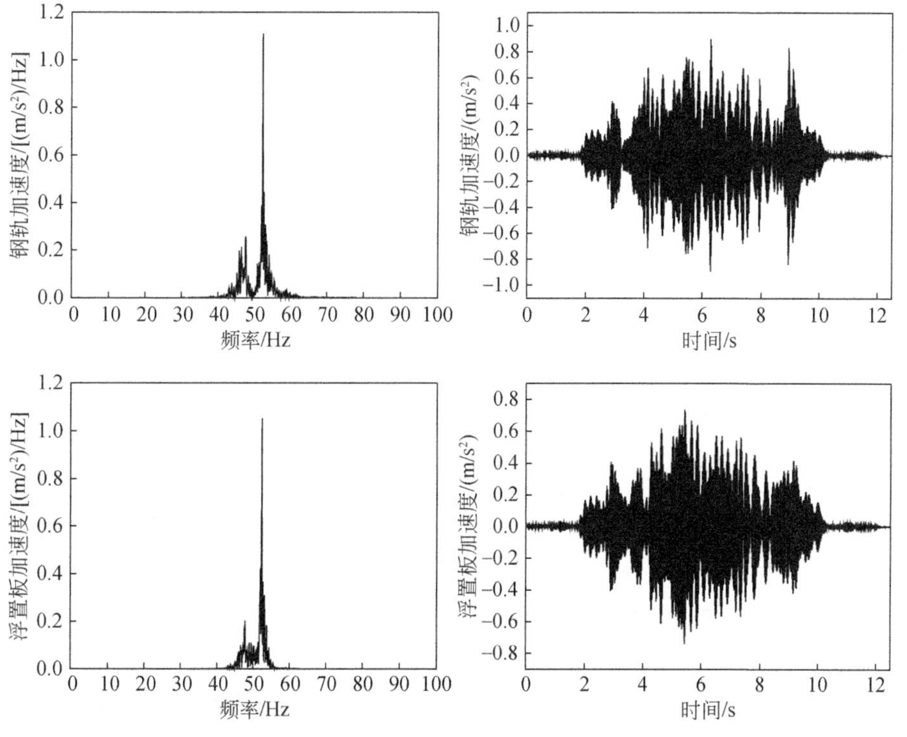

图 4.20　简谐不平顺（对应激励频率 50Hz）输入下由列车引起的浮置板轨道加速度响应（$v=60$km/h）

从图 4.20 和图 4.21 中可以看出：在简谐不平顺激励下，浮置板轨道响应的频谱集中在不平顺激励频率附近，且浮置板相较于钢轨集中性更强。不同于本章前述谐波不平顺激励下 $DTVI_2$ 扣件轨道结构振动响应，由于浮置板轨道上某点的响应受更宽轨道范围内受力情况的影响，在图 4.20 和图 4.21 中的时程波形图上，已很难分辨列车各轴通过响应点的过程。

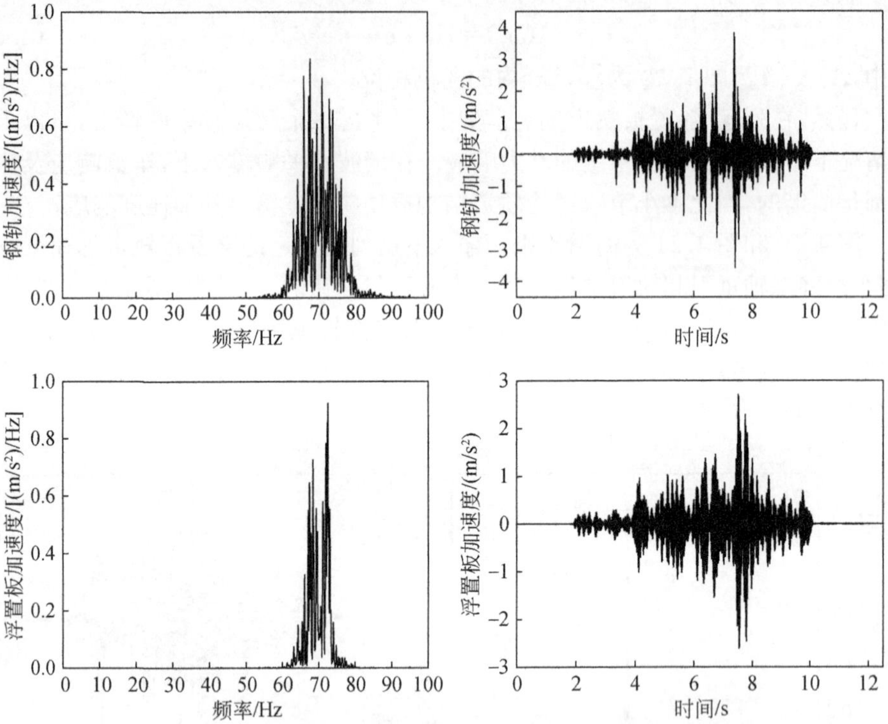

图 4.21　简谐不平顺(对应激励频率 70Hz)输入下由列车引起的浮置板轨道加速度响应(v=60km/h)

4.5.6　随机不平顺输入下车辆-浮置板轨道耦合体系的响应

采用随机不平顺模拟实际轨道不平顺，研究车辆-浮置板轨道耦合体系的动力响应。轨道结构振动响应的最高分析频率取为 100Hz。为了保证轨道结构振动响应在频段0～100Hz的准确性，考虑激振频率为－120～120Hz 内的轮轨力及对应的不平顺。在分析中，采用美国轨道六级谱并取不平顺采样点 N_R=256。

图 4.22 给出总轮轨力时程，该轮轨力是对应激振频率－120～120Hz 的结果。图 4.23 为当前不平顺采样点数下，动态轮轨力幅值随频率的分布。值得注意的是，轮轨力幅值与轨道不平顺采样点数有关。因此，在图 4.23 中只能进行各频率

成分轮轨力幅值的相对比较。图 4.24 为车体中部振动加速度响应,图中给出加速度响应的时程及频率成分(其中,图 4.24(b)中车体振动加速度在各频率的幅值也与轨道不平顺采样点数有关)。

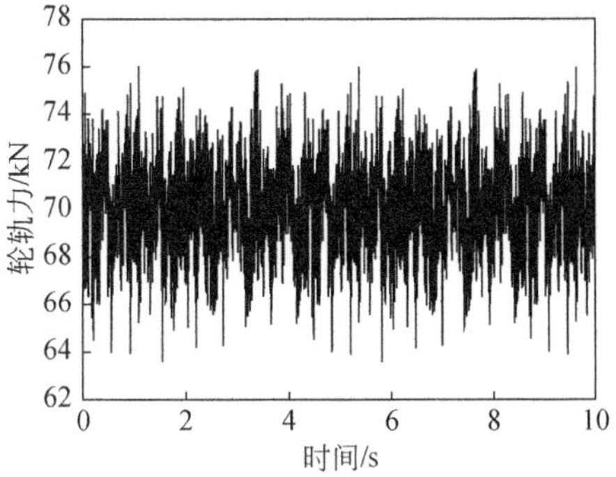

图 4.22　总轮轨力时程

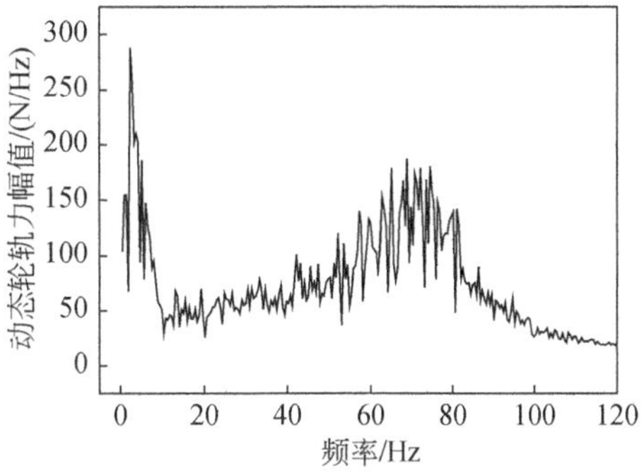

图 4.23　动态轮轨力幅值随频率的分布

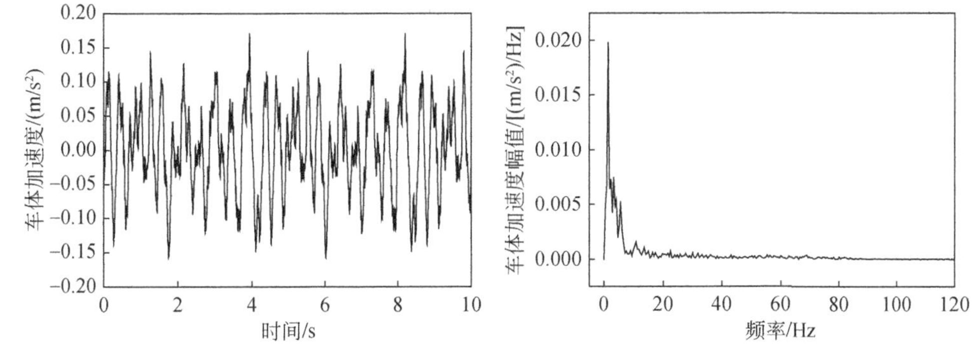

(a) 时程响应　(b) 频率分布

图 4.24　车体中部振动加速度响应

从图 4.22 中可以看出,对应一股钢轨的轮轨力在静态轮轨力 70kN 附近波动,且最大值约为 76kN,最小值约为 64kN。从图 4.23 中可以看出,由轨道不平顺引起的动态轮轨力在 2.5Hz 及 72Hz 处存在较为显著的峰值。由于当前情况下更大激振频段(大于 120Hz)的轮轨力对于总轮轨力幅值的贡献不大。此外,图 4.24 所示的车体中部振动加速度响应反映了其通常的振动量值,且从图 4.24 中可以看到,车体中部振动的加速度响应主要集中在 20Hz 以下的低频段。注意到,图 4.22 及图 4.24(a)中的振动波形图曲线呈现出周期性的特点,这是由模型的求解方法造成的。

图 4.25 和图 4.26 分别为随机不平顺时列车运行引起的浮置板轨道位移响应和加速度响应,图中浮置板轨道位移和加速度响应点对应 $x=54$m 点,此时列车运

行速度为 $v=60\text{km/h}$。

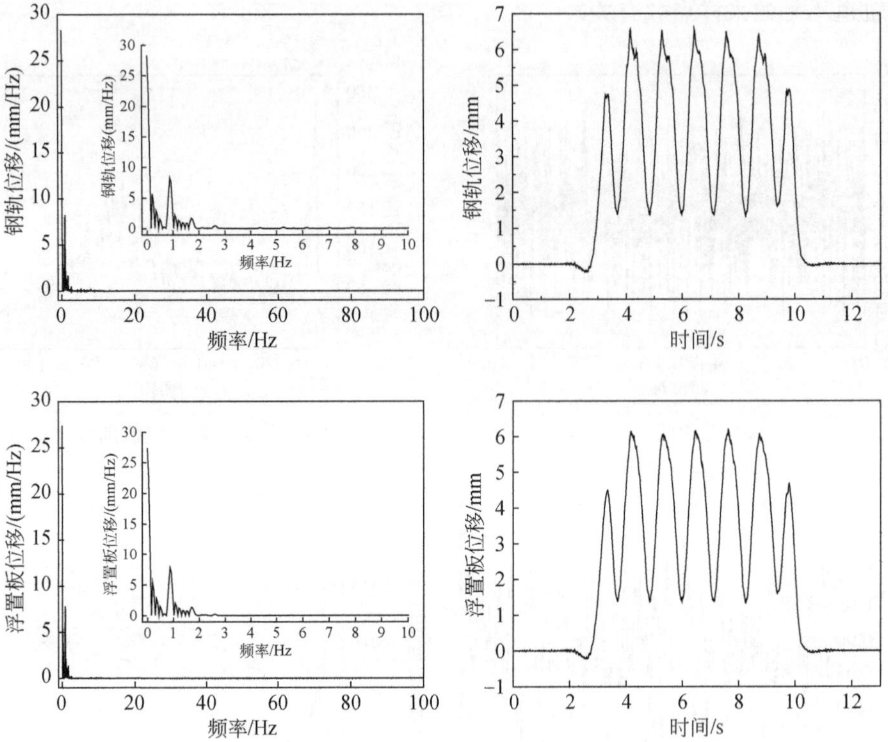

图 4.25　随机不平顺时列车运行引起的浮置板轨道位移响应($v=60\text{km/h}$)

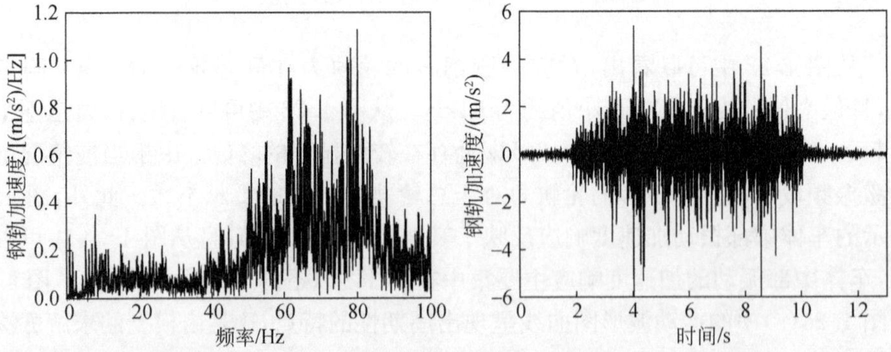

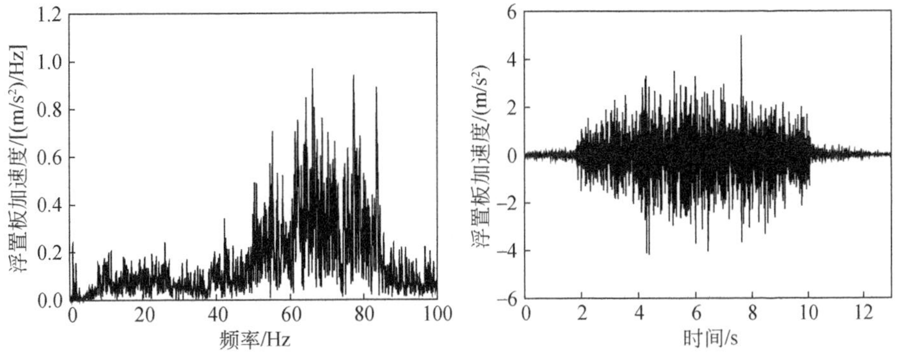

图 4.26　随机不平顺时列车运行引起的浮置板轨道加速度响应(v=60km/h)

比较图 4.25 和图 4.18 可以得出，列车荷载作用下的轨道位移响应主要由准静态荷载决定。比较图 4.26 和图 4.19 可以得出，列车荷载作用下 10Hz 以下的低频段轨道加速度响应主要由列车的准静态荷载决定，而更高频段的加速度响应主要由轨道不平顺及车辆-轨道耦合体系的动力学特性决定。从图 4.26 中可以看出：在考虑频段 0～100Hz 内，移动列车引起的浮置板轨道加速度响应在频段 50～80Hz 内的响应较为显著。比较图 4.25 和图 4.26 中钢轨及浮置板的响应可以得出，在 0～100Hz 频段，浮置板的响应略小于钢轨响应，但它们的振动响应波形几乎是一致的。这是因为扣件的刚度远远大于隔振器的刚度，这致使在低频段钢轨与浮置板几乎以一个整体振动。当然，在更高的频段上，与 4.2.2 节的讨论类似，浮置板的响应相对相同位置的钢轨响应将会存在一个明显的衰减。

图 4.27 为模拟与实测浮置板轨道加速度响应的三分之一倍频程对比，实测地铁列车运行速度为 60km/h，其中实测点位置与上述模拟响应点位置(x=54m、距板端 6m)相同。

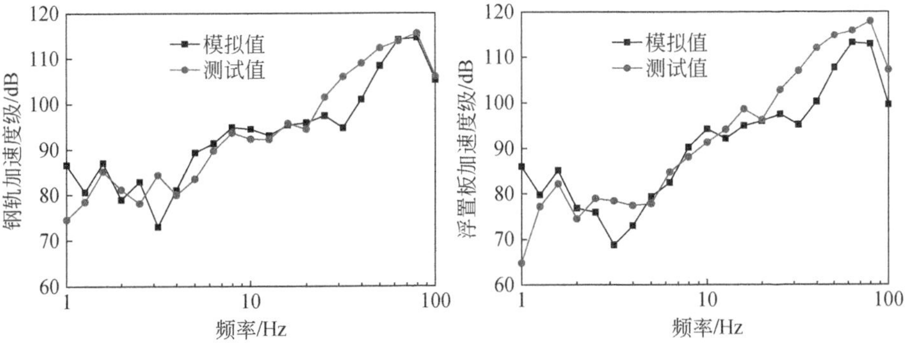

图 4.27　模拟与实测浮置板轨道加速度响应的三分之一倍频程对比(v=60km/h)

图 4.28 给出浮置板轨道上不同位置处的加速度响应三分之一倍频程，此时地铁列车运行速度为 60km/h，浮置板响应点位置为浮置板中部位置（$x=45$m）、端部位置（$x=60$m）及它们之间的一处位置（$x=54$m）。可以看到，非板端处（$x=45$m 及 $x=54$m 处）不同点之间的响应相差不大，但板端处（$x=60$m）相比于非板端处有更大的响应。具体而言，板端处的钢轨响应虽然在大于 15Hz 的频段与非板端处的相差不大，但在小于 15Hz 的低频段会有更大的响应；而板端处的浮置板响应则在考虑频率范围内明显大于其他位置处的响应。

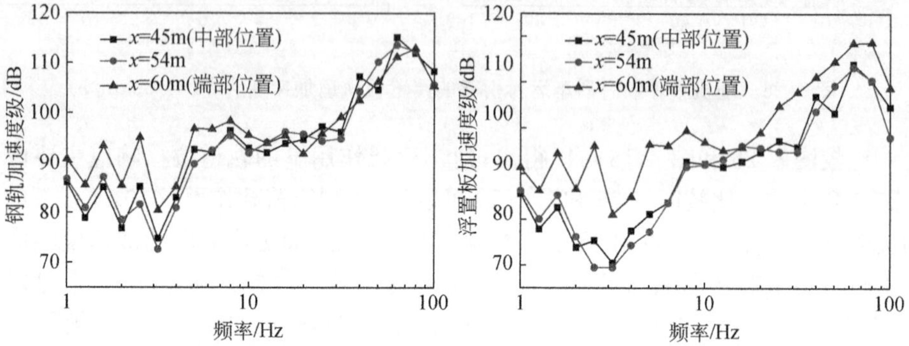

图 4.28 浮置板轨道上不同位置处的加速度响应三分之一倍频程（$v=60$km/h）

第 5 章　曲线轨道车辆-轨道耦合频域解析模型

本章将曲线轨梁力学模型引入曲线轨道车辆-轨道耦合模型中，建立曲线轨道车辆-轨道耦合频域解析模型，该模型考虑了垂向和横向运动自由度，依次建立考虑曲线轨道平面内振动、平面外弯扭耦合振动的轮轨接触点曲线轨梁柔度矩阵，建立考虑车辆沉浮、横移、点头、摇头、侧滚等运动的车辆柔度矩阵、轮对柔度矩阵、列车左右轮柔度矩阵。结合轨道不平顺及曲线设置条件，根据频域内轮-轨接触力和位移的接触关系，建立空间坐标系下轮轨接触点动态平衡及位移协调，实现车辆系统与轨道系统动力学方程组在曲线运行情况下的解析耦合，得到列车匀速运行时车辆-轨道横向及垂向动力曲线耦合的解析表达方程式。

5.1　曲经轨道车辆-轨道耦合频域解析模型的建立及求解思路

为研究曲线轨道交通环境振动源强特性，本章不追究轮轨相互作用材料特性的细观表达，也不涉及材料与几何在曲线轮轨耦合作用的非线性特性，而是整体描述车辆-轨道动力相互作用机理，反映轨道不平顺、曲线半径、超高、运行速度等的影响。其目的在于能够对车辆-轨道系统自身的动力学特性做出整体分析，确定列车动荷载，并确定轨道系统及车辆系统参数变化对轨道动力响应的影响，从而为曲线轨道交通环境振动影响研究提供基础支撑。

对于曲线轨道，车辆-轨道动力相互作用较为复杂，既有由轨道不平顺引起的轮轨间的动力，也有由曲线欠、过超高引起的横向荷载，且曲线超高设置对轮轨间的动力相互作用也将产生显著的影响。为了建立曲线轨道车辆-轨道耦合频域解析模型，本章将对耦合系统中各子系统进行细致的论述，曲线轨道车辆-轨道耦合频域解析模型建立的主要过程如图 5.1 所示。

(1)首先建立考虑车辆沉浮、横移、点头、摇头、侧滚等运动的车辆系统动力学平衡方程，根据车辆系统的运动特点，建立车辆频域柔度矩阵、轮对频域柔度矩阵、列车左右轮频域柔度矩阵。

(2)结合第 2 章中给出的轨道系统动力学控制方程，利用傅里叶积分变换及坐标变换等方法，建立曲线轨道左右侧钢轨平面内振动、平面外弯扭耦合振动的轮轨接触点轨梁频域柔度矩阵。

(3)结合环境振动分析问题的特点，采用轮轨线性相互作用关系在频域内实现轮轨耦合，轮-轨垂向采用线性 Hertz 接触，横向采用 Kalker 线性蠕滑理论，完成

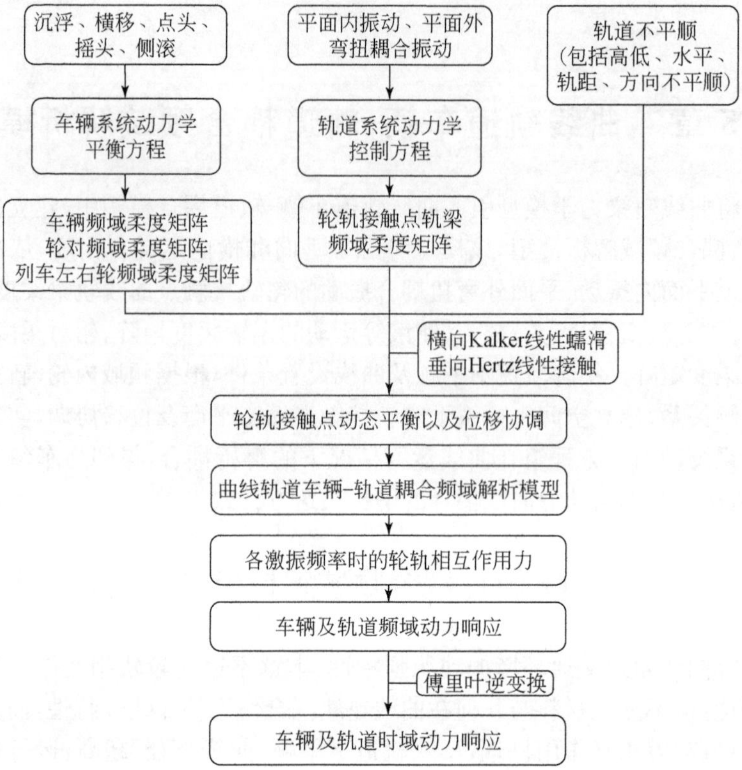

图 5.1　曲线轨道车辆-轨道耦合频域解析模型建立的主要过程

轮轨耦合。

(4)采用移动荷载状态激振，考虑轨道高低、方向、轨距、水平不平顺，根据频域内轮-轨接触力和位移的接触关系，建立空间坐标系下轮轨接触点动态平衡及位移协调，实现车辆系统与轨道系统动力学方程组的解析耦合，最终得到曲线轨道车辆-轨道耦合频域解析模型。

5.2　曲线梁静力平衡方程

当针对轨道模型进行研究时，以往多采用 Euler-Bernoulli 梁和 Timoshenko 梁模型模拟钢轨。为了建立精细化的曲线轨道理论模型并对比 Euler-Bernoulli 梁和 Timoshenko 梁模型之间的区别，本章将提出一种求解离散支撑曲线轨道平面内、平面外耦合振动的频域计算方法，分别建立基于 Euler-Bernoulli 梁和 Timoshenko 梁模型的曲线轨道动力响应求解模型，为建立曲线轨道车辆-轨道耦合频域解析模型奠定基础。

在推导曲线梁振动微分方程时，假定曲线梁为等截面的匀质梁且曲率半径为常数，横截面具有竖直的对称轴；曲线梁形心与剪切中心重合；曲率半径远大于横截面、梁长和梁宽的尺寸。曲线梁的坐标系按照右手螺旋法则规定，曲线梁坐标系与外力正方向如图 5.2 所示，x 轴沿半径方向，y 轴垂直向下，z 轴沿圆弧切线方向，曲线梁半径为 R。曲线梁所受外力如图 5.2 所示，$\boldsymbol{q}_x$、$\boldsymbol{q}_y$ 和 $\boldsymbol{q}_z$ 为任意分布力，$\boldsymbol{m}_x$、$\boldsymbol{m}_y$ 和 $\boldsymbol{m}_z$ 为任意分布力矩。外荷载和位移矢量与坐标轴一致时为正。曲线梁内力符号及正方向如图 5.3 所示，其中，圆弧曲线梁所受弯矩 $\boldsymbol{M}_x$ 以使梁体下部受拉为正，弯矩 $\boldsymbol{M}_y$ 以使梁体外侧受拉为正，扭矩 $\boldsymbol{T}$ 以其矢量沿 z 轴从梁内指向梁外为正，轴向力 $\boldsymbol{N}$ 以使梁体受拉为正。剪力 $\boldsymbol{Q}_x$ 和 $\boldsymbol{Q}_y$ 的正方向如图 5.3 所示。

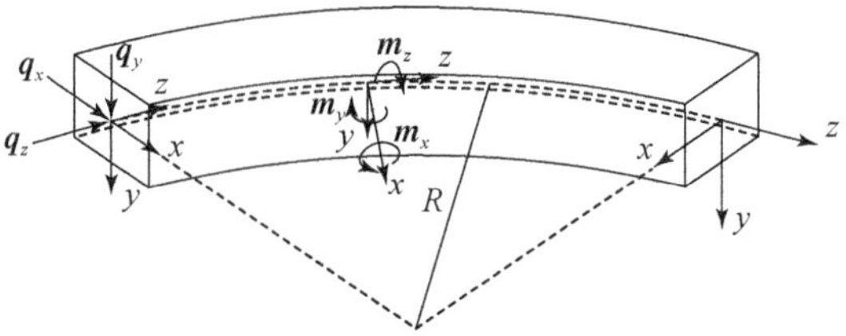

图 5.2　曲线梁坐标系与外力正方向

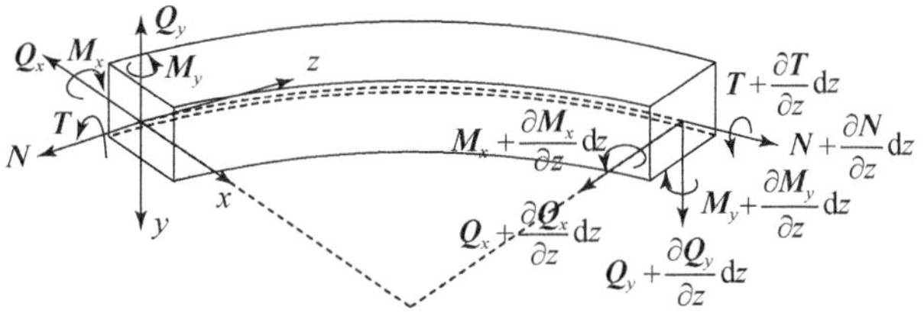

图 5.3　曲线梁内力符号及正方向

根据静力学平衡条件，可得曲线梁横向、轴向、绕 y 轴扭转、垂向、绕 x 轴扭转和绕 z 轴扭转的静力学平衡方程组(Vlasov，1961)为

$$\frac{\partial \boldsymbol{Q}_x}{\partial z}+\frac{\boldsymbol{N}}{R}+\boldsymbol{q}_x=\boldsymbol{0} \tag{5.1}$$

$$\frac{\partial \boldsymbol{N}}{\partial z}-\frac{\boldsymbol{Q}_x}{R}+\boldsymbol{q}_z=\boldsymbol{0} \tag{5.2}$$

$$\frac{\partial \boldsymbol{M}_y}{\partial z}+\boldsymbol{Q}_x+\boldsymbol{m}_y=\boldsymbol{0} \tag{5.3}$$

$$\frac{\partial \boldsymbol{Q}_y}{\partial z}+\boldsymbol{q}_y=\boldsymbol{0} \tag{5.4}$$

$$\frac{\partial \boldsymbol{M}_x}{\partial z}+\frac{\boldsymbol{T}}{R}-\boldsymbol{Q}_y+\boldsymbol{m}_x=\boldsymbol{0} \tag{5.5}$$

$$\frac{\partial \boldsymbol{T}}{\partial z}-\frac{\boldsymbol{M}_x}{R}+\boldsymbol{m}_z=\boldsymbol{0} \tag{5.6}$$

由此得到曲线梁静力学平衡方程组，由静力学平衡方程组可知方程(5.1)～(5.3)为平面内平衡方程(平面内是指在曲线梁圆弧平面内)，方程(5.4)～(5.6)为平面外平衡方程(平面外是指垂直于曲线梁圆弧平面)。

5.3 基于 Euler-Bernoulli 梁模型的曲线轨梁动力响应求解

5.3.1 曲线轨梁动力学平衡方程

当采用 Euler-Bernoulli 梁模型模拟钢轨时，假定轨梁截面满足平截面，即变形前垂直梁轴线的横截面，变形后仍是平面且横截面始终与轴线垂直(Timoshenko and Goodier, 1951)。忽略横截面剪切变形的影响，横截面的旋转只由挠曲引起，曲线梁位移分别为沿 x、y 和 z 方向的线位移 $\boldsymbol{u}_x$、$\boldsymbol{u}_y$ 和 $\boldsymbol{u}_z$，以及对应截面绕 z 轴的扭转角 φ_z，曲线 Euler-Bernoulli 梁位移方向如图 5.4 所示。

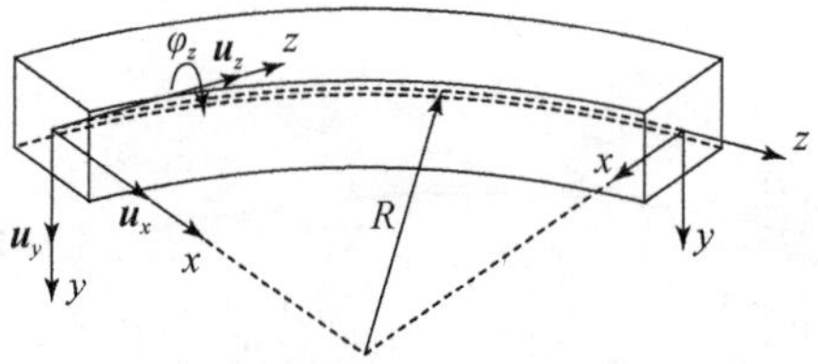

图 5.4 曲线 Euler-Bernoulli 梁位移方向

根据 Euler-Bernoulli 梁截面内力与变形、曲线梁微元段变形的几何关系可知，曲线梁位移与内力关系(Vlasov, 1961)如下：

$$\boldsymbol{N}=EA\boldsymbol{\varepsilon}_z=EA\left(\frac{\mathrm{d}\boldsymbol{u}_z}{\mathrm{d}z}-\frac{\boldsymbol{u}_x}{R}\right) \tag{5.7}$$

$$\boldsymbol{M}_x=-EI_x\boldsymbol{\kappa}_x=-EI_x\left(\frac{\mathrm{d}^2\boldsymbol{u}_y}{\mathrm{d}z^2}-\frac{\varphi}{R}\right) \tag{5.8}$$

$$\boldsymbol{M}_y=EI_y\boldsymbol{\kappa}_y=EI_y\left(\frac{\mathrm{d}^2\boldsymbol{u}_x}{\mathrm{d}z^2}+\frac{\boldsymbol{u}_x}{R^2}\right) \tag{5.9}$$

$$\boldsymbol{T}=-EI_\omega\left(\frac{\mathrm{d}^3\varphi}{\mathrm{d}z^3}+\frac{1}{R}\frac{\mathrm{d}^3\boldsymbol{u}_y}{\mathrm{d}z^3}\right)+GI_\mathrm{d}\left(\frac{\mathrm{d}\varphi}{\mathrm{d}z}+\frac{1}{R}\frac{\mathrm{d}\boldsymbol{u}_y}{\mathrm{d}z}\right) \tag{5.10}$$

式中，$\boldsymbol{\varepsilon}_z$ 为轴向应变；A 为截面面积；$\boldsymbol{\kappa}_x$ 和 $\boldsymbol{\kappa}_y$ 分别为绕 x 轴和 y 轴的弯曲曲率；I_x 和 I_y 分别为绕 x 轴和 y 轴的截面惯性矩；I_ω 为截面扭转翘曲常数；I_d 为截面扭转常数；E 和 G 分别为曲线梁的弹性模量和剪切模量；R 为曲率半径。

将式(5.7)～式(5.10)代入方程(5.1)～(5.6)，经整理并忽略高阶微量可知，在自由振动下曲线 Euler-Bernoulli 梁的径向、轴向、垂向和扭转振动微分方程组为

$$-EA\left(\frac{\partial^2 \boldsymbol{u}_z}{\partial z^2}-\frac{1}{R}\frac{\partial \boldsymbol{u}_x}{\partial z}\right)-\frac{EI_y}{R}\left(\frac{\partial^3 \boldsymbol{u}_x}{\partial z^3}+\frac{1}{R^2}\frac{\partial \boldsymbol{u}_x}{\partial z}\right)+m\frac{\partial^2 \boldsymbol{u}_z}{\partial t^2}=\boldsymbol{0} \tag{5.11}$$

$$EI_y\left(\frac{\partial^4 \boldsymbol{u}_x}{\partial z^4}+\frac{1}{R^2}\frac{\partial^2 \boldsymbol{u}_x}{\partial z^2}\right)-\frac{EA}{R}\left(\frac{\partial \boldsymbol{u}_z}{\partial z}-\frac{\boldsymbol{u}_x}{R}\right)+m\frac{\partial^2 u_x}{\partial t^2}=\boldsymbol{0} \tag{5.12}$$

$$\left(EI_x+\frac{EI_\omega}{R^2}\right)\frac{\partial^4 \boldsymbol{u}_y}{\partial z^4}-\frac{GI_{\mathrm{d}}}{R^2}\frac{\partial^2 \boldsymbol{u}_y}{\partial z^2}+\frac{EI_\omega}{R}\frac{\partial^4 \varphi_z}{\partial z^4}-\frac{EI_x+GI_{\mathrm{d}}}{R}\frac{\partial^2 \varphi_z}{\partial z^2}+m\frac{\partial^2 \boldsymbol{u}_y}{\partial t^2}=\boldsymbol{0} \tag{5.13}$$

$$EI_\omega\frac{\partial^4 \varphi_z}{\partial z^4}+\frac{EI_\omega}{R}\frac{\partial^4 \boldsymbol{u}_y}{\partial z^4}-\frac{EI_x+GI_{\mathrm{d}}}{R}\frac{\partial^2 \boldsymbol{u}_y}{\partial z^2}-GI_{\mathrm{d}}\frac{\partial^2 \varphi_z}{\partial z^2}+\frac{EI_x}{R^2}\varphi_z+\rho I_0\frac{\partial^2 \varphi_z}{\partial t^2}=\boldsymbol{0} \tag{5.14}$$

式中，$\boldsymbol{u}_x(z,t)$、$\boldsymbol{u}_y(z,t)$和$\boldsymbol{u}_z(z,t)$分别为 t 时刻点 z 在 x、y 和 z 方向上的位移，简写为 $\boldsymbol{u}_x$、$\boldsymbol{u}_y$ 和 $\boldsymbol{u}_z$；$\varphi_z(z,t)$为 t 时刻坐标 z 处对应截面绕 z 轴的扭转角，简写为 φ_z；m 为单位长度质量；ρ 为密度；I_0 为截面极惯性矩。考虑到曲线轨道的曲率半径远大于轨梁截面尺寸，可忽略翘曲扭转，因而取 $I_\omega=0$。

采用曲线 Euler-Bernoulli 梁模型模拟曲线轨道钢轨，称为轨梁，采用弹簧阻尼支点单元模拟扣件，此时轨道简化为等间距离散点支撑的轨梁模型。将曲线轨道视为半径为 R 的圆形轨道的一部分，轨道结构以相邻扣件支点间距 L 为周期，称为基本元，Euler-Bernoulli 梁曲线轨道力学模型如图 5.5 所示。当速度为 v 的移动荷载 F_x、F_y 和 T_z 作用于曲线轨梁上时，移动荷载作用下曲线轨梁振动微分方程组为

$$-EA\left(\frac{\partial^2 \boldsymbol{u}_z}{\partial z^2}-\frac{1}{R}\frac{\partial \boldsymbol{u}_x}{\partial z}\right)-\frac{EI_y}{R}\left(\frac{\partial^3 \boldsymbol{u}_x}{\partial z^3}+\frac{1}{R^2}\frac{\partial \boldsymbol{u}_x}{\partial z}\right)+m\frac{\partial^2 \boldsymbol{u}_z}{\partial t^2}=-\sum_{j=1}^{N_{\mathrm{r}}}\left[\boldsymbol{f}_{zj}(t)\delta(z-z_{\mathrm{r}j})\right] \tag{5.15}$$

$$EI_y\left(\frac{\partial^4 \boldsymbol{u}_x}{\partial z^4}+\frac{1}{R^2}\frac{\partial^2 \boldsymbol{u}_x}{\partial z^2}\right)-\frac{EA}{R}\left(\frac{\partial \boldsymbol{u}_z}{\partial z}-\frac{\boldsymbol{u}_x}{R}\right)+m\frac{\partial^2 \boldsymbol{u}_x}{\partial t^2}$$
$$=\boldsymbol{F}_x\delta(z-z_0^{\mathrm{F}}-vt)-\sum_{j=1}^{N_{\mathrm{r}}}\left[\boldsymbol{f}_{xj}(t)\delta(z-z_{\mathrm{r}j})\right] \tag{5.16}$$

$$EI_x\left(\frac{\partial^4 \boldsymbol{u}_y}{\partial z^4}-\frac{1}{R}\frac{\partial^2 \varphi_z}{\partial z^2}\right)-\frac{GI_{\mathrm{d}}}{R}\left(\frac{\partial^2 \varphi_z}{\partial z^2}+\frac{1}{R}\frac{\partial^2 \boldsymbol{u}_y}{\partial z^2}\right)+m\frac{\partial^2 \boldsymbol{u}_y}{\partial t^2}$$
$$=\boldsymbol{F}_y\delta(z-z_0^{\mathrm{F}}-vt)-\sum_{j=1}^{N_{\mathrm{r}}}\left[\boldsymbol{f}_{yj}(t)\delta(z-z_{\mathrm{r}j})\right] \tag{5.17}$$

$$-\frac{EI_x}{R}\left(\frac{\partial^2 \boldsymbol{u}_y}{\partial z^2}-\frac{\varphi_z}{R}\right)-GI_{\mathrm{d}}\left(\frac{1}{R}\frac{\partial^2 \boldsymbol{u}_y}{\partial z^2}+\frac{\partial^2 \varphi_z}{\partial z^2}\right)+\rho I_0\frac{\partial^2 \varphi_z}{\partial t^2}$$
$$=\boldsymbol{T}\delta(z-z_0^{\mathrm{F}}-vt)-\sum_{j=1}^{N_{\mathrm{r}}}\left[\boldsymbol{T}_j(t)\delta(z-z_{\mathrm{r}j})\right] \tag{5.18}$$

式中，$\boldsymbol{F}_x(z,t)$、$\boldsymbol{F}_y(z,t)$和 $\boldsymbol{T}(z,t)$分别为 t 时刻作用于轨梁上点 z 位置处的横向

力、垂向力和扭转力矩，简写为 $\boldsymbol{F}_x$、$\boldsymbol{F}_y$ 和 $\boldsymbol{T}$；荷载初始位置为 z_0^{F}；z_{rj} 为第 j 个扣件支点坐标；N_r 为研究范围内扣件支点个数；$\boldsymbol{f}_{xj}(t)$、$\boldsymbol{f}_{yj}(t)$、$\boldsymbol{f}_{zj}(t)$ 和 $\boldsymbol{T}_j(t)$ 分别为第 j 个扣件支点的横向、垂向、纵向支撑约束反力和扭转支撑约束力矩。当采用 Euler-Bernoulli 梁模拟时，轨梁约束关系如图 5.6 所示，其中，O 为轨梁形心。

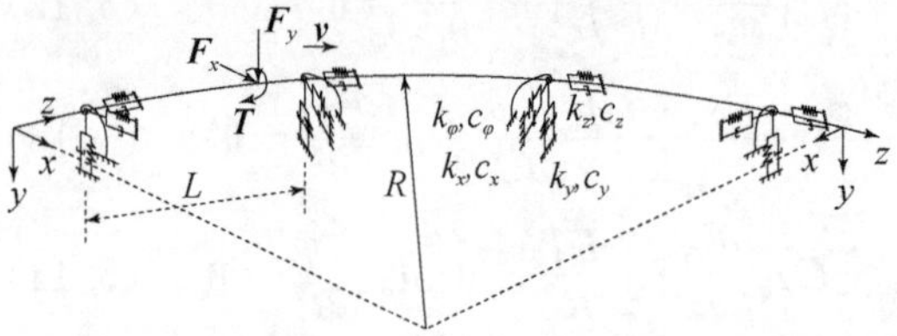

图 5.5 Euler-Bernoulli 梁曲线轨道力学模型

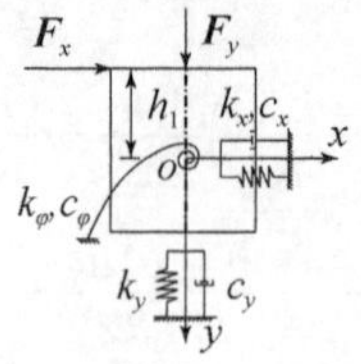

图 5.6 Euler-Bernoulli 轨梁约束关系

以上式(5.15)～式(5.18)即为采用 Euler-Bernoulli 梁模型模拟钢轨时，曲线轨道动力响应控制方程，接下来讨论曲线轨道动力响应控制方程的求解方法。

5.3.2 曲线轨道轨梁动力响应频域数学模态叠加法

本书所讨论的曲线轨道是指具有恒定曲率半径的有限长圆弧(暂不包括缓和曲线)，列车在圆弧曲线轨道上运行将引起钢轨的平面内振动、平面外弯扭耦合动力响应。为了求解有限长圆弧段钢轨的动力响应，可将曲线轨道映射至一个具有相同半径的虚拟圆形环梁中。将圆形环梁视为无限-周期，视支点间距 L 为圆形环梁的基本周期长度，称具有基本周期长度的曲线轨梁为基本元，曲线轨道周期性如图 5.7 所示。结合无限-周期的性质，可对曲线轨梁的动力学响应进行求解。

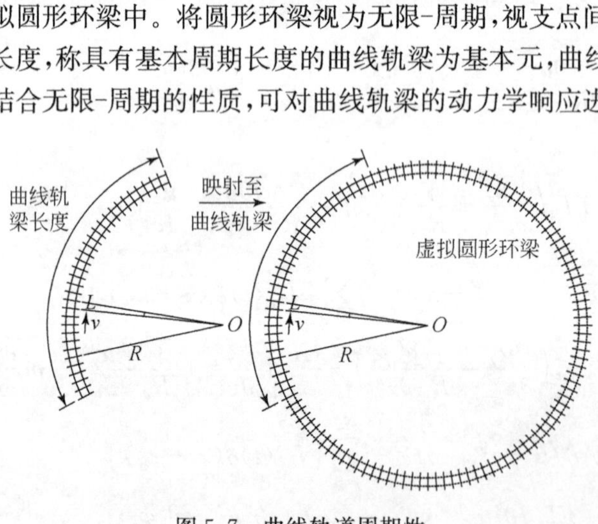

图 5.7 曲线轨道周期性

将曲线轨道映射至一个具有相同半径的虚拟圆形环梁中，根据圆形环梁的周期性性质(详见 2.1.8 节)，对曲线轨梁的动力响应进行分析。移动简谐荷载作用下轨梁频域动力响应具有如下周期性性质：

$$\hat{\boldsymbol{u}}(z+L,\omega,\omega_f)=\mathrm{e}^{\mathrm{i}(\omega_f-\omega)L/v}\cdot\hat{\boldsymbol{u}}(z,\omega,\omega_f) \tag{5.19}$$

构造辅助函数 $\hat{\boldsymbol{P}}(z,\omega,\omega_f)$，满足

$$\hat{\boldsymbol{P}}(z,\omega,\omega_f)=\hat{\boldsymbol{u}}(z,\omega,\omega_f)\mathrm{e}^{-\mathrm{i}(\omega_f/v-\omega/v)z} \tag{5.20}$$

结合式(5.19)与式(5.20)，有

$$\hat{\boldsymbol{P}}(z+L,\omega,\omega_f)=\hat{\boldsymbol{P}}(z,\omega,\omega_f) \tag{5.21}$$

因此，函数 $\hat{\boldsymbol{P}}(z,\omega,\omega_f)$ 是周期函数，其大小 $\hat{P}(z,\omega,\omega_f)$ 可用傅里叶级数表示为

$$\hat{P}(z,\omega,\omega_f)=\sum_{n=-\infty}^{+\infty}\left[C_n(\omega,\omega_f)\mathrm{e}^{\mathrm{i}\xi_n z}\right] \tag{5.22}$$

式中，$C_n(\omega,\omega_f)$ 为傅里叶级数系数；$\xi_n=2\pi n/L$。

于是，单位移动简谐荷载作用下轨梁频域内的动力响应 $\hat{\boldsymbol{u}}(z,\omega,\omega_f)$ 的大小 $\hat{u}(z,\omega,\omega_f)$ 可以写为如下的级数：

$$\hat{u}(z,\omega,\omega_f)=\sum_{n=-\infty}^{+\infty}\left[C_n(\omega,\omega_f)\mathrm{e}^{\mathrm{i}(\xi_n+\omega_f/v-\omega/v)z}\right] \tag{5.23}$$

记

$$\hat{V}_n(z,\omega,\omega_f)=\mathrm{e}^{\mathrm{i}(\xi_n+\omega_f/v-\omega/v)z} \tag{5.24}$$

式中，$\hat{V}_n(z,\omega,\omega_f)$ 为移动简谐荷载作用时轨梁频域内的数学模态，称为轨梁模态（马龙祥等，2014）。

在实际计算中，$\hat{V}_n(z,\omega,\omega_f)$ 不可能考虑无穷项，而只能考虑有限项，因此有

$$\hat{u}(z,\omega,\omega_f)=\sum_{n=-N}^{+N}\left[C_n(\omega,\omega_f)\hat{V}_n(z,\omega,\omega_f)\right] \tag{5.25}$$

式中，纳入考虑的轨梁模态数为 $2N+1$，记为 NMR。

根据无限-周期结构的性质，采用曲线轨梁频域内数学模态叠加法，可对曲线轨梁动力响应进行求解。

5.3.3　移动简谐荷载作用下曲线轨梁动力响应求解

列车运行时作用在钢轨上的力可分为由自身轴重引起的准静态力及由轨道不平顺引起的动态激励力，可将轮轨之间的相互作用力视为一系列移动简谐荷载的叠加，因此方程(5.15)～(5.18)中的荷载可视为激振频率为 ω_f 的简谐荷载。为了在频域内对微分方程组进行求解，对方程(5.15)～(5.18)中的变量 t 进行傅里叶变换，即

$$-\frac{E^* I_y}{R}\frac{\partial^3\hat{\boldsymbol{u}}_x}{\partial z^3}-\left(\frac{E^* I_y}{R^3}-\frac{E^* A}{R}\right)\frac{\partial\hat{\boldsymbol{u}}_x}{\partial z}-E^* A\frac{\partial^2\hat{\boldsymbol{u}}_z}{\partial z^2}-m\omega^2\hat{\boldsymbol{u}}_z+\bar{k}_z\sum_{j=1}^{N_{\mathrm{r}}}\left[\hat{\boldsymbol{u}}_z\delta(z-z_{\mathrm{r}j})\right]=\boldsymbol{0} \tag{5.26}$$

$$E^{*}I_{y}\frac{\partial^{4}\hat{\boldsymbol{u}}_{x}}{\partial z^{4}}+\frac{E^{*}I_{y}}{R^{2}}\frac{\partial^{2}\hat{\boldsymbol{u}}_{x}}{\partial z^{2}}+\frac{E^{*}A}{R^{2}}\hat{\boldsymbol{u}}_{x}-\frac{E^{*}A}{R}\frac{\partial\hat{\boldsymbol{u}}_{z}}{\partial z}-m\omega^{2}\hat{\boldsymbol{u}}_{x}+\bar{k}_{x}\sum_{j=1}^{N_{\mathrm{r}}}\left[\hat{\boldsymbol{u}}_{x}\delta(z-z_{\mathrm{r}j})\right]$$
$$=\frac{\boldsymbol{F}_{x}}{v}\mathrm{e}^{\mathrm{i}\frac{\omega_{f}-\omega}{v}(z-z_{0}^{\mathrm{F}})}\tag{5.27}$$

$$E^{*}I_{x}\frac{\partial^{4}\hat{\boldsymbol{u}}_{y}}{\partial z^{4}}-\frac{G^{*}I_{\mathrm{d}}}{R^{2}}\frac{\partial^{2}\hat{\boldsymbol{u}}_{y}}{\partial z^{2}}-\frac{G^{*}I_{\mathrm{d}}+E^{*}I_{x}}{R}\frac{\partial^{2}\hat{\varphi}_{z}}{\partial z^{2}}-m\omega^{2}\hat{\boldsymbol{u}}_{y}+\bar{k}_{y}\sum_{j=1}^{N_{\mathrm{r}}}\left[\hat{\boldsymbol{u}}_{y}\delta(z-z_{\mathrm{r}j})\right]$$
$$=\frac{\boldsymbol{F}_{y}}{v}\mathrm{e}^{\mathrm{i}\frac{\omega_{f}-\omega}{v}(z-z_{0}^{\mathrm{F}})}\tag{5.28}$$

$$-\frac{G^{*}I_{\mathrm{d}}+E^{*}I_{x}}{R}\frac{\partial^{2}\hat{\boldsymbol{u}}_{y}}{\partial z^{2}}-G^{*}I_{\mathrm{d}}\frac{\partial^{2}\hat{\varphi}_{z}}{\partial z^{2}}+\frac{E^{*}I_{x}\hat{\varphi}_{z}}{R^{2}}-\rho I_{0}\omega^{2}\hat{\varphi}_{z}+\bar{k}_{\varphi}\sum_{j=1}^{N_{\mathrm{r}}}\left[\hat{\varphi}_{z}\delta(z-z_{\mathrm{r}j})\right]$$
$$=\frac{\boldsymbol{T}}{v}\mathrm{e}^{\mathrm{i}\frac{\omega_{f}-\omega}{v}(z-z_{0}^{\mathrm{F}})}\tag{5.29}$$

式中，$\hat{\boldsymbol{u}}_x(z,\omega)$、$\hat{\boldsymbol{u}}_y(z,\omega)$、$\hat{\boldsymbol{u}}_z(z,\omega)$及$\hat{\varphi}_z(z,\omega)$分别为频域内点$z$在$x$、$y$、$z$方向上的位移及对应截面绕$z$轴的扭转角，简写为$\hat{\boldsymbol{u}}_x$、$\hat{\boldsymbol{u}}_y$、$\hat{\boldsymbol{u}}_z$和$\hat{\varphi}_z$，$\omega$为角频率；$E^*=E(1+\mathrm{i}\eta)$和$G^*=G(1+\mathrm{i}\eta)$分别为考虑钢轨材料阻尼的弹性模量和剪切模量，$\eta$为钢轨材料损耗因子；$\bar{k}_x$、$\bar{k}_y$、$\bar{k}_z$和$\bar{k}_\varphi$分别为扣件支点横向、垂向、纵向和扭转支撑复合刚度，$\bar{k}_x=k_x+\mathrm{i}c_x\omega$、$\bar{k}_y=k_y+\mathrm{i}c_y\omega$、$\bar{k}_z=k_z+\mathrm{i}c_z\omega$、$\bar{k}_\varphi=k_\varphi+\mathrm{i}c_\varphi\omega$，其中，$k_x$、$k_y$、$k_z$和$k_\varphi$分别为支点横向、垂向、纵向和扭转支撑刚度，$c_x$、$c_y$、$c_z$和$c_\varphi$分别为支点横向、垂向、纵向和扭转支撑阻尼系数，$k_\varphi=k_y\cdot b_{\mathrm{rail}}^2$、$c_\varphi=c_y\cdot b_{\mathrm{rail}}^2$，$b_{\mathrm{rail}}$为钢轨轨底宽度的1/2。

在利用无限-周期结构理论对曲线轨道结构振动响应进行分析时，曲线轨道基本元与相邻单元相互关系示意图如图5.8所示，其中，基本元是指具有基本周期长度的曲线轨梁。

以图5.8所示基本元与左侧相邻单元为例，基本元左端位移、内力构成的状态向量$\boldsymbol{S}^{k_{\mathrm{L}}}$与左侧单元右端位移、内力构成的状态向量$S^{(k-1)_{\mathrm{R}}}$满足位移协调和力的平衡，即

$$\boldsymbol{S}^{k_{\mathrm{L}}}=\boldsymbol{S}^{(k-1)_{\mathrm{R}}}\tag{5.30}$$

其中，

$$\boldsymbol{S}^{k_{\mathrm{L}}}=\begin{bmatrix}\hat{\boldsymbol{u}}_x^{k_{\mathrm{L}}} & \hat{\boldsymbol{u}}_y^{k_{\mathrm{L}}} & \hat{\boldsymbol{u}}_z^{k_{\mathrm{L}}} & \hat{\varphi}_z^{k_{\mathrm{L}}} & \hat{\boldsymbol{M}}_x^{k_{\mathrm{L}}} & \hat{\boldsymbol{M}}_y^{k_{\mathrm{L}}} & \hat{\boldsymbol{Q}}_x^{k_{\mathrm{L}}} & \hat{\boldsymbol{Q}}_y^{k_{\mathrm{L}}} & \hat{\boldsymbol{N}}^{k_{\mathrm{L}}} & \hat{\boldsymbol{T}}^{k_{\mathrm{L}}}\end{bmatrix}^{\mathrm{T}}\tag{5.31}$$

$$\begin{aligned}\boldsymbol{S}^{(k-1)_{\mathrm{R}}}=\big[&\hat{\boldsymbol{u}}_x^{(k-1)_{\mathrm{R}}}\quad \hat{\boldsymbol{u}}_y^{(k-1)_{\mathrm{R}}}\quad \hat{\boldsymbol{u}}_z^{(k-1)_{\mathrm{R}}}\quad \hat{\varphi}_z^{(k-1)_{\mathrm{R}}}\quad \hat{\boldsymbol{M}}_x^{(k-1)_{\mathrm{R}}}\quad \hat{\boldsymbol{M}}_y^{(k-1)_{\mathrm{R}}}\\ &\hat{\boldsymbol{Q}}_x^{(k-1)_{\mathrm{R}}}\quad \hat{\boldsymbol{Q}}_y^{(k-1)_{\mathrm{R}}}\quad \hat{\boldsymbol{N}}^{(k-1)_{\mathrm{R}}}\quad \hat{\boldsymbol{T}}^{(k-1)_{\mathrm{R}}}\big]^{\mathrm{T}}\end{aligned}\tag{5.32}$$

式中，$\hat{\boldsymbol{u}}_x^{k_{\mathrm{L}}}$、$\hat{\boldsymbol{u}}_y^{k_{\mathrm{L}}}$、$\hat{\boldsymbol{u}}_z^{k_{\mathrm{L}}}$和$\hat{\varphi}_z^{k_{\mathrm{L}}}$分别为频域内基本元左端点$k_{\mathrm{L}}$在$x$、$y$、$z$方向上的位移和对应截面绕$z$轴的扭转角；$\hat{\boldsymbol{M}}_x^{k_{\mathrm{L}}}$、$\hat{\boldsymbol{M}}_y^{k_{\mathrm{L}}}$、$\hat{\boldsymbol{Q}}_x^{k_{\mathrm{L}}}$、$\hat{\boldsymbol{Q}}_y^{k_{\mathrm{L}}}$、$\hat{\boldsymbol{N}}^{k_{\mathrm{L}}}$和$\hat{\boldsymbol{T}}^{k_{\mathrm{L}}}$分别为频域内基本元左端

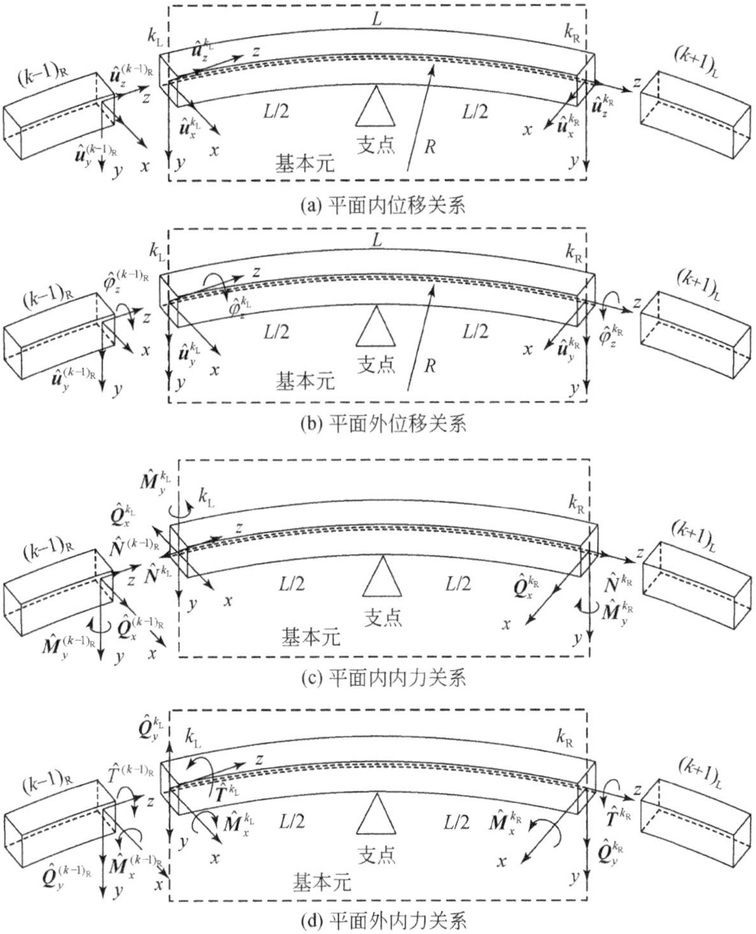

(a) 平面内位移关系

(b) 平面外位移关系

(c) 平面内内力关系

(d) 平面外内力关系

图 5.8　曲线轨道基本元与相邻单元相互关系示意图

点 k_{L} 处绕 x 轴弯矩、绕 y 轴弯矩、横向剪力、垂向剪力、轴力和绕 z 轴扭矩；$\hat{\boldsymbol{u}}_x^{(k-1)_{\mathrm{R}}}$、$\hat{\boldsymbol{u}}_y^{(k-1)_{\mathrm{R}}}$、$\hat{\boldsymbol{u}}_z^{(k-1)_{\mathrm{R}}}$ 和 $\hat{\varphi}_z^{(k-1)_{\mathrm{R}}}$ 分别为频域内基本元左侧单元右端点 $(k-1)_{\mathrm{R}}$ 在 x、y、z 方向上的位移和对应截面绕 z 轴的扭转角；$\hat{\boldsymbol{M}}_x^{(k-1)_{\mathrm{R}}}$、$\hat{\boldsymbol{M}}_y^{(k-1)_{\mathrm{R}}}$、$\hat{\boldsymbol{Q}}_x^{(k-1)_{\mathrm{R}}}$、$\hat{\boldsymbol{Q}}_y^{(k-1)_{\mathrm{R}}}$、$\hat{\boldsymbol{N}}^{(k-1)_{\mathrm{R}}}$ 和 $\hat{\boldsymbol{T}}^{(k-1)_{\mathrm{R}}}$ 分别为频域内基本元左侧单元右端点 $(k-1)_{\mathrm{R}}$ 处绕 x 轴弯矩、绕 y 轴弯矩、横向剪力、垂向剪力、轴力和绕 z 轴扭矩。

根据无限-周期结构性质，基本元左端点状态向量 $\boldsymbol{S}^{k_{\mathrm{L}}}$ 和右端点状态向量 $\boldsymbol{S}^{k_{\mathrm{R}}}$ 之间满足

$$\boldsymbol{S}^{k_{\mathrm{R}}}=\mathrm{e}^{\mathrm{i}(\omega_f-\omega)L/v}\cdot\boldsymbol{S}^{k_{\mathrm{L}}} \tag{5.33}$$

其中，

$$\boldsymbol{S}^{k_{\mathrm{R}}}=\begin{bmatrix}\hat{\boldsymbol{u}}_x^{k_{\mathrm{R}}} & \hat{\boldsymbol{u}}_y^{k_{\mathrm{R}}} & \hat{\boldsymbol{u}}_z^{k_{\mathrm{R}}} & \hat{\varphi}_z^{k_{\mathrm{R}}} & \hat{\boldsymbol{M}}_x^{k_{\mathrm{R}}} & \hat{\boldsymbol{M}}_y^{k_{\mathrm{R}}} & \hat{\boldsymbol{Q}}_x^{k_{\mathrm{R}}} & \hat{\boldsymbol{Q}}_y^{k_{\mathrm{R}}} & \hat{\boldsymbol{N}}^{k_{\mathrm{R}}} & \hat{\boldsymbol{T}}^{k_{\mathrm{R}}}\end{bmatrix}^{\mathrm{T}} \tag{5.34}$$

式中，$\hat{\boldsymbol{u}}_x^{k_R}$、$\hat{\boldsymbol{u}}_y^{k_R}$、$\hat{\boldsymbol{u}}_z^{k_R}$ 和 $\hat{\varphi}_z^{k_R}$ 分别为频域内基本元右端点 k_R 在 x、y、z 方向上的位移和对应截面绕 z 轴的扭转角；$\hat{\boldsymbol{M}}_x^{k_R}$、$\hat{\boldsymbol{M}}_y^{k_R}$、$\hat{\boldsymbol{Q}}_x^{k_R}$、$\hat{\boldsymbol{Q}}_y^{k_R}$、$\hat{\boldsymbol{N}}^{k_R}$ 和 $\hat{\boldsymbol{T}}^{k_R}$ 分别为频域内基本元右端点 k_R 绕 x 轴弯矩、绕 y 轴弯矩、横向剪力、垂向剪力、轴力和绕 z 轴扭矩。

根据简谐荷载作用时轨道结构动力响应的频域模态叠加法，即由式(5.25)可知，曲线轨梁位移响应可以写为各轨梁模态与相应模态坐标乘积的和，为

$$\hat{\boldsymbol{u}}(z,\omega,\omega_f)=\sum_{n=-N}^{+N}\left[\boldsymbol{C}_n(\omega,\omega_f)\hat{V}_n(z,\omega,\omega_f)\right] \tag{5.35}$$

其中，

$$\hat{\boldsymbol{u}}(z,\omega,\omega_f)=\left[\hat{u}_z(z,\omega,\omega_f)\quad \hat{u}_x(z,\omega,\omega_f)\quad \hat{u}_y(z,\omega,\omega_f)\quad \hat{\varphi}_z(z,\omega,\omega_f)\right]^{\mathrm{T}} \tag{5.36}$$

$$\boldsymbol{C}_n(\omega,\omega_f)=\left[U_n^z(\omega,\omega_f)\quad U_n^x(\omega,\omega_f)\quad U_n^y(\omega,\omega_f)\quad \Phi_n(\omega,\omega_f)\right]^{\mathrm{T}} \tag{5.37}$$

式中，$\hat{\boldsymbol{u}}(z,\omega,\omega_f)$为频域内位移列向量；$\hat{u}_x(z,\omega,\omega_f)$、$\hat{u}_y(z,\omega,\omega_f)$和 $\hat{u}_z(z,\omega,\omega_f)$分别为频域内点 z 在 x、y、z 方向上位移 $\hat{\boldsymbol{u}}_x(z,\omega,\omega_f)$、$\hat{\boldsymbol{u}}_y(z,\omega,\omega_f)$和 $\hat{\boldsymbol{u}}_z(z,\omega,\omega_f)$的大小；$U_n^x(\omega,\omega_f)$、$U_n^y(\omega,\omega_f)$、$U_n^z(\omega,\omega_f)$和 $\Phi_n(\omega,\omega_f)$分别为频域内横向、垂向、纵向位移和扭转角等各轨梁模态所对应的轨梁数学模态坐标函数；$\boldsymbol{C}_n(\omega,\omega_f)$为模态坐标函数向量。

运用轨梁动力响应频域数学模态叠加法对方程组进行求解。将式(5.35)代入方程(5.26)～(5.29)，并在方程组两边同乘 $\hat{V}_m(z,\omega,\omega_f)^{-1}=\mathrm{e}^{-\mathrm{i}(\xi_m+\omega_f/v-\omega/v)z}$ $(m\in[-N,N])$，然后在 $z\in[0,L]$上对方程组两边进行积分，由轨梁模态正交性及 Dirac 函数的性质，可得第 m 阶轨梁模态对应的方程组为

$$\begin{aligned}&\frac{E^* I_y}{R}L\mathrm{i}\left(\xi_m+\frac{\omega_f-\omega}{v}\right)^3U_m^x-\left(\frac{E^* I_y}{R^3}-\frac{E^* A}{R}\right)L(\mathrm{i})\left(\xi_m+\frac{\omega_f-\omega}{v}\right)U_m^x\\&+E^* AL\left(\xi_m+\frac{\omega_f-\omega}{v}\right)^2U_m^z-m\omega^2LU_m^z+\bar{k}_z\sum_{j=1}^{N_r}\hat{u}_z\mathrm{e}^{-\mathrm{i}\left(\xi_m+\frac{\omega_f-\omega}{v}\right)z_{rj}}=0\end{aligned} \tag{5.38}$$

$$\begin{aligned}&E^* I_yL\left(\xi_m+\frac{\omega_f-\omega}{v}\right)^4U_m^x-E^* I_yL\left(\xi_m+\frac{\omega_f-\omega}{v}\right)^2U_m^x/R^2+E^* ALU_m^x/R^2-m\omega^2LU_m^x\\&-E^* AL\mathrm{i}\left(\xi_m+\frac{\omega_f-\omega}{v}\right)U_m^z/R+\bar{k}_x\sum_{j=1}^{N_r}\hat{u}_x\mathrm{e}^{-\mathrm{i}\left(\xi_m+\frac{\omega_f-\omega}{v}\right)z_{rj}}=\frac{F_x}{v}\cdot\mathrm{e}^{-\mathrm{i}\frac{\omega_f-\omega}{v}z_0^{\mathrm{F}}}\int_0^L\mathrm{e}^{-\mathrm{i}\xi_m z}\mathrm{d}z\end{aligned} \tag{5.39}$$

$$\begin{aligned}&E^* I_xL\left(\xi_m+\frac{\omega_f-\omega}{v}\right)^4U_m^y+\frac{G^* I_{\mathrm{d}}}{R^2}L\left(\xi_m+\frac{\omega_f-\omega}{v}\right)^2U_m^y-m\omega^2LU_m^y\\&+\frac{G^* I_{\mathrm{d}}+E^* I_x}{R}L\left(\xi_m+\frac{\omega_f-\omega}{v}\right)^2\Phi_m+\bar{k}_y\sum_{j=1}^{N_r}\hat{u}_y\mathrm{e}^{-\mathrm{i}\left(\xi_m+\frac{\omega_f-\omega}{v}\right)z_{rj}}=\frac{F_y}{v}\cdot\mathrm{e}^{-\mathrm{i}\frac{\omega_f-\omega}{v}z_0^{\mathrm{F}}}\int_0^L\mathrm{e}^{-\mathrm{i}\xi_m z}\mathrm{d}z\end{aligned} \tag{5.40}$$

$$G^{*}I_{\mathrm{d}}L\left(\xi_{m}+\frac{\omega_{f}-\omega}{v}\right)^{2}\Phi_{m}+\frac{E^{*}I_{x}L}{R^{2}}\Phi_{m}-\rho I_{0}\omega^{2}L\Phi_{m}$$

$$+\frac{G^{*}I_{\mathrm{d}}+E^{*}I_{x}}{R}L\left(\xi_{m}+\frac{\omega_{f}-\omega}{v}\right)^{2}U_{m}^{y}+\bar{k}_{\varphi}\sum_{j=1}^{N_{\mathrm{r}}}\hat{\varphi}_{z}\mathrm{e}^{-\mathrm{i}\left(\xi_{m}+\frac{\omega_{f}-\omega}{v}\right)z_{\mathrm{r}j}}=\frac{T_{z}}{v}\cdot\mathrm{e}^{-\mathrm{i}\frac{\omega_{f}-\omega}{v}z_{0}^{\mathrm{F}}}\int_{0}^{L}\mathrm{e}^{-\mathrm{i}\xi_{m}z}\mathrm{d}z \tag{5.41}$$

对方程(5.38)～(5.41)进行整理，有

$$\boldsymbol{G}(\omega,\omega_{f})\boldsymbol{D}(\omega,\omega_{f})=\boldsymbol{P}(\omega,\omega_{f}) \tag{5.42}$$

式中，$\boldsymbol{D}(\omega,\omega_{f})=[U_{-N}^{z}\ \cdots\ U_{+N}^{z}\ U_{-N}^{x}\ \cdots\ U_{+N}^{x}\ U_{-N}^{y}\ \cdots\ U_{+N}^{y}\ \Phi_{-N}\ \cdots\ \Phi_{+N}]^{\mathrm{T}}$；$\boldsymbol{G}(\omega,\omega_{f})$为NMR×4方阵；$\boldsymbol{P}(\omega,\omega_{f})$为(NMR×4)×1列向量，其第$j$行的值满足

$$\boldsymbol{P}(j,1)=\begin{cases}LF_{x}\mathrm{e}^{-\mathrm{i}\frac{\omega_{f}-\omega}{v}z_{0}^{\mathrm{F}}}/v, & j=\mathrm{NMR}+N+1\\ LF_{y}\mathrm{e}^{-\mathrm{i}\frac{\omega_{f}-\omega}{v}z_{0}^{\mathrm{F}}}/v, & j=\mathrm{NMR}\times2+N+1\\ LT_{z}\mathrm{e}^{-\mathrm{i}\frac{\omega_{f}-\omega}{v}z_{0}^{\mathrm{F}}}/v, & j=\mathrm{NMR}\times3+N+1\\ 0, & j=\text{其他}\end{cases} \tag{5.43}$$

在激振频率为ω_{f}的简谐荷载作用下，解方程组(5.42)可得轨梁的各模态坐标，将相应的模态坐标代入式(5.35)即可求基本元内任意一点的频域位移响应。轨梁上任意一点$\hat{z}$的动力响应，可根据无限-周期结构响应的特性，即式(5.19)扩展得到

$$\hat{\boldsymbol{u}}(\hat{z},\omega,\omega_{f})=\mathrm{e}^{\mathrm{i}(\omega_{f}-\omega)nL/v}\cdot\hat{\boldsymbol{u}}(z,\omega,\omega_{f}) \tag{5.44}$$

式中，$\hat{z}$为轨梁上任意一点的坐标；z为点$\hat{z}$在$0\sim L$基本元内的对应点，它们之间满足关系：$\hat{z}=z+nL(0\leqslant z\leqslant L,n$为整数)；$\hat{\boldsymbol{u}}(\hat{z},\omega,\omega_{f})$为由轨梁上任意一点$\hat{z}$的纵向、横向、垂向和对应截面扭转位移响应组成的列向量。根据位移响应，可进一步求解各支点对轨梁的支点力，以及轨梁传递给轨下基础的支点反力。

对式(5.44)进行傅里叶逆变换，即可得到移动荷载作用下曲线轨梁任意一点的时域动力响应。

5.4　基于Timoshenko梁模型的曲线轨梁动力响应求解

不同于Euler-Bernoulli梁模型中忽略剪切变形的影响，Timoshenko梁模型通过引入剪切校正因子，考虑剪切变形的影响，此时截面的旋转是由弯曲和剪切变形共同引起的。曲线梁位移分别为沿x、y、z方向的线位移$\boldsymbol{u}_{x}$、$\boldsymbol{u}_{y}$、$\boldsymbol{u}_{z}$，以及绕x、y、z轴的扭转角φ_{x}、φ_{y}、φ_{z}，曲线Timoshenko梁位移方向如图5.9所示。

当考虑截面剪切变形及截面转动惯量时，Timoshenko梁微元受力平衡和变形关系如图5.10所示。

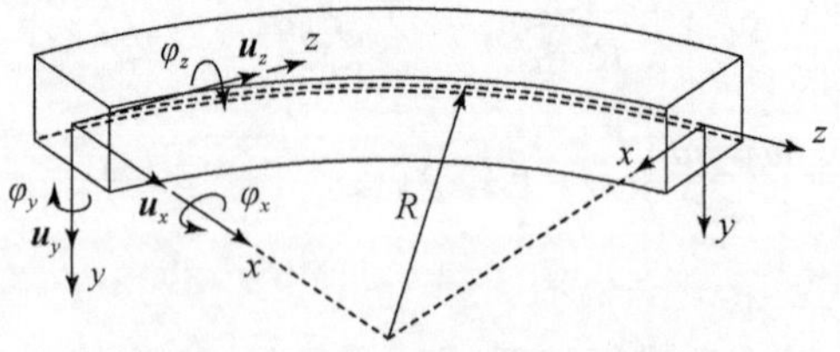

图 5.9　曲线 Timoshenko 梁位移方向

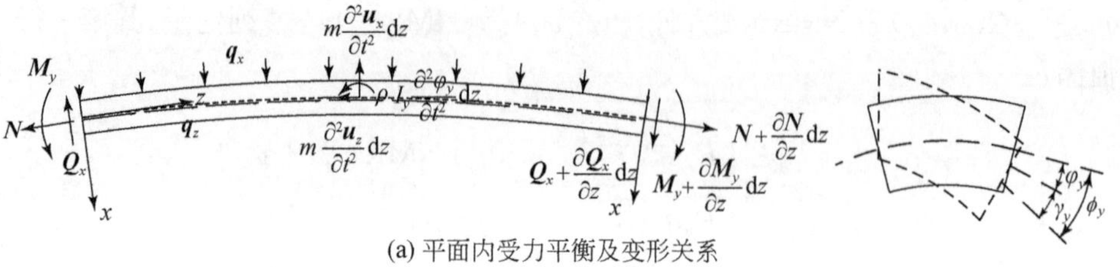

(a) 平面内受力平衡及变形关系

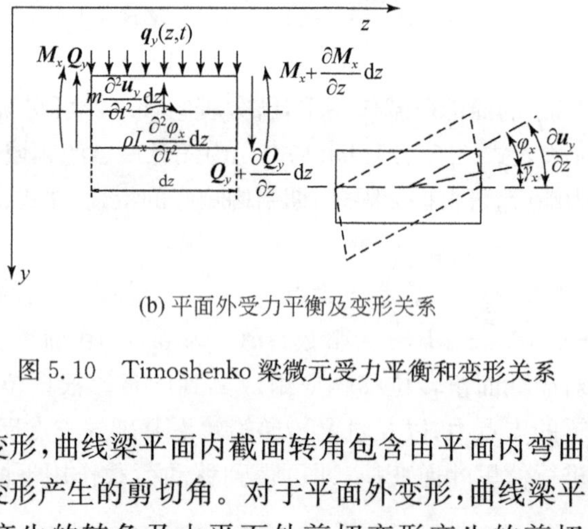

(b) 平面外受力平衡及变形关系

图 5.10　Timoshenko 梁微元受力平衡和变形关系

对于平面内变形，曲线梁平面内截面转角包含由平面内弯曲变形产生的转角及由平面内剪切变形产生的剪切角。对于平面外变形，曲线梁平面外转角包含由平面外弯曲变形产生的转角及由平面外剪切变形产生的剪切角（Wang et al., 1980）。由图 5.10 可知

$$\phi_y=\varphi_y+\gamma_y=\frac{\boldsymbol{u}_z}{R}+\frac{\partial \boldsymbol{u}_x}{\partial z} \tag{5.45}$$

$$\phi_x=\varphi_x+\gamma_x=\frac{\partial \boldsymbol{u}_y}{\partial z} \tag{5.46}$$

式中，ϕ_y 为平面内截面轴线转角；ϕ_y 为平面内截面转角；γ_y 为平面内剪切变形剪切角；ϕ_x 为平面外截面轴线转角；ϕ_x 为平面外截面转角；γ_x 为平面外剪切变形剪切角。

由此可知平面内、外剪切变形剪切角分别为

$$\gamma_y=\phi_y-\varphi_y=\frac{\boldsymbol{u}_z}{R}+\frac{\partial \boldsymbol{u}_x}{\partial z}-\varphi_y \tag{5.47}$$

$$\gamma_x=\frac{\partial \boldsymbol{u}_y}{\partial z}-\varphi_x \tag{5.48}$$

结合 Euler-Bernoulli 曲线梁位移与内力之间的关系，忽略翘曲扭转变形，可得采用 Timoshenko 梁模型时曲线梁位移与内力关系为

$$\boldsymbol{N}=EA\boldsymbol{\varepsilon}_z=EA\left(\frac{\partial \boldsymbol{u}_z}{\partial z}-\frac{\boldsymbol{u}_x}{R}\right) \tag{5.49}$$

$$\boldsymbol{M}_y=EI_y\boldsymbol{\kappa}_y=EI_y\frac{\partial \varphi_y}{\partial z} \tag{5.50}$$

$$\boldsymbol{Q}_x=K_xAG\gamma_y=K_xAG\left(\frac{\boldsymbol{u}_z}{R}+\frac{\partial \boldsymbol{u}_x}{\partial z}-\varphi_y\right) \tag{5.51}$$

$$\boldsymbol{M}_x=-EI_x\boldsymbol{\kappa}_x=-EI_x\left(\frac{\partial \varphi_x}{\partial z}-\frac{\varphi_z}{R}\right) \tag{5.52}$$

$$\boldsymbol{T}=GI_{\mathrm{d}}\left(\frac{\varphi_x}{R}+\frac{\partial \varphi_z}{\partial z}\right) \tag{5.53}$$

$$\boldsymbol{Q}_y=K_yAG\gamma_x=K_yAG\left(\frac{\partial \boldsymbol{u}_y}{\partial z}-\varphi_x\right) \tag{5.54}$$

式中，K_x 和 K_y 分别为钢轨截面横向和垂向剪切因子。

根据方程(5.1)～(5.6)，并结合图 5.10，根据达朗贝尔原理，可得曲线梁振动平衡方程组为

$$\frac{\partial \boldsymbol{Q}_x}{\partial z}+\frac{\boldsymbol{N}}{R}-m\frac{\partial^2 \boldsymbol{u}_x}{\partial t^2}+\boldsymbol{q}_x=\boldsymbol{0} \tag{5.55}$$

$$\frac{\partial \boldsymbol{N}}{\partial z}-\frac{\boldsymbol{Q}_x}{R}-m\frac{\partial^2 \boldsymbol{u}_z}{\partial t^2}+\boldsymbol{q}_z=\boldsymbol{0} \tag{5.56}$$

$$\frac{\partial \boldsymbol{M}_y}{\partial z}+\boldsymbol{Q}_x-\rho I_y\frac{\partial^2 \varphi_y}{\partial t^2}+\boldsymbol{m}_y=\boldsymbol{0} \tag{5.57}$$

$$\frac{\partial \boldsymbol{Q}_y}{\partial z}-m\frac{\partial^2 \boldsymbol{u}_y}{\partial t^2}+\boldsymbol{q}_y=\boldsymbol{0} \tag{5.58}$$

$$\frac{\partial \boldsymbol{M}_x}{\partial z}+\frac{\boldsymbol{T}}{R}-\boldsymbol{Q}_y-\rho I_x\frac{\partial^2 \varphi_x}{\partial t^2}+\boldsymbol{m}_x=\boldsymbol{0} \tag{5.59}$$

$$\frac{\partial \boldsymbol{T}}{\partial z}-\frac{\boldsymbol{M}_x}{R}-\rho I_0\frac{\partial^2 \varphi_z}{\partial t^2}+\boldsymbol{m}_z=\boldsymbol{0} \tag{5.60}$$

将式(5.49)～式(5.54)代入方程(5.55)～(5.60)中，可得

$$K_xAG\frac{\partial^2 \boldsymbol{u}_x}{\partial z^2}-\frac{EA}{R^2}\boldsymbol{u}_x-m\frac{\partial^2 \boldsymbol{u}_x}{\partial t^2}+\frac{K_xAG+EA}{R}\frac{\partial \boldsymbol{u}_z}{\partial z}-K_xAG\frac{\partial \varphi_y}{\partial z}+\boldsymbol{q}_x=\boldsymbol{0} \tag{5.61}$$

$$-\frac{K_xAG+EA}{R}\frac{\partial \boldsymbol{u}_x}{\partial z}+EA\frac{\partial^2 \boldsymbol{u}_z}{\partial z^2}-K_xAG\frac{\boldsymbol{u}_z}{R^2}-m\frac{\partial^2 \boldsymbol{u}_z}{\partial t^2}+\frac{K_xAG}{R}\varphi_y+\boldsymbol{q}_z=\boldsymbol{0} \tag{5.62}$$

$$K_x AG\frac{\partial \boldsymbol{u}_x}{\partial z}+\frac{K_x AG}{R}\boldsymbol{u}_z+EI_y\frac{\partial^2 \varphi_y}{\partial z^2}-K_x AG\varphi_y-\rho I_y\frac{\partial^2 \varphi_y}{\partial t^2}+\boldsymbol{m}_y=\mathbf{0} \tag{5.63}$$

$$K_y AG\frac{\partial^2 \boldsymbol{u}_y}{\partial z^2}-K_y AG\frac{\partial \varphi_x}{\partial z}-m\frac{\partial^2 \boldsymbol{u}_y}{\partial t^2}+\boldsymbol{q}_y=\mathbf{0} \tag{5.64}$$

$$\frac{EI_x}{R}\frac{\partial \varphi_z}{\partial z}-EI_x\frac{\partial^2 \varphi_x}{\partial z^2}+\frac{GI_{\mathrm{d}}}{R}\left(\frac{\varphi_x}{R}+\frac{\partial \varphi_z}{\partial z}\right)-K_y AG\left(\frac{\partial \boldsymbol{u}_y}{\partial z}-\varphi_x\right)-\rho I_x\frac{\partial^2 \varphi_x}{\partial t^2}+\boldsymbol{m}_x=\mathbf{0} \tag{5.65}$$

$$\frac{GI_{\mathrm{d}}}{R}\frac{\partial \varphi_x}{\partial z}+GI_{\mathrm{d}}\frac{\partial^2 \varphi_z}{\partial z^2}+\frac{EI_x}{R}\left(\frac{\partial \varphi_x}{\partial z}-\frac{\varphi_z}{R}\right)-\rho I_0\frac{\partial^2 \varphi_z}{\partial t^2}+\boldsymbol{m}_z=\mathbf{0} \tag{5.66}$$

式中，$\boldsymbol{u}_x(z,t)$、$\boldsymbol{u}_y(z,t)$和$\boldsymbol{u}_z(z,t)$分别为t时刻点z在x、y和z方向上的位移，简写为$\boldsymbol{u}_x$、$\boldsymbol{u}_y$和$\boldsymbol{u}_z$；$\varphi_x(z,t)$、$\varphi_y(z,t)$和$\varphi_z(z,t)$为t时刻坐标z处对应截面绕x、y和z轴的扭转角，简写为φ_x、φ_y和φ_z。

由此得到采用 Timoshenko 梁模型时曲线梁的动力平衡方程，为建立曲线轨道动力学平衡方程奠定了基础。接下来讨论当采用 Timoshenko 梁模型模拟曲线轨道钢轨时，曲线轨道轨梁动力平衡方程及其求解方法。

采用 Timoshenko 梁模型模拟曲线轨道钢轨，采用弹簧阻尼支撑单元模拟扣件，曲线轨道简化为等间距离散点支撑的曲线轨梁模型。将曲线轨梁映射至一个具有相同半径的虚拟圆形环梁中，视虚拟圆形环梁为无限-周期结构，其周期长度为L，将具有基本周期长度L的曲线轨梁称为基本元。移动速度为$\boldsymbol{v}$的荷载$\boldsymbol{F}_y$、$\boldsymbol{F}_x$和$\boldsymbol{T}$分别为作用于曲线轨梁上的垂向力、横向力及扭转力矩，采用 Timoshenko 梁模型模拟曲线轨道时的力学模型如图 5.11 所示。

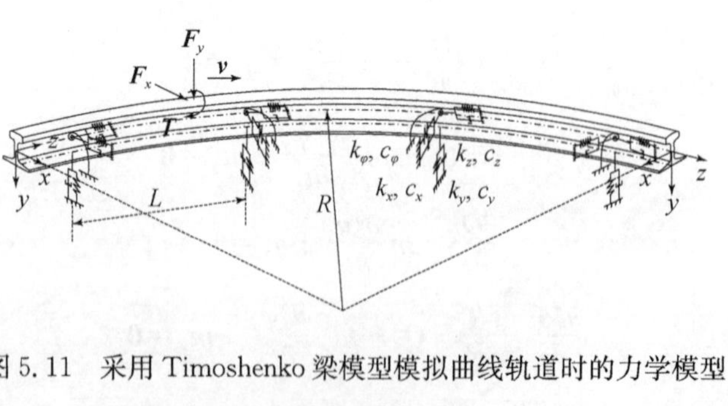

图 5.11　采用 Timoshenko 梁模型模拟曲线轨道时的力学模型

移动荷载作用下曲线轨梁振动平衡微分方程组为

$$\frac{EA}{R^2}\boldsymbol{u}_x-K_x AG\frac{\partial^2 \boldsymbol{u}_x}{\partial z^2}+m\frac{\partial^2 \boldsymbol{u}_x}{\partial t^2}-\frac{K_x AG+EA}{R}\frac{\partial \boldsymbol{u}_z}{\partial z}+K_x AG\frac{\partial \varphi_y}{\partial z}$$

$$=\boldsymbol{F}_x\delta(z-z_0^{\mathrm{F}}-vt)-\sum_{j=1}^{N_{\mathrm{r}}}\left[\boldsymbol{f}_{xj}(t)\delta(z-z_{\mathrm{r}j})\right] \tag{5.67}$$

$$\frac{K_xAG+EA}{R}\frac{\partial \boldsymbol{u}_x}{\partial z}-EA\frac{\partial^2 \boldsymbol{u}_z}{\partial z^2}+K_xAG\frac{\boldsymbol{u}_z}{R^2}+m\frac{\partial^2 \boldsymbol{u}_z}{\partial t^2}-\frac{K_xAG}{R}\varphi_y$$

$$=-\sum_{j=1}^{N_\mathrm{r}}\left[f_{zj}(t)\delta(z-z_{\mathrm{r}j})\right] \tag{5.68}$$

$$-K_xAG\frac{\partial \boldsymbol{u}_x}{\partial z}-\frac{K_xAG}{R}\boldsymbol{u}_z-EI_y\frac{\partial^2 \varphi_y}{\partial z^2}+K_xAG\varphi_y+\rho I_y\frac{\partial^2 \varphi_y}{\partial t^2}=\boldsymbol{0} \tag{5.69}$$

$$-K_yAG\frac{\partial^2 \boldsymbol{u}_y}{\partial z^2}+K_yAG\frac{\partial \varphi_x}{\partial z}+m\frac{\partial^2 \boldsymbol{u}_y}{\partial t^2}$$

$$=\boldsymbol{F}_y\delta(z-z_0^\mathrm{F}-vt)-\sum_{j=1}^{N_\mathrm{r}}\left[\boldsymbol{f}_{yj}(t)\delta(z-z_{\mathrm{r}j})\right] \tag{5.70}$$

$$-\frac{EI_x}{R}\frac{\partial \varphi_z}{\partial z}+EI_x\frac{\partial^2 \varphi_x}{\partial z^2}-\frac{GI_\mathrm{d}}{R}\left(\frac{\varphi_x}{R}+\frac{\partial \varphi_z}{\partial z}\right)+K_yAG\left(\frac{\partial \boldsymbol{u}_y}{\partial z}-\varphi_x\right)+\rho I_x\frac{\partial^2 \varphi_x}{\partial t^2}=\boldsymbol{0} \tag{5.71}$$

$$-\frac{GI_\mathrm{d}}{R}\frac{\partial \varphi_x}{\partial z}-GI_\mathrm{d}\frac{\partial^2 \varphi_z}{\partial z^2}-\frac{EI_x}{R}\left(\frac{\partial \varphi_x}{\partial z}-\frac{\varphi_z}{R}\right)+\rho I_0\frac{\partial^2 \varphi_z}{\partial t^2}$$

$$=\boldsymbol{T}\delta(z-z_0^\mathrm{F}-vt)-\sum_{j=1}^{N_\mathrm{r}}\left[\boldsymbol{T}_j(t)\delta(z-z_{\mathrm{r}j})\right] \tag{5.72}$$

轨梁截面支撑约束关系如图 5.12 所示，其中，O 为轨梁形心。

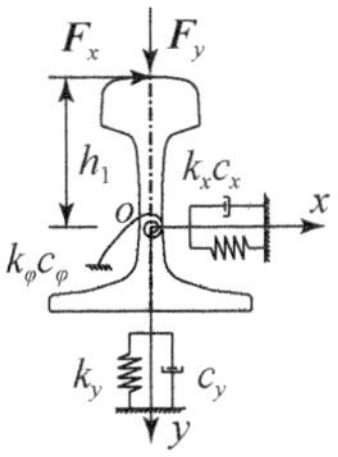

图 5.12　轨梁截面支撑约束关系

以上即为当采用 Timoshenko 梁模型模拟曲线轨道钢轨时，曲线轨道轨梁动力响应控制方程。将方程(5.67)～(5.72)中的荷载视为激振频率为 ω_f 的简谐荷载，为了在频域内对微分方程组进行求解，对方程(5.67)～(5.72)中的变量 t 进行傅里叶变换，为

$$\frac{E^*A}{R^2}\hat{\boldsymbol{u}}_x-K_xAG^*\frac{\partial^2 \hat{\boldsymbol{u}}_x}{\partial z^2}-m\omega^2\hat{\boldsymbol{u}}_x-\frac{K_xAG^*+E^*A}{R}\frac{\partial \hat{\boldsymbol{u}}_z}{\partial z}$$

$$+K_xAG^*\frac{\partial \hat{\varphi}_y}{\partial z}+\bar{k}_x\sum_{j=1}^{N_\mathrm{r}}\hat{\boldsymbol{u}}_x\delta(z-z_{\mathrm{r}j})=\frac{\boldsymbol{F}_x}{v}\mathrm{e}^{\mathrm{i}\frac{\omega_f-\omega}{v}(z-z_0^\mathrm{F})} \tag{5.73}$$

$$\frac{K_xAG^*+E^*A}{R}\frac{\partial \hat{\boldsymbol{u}}_x}{\partial z}-E^*A\frac{\partial^2 \hat{\boldsymbol{u}}_z}{\partial z^2}+K_xAG^*\frac{\hat{\boldsymbol{u}}_z}{R^2}-m\omega^2\hat{\boldsymbol{u}}_z$$

$$-\frac{K_xAG^*}{R}\hat{\varphi}_y+\bar{k}_z\sum_{j=1}^{N_\mathrm{r}}\hat{\boldsymbol{u}}_z\delta(z-z_{\mathrm{r}j})=\boldsymbol{0} \tag{5.74}$$

$$-K_xAG^*\frac{\partial\hat{\boldsymbol{u}}_x}{\partial z}-\frac{K_xAG^*}{R}\hat{\boldsymbol{u}}_z-E^*I_y\frac{\partial^2\hat{\varphi}_y}{\partial z^2}+K_xAG^*\hat{\varphi}_y-\rho I_y\omega^2\hat{\varphi}_y=\boldsymbol{0} \tag{5.75}$$

$$-K_yAG^*\frac{\partial^2\hat{\boldsymbol{u}}_y}{\partial z^2}+K_yAG^*\frac{\partial\hat{\varphi}_x}{\partial z}-m\omega^2\hat{\boldsymbol{u}}_y+\sum_{j=1}^{N_\mathrm{r}}\bar{k}_y\hat{\boldsymbol{u}}_y\delta(z-z_{\mathrm{r}j})=\frac{\boldsymbol{F}_y}{v}\mathrm{e}^{\mathrm{i}\frac{\omega_f-\omega}{v}(z-z_0^\mathrm{F})} \tag{5.76}$$

$$K_yAG^*\frac{\partial\hat{\boldsymbol{u}}_y}{\partial z}+E^*I_x\frac{\partial^2\hat{\varphi}_x}{\partial z^2}-\left(\frac{G^*I_\mathrm{d}}{R^2}+K_yAG^*\right)\hat{\varphi}_x-\rho I_x\omega^2\hat{\varphi}_x-\frac{E^*I_x+G^*I_\mathrm{d}}{R}\frac{\partial\hat{\varphi}_z}{\partial z}=\boldsymbol{0} \tag{5.77}$$

$$-\frac{E^*I_x+G^*I_\mathrm{d}}{R}\frac{\partial\hat{\varphi}_x}{\partial z}-G^*I_\mathrm{d}\frac{\partial^2\hat{\varphi}_z}{\partial z^2}+\frac{E^*I_x}{R^2}\hat{\varphi}_z-\rho I_0\omega^2\hat{\varphi}_z$$

$$+\sum_{j=1}^{N_\mathrm{r}}\bar{k}_\varphi\hat{\varphi}_z\delta(z-z_{\mathrm{r}j})=\frac{\boldsymbol{T}}{v}\mathrm{e}^{\mathrm{i}\frac{\omega_f-\omega}{v}(z-z_0^\mathrm{F})} \tag{5.78}$$

式中，$\hat{\boldsymbol{u}}_x(z,\omega)$、$\hat{\boldsymbol{u}}_y(z,\omega)$和$\hat{\boldsymbol{u}}_z(z,\omega)$，以及$\hat{\varphi}_x(z,\omega)$、$\hat{\varphi}_y(z,\omega)$和$\hat{\varphi}_z(z,\omega)$分别为频域内点$z$在$x$、$y$和$z$方向上的位移，以及对应截面绕$x$、$y$和$z$轴的扭转角，简写为$\hat{\boldsymbol{u}}_x$、$\hat{\boldsymbol{u}}_y$、$\hat{\boldsymbol{u}}_z$、$\hat{\varphi}_x$、$\hat{\varphi}_y$和$\hat{\varphi}_z$。

在利用无限-周期结构理论对曲线轨道结构振动响应进行分析时，曲线轨道基本元与相邻单元相互作用关系示意图如图5.13所示。

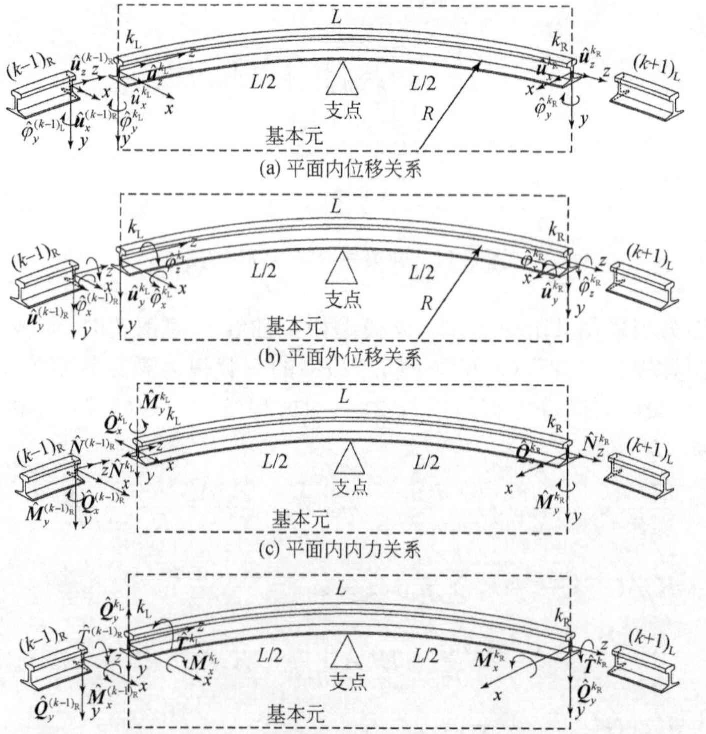

图5.13　曲线轨道基本元与相邻单元相互作用关系示意图

以图 5.13 所示基本元与左侧相邻单元为例，基本元左端位移、内力构成的状态向量$\boldsymbol{S}^{k_\mathrm{L}}$与左侧单元右端位移、内力构成的状态向量$\boldsymbol{S}^{(k-1)_\mathrm{R}}$满足位移协调和力的平衡，即

$$\boldsymbol{S}^{k_\mathrm{L}}=\boldsymbol{S}^{(k-1)_\mathrm{R}} \tag{5.79}$$

其中，

$$\boldsymbol{S}^{k_\mathrm{L}}=[\hat{\boldsymbol{u}}_x^{k_\mathrm{L}}\quad \hat{\boldsymbol{u}}_y^{k_\mathrm{L}}\quad \hat{\boldsymbol{u}}_z^{k_\mathrm{L}}\quad \hat{\varphi}_x^{k_\mathrm{L}}\quad \hat{\varphi}_y^{k_\mathrm{L}}\quad \hat{\varphi}_z^{k_\mathrm{L}}\quad \hat{\boldsymbol{M}}_x^{k_\mathrm{L}}\quad \hat{\boldsymbol{M}}_y^{k_\mathrm{L}}\quad \hat{\boldsymbol{Q}}_x^{k_\mathrm{L}}\quad \hat{\boldsymbol{Q}}_y^{k_\mathrm{L}}\quad \hat{\boldsymbol{N}}^{k_\mathrm{L}}\quad \hat{\boldsymbol{T}}^{k_\mathrm{L}}]^\mathrm{T} \tag{5.80}$$

$$\begin{aligned}\boldsymbol{S}^{(k-1)_\mathrm{R}}=[&\hat{\boldsymbol{u}}_x^{(k-1)_\mathrm{R}}\quad \hat{\boldsymbol{u}}_y^{(k-1)_\mathrm{R}}\quad \hat{\boldsymbol{u}}_z^{(k-1)_\mathrm{R}}\quad \hat{\varphi}_x^{(k-1)_\mathrm{R}}\quad \hat{\varphi}_y^{(k-1)_\mathrm{R}}\quad \hat{\varphi}_z^{(k-1)_\mathrm{R}}\\ &\hat{\boldsymbol{M}}_x^{(k-1)_\mathrm{R}}\quad \hat{\boldsymbol{M}}_y^{(k-1)_\mathrm{R}}\quad \hat{\boldsymbol{Q}}_x^{(k-1)_\mathrm{R}}\quad \hat{\boldsymbol{Q}}_y^{(k-1)_\mathrm{R}}\quad \hat{\boldsymbol{N}}^{(k-1)_\mathrm{R}}\quad \hat{\boldsymbol{T}}^{(k-1)_\mathrm{R}}]^\mathrm{T}\end{aligned} \tag{5.81}$$

式中，$\hat{\boldsymbol{u}}_x^{k_\mathrm{L}}$、$\hat{\boldsymbol{u}}_y^{k_\mathrm{L}}$、$\hat{\boldsymbol{u}}_z^{k_\mathrm{L}}$、$\hat{\varphi}_x^{k_\mathrm{L}}$、$\hat{\varphi}_y^{k_\mathrm{L}}$和$\hat{\varphi}_z^{k_\mathrm{L}}$分别为频域内基本元左端点$k_\mathrm{L}$在$x$、$y$和$z$方向上的位移及对应截面绕$x$、$y$和$z$轴的扭转角；$\hat{\boldsymbol{M}}_x^{k_\mathrm{L}}$、$\hat{\boldsymbol{M}}_y^{k_\mathrm{L}}$、$\hat{\boldsymbol{Q}}_x^{k_\mathrm{L}}$、$\hat{\boldsymbol{Q}}_y^{k_\mathrm{L}}$、$\hat{\boldsymbol{N}}^{k_\mathrm{L}}$和$\hat{\boldsymbol{T}}^{k_\mathrm{L}}$分别为频域内基本元左端点$k_\mathrm{L}$处绕$x$轴弯矩、绕$y$轴弯矩、横向剪力、垂向剪力、轴力和绕$z$轴扭矩；$\hat{\boldsymbol{u}}_x^{(k-1)_\mathrm{R}}$、$\hat{\boldsymbol{u}}_y^{(k-1)_\mathrm{R}}$、$\hat{\boldsymbol{u}}_z^{(k-1)_\mathrm{R}}$、$\hat{\varphi}_x^{(k-1)_\mathrm{R}}$、$\hat{\varphi}_y^{(k-1)_\mathrm{R}}$、$\hat{\varphi}_z^{(k-1)_\mathrm{R}}$分别为频域内基本元左侧单元右端点$(k-1)_\mathrm{R}$在$x$、$y$和$z$方向上的位移及对应截面绕$x$、$y$和$z$轴的扭转角；$\hat{\boldsymbol{M}}_x^{(k-1)_\mathrm{R}}$、$\hat{\boldsymbol{M}}_y^{(k-1)_\mathrm{R}}$、$\hat{\boldsymbol{Q}}_x^{(k-1)_\mathrm{R}}$、$\hat{\boldsymbol{Q}}_y^{(k-1)_\mathrm{R}}$、$\hat{\boldsymbol{N}}^{(k-1)_\mathrm{R}}$和$\hat{\boldsymbol{T}}^{(k-1)_\mathrm{R}}$分别为频域内基本元左侧单元右端点$(k-1)_\mathrm{R}$处绕$x$轴弯矩、绕$y$轴弯矩、横向剪力、垂向剪力、轴力和绕$z$轴扭矩。

根据无限-周期结构性质，基本元左端点状态向量$\boldsymbol{S}^{k_\mathrm{L}}$和右端点状态向量$\boldsymbol{S}^{k_\mathrm{R}}$之间满足

$$\boldsymbol{S}^{k_\mathrm{R}}=\mathrm{e}^{\mathrm{i}(\omega_f-\omega)L/v}\cdot\boldsymbol{S}^{k_\mathrm{L}} \tag{5.82}$$

其中，

$$\boldsymbol{S}^{k_\mathrm{R}}=[\hat{\boldsymbol{u}}_x^{k_\mathrm{R}}\quad \hat{\boldsymbol{u}}_y^{k_\mathrm{R}}\quad \hat{\boldsymbol{u}}_z^{k_\mathrm{R}}\quad \hat{\varphi}_x^{k_\mathrm{R}}\quad \hat{\varphi}_y^{k_\mathrm{R}}\quad \hat{\varphi}_z^{k_\mathrm{R}}\quad \hat{\boldsymbol{M}}_x^{k_\mathrm{R}}\quad \hat{\boldsymbol{M}}_y^{k_\mathrm{R}}\quad \hat{\boldsymbol{Q}}_x^{k_\mathrm{R}}\quad \hat{\boldsymbol{Q}}_y^{k_\mathrm{R}}\quad \hat{\boldsymbol{N}}^{k_\mathrm{R}}\quad \hat{\boldsymbol{T}}^{k_\mathrm{R}}]^\mathrm{T} \tag{5.83}$$

式中，$\hat{\boldsymbol{u}}_x^{k_\mathrm{R}}$、$\hat{\boldsymbol{u}}_y^{k_\mathrm{R}}$、$\hat{\boldsymbol{u}}_z^{k_\mathrm{R}}$、$\hat{\varphi}_x^{k_\mathrm{R}}$、$\hat{\varphi}_y^{k_\mathrm{R}}$和$\hat{\varphi}_z^{k_\mathrm{R}}$分别为频域内基本元右端点$k_\mathrm{R}$在$x$、$y$和$z$方向上的位移及对应截面绕$x$、$y$和$z$轴的扭转角；$\hat{\boldsymbol{M}}_x^{k_\mathrm{R}}$、$\hat{\boldsymbol{M}}_y^{k_\mathrm{R}}$、$\hat{\boldsymbol{Q}}_x^{k_\mathrm{R}}$、$\hat{\boldsymbol{Q}}_y^{k_\mathrm{R}}$、$\hat{\boldsymbol{N}}^{k_\mathrm{R}}$和$\hat{\boldsymbol{T}}^{k_\mathrm{R}}$分别为频域内基本元右端点$k_\mathrm{R}$处绕$x$轴弯矩、绕$y$轴弯矩、横向剪力、垂向剪力、轴力和绕$z$轴扭矩。

移动荷载作用时曲线轨梁产生平面内、平面外耦合振动，利用简谐荷载作用时轨道动力响应的频域模态叠加法可将曲梁位移响应写为各轨梁模态与相应模态坐标乘积的和，即

$$\hat{\boldsymbol{u}}(z,\omega,\omega_f)=\sum_{n=-N}^{+N}[\boldsymbol{C}_n(\omega,\omega_f)\hat{V}_n(z,\omega,\omega_f)] \tag{5.84}$$

其中，

$$\hat{\boldsymbol{u}}(z,\omega,\omega_f)=[\hat{u}_x(z,\omega,\omega_f) \quad \hat{u}_z(z,\omega,\omega_f) \quad \hat{\varphi}_y(z,\omega,\omega_f) \quad \hat{u}_y(z,\omega,\omega_f) \quad \hat{\varphi}_x(z,\omega,\omega_f) \quad \hat{\varphi}_z(z,\omega,\omega_f)]^{\mathrm{T}} \tag{5.85}$$

$$\boldsymbol{C}_n(\omega,\omega_f)=[U_n^x(\omega,\omega_f) \quad U_n^z(\omega,\omega_f) \quad \Phi_n^y(\omega,\omega_f) \quad U_n^y(\omega,\omega_f) \quad \Phi_n^x(\omega,\omega_f) \quad \Phi_n^z(\omega,\omega_f)]^{\mathrm{T}} \tag{5.86}$$

式中，$\hat{u}_x(z,\omega,\omega_f)$、$\hat{u}_y(z,\omega,\omega_f)$和$\hat{u}_z(z,\omega,\omega_f)$分别为频域内点$z$在$x$、$y$、$z$方向上位移$\hat{\boldsymbol{u}}_x(z,\omega,\omega_f)$、$\hat{\boldsymbol{u}}_y(z,\omega,\omega_f)$和$\hat{\boldsymbol{u}}_z(z,\omega,\omega_f)$的大小；$U_n^x(\omega,\omega_f)$、$U_n^y(\omega,\omega_f)$、$U_n^z(\omega,\omega_f)$、$\Phi_n^x(\omega,\omega_f)$、$\Phi_n^y(\omega,\omega_f)$和$\Phi_n^z(\omega,\omega_f)$分别为频域内横向、竖向、纵向位移及绕$x$、$y$、$z$轴转角各模态所对应的轨梁数学模态坐标函数。

根据5.3.3节中所给出的求解方法，利用轨梁动力响应频域数学模态叠加法，可对方程组(5.73)～(5.78)进行求解。由此，即可得到采用Timoshenko梁模型模拟曲线轨道钢轨时，移动简谐荷载作用下曲线轨梁任意一点的时域动力响应。

5.5 车辆模型及动力方程

为了解决城市轨道交通运行引起的环境振动问题，针对曲线轨道车辆-轨道耦合振动问题，为了简化车辆系统分析并满足计算精度的需要，引入如下假定(夏禾和张楠，2005)：

(1)假定车辆在曲线轨道上稳态运行，即曲线轨道半径及超高等均不发生变化。

(2)每节车辆各组成部件均为刚体，忽略振动过程中车体、转向架构架和轮对的弹性变形。

(3)车辆各组成部件关于质心前后、左右对称，并且做微小振动。

(4)车体和转向架之间、转向架和轮对之间均采用线性弹簧、黏性阻尼器连接。

(5)忽略车体、转向架和轮对沿着列车行走方向(纵向)的振动，忽略车辆之间连接部位相互作用力的影响。

(6)车轮按锥形踏面(TB踏面)考虑，忽略轮对的点头、摇头运动。

(7)忽略轮轨间的非线性蠕滑，设定为线性跟随关系，且仅考虑轮轨垂向和横向间接触。

5.5.1 物理模型

根据车辆动力学理论，地铁列车车辆可简化为由车体、转向架构架、轮对和一系悬挂系统、二系悬挂系统组成。其中，轮对和转向架构架间用一系悬挂连接，车体和转向架构架间采用二系悬挂连接。

基于多刚体动力学理论对车辆模型进行研究，其中，地铁列车单节车辆模型一般考虑1个车体、2个转向架构架和4个轮对，共计7个空间刚体部件。其中，车体、转向架构架考虑沉浮、横移、侧滚、摇头和点头 5 个方向的自由度，轮对考虑沉浮、横移和摇头 3 个方向的自由度。因此，单节车辆系统简化为具有 27 个自由度的多刚体模型。地铁车辆模型自由度如表 5.1 所示。曲线轨道车辆-轨道耦合频域解析模型如图 5.14 所示。

表 5.1　地铁车辆模型自由度

	沉浮	横移	侧滚	摇头	点头
车体	Y_c	X_c	φ_c	ψ_c	ϕ_c
转向架构架 1	Y_{t1}	X_{t1}	φ_{t1}	ψ_{t1}	ϕ_{t1}
转向架构架 2	Y_{t2}	X_{t2}	φ_{t2}	ψ_{t2}	ϕ_{t2}
轮对 1	Y_{w1}	X_{w1}	φ_{w1}	—	—
轮对 2	Y_{w2}	X_{w2}	φ_{w2}	—	—
轮对 3	Y_{w3}	X_{w3}	φ_{w3}	—	—
轮对 4	Y_{w4}	X_{w4}	φ_{w4}	—	—

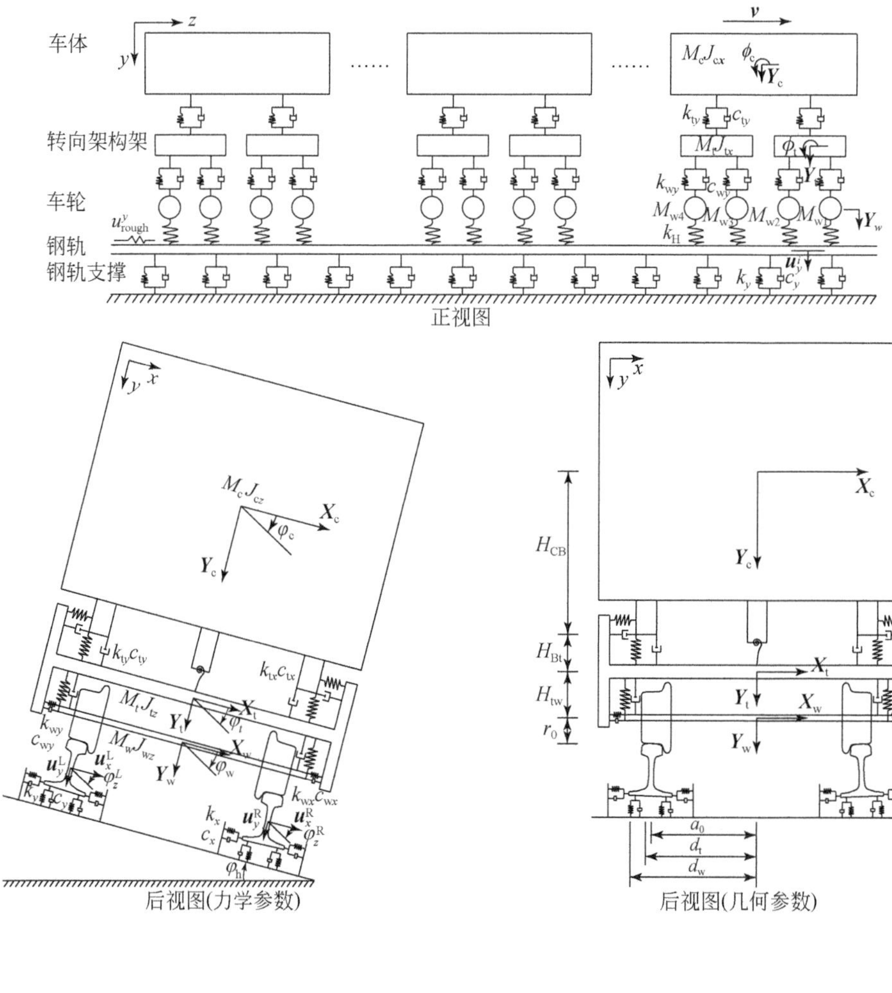

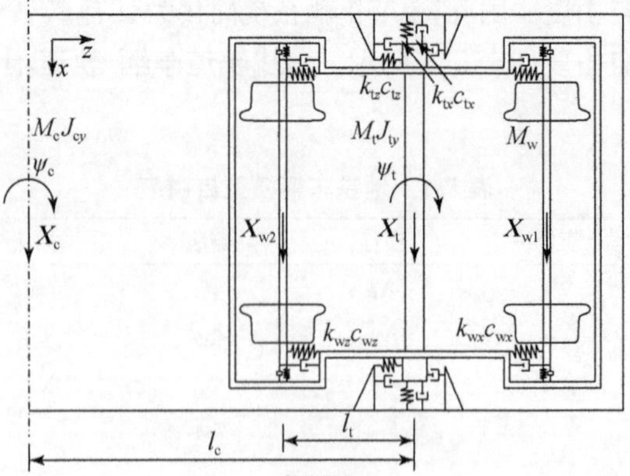

俯视图

图 5.14　曲线轨道车辆-轨道耦合频域解析模型

图 5.14 中参数说明如下：

$\boldsymbol{Y}_{\mathrm{c}}$ 为车体垂向位移(m)；

$\boldsymbol{X}_{\mathrm{c}}$ 为车体横向位移(m)；

φ_{c} 为车体侧滚角位移(rad)；

ψ_{c} 为车体摇头角位移(rad)；

ϕ_{c} 为车体点头角位移(rad)；

$\boldsymbol{Y}_{\mathrm{t}i}$为转向架构架垂向位移(m)($i$=1,2)；

$\boldsymbol{X}_{\mathrm{t}i}$为转向架构架横向位移(m)($i$=1,2)；

$\varphi_{\mathrm{t}i}$为转向架构架侧滚角位移(rad)(i=1,2)；

$\psi_{\mathrm{t}i}$为转向架构架摇头角位移(rad)(i=1,2)；

$\phi_{\mathrm{t}i}$为转向架构架点头角位移(rad)(i=1,2)；

$\boldsymbol{Y}_{\mathrm{w}i}$为轮对垂向位移(m)($i$=1～4)；

$\boldsymbol{X}_{\mathrm{w}i}$为轮对横向位移(m)($i$=1～4)；

$\varphi_{\mathrm{w}i}$为轮对侧滚角位移(rad)(i=1～4)；

$\boldsymbol{u}_x^i$ 为左侧($i=L$)或右侧($i=R$)轨梁横向位移(m)；

$\boldsymbol{u}_y^i$ 为左侧($i=L$)或右侧($i=R$)轨梁垂向位移(m)；

φ_z^i 为左侧($i=L$)或右侧($i=R$)轨梁扭转角位移(rad)；

M_{c} 为车体质量(kg)；

M_{t} 为转向架构架质量(kg)；

M_{w} 为轮对质量(kg)；

$J_{\mathrm{c}x}$为车体点头转动惯量(kg·m²)；

J_{cy}为车体摇头转动惯量(kg · m^2);
J_{cz}为车体侧滚转动惯量(kg · m^2);
J_{tx}为转向架构架点头转动惯量(kg · m^2);
J_{ty}为转向架构架摇头转动惯量(kg · m^2);
J_{tz}为转向架构架侧滚转动惯量(kg · m^2);
J_{wz}为轮对侧滚转动惯量(kg · m^2);
k_{wx}为一系悬挂横向刚度(N/m);
k_{wy}为一系悬挂垂向刚度(N/m);
k_{wz}为一系悬挂纵向刚度(N/m);
c_{wx}为一系悬挂横向阻尼(N · s/m);
c_{wy}为一系悬挂垂向阻尼(N · s/m);
c_{wz}为一系悬挂纵向阻尼(N · s/m);
k_{tx}为二系悬挂横向刚度(N/m);
k_{ty}为二系悬挂垂向刚度(N/m);
k_{tz}为二系悬挂纵向刚度(N/m);
c_{tx}为二系悬挂横向阻尼(N · s/m);
c_{ty}为二系悬挂垂向阻尼(N · s/m);
c_{tz}为二系悬挂纵向阻尼(N · s/m);
φ_h 为曲线轨道外轨超高角(rad)。
H_{CB}为车体质心至二系悬挂上平面的距离(m);
H_{Bt}为构架质心至二系悬挂下平面的距离(m);
H_{tw}为构架质心与轮对中心线的垂向距离(m);
r_0 为车轮名义滚动圆半径(m);
a_0 为左右轮轨接触点距离的 1/2(m);
l_c 为车辆定距的 1/2(m);
l_t 为转向架轮对定距的 1/2(m);
d_t 为二系悬挂横向距离的 1/2(m);
d_w 为一系悬挂横向距离的 1/2(m)。

5.5.2　车辆运动方程

根据达朗贝尔原理,对车辆系统各部件进行受力分析,可以建立车辆系统各部件的运动微分方程(翟婉明,2015)。单节车辆运动微分方程如下。

1. 车体运动方程

1)横移

$$M_c[\ddot{\boldsymbol{X}}_c+(r_0+H_{CB}+H_{Bt}+H_{tw})\ddot{\varphi}_{hc}]+2c_{tx}\left[2\dot{\boldsymbol{X}}_c-\dot{\boldsymbol{X}}_{t1}-\dot{\boldsymbol{X}}_{t2}-H_{Bt}(\dot{\varphi}_{t1}+\dot{\varphi}_{t2})\right.$$
$$\left.-2H_{CB}\dot{\varphi}_c-\frac{\mathrm{d}}{\mathrm{d}t}\left(\frac{l_c^2}{R_c}\right)\right]+2k_{tx}\left[2\boldsymbol{X}_c-\boldsymbol{X}_{t1}-\boldsymbol{X}_{t2}-H_{Bt}(\varphi_{t1}+\varphi_{t2})-2H_{CB}\varphi_c-\frac{l_c^2}{R_c}\right]$$
$$=M_c\boldsymbol{g}\varphi_{hc}-M_c\frac{\boldsymbol{v}^2}{R_c} \tag{5.87}$$

2)沉浮

$$M_c(\ddot{\boldsymbol{Y}}_c-a_0\ddot{\varphi}_{hc})+2c_{ty}(2\dot{\boldsymbol{Y}}_c-\dot{\boldsymbol{Y}}_{t1}-\dot{\boldsymbol{Y}}_{t2})+2k_{ty}(2\boldsymbol{Y}_c-\boldsymbol{Y}_{t1}-\boldsymbol{Y}_{t2})=M_c\boldsymbol{g}+M_c\frac{\boldsymbol{v}^2}{R_c}\varphi_{hc} \tag{5.88}$$

3)侧滚

$$J_{cz}(\ddot{\varphi}_c+\ddot{\varphi}_{hc})+2c_{ty}d_t^2(2\dot{\varphi}_c-\dot{\varphi}_{t1}-\dot{\varphi}_{t2})+2k_{ty}d_t^2(2\varphi_c-\varphi_{t1}-\varphi_{t2})$$
$$+2c_{tx}H_{CB}\left[\dot{\boldsymbol{X}}_{t1}+\dot{\boldsymbol{X}}_{t2}-2\dot{\boldsymbol{X}}_c+H_{Bt}(\dot{\varphi}_{t1}+\dot{\varphi}_{t2})+2H_{CB}\dot{\varphi}_c+\frac{\mathrm{d}}{\mathrm{d}t}\left(\frac{l_c^2}{R_c}\right)\right]$$
$$+2k_{tx}H_{CB}\left[\boldsymbol{X}_{t1}+\boldsymbol{X}_{t2}-2\boldsymbol{X}_c+H_{Bt}(\varphi_{t1}+\varphi_{t2})+2H_{CB}\varphi_c+\frac{l_c^2}{R_c}\right]=\boldsymbol{0} \tag{5.89}$$

4)摇头

$$J_{cy}\ddot{\psi}_c+2c_{tz}d_t^2(2\dot{\psi}_c-\dot{\psi}_{t1}-\dot{\psi}_{t2})+2c_{tx}l_c[2l_c\dot{\psi}_c+\dot{\boldsymbol{X}}_{t2}-\dot{X}_{t1}+H_{Bt}(\dot{\varphi}_{t2}-\dot{\varphi}_{t1})]$$
$$+2k_{tz}d_t^2(2\psi_c-\psi_{t1}-\psi_{t2})+2k_{tx}l_c[2l_c\psi_c+\boldsymbol{X}_{t2}-\boldsymbol{X}_{t1}+H_{Bt}(\varphi_{t2}-\varphi_{t1})]=\boldsymbol{0} \tag{5.90}$$

5)点头

$$J_{cx}\ddot{\phi}_c+2c_{ty}(\dot{\boldsymbol{Y}}_{t1}-\dot{\boldsymbol{Y}}_{t2}+2l_c\dot{\phi}_c)+2c_{tz}H_{CB}[2H_{CB}\dot{\phi}_c+H_{Bt}(\dot{\phi}_{t1}+\dot{\phi}_{t2})]$$
$$+2k_{ty}(\boldsymbol{Y}_{t1}-\boldsymbol{Y}_{t2}+2l_c\phi_c)+2k_{tz}H_{CB}[2H_{CB}\phi_c+H_{Bt}(\phi_{t1}+\phi_{t2})]=\boldsymbol{0} \tag{5.91}$$

2. 转向架构架 1 运动方程

1)横移

$$M_t[\ddot{\boldsymbol{X}}_{t1}+(r_0+H_{tw})\ddot{\varphi}_{ht1}]+2c_{tx}\left[\dot{\boldsymbol{X}}_{t1}-\dot{\boldsymbol{X}}_c+H_{Bt}\dot{\varphi}_{t1}+H_{CB}\dot{\varphi}_c-l_c\dot{\psi}_c+\frac{\mathrm{d}}{\mathrm{d}t}\left(\frac{l_c^2}{2R_c}\right)\right]$$
$$+2k_{tx}\left[\boldsymbol{X}_{t1}-\boldsymbol{X}_c+H_{Bt}\varphi_{t1}+H_{CB}\varphi_c-l_c\psi_c+\frac{l_c^2}{2R_c}\right]+2c_{wx}\left[2\dot{\boldsymbol{X}}_{t1}-\dot{\boldsymbol{X}}_{w1}-\dot{\boldsymbol{X}}_{w2}-2H_{tw}\dot{\varphi}_{t1}\right.$$
$$\left.-\frac{\mathrm{d}}{\mathrm{d}t}\left(\frac{l_t^2}{2R_{t1}}\right)\right]+2k_{wx}\left(2\boldsymbol{X}_{t1}-\boldsymbol{X}_{w1}-\boldsymbol{X}_{w2}-2H_{tw}\varphi_{t1}-\frac{l_t^2}{2R_{t1}}\right)=M_t\boldsymbol{g}\varphi_{ht1}-M_t\frac{\boldsymbol{v}^2}{R_{t1}} \tag{5.92}$$

2)沉浮

$$M_{\mathrm{t}}(\ddot{\boldsymbol{Y}}_{\mathrm{t1}}-a_0\ddot{\varphi}_{\mathrm{ht1}})-2c_{\mathrm{ty}}(\dot{\boldsymbol{Y}}_{\mathrm{c}}-\dot{\boldsymbol{Y}}_{\mathrm{t1}}-l_{\mathrm{c}}\dot{\phi}_{\mathrm{c}})-2k_{\mathrm{ty}}(\boldsymbol{Y}_{\mathrm{c}}-\boldsymbol{Y}_{\mathrm{t1}}-l_{\mathrm{c}}\phi_{\mathrm{c}})$$
$$+2c_{\mathrm{wy}}(2\dot{\boldsymbol{Y}}_{\mathrm{t1}}-\dot{\boldsymbol{Y}}_{\mathrm{w1}}-\dot{\boldsymbol{Y}}_{\mathrm{w2}})+2k_{\mathrm{wy}}(2\boldsymbol{Y}_{\mathrm{t1}}-\boldsymbol{Y}_{\mathrm{w1}}-\boldsymbol{Y}_{\mathrm{w2}})=M_{\mathrm{t}}\boldsymbol{g}+M_{\mathrm{t}}\frac{\boldsymbol{v}^2}{R_{\mathrm{t1}}}\varphi_{\mathrm{ht1}} \tag{5.93}$$

3)侧滚

$$J_{\mathrm{tz}}(\ddot{\varphi}_{\mathrm{t1}}+\ddot{\varphi}_{\mathrm{ht1}})+2c_{\mathrm{tx}}H_{\mathrm{Bt}}\left[\dot{\boldsymbol{X}}_{\mathrm{t1}}-\dot{\boldsymbol{X}}_{\mathrm{c}}+H_{\mathrm{Bt}}\dot{\varphi}_{\mathrm{t1}}+H_{\mathrm{CB}}\dot{\varphi}_{\mathrm{c}}-l_{\mathrm{c}}\dot{\psi}_{\mathrm{c}}+\frac{\mathrm{d}}{\mathrm{d}t}\left(\frac{l_{\mathrm{c}}^2}{2R_{\mathrm{c}}}\right)\right]$$
$$+2k_{\mathrm{tx}}H_{\mathrm{Bt}}\left(\boldsymbol{X}_{\mathrm{t1}}-\boldsymbol{X}_{\mathrm{c}}+H_{\mathrm{Bt}}\varphi_{\mathrm{t1}}+H_{\mathrm{CB}}\varphi_{\mathrm{c}}-l_{\mathrm{c}}\psi_{\mathrm{c}}+\frac{l_{\mathrm{c}}^2}{2R_{\mathrm{c}}}\right)-2c_{\mathrm{ty}}d_{\mathrm{t}}^2(\dot{\varphi}_{\mathrm{c}}-\dot{\varphi}_{\mathrm{t1}})$$
$$-2k_{\mathrm{ty}}d_{\mathrm{t}}^2(\varphi_{\mathrm{c}}-\varphi_{\mathrm{t1}})+2c_{\mathrm{wx}}H_{\mathrm{tw}}\left[\dot{\boldsymbol{X}}_{\mathrm{w1}}+\dot{\boldsymbol{X}}_{\mathrm{w2}}-2\dot{\boldsymbol{X}}_{\mathrm{t1}}+2H_{\mathrm{tw}}\dot{\varphi}_{\mathrm{t1}}+\frac{\mathrm{d}}{\mathrm{d}t}\left(\frac{l_{\mathrm{t}}^2}{R_{\mathrm{t1}}}\right)\right]$$
$$+2k_{\mathrm{wx}}H_{\mathrm{tw}}\left(\boldsymbol{X}_{\mathrm{w1}}+\boldsymbol{X}_{\mathrm{w2}}-2\boldsymbol{X}_{\mathrm{t1}}+2H_{\mathrm{tw}}\varphi_{\mathrm{t1}}+\frac{l_{\mathrm{t}}^2}{R_{\mathrm{t1}}}\right)-2c_{\mathrm{wy}}d_{\mathrm{w}}^2(\dot{\varphi}_{\mathrm{w1}}+\dot{\varphi}_{\mathrm{w2}}-2\dot{\varphi}_{\mathrm{t1}})$$
$$-2k_{\mathrm{wy}}d_{\mathrm{w}}^2(\varphi_{\mathrm{w1}}+\varphi_{\mathrm{w2}}-2\varphi_{\mathrm{t1}})=\boldsymbol{0} \tag{5.94}$$

4)摇头

$$J_{\mathrm{ty}}\ddot{\psi}_{\mathrm{t1}}-2c_{\mathrm{tz}}d_{\mathrm{t}}^2(\dot{\psi}_{\mathrm{c}}-\dot{\psi}_{\mathrm{t1}})-2k_{\mathrm{tz}}d_{\mathrm{t}}^2(\psi_{\mathrm{c}}-\psi_{\mathrm{t1}})+4c_{\mathrm{wz}}d_{\mathrm{w}}^2\dot{\psi}_{\mathrm{t1}}+4k_{\mathrm{wz}}d_{\mathrm{w}}^2\psi_{\mathrm{t1}}$$
$$-2c_{\mathrm{wx}}l_{\mathrm{t}}(\dot{\boldsymbol{X}}_{\mathrm{w1}}-\dot{\boldsymbol{X}}_{\mathrm{w2}}-2l_{\mathrm{t}}\dot{\psi}_{\mathrm{t1}})-2k_{\mathrm{wx}}l_{\mathrm{t}}(\boldsymbol{X}_{\mathrm{w1}}-\boldsymbol{X}_{\mathrm{w2}}-2l_{\mathrm{t}}\psi_{\mathrm{t1}})=\boldsymbol{0} \tag{5.95}$$

5)点头

$$J_{\mathrm{tx}}\ddot{\phi}_{\mathrm{t1}}+2c_{\mathrm{tz}}H_{\mathrm{Bt}}\left[H_{\mathrm{CB}}\dot{\phi}_{\mathrm{c}}+H_{\mathrm{Bt}}\dot{\phi}_{\mathrm{t1}}+d_{\mathrm{t}}\frac{\mathrm{d}}{\mathrm{d}t}\left(\frac{l_{\mathrm{c}}}{R_{\mathrm{c}}}\right)\right]+2k_{\mathrm{tz}}H_{\mathrm{Bt}}\left(H_{\mathrm{CB}}\phi_{\mathrm{c}}+H_{\mathrm{Bt}}\phi_{\mathrm{t1}}+d_{\mathrm{t}}\frac{l_{\mathrm{c}}}{R_{\mathrm{c}}}\right)$$
$$-2c_{\mathrm{wy}}l_{\mathrm{t}}(\dot{\boldsymbol{Y}}_{\mathrm{w2}}-\dot{\boldsymbol{Y}}_{\mathrm{w1}}-2l_{\mathrm{t}}\dot{\phi}_{\mathrm{t1}})-2k_{\mathrm{wy}}l_{\mathrm{t}}(\boldsymbol{Y}_{\mathrm{w2}}-\boldsymbol{Y}_{\mathrm{w1}}-2l_{\mathrm{t}}\phi_{\mathrm{t1}})+4c_{\mathrm{wz}}H_{\mathrm{tw}}^2\dot{\phi}_{\mathrm{t1}}+4k_{\mathrm{wz}}H_{\mathrm{tw}}^2\phi_{\mathrm{t1}}=\boldsymbol{0} \tag{5.96}$$

3. 转向架构架 2 运动方程

1)横移

$$M_{\mathrm{t}}[\ddot{\boldsymbol{X}}_{\mathrm{t2}}+(r_0+H_{\mathrm{tw}})\ddot{\varphi}_{\mathrm{ht2}}]+2c_{\mathrm{tx}}\left[\dot{\boldsymbol{X}}_{\mathrm{t2}}-\dot{\boldsymbol{X}}_{\mathrm{c}}+H_{\mathrm{Bt}}\dot{\varphi}_{\mathrm{t2}}+H_{\mathrm{CB}}\dot{\varphi}_{\mathrm{c}}+l_{\mathrm{c}}\dot{\psi}_{\mathrm{c}}+\frac{\mathrm{d}}{\mathrm{d}t}\left(\frac{l_{\mathrm{c}}^2}{2R_{\mathrm{c}}}\right)\right]$$
$$+2k_{\mathrm{tx}}\left(\boldsymbol{X}_{\mathrm{t2}}-\boldsymbol{X}_{\mathrm{c}}+H_{\mathrm{Bt}}\varphi_{\mathrm{t2}}+H_{\mathrm{CB}}\varphi_{\mathrm{c}}+l_{\mathrm{c}}\psi_{\mathrm{c}}+\frac{l_{\mathrm{c}}^2}{2R_{\mathrm{c}}}\right)+2c_{\mathrm{wx}}[2\dot{\boldsymbol{X}}_{\mathrm{t2}}-\dot{\boldsymbol{X}}_{\mathrm{w3}}-\dot{\boldsymbol{X}}_{\mathrm{w4}}-2H_{\mathrm{tw}}\dot{\varphi}_{\mathrm{t2}}$$
$$-\frac{\mathrm{d}}{\mathrm{d}t}\left(\frac{l_{\mathrm{t}}^2}{2R_{\mathrm{t2}}}\right)\Bigg]+2k_{\mathrm{wx}}\left(2\boldsymbol{X}_{\mathrm{t2}}-\boldsymbol{X}_{\mathrm{w3}}-\boldsymbol{X}_{\mathrm{w4}}-2H_{\mathrm{tw}}\varphi_{\mathrm{t2}}-\frac{l_{\mathrm{t}}^2}{2R_{\mathrm{t2}}}\right)=M_{\mathrm{t}}\boldsymbol{g}\varphi_{\mathrm{ht2}}-M_{\mathrm{t}}\frac{\boldsymbol{v}^2}{R_{\mathrm{t2}}} \tag{5.97}$$

2)沉浮

$$M_{\mathrm{t}}(\ddot{\boldsymbol{Y}}_{\mathrm{t2}}-a_0\ddot{\varphi}_{\mathrm{ht2}})-2c_{\mathrm{ty}}(\dot{\boldsymbol{Y}}_{\mathrm{c}}-\dot{\boldsymbol{Y}}_{\mathrm{t2}}+l_{\mathrm{c}}\dot{\phi}_{\mathrm{c}})-2k_{\mathrm{ty}}(\boldsymbol{Y}_{\mathrm{c}}-\boldsymbol{Y}_{\mathrm{t2}}+l_{\mathrm{c}}\phi_{\mathrm{c}})$$
$$+2c_{\mathrm{wy}}(2\dot{\boldsymbol{Y}}_{\mathrm{t2}}-\dot{\boldsymbol{Y}}_{\mathrm{w3}}-\dot{\boldsymbol{Y}}_{\mathrm{w4}})+2k_{\mathrm{wy}}(2\boldsymbol{Y}_{\mathrm{t2}}-\boldsymbol{Y}_{\mathrm{w3}}-\boldsymbol{Y}_{\mathrm{w4}})=M_{\mathrm{t}}\boldsymbol{g}+M_{\mathrm{t}}\frac{\boldsymbol{v}^2}{R_{\mathrm{t2}}}\varphi_{\mathrm{ht2}} \tag{5.98}$$

3)侧滚

$$J_{tz}(\ddot{\varphi}_{t2}+\ddot{\varphi}_{ht2})+2c_{tx}H_{Bt}\left[\dot{\boldsymbol{X}}_{t2}-\dot{\boldsymbol{X}}_{c}+H_{Bt}\dot{\varphi}_{t2}+H_{CB}\dot{\varphi}_{c}+l_{c}\dot{\psi}_{c}+\frac{\mathrm{d}}{\mathrm{d}t}\left(\frac{l_{c}^{2}}{2R_{c}}\right)\right]$$

$$+2k_{tx}H_{Bt}\left(\boldsymbol{X}_{t2}-\boldsymbol{X}_{c}+H_{Bt}\varphi_{t2}+H_{CB}\varphi_{c}+l_{c}\psi_{c}+\frac{l_{c}^{2}}{2R_{c}}\right)-2c_{ty}d_{t}^{2}(\dot{\varphi}_{c}-\dot{\varphi}_{t2})$$

$$-2k_{ty}d_{t}^{2}(\varphi_{c}-\varphi_{t2})+2c_{wx}H_{tw}\left[\dot{\boldsymbol{X}}_{w3}+\dot{\boldsymbol{X}}_{w4}-2\dot{\boldsymbol{X}}_{t2}+2H_{tw}\dot{\varphi}_{t2}+\frac{\mathrm{d}}{\mathrm{d}t}\left(\frac{l_{t}^{2}}{R_{t2}}\right)\right]$$

$$+2k_{wx}H_{tw}\left(\boldsymbol{X}_{w3}+\boldsymbol{X}_{w4}-2\boldsymbol{X}_{t2}+2H_{tw}\varphi_{t2}+\frac{l_{t}^{2}}{R_{t2}}\right)-2c_{wy}d_{w}^{2}(\dot{\varphi}_{w3}+\dot{\varphi}_{w4}-2\dot{\varphi}_{t2})$$

$$-2k_{wy}d_{w}^{2}(\varphi_{w3}+\varphi_{w4}-2\varphi_{t2})=\boldsymbol{0} \tag{5.99}$$

4)摇头

$$J_{ty}\ddot{\psi}_{t2}-2c_{tz}d_{t}^{2}(\dot{\psi}_{c}-\dot{\psi}_{t2})-2k_{tz}d_{t}^{2}(\psi_{c}-\psi_{t2})+4c_{wz}d_{w}^{2}\dot{\psi}_{t2}+4k_{wz}d_{w}^{2}\psi_{t2}$$

$$-2c_{wx}l_{t}(\dot{\boldsymbol{X}}_{w3}-\dot{\boldsymbol{X}}_{w4}-2l_{t}\dot{\psi}_{t2})-2k_{wx}l_{t}(\boldsymbol{X}_{w3}-\boldsymbol{X}_{w4}-2l_{t}\psi_{t2})=\boldsymbol{0} \tag{5.100}$$

5)点头

$$J_{tx}\ddot{\phi}_{t2}+2c_{tz}H_{Bt}\left[H_{CB}\dot{\phi}_{c}+H_{Bt}\dot{\phi}_{t2}-d_{t}\frac{\mathrm{d}}{\mathrm{d}t}\left(\frac{l_{c}}{R_{c}}\right)\right]+2k_{tz}H_{Bt}\left(H_{CB}\phi_{c}+H_{Bt}\phi_{t2}-d_{t}\frac{l_{c}}{R_{c}}\right)$$

$$-2c_{wy}l_{t}(\dot{\boldsymbol{Y}}_{w4}-\dot{\boldsymbol{Y}}_{w3}-2l_{t}\dot{\phi}_{t2})-2k_{wy}l_{t}(\boldsymbol{Y}_{w4}-\boldsymbol{Y}_{w3}-2l_{t}\phi_{t2})+4c_{wz}H_{tw}^{2}\dot{\phi}_{t2}+4k_{wz}H_{tw}^{2}\phi_{t2}=\boldsymbol{0} \tag{5.101}$$

4. 轮对 1 运动方程

1)横移

$$M_{w}(\ddot{\boldsymbol{X}}_{w1}+r_{0}\ddot{\varphi}_{hw1})+2c_{wx}\left[\dot{\boldsymbol{X}}_{w1}-\dot{\boldsymbol{X}}_{t1}+H_{tw}\dot{\varphi}_{t1}-l_{t}\dot{\psi}_{t1}+\frac{\mathrm{d}}{\mathrm{d}t}\left(\frac{l_{t}^{2}}{2R_{t1}}\right)\right]$$

$$+2k_{wx}\left(\boldsymbol{X}_{w1}-\boldsymbol{X}_{t1}+H_{tw}\varphi_{t1}-l_{t}\psi_{t1}+\frac{l_{t}^{2}}{2R_{t1}}\right)=-\boldsymbol{F}_{LX1}-\boldsymbol{F}_{RX1}+M_{w}\boldsymbol{g}\varphi_{hw1}-M_{w}\frac{\boldsymbol{v}^{2}}{R_{w1}} \tag{5.102}$$

2)沉浮

$$M_{w}(\ddot{\boldsymbol{Y}}_{w1}-a_{0}\ddot{\varphi}_{hw1})-2c_{wy}(\dot{\boldsymbol{Y}}_{t1}-\dot{\boldsymbol{Y}}_{w1}-l_{t}\dot{\phi}_{t1})-2k_{wy}(\boldsymbol{Y}_{t1}-\boldsymbol{Y}_{w1}-l_{t}\phi_{t1})$$

$$=-\boldsymbol{F}_{LY1}-\boldsymbol{F}_{RY1}+M_{w}\boldsymbol{g}+M_{w}\frac{\boldsymbol{v}^{2}}{R_{w1}}\varphi_{hw1} \tag{5.103}$$

3)侧滚

$$J_{wz}(\ddot{\varphi}_{w1}+\ddot{\varphi}_{hw1})+2c_{wy}d_{w}^{2}(\dot{\varphi}_{w1}-\dot{\varphi}_{t1})+2k_{wy}d_{w}^{2}(\varphi_{w1}-\varphi_{t1})$$

$$=(\boldsymbol{F}_{LY1}-\boldsymbol{F}_{RY1})a_{0}+(\boldsymbol{F}_{LX1}+\boldsymbol{F}_{RX1})r_{0} \tag{5.104}$$

5.轮对2运动方程

1)横移

$$M_{\mathrm{w}}(\ddot{\boldsymbol{X}}_{\mathrm{w2}}+r_0\ddot{\varphi}_{\mathrm{hw2}})+2c_{\mathrm{w}x}\left[\dot{\boldsymbol{X}}_{\mathrm{w2}}-\dot{\boldsymbol{X}}_{\mathrm{t1}}+H_{\mathrm{tw}}\dot{\varphi}_{\mathrm{t1}}+l_{\mathrm{t}}\dot{\psi}_{\mathrm{t1}}+\frac{\mathrm{d}}{\mathrm{d}t}\left(\frac{l_{\mathrm{t}}^2}{2R_{\mathrm{t1}}}\right)\right]$$

$$+2k_{\mathrm{w}x}\left(\boldsymbol{X}_{\mathrm{w2}}-\boldsymbol{X}_{\mathrm{t1}}+H_{\mathrm{tw}}\varphi_{\mathrm{t1}}+l_{\mathrm{t}}\psi_{\mathrm{t1}}+\frac{l_{\mathrm{t}}^2}{2R_{\mathrm{t1}}}\right)=-\boldsymbol{F}_{\mathrm{LX2}}-\boldsymbol{F}_{\mathrm{RX2}}+M_{\mathrm{w}}\boldsymbol{g}\varphi_{\mathrm{hw2}}-M_{\mathrm{w}}\frac{\boldsymbol{v}^2}{R_{\mathrm{w2}}} \tag{5.105}$$

2)沉浮

$$M_{\mathrm{w}}(\ddot{\boldsymbol{Y}}_{\mathrm{w2}}-a_0\ddot{\varphi}_{\mathrm{hw2}})-2c_{\mathrm{wy}}(\dot{\boldsymbol{Y}}_{\mathrm{t1}}-\dot{\boldsymbol{Y}}_{\mathrm{w2}}+l_{\mathrm{t}}\dot{\phi}_{\mathrm{t1}})-2k_{\mathrm{wy}}(\boldsymbol{Y}_{\mathrm{t1}}-\boldsymbol{Y}_{\mathrm{w2}}+l_{\mathrm{t}}\phi_{\mathrm{t1}})$$

$$=-\boldsymbol{F}_{\mathrm{LY2}}-\boldsymbol{F}_{\mathrm{RY2}}+M_{\mathrm{w}}\boldsymbol{g}+M_{\mathrm{w}}\frac{\boldsymbol{v}^2}{R_{\mathrm{w2}}}\varphi_{\mathrm{hw2}} \tag{5.106}$$

3)侧滚

$$\begin{aligned}&J_{\mathrm{w}z}(\ddot{\varphi}_{\mathrm{w2}}+\ddot{\varphi}_{\mathrm{hw2}})+2c_{\mathrm{wy}}d_{\mathrm{w}}^2(\dot{\varphi}_{\mathrm{w2}}-\dot{\varphi}_{\mathrm{t1}})+2k_{\mathrm{wy}}d_{\mathrm{w}}^2(\varphi_{\mathrm{w2}}-\varphi_{\mathrm{t1}})\\&=(\boldsymbol{F}_{\mathrm{LY2}}-\boldsymbol{F}_{\mathrm{RY2}})a_0+(\boldsymbol{F}_{\mathrm{LX2}}+\boldsymbol{F}_{\mathrm{RX2}})r_0\end{aligned} \tag{5.107}$$

6.轮对3运动方程

1)横移

$$M_{\mathrm{w}}(\ddot{\boldsymbol{X}}_{\mathrm{w3}}+r_0\ddot{\varphi}_{\mathrm{hw3}})+2c_{\mathrm{w}x}\left[\dot{\boldsymbol{X}}_{\mathrm{w3}}-\dot{\boldsymbol{X}}_{\mathrm{t2}}+H_{\mathrm{tw}}\dot{\varphi}_{\mathrm{t2}}-l_{\mathrm{t}}\dot{\psi}_{\mathrm{t2}}+\frac{\mathrm{d}}{\mathrm{d}t}\left(\frac{l_{\mathrm{t}}^2}{2R_{\mathrm{t2}}}\right)\right]$$

$$+2k_{\mathrm{w}x}\left(\boldsymbol{X}_{\mathrm{w3}}-\boldsymbol{X}_{\mathrm{t2}}+H_{\mathrm{tw}}\varphi_{\mathrm{t2}}-l_{\mathrm{t}}\psi_{\mathrm{t2}}+\frac{l_{\mathrm{t}}^2}{2R_{\mathrm{t2}}}\right)=-\boldsymbol{F}_{\mathrm{LX3}}-\boldsymbol{F}_{\mathrm{RX3}}+M_{\mathrm{w}}\boldsymbol{g}\varphi_{\mathrm{hw3}}-M_{\mathrm{w}}\frac{\boldsymbol{v}^2}{R_{\mathrm{w3}}} \tag{5.108}$$

2)沉浮

$$M_{\mathrm{w}}(\ddot{\boldsymbol{Y}}_{\mathrm{w3}}-a_0\ddot{\varphi}_{\mathrm{hw3}})-2c_{\mathrm{wy}}(\dot{\boldsymbol{Y}}_{\mathrm{t2}}-\dot{\boldsymbol{Y}}_{\mathrm{w3}}-l_{\mathrm{t}}\dot{\phi}_{\mathrm{t2}})-2k_{\mathrm{wy}}(\boldsymbol{Y}_{\mathrm{t2}}-\boldsymbol{Y}_{\mathrm{w3}}-l_{\mathrm{t}}\phi_{\mathrm{t2}})$$

$$=-\boldsymbol{F}_{\mathrm{LY3}}-\boldsymbol{F}_{\mathrm{RY3}}+M_{\mathrm{w}}\boldsymbol{g}+M_{\mathrm{w}}\frac{\boldsymbol{v}^2}{R_{\mathrm{w3}}}\varphi_{\mathrm{hw3}} \tag{5.109}$$

3)侧滚

$$\begin{aligned}&J_{\mathrm{w}z}(\ddot{\varphi}_{\mathrm{w3}}+\ddot{\varphi}_{\mathrm{hw3}})+2c_{\mathrm{wy}}d_{\mathrm{w}}^2(\dot{\varphi}_{\mathrm{w3}}-\dot{\varphi}_{\mathrm{t2}})+2k_{\mathrm{wy}}d_{\mathrm{w}}^2(\varphi_{\mathrm{w3}}-\varphi_{\mathrm{t2}})\\&=(\boldsymbol{F}_{\mathrm{LY3}}-\boldsymbol{F}_{\mathrm{RY3}})a_0+(\boldsymbol{F}_{\mathrm{LX3}}+\boldsymbol{F}_{\mathrm{RX3}})r_0\end{aligned} \tag{5.110}$$

7.轮对4运动方程

1)横移

$$M_{\mathrm{w}}(\ddot{\boldsymbol{X}}_{\mathrm{w4}}+r_0\ddot{\varphi}_{\mathrm{hw4}})+2c_{\mathrm{w}x}\left[\dot{\boldsymbol{X}}_{\mathrm{w4}}-\dot{\boldsymbol{X}}_{\mathrm{t2}}+H_{\mathrm{tw}}\dot{\varphi}_{\mathrm{t2}}+l_{\mathrm{t}}\dot{\psi}_{\mathrm{t2}}+\frac{\mathrm{d}}{\mathrm{d}t}\left(\frac{l_{\mathrm{t}}^2}{2R_{\mathrm{t2}}}\right)\right]$$

$$+2k_{wx}\left(\boldsymbol{X}_{w4}-\boldsymbol{X}_{t2}+H_{tw}\varphi_{t2}+l_t\psi_{t2}+\frac{l_t^2}{2R_{t2}}\right)=-\boldsymbol{F}_{LX4}-\boldsymbol{F}_{RX4}+M_w\boldsymbol{g}\varphi_{hw4}-M_w\frac{\boldsymbol{v}^2}{R_{w4}} \tag{5.111}$$

2)沉浮

$$\begin{aligned}&M_w(\ddot{\boldsymbol{Y}}_{w4}-a_0\ddot{\varphi}_{hw4})-2c_{wy}(\dot{\boldsymbol{Y}}_{t2}-\dot{\boldsymbol{Y}}_{w4}+l_t\dot{\phi}_{t2})-2k_{wy}(\boldsymbol{Y}_{t2}-\boldsymbol{Y}_{w4}+l_t\phi_{t2})\\&=-\boldsymbol{F}_{LY4}-\boldsymbol{F}_{RY4}+M_w\boldsymbol{g}+M_w\frac{\boldsymbol{v}^2}{R_{w4}}\varphi_{hw4}\end{aligned} \tag{5.112}$$

3)侧滚

$$\begin{aligned}&J_{wz}(\ddot{\varphi}_{w4}+\ddot{\varphi}_{hw4})+2c_{wy}d_w^2(\dot{\varphi}_{w4}-\dot{\varphi}_{t2})+2k_{wy}d_w^2(\varphi_{w4}-\varphi_{t2})\\&=(\boldsymbol{F}_{LY4}-\boldsymbol{F}_{RY4})a_0+(\boldsymbol{F}_{LX4}+\boldsymbol{F}_{RX4})r_0\end{aligned} \tag{5.113}$$

方程(5.87)～(5.113)中的参数说明如下：

$\boldsymbol{v}$ 为车辆运行速度(m/s)；

$\boldsymbol{g}$ 为重力加速度(m/s^2)；

φ_{hc}为曲线轨道上车体中心所对应的外轨超高角(rad)；

φ_{hti}为曲线轨道上第 i 个转向架中心所对应的外轨超高角(rad)($i=1\sim2$)；

φ_{hwi}为曲线轨道上第 i 个轮对中心所对应的外轨超高角(rad)($i=1\sim4$)；

R_c 为曲线轨道上车体中心所对应的曲线半径(m)；

R_{ti}为曲线轨道上第 i 个转向架中心所对应的曲线半径(m)($i=1\sim2$)；

R_{wi}为曲线轨道上第 i 个轮对中心所对应的曲线半径(m)($i=1\sim4$)；

$\boldsymbol{F}_{LYi}$为左侧轮轨垂向作用力(N)($i=1\sim4$)；

$\boldsymbol{F}_{RYi}$为右侧轮轨垂向作用力(N)($i=1\sim4$)；

$\boldsymbol{F}_{LXi}$为左侧轮轨横向作用力(N)($i=1\sim4$)；

$\boldsymbol{F}_{RXi}$为右侧轮轨横向作用力(N)($i=1\sim4$)。

对方程(5.87)～(5.113)进行整理，可得

$$\boldsymbol{M}\ddot{\boldsymbol{U}}+\boldsymbol{C}\dot{\boldsymbol{U}}+\boldsymbol{K}\boldsymbol{U}=\boldsymbol{F} \tag{5.114}$$

式中，$\boldsymbol{U}$、$\dot{\boldsymbol{U}}$、$\ddot{\boldsymbol{U}}$ 分别为车辆的位移、速度及加速度向量；$\boldsymbol{M}$、$\boldsymbol{K}$、$\boldsymbol{C}$ 分别为车辆的质量、阻尼及刚度矩阵；$\boldsymbol{F}$ 为荷载列向量，分为动态激励力$\boldsymbol{F}^{dyn}$及准静态激励力$\boldsymbol{F}^{sta}$。这些矩阵的具体形式如下：

$$\begin{aligned}\boldsymbol{U}=[&\boldsymbol{X}_c\quad \boldsymbol{Y}_c\quad \varphi_c\quad \psi_c\quad \phi_c\quad \boldsymbol{X}_{t1}\quad \boldsymbol{Y}_{t1}\quad \varphi_{t1}\quad \psi_{t1}\quad \phi_{t1}\quad \boldsymbol{X}_{t2}\quad \boldsymbol{Y}_{t2}\quad \varphi_{t2}\quad \psi_{t2}\\&\phi_{t2}\quad \boldsymbol{X}_{w1}\quad \boldsymbol{Y}_{w1}\quad \varphi_{w1}\quad \boldsymbol{X}_{w2}\quad \boldsymbol{Y}_{w2}\quad \varphi_{w2}\quad \boldsymbol{X}_{w3}\quad \boldsymbol{Y}_{w3}\quad \varphi_{w3}\quad \boldsymbol{X}_{w4}\quad \boldsymbol{Y}_{w4}\quad \varphi_{w4}]^T\end{aligned}$$

$$\begin{aligned}\dot{\boldsymbol{U}}=[&\dot{\boldsymbol{X}}_c\quad \dot{\boldsymbol{Y}}_c\quad \dot{\varphi}_c\quad \dot{\psi}_c\quad \dot{\phi}_c\quad \dot{\boldsymbol{X}}_{t1}\quad \dot{\boldsymbol{Y}}_{t1}\quad \dot{\varphi}_{t1}\quad \dot{\psi}_{t1}\quad \dot{\phi}_{t1}\quad \dot{\boldsymbol{X}}_{t2}\quad \dot{\boldsymbol{Y}}_{t2}\quad \dot{\varphi}_{t2}\quad \dot{\psi}_{t2}\\&\dot{\phi}_{t2}\quad \dot{\boldsymbol{X}}_{w1}\quad \dot{\boldsymbol{Y}}_{w1}\quad \dot{\varphi}_{w1}\quad \dot{\boldsymbol{X}}_{w2}\quad \dot{\boldsymbol{Y}}_{w2}\quad \dot{\varphi}_{w2}\quad \dot{\boldsymbol{X}}_{w3}\quad \dot{\boldsymbol{Y}}_{w3}\quad \dot{\varphi}_{w3}\quad \dot{\boldsymbol{X}}_{w4}\quad \dot{\boldsymbol{Y}}_{w4}\quad \dot{\varphi}_{w4}]^T\end{aligned}$$

$$\ddot{\boldsymbol{U}}=[\ddot{\boldsymbol{X}}_c\quad \ddot{\boldsymbol{Y}}_c\quad \ddot{\varphi}_c\quad \ddot{\psi}_c\quad \ddot{\phi}_c\quad \ddot{\boldsymbol{X}}_{t1}\quad \ddot{\boldsymbol{Y}}_{t1}\quad \ddot{\varphi}_{t1}\quad \ddot{\psi}_{t1}\quad \ddot{\phi}_{t1}\quad \ddot{\boldsymbol{X}}_{t2}\quad \ddot{\boldsymbol{Y}}_{t2}\quad \ddot{\varphi}_{t2}\quad \ddot{\psi}_{t2}$$
$$\ddot{\phi}_{t2}\quad \ddot{\boldsymbol{X}}_{w1}\quad \ddot{\boldsymbol{Y}}_{w1}\quad \ddot{\varphi}_{w1}\quad \ddot{\boldsymbol{X}}_{w2}\quad \ddot{\boldsymbol{Y}}_{w2}\quad \ddot{\varphi}_{w2}\quad \ddot{\boldsymbol{X}}_{w3}\quad \ddot{\boldsymbol{Y}}_{w3}\quad \ddot{\varphi}_{w3}\quad \ddot{\boldsymbol{X}}_{w4}\quad \ddot{\boldsymbol{Y}}_{w4}\quad \ddot{\varphi}_{w4}]^{\mathrm{T}}$$

$$\boldsymbol{M}=\mathrm{diag}\,[M_c\quad M_c\quad J_{cz}\quad J_{cy}\quad J_{cx}\quad M_t\quad M_t\quad J_{tz}\quad J_{ty}\quad J_{tx}\quad M_t\quad M_t\quad J_{tz}\quad J_{ty}$$
$$J_{tx}\quad M_w\quad M_w\quad J_{wz}\quad M_w\quad M_w\quad J_{wz}\quad M_w\quad M_w\quad J_{wz}\quad M_w\quad M_w\quad J_{wz}]$$

$$\boldsymbol{K}=\begin{bmatrix}\boldsymbol{K}_{cc} & \boldsymbol{K}_{ct1} & \boldsymbol{K}_{ct2} & \boldsymbol{0} & \boldsymbol{0}\\ & \boldsymbol{K}_{t1t1} & \boldsymbol{0} & \boldsymbol{K}_{t1w1w2} & \boldsymbol{0}\\ & & \boldsymbol{K}_{t2t2} & \boldsymbol{0} & \boldsymbol{K}_{t2w3w4}\\ & \text{symmetry} & & \boldsymbol{K}_{w1w2} & \boldsymbol{0}\\ & & & & \boldsymbol{K}_{w3w4}\end{bmatrix}$$

其中，

$$\boldsymbol{K}_{cc}=\begin{bmatrix}4k_{tx} & 0 & -4k_{tx}H_{CB} & 0 & 0\\ & 4k_{ty} & 0 & 0 & 0\\ & & 4k_{ty}d_t^2+4k_{tx}H_{CB}^2 & 0 & 0\\ & & \text{symmetry} & 4k_{tz}d_t^2+4k_{tx}l_c^2 & 0\\ & & & & 4k_{ty}l_c^2+4k_{tz}H_{CB}^2\end{bmatrix}$$

$$\boldsymbol{K}_{ct1}=\begin{bmatrix}-2k_{tx} & 0 & -2k_{tx}H_{Bt} & 0 & 0\\ 0 & -2k_{ty} & 0 & 0 & 0\\ 2k_{tx}H_{CB} & 0 & 2k_{tx}H_{CB}H_{Bt}-2k_{ty}d_t^2 & 0 & 0\\ -2k_{tx}l_c & 0 & -2k_{tx}l_cH_{Bt} & -2k_{tz}d_t^2 & 0\\ 0 & 2k_{ty}l_c & 0 & 0 & 2k_{tz}H_{CB}H_{Bt}\end{bmatrix}$$

$$\boldsymbol{K}_{ct2}=\begin{bmatrix}-2k_{tx} & 0 & -2k_{tx}H_{Bt} & 0 & 0\\ 0 & -2k_{ty} & 0 & 0 & 0\\ 2k_{tx}H_{CB} & 0 & 2k_{tx}H_{CB}H_{Bt}-2k_{ty}d_t^2 & 0 & 0\\ 2k_{tx}l_c & 0 & -2k_{tx}l_cH_{Bt} & -2k_{tz}d_t^2 & 0\\ 0 & -2k_{ty}l_c & 0 & 0 & 2k_{tz}H_{CB}H_{Bt}\end{bmatrix}$$

$$\boldsymbol{K}_{t1t1}=\boldsymbol{K}_{t2t2}=\begin{bmatrix}2k_{tx}+4k_{wx} & 0 & 2k_{tx}H_{Bt}-4k_{wx}H_{tw} & 0 & 0\\ & 2k_{ty}+4k_{wy} & 0 & 0 & 0\\ & & k_{\varphi\varphi} & 0 & 0\\ & \text{symmetry} & & k_{\psi\psi} & 0\\ & & & & k_{\phi\phi}\end{bmatrix}$$

$$k_{\varphi\varphi}=2k_{tx}H_{Bt}^2+2k_{ty}d_t^2+4k_{wx}H_{tw}^2+4k_{wy}d_w^2$$
$$k_{\psi\psi}=2k_{tz}d_t^2+4k_{wz}d_w^2+4k_{wx}l_t^2$$
$$k_{\phi\phi}=2k_{tz}H_{Bt}^2+4k_{wz}H_{tw}^2+4k_{wy}l_t^2$$

$$\boldsymbol{K}_{\mathrm{t1w1w2}}=\boldsymbol{K}_{\mathrm{t2w3w4}}=\begin{bmatrix} -2k_{\mathrm{w}x} & 0 & 0 & -2k_{\mathrm{w}x} & 0 & 0 \\ 0 & -2k_{\mathrm{wy}} & 0 & 0 & -2k_{\mathrm{wy}} & 0 \\ 2k_{\mathrm{w}x}H_{\mathrm{tw}} & 0 & -2k_{\mathrm{wy}}d_{\mathrm{w}}^2 & 2k_{\mathrm{w}x}H_{\mathrm{tw}} & 0 & -2k_{\mathrm{wy}}d_{\mathrm{w}}^2 \\ -2k_{\mathrm{w}x}l_{\mathrm{t}} & 0 & 0 & 2k_{\mathrm{w}x}l_{\mathrm{t}} & 0 & 0 \\ 0 & 2k_{\mathrm{wy}}l_{\mathrm{t}} & 0 & 0 & -2k_{\mathrm{wy}}l_{\mathrm{t}} & 0 \end{bmatrix}$$

$$\boldsymbol{K}_{\mathrm{w1w2}}=\boldsymbol{K}_{\mathrm{w3w4}}=\mathrm{diag}[2k_{\mathrm{w}x} \quad 2k_{\mathrm{wy}} \quad 2k_{\mathrm{wy}}d_{\mathrm{w}}^2 \quad 2k_{\mathrm{w}x} \quad 2k_{\mathrm{wy}} \quad 2k_{\mathrm{wy}}d_{\mathrm{w}}^2]$$

阻尼矩阵具有与刚度矩阵一样的形式，内部元素计算方法也与刚度矩阵一致，只需将刚度矩阵中的刚度系数换成阻尼系数，即可得到阻尼矩阵。

荷载列向量 $\boldsymbol{F}$ 满足

$$\boldsymbol{F}=\boldsymbol{F}^{\mathrm{sta}}+\boldsymbol{F}^{\mathrm{dyn}} \tag{5.115}$$

式中，准静态激励力可由车辆相关系数及运行参数得到；动态激励力则需要通过轮轨耦合进行求解。

准静态激励力为

$$\boldsymbol{F}^{\mathrm{sta}}=[\boldsymbol{F}_{\mathrm{c}}^{\mathrm{sta}} \quad \boldsymbol{F}_{\mathrm{t1}}^{\mathrm{sta}} \quad \boldsymbol{F}_{\mathrm{t2}}^{\mathrm{sta}} \quad \boldsymbol{F}_{\mathrm{w1}}^{\mathrm{sta}} \quad \boldsymbol{F}_{\mathrm{w2}}^{\mathrm{sta}} \quad \boldsymbol{F}_{\mathrm{w3}}^{\mathrm{sta}} \quad \boldsymbol{F}_{\mathrm{w4}}^{\mathrm{sta}}]^{\mathrm{T}} \tag{5.116}$$

动态激励力为

$$\boldsymbol{F}^{\mathrm{dyn}}=[\boldsymbol{F}_{\mathrm{c}}^{\mathrm{dyn}} \quad \boldsymbol{F}_{\mathrm{t1}}^{\mathrm{dyn}} \quad \boldsymbol{F}_{\mathrm{t2}}^{\mathrm{dyn}} \quad \boldsymbol{F}_{\mathrm{w1}}^{\mathrm{dyn}} \quad \boldsymbol{F}_{\mathrm{w2}}^{\mathrm{dyn}} \quad \boldsymbol{F}_{\mathrm{w3}}^{\mathrm{dyn}} \quad \boldsymbol{F}_{\mathrm{w4}}^{\mathrm{dyn}}]^{\mathrm{T}} \tag{5.117}$$

式中，

$$\boldsymbol{F}_{\mathrm{c}}^{\mathrm{sta}}=\left[M_{\mathrm{c}}\boldsymbol{g}\varphi_{\mathrm{hc}}-M_{\mathrm{c}}\frac{\boldsymbol{v}^2}{R_{\mathrm{c}}}+2k_{\mathrm{t}x}\frac{l_{\mathrm{c}}^2}{R_{\mathrm{c}}} \quad M_{\mathrm{c}}\boldsymbol{g}+M_{\mathrm{c}}\frac{\boldsymbol{v}^2}{R_{\mathrm{c}}}\varphi_{\mathrm{hc}} \quad -2k_{\mathrm{t}x}H_{\mathrm{CB}}\frac{l_{\mathrm{c}}^2}{R_{\mathrm{c}}} \quad \boldsymbol{0} \quad \boldsymbol{0}\right]$$

$$\begin{aligned}\boldsymbol{F}_{\mathrm{t1}}^{\mathrm{sta}}=\Big[&M_{\mathrm{t}}\boldsymbol{g}\varphi_{\mathrm{ht1}}-M_{\mathrm{t}}\frac{\boldsymbol{v}^2}{R_{\mathrm{t1}}}+2k_{\mathrm{w}x}\frac{l_{\mathrm{t}}^2}{R_{\mathrm{t1}}}-k_{\mathrm{t}x}\frac{l_{\mathrm{c}}^2}{R_{\mathrm{c}}} \quad M_{\mathrm{t}}\boldsymbol{g}+M_{\mathrm{t}}\frac{\boldsymbol{v}^2}{R_{\mathrm{t1}}}\varphi_{\mathrm{ht1}} \\ &-k_{\mathrm{t}x}H_{\mathrm{Bt}}\frac{l_{\mathrm{c}}^2}{R_{\mathrm{c}}}-2k_{\mathrm{w}x}H_{\mathrm{tw}}\frac{l_{\mathrm{t}}^2}{R_{\mathrm{t1}}} \quad \boldsymbol{0} \quad -2k_{\mathrm{t}z}H_{\mathrm{Bt}}d_{\mathrm{t}}\frac{l_{\mathrm{c}}}{R_{\mathrm{c}}}\Big]\end{aligned}$$

$$\begin{aligned}\boldsymbol{F}_{\mathrm{t2}}^{\mathrm{sta}}=\Big[&M_{\mathrm{t}}\boldsymbol{g}\varphi_{\mathrm{ht2}}-M_{\mathrm{t}}\frac{\boldsymbol{v}^2}{R_{\mathrm{t2}}}+2k_{\mathrm{w}x}\frac{l_{\mathrm{t}}^2}{R_{\mathrm{t2}}}-k_{\mathrm{t}x}\frac{l_{\mathrm{c}}^2}{R_{\mathrm{c}}} \quad M_{\mathrm{t}}\boldsymbol{g}+M_{\mathrm{t}}\frac{\boldsymbol{v}^2}{R_{\mathrm{t2}}}\varphi_{\mathrm{ht2}} \\ &-k_{\mathrm{t}x}H_{\mathrm{Bt}}\frac{l_{\mathrm{c}}^2}{R_{\mathrm{c}}}-2k_{\mathrm{w}x}H_{\mathrm{tw}}\frac{l_{\mathrm{t}}^2}{R_{\mathrm{t2}}} \quad \boldsymbol{0} \quad 2k_{\mathrm{t}z}H_{\mathrm{Bt}}d_{\mathrm{t}}\frac{l_{\mathrm{c}}}{R_{\mathrm{c}}}\Big]\end{aligned}$$

$$\boldsymbol{F}_{\mathrm{w1}}^{\mathrm{sta}}=\left[M_{\mathrm{w}}\boldsymbol{g}\varphi_{\mathrm{hw1}}-M_{\mathrm{w}}\frac{\boldsymbol{v}^2}{R_{\mathrm{w1}}}-k_{\mathrm{w}x}\frac{l_{\mathrm{t}}^2}{R_{\mathrm{t1}}} \quad M_{\mathrm{w}}\boldsymbol{g}+M_{\mathrm{w}}\frac{\boldsymbol{v}^2}{R_{\mathrm{w1}}}\varphi_{\mathrm{hw1}} \quad \boldsymbol{0}\right]$$

$$\boldsymbol{F}_{\mathrm{w2}}^{\mathrm{sta}}=\left[M_{\mathrm{w}}\boldsymbol{g}\varphi_{\mathrm{hw2}}-M_{\mathrm{w}}\frac{\boldsymbol{v}^2}{R_{\mathrm{w2}}}-k_{\mathrm{w}x}\frac{l_{\mathrm{t}}^2}{R_{\mathrm{t1}}} \quad M_{\mathrm{w}}\boldsymbol{g}+M_{\mathrm{w}}\frac{\boldsymbol{v}^2}{R_{\mathrm{w2}}}\varphi_{\mathrm{hw2}} \quad \boldsymbol{0}\right]$$

$$\boldsymbol{F}_{\mathrm{w3}}^{\mathrm{sta}}=\left[M_{\mathrm{w}}\boldsymbol{g}\varphi_{\mathrm{hw3}}-M_{\mathrm{w}}\frac{\boldsymbol{v}^2}{R_{\mathrm{w3}}}-k_{\mathrm{w}x}\frac{l_{\mathrm{t}}^2}{R_{\mathrm{t2}}} \quad M_{\mathrm{w}}\boldsymbol{g}+M_{\mathrm{w}}\frac{\boldsymbol{v}^2}{R_{\mathrm{w3}}}\varphi_{\mathrm{hw3}} \quad \boldsymbol{0}\right]$$

$$\boldsymbol{F}_{\mathrm{w4}}^{\mathrm{sta}}=\left[M_{\mathrm{w}}\boldsymbol{g}\varphi_{\mathrm{hw4}}-M_{\mathrm{w}}\frac{\boldsymbol{v}^2}{R_{\mathrm{w4}}}-k_{\mathrm{w}x}\frac{l_{\mathrm{t}}^2}{R_{\mathrm{t2}}} \quad M_{\mathrm{w}}\boldsymbol{g}+M_{\mathrm{w}}\frac{\boldsymbol{v}^2}{R_{\mathrm{w4}}}\varphi_{\mathrm{hw4}} \quad \boldsymbol{0}\right]$$

$$\boldsymbol{F}_{\mathrm{c}}^{\mathrm{dyn}}=\boldsymbol{F}_{\mathrm{t1}}^{\mathrm{dyn}}=\boldsymbol{F}_{\mathrm{t2}}^{\mathrm{dyn}}=[\boldsymbol{0} \quad \boldsymbol{0} \quad \boldsymbol{0} \quad \boldsymbol{0} \quad \boldsymbol{0}]$$

$$\boldsymbol{F}_{w1}^{dyn}=[-\boldsymbol{F}_{LX1}-\boldsymbol{F}_{RX1}\quad -\boldsymbol{F}_{LY1}-\boldsymbol{F}_{RY1}\quad (\boldsymbol{F}_{LY1}-\boldsymbol{F}_{RY1})a_0+(\boldsymbol{F}_{LX1}+\boldsymbol{F}_{RX1})r_0]$$
$$\boldsymbol{F}_{w2}^{dyn}=[-\boldsymbol{F}_{LX2}-\boldsymbol{F}_{RX2}\quad -\boldsymbol{F}_{LY2}-\boldsymbol{F}_{RY2}\quad (\boldsymbol{F}_{LY2}-\boldsymbol{F}_{RY2})a_0+(\boldsymbol{F}_{LX2}+\boldsymbol{F}_{RX2})r_0]$$
$$\boldsymbol{F}_{w3}^{dyn}=[-\boldsymbol{F}_{LX3}-\boldsymbol{F}_{RX3}\quad -\boldsymbol{F}_{LY3}-\boldsymbol{F}_{RY3}\quad (\boldsymbol{F}_{LY3}-\boldsymbol{F}_{RY3})a_0+(\boldsymbol{F}_{LX3}+\boldsymbol{F}_{RX3})r_0]$$
$$\boldsymbol{F}_{w4}^{dyn}=[-\boldsymbol{F}_{LX4}-\boldsymbol{F}_{RX4}\quad -\boldsymbol{F}_{LY4}-\boldsymbol{F}_{RY4}\quad (\boldsymbol{F}_{LY4}-\boldsymbol{F}_{RY4})a_0+(\boldsymbol{F}_{LX4}+\boldsymbol{F}_{RX4})r_0]$$

根据以上分析，得到了车辆模型的运动平衡方程，并得到了车辆系统质量、刚度、阻尼矩阵及车辆所受准静态激励力，为了求解动态激励力，则需要对曲线轨道车辆-轨道耦合频域解析模型进行研究。为了在频域内建立曲线轨道车辆-轨道耦合频域解析模型，接下来针对车辆柔度矩阵、轮对柔度矩阵及列车左右轮柔度矩阵进行求解。

5.5.3　车辆、轮对及左右轮柔度矩阵

车辆-轨道动力相互作用的核心为轮轨动态相互作用，轮轨之间的相互作用力及轮轨运动位移均在轮轨接触部分处于力的平衡及位移协调状态，建立曲线轨道车辆-轨道耦合频域解析模型的关键环节是合理地处理轮轨间的相互作用关系，建立轮轨耦合模型。轮轨耦合包括轮对运动方程、轨道运动方程及轮轨耦合关系。为了在频域内实现轮轨耦合，首先需要求得轮对及轮轨接触点轨梁的柔度矩阵，为此，本节结合 5.5.2 节中给出的车辆系统的动力学平衡方程，首先对轮对柔度矩阵进行研究。

对车辆系统动力学平衡方程(5.114)进行傅里叶变换，得到车辆系统频域内的平衡方程为

$$(-\boldsymbol{M}\omega^2+\mathrm{i}\boldsymbol{C}\omega+\boldsymbol{K})\hat{\boldsymbol{U}}(\omega)=\hat{\boldsymbol{F}}(\omega) \tag{5.118}$$

式中，$\hat{\boldsymbol{U}}(\omega)$为频域内车辆位移向量；频域内荷载向量满足 $\hat{\boldsymbol{F}}(\omega)=\hat{\boldsymbol{F}}^{sta}(\omega)$（当 $\omega=0$ 时），$\hat{\boldsymbol{F}}(\omega)=\hat{\boldsymbol{F}}^{dyn}(\omega)$（当 $\omega\neq0$ 时）。

接下来主要分析动态激励力作用下的车辆-轨道动力响应。对式(5.118)进行整理，可得车辆频率响应为

$$\hat{\boldsymbol{U}}(\omega)=(-\boldsymbol{M}\omega^2+\mathrm{i}\boldsymbol{C}\omega+\boldsymbol{K})^{-1}\cdot\hat{\boldsymbol{F}}^{dyn}(\omega) \tag{5.119}$$

由式(5.119)可知车辆柔度矩阵为

$$\boldsymbol{A}_c(\omega)=(-\boldsymbol{M}\omega^2+\mathrm{i}\boldsymbol{C}\omega+\boldsymbol{K})^{-1} \tag{5.120}$$

因此

$$\hat{\boldsymbol{U}}(\omega)=\boldsymbol{A}_c(\omega)\cdot\hat{\boldsymbol{F}}^{dyn}(\omega) \tag{5.121}$$

设由轮对位移构成的向量为$\boldsymbol{U}_{wheelset}$，满足

$$\boldsymbol{U}_{wheelset}=[\boldsymbol{X}_{w1}\quad \boldsymbol{Y}_{w1}\quad \varphi_{w1}\quad \boldsymbol{X}_{w2}\quad \boldsymbol{Y}_{w2}\quad \varphi_{w2}\quad \boldsymbol{X}_{w3}\quad \boldsymbol{Y}_{w3}\quad \varphi_{w3}\quad \boldsymbol{X}_{w4}\quad \boldsymbol{Y}_{w4}\quad \varphi_{w4}]^T \tag{5.122}$$

则轮对位移向量$\boldsymbol{U}_{wheelset}$和车辆系统位移向量$\boldsymbol{U}$之间满足

$$\boldsymbol{U}_{wheelset}=\boldsymbol{H}\boldsymbol{U} \tag{5.123}$$

式中，$\boldsymbol{H}=[\boldsymbol{0}_{12\times15}\quad \boldsymbol{I}_{12\times12}]$，$\boldsymbol{0}_{12\times15}$为由 0 元素构成的 12 行 15 列矩阵，$\boldsymbol{I}_{12\times12}$为 12 阶单位矩阵。

设轮轨动态相互作用力构成的向量为$\boldsymbol{F}_{\mathrm{w}}^{\mathrm{dyn}}$，满足

$$\boldsymbol{F}_{\mathrm{w}}^{\mathrm{dyn}}=[\boldsymbol{F}_{\mathrm{w1}}^{\mathrm{dyn}}\quad \boldsymbol{F}_{\mathrm{w2}}^{\mathrm{dyn}}\quad \boldsymbol{F}_{\mathrm{w3}}^{\mathrm{dyn}}\quad \boldsymbol{F}_{\mathrm{w4}}^{\mathrm{dyn}}]^{\mathrm{T}} \tag{5.124}$$

则轮轨动态相互作用力$\boldsymbol{F}_{\mathrm{w}}^{\mathrm{dym}}$ 与车辆系统动态激励力$\boldsymbol{F}^{\mathrm{dyn}}$之间满足

$$\boldsymbol{F}^{\mathrm{dyn}}=\boldsymbol{H}^{\mathrm{T}}\ \boldsymbol{F}_{\mathrm{w}}^{\mathrm{dyn}} \tag{5.125}$$

频域内轮对位移与轮轨之间相互作用力满足

$$\begin{aligned}\hat{\boldsymbol{U}}_{\mathrm{wheelset}}(\omega)&=\boldsymbol{H}\hat{\boldsymbol{U}}(\omega)\\&=\boldsymbol{H}\boldsymbol{A}_{\mathrm{c}}(\omega)\cdot\hat{\boldsymbol{F}}^{\mathrm{dyn}}(\omega)\\&=\boldsymbol{H}\boldsymbol{A}_{\mathrm{c}}(\omega)\boldsymbol{H}^{\mathrm{T}}\hat{\boldsymbol{F}}_{\mathrm{w}}^{\mathrm{dyn}}(\omega)\end{aligned} \tag{5.126}$$

根据以上分析可知，轮对柔度矩阵为

$$\boldsymbol{A}_{\mathrm{wheelset}}(\omega)=\boldsymbol{H}\boldsymbol{A}_{\mathrm{c}}(\omega)\boldsymbol{H}^{\mathrm{T}} \tag{5.127}$$

因此

$$\hat{\boldsymbol{U}}_{\mathrm{wheelset}}(\omega)=\boldsymbol{A}_{\mathrm{wheelset}}(\omega)\cdot\hat{\boldsymbol{F}}_{\mathrm{w}}^{\mathrm{dyn}}(\omega) \tag{5.128}$$

式中，$\boldsymbol{A}_{\mathrm{wheelset}}(\omega)$为 12 行 12 列矩阵，表示频率为 ω 时由单位力作用引起的轮对位移构成的轮对柔度矩阵。

由以上分析得到了车辆及轮对柔度矩阵的求解方法，在进行车辆-轨道耦合振动响应分析时，轮轨耦合是车辆车轮与轨道两根钢轨之间的耦合，车轮-钢轨空间耦合力学模型如图 5.15 所示。因此，为了实现轮轨耦合，需要进一步分析轮对中车轮与轨道两根钢轨之间的动力相互作用，即分析轮对左右轮位移响应与左右轮轨间作用力之间的关系。考虑到车辆-轨道耦合实质为左右轮与钢轨之间的耦合，因此需要将上述轮对柔度矩阵进一步转换为左右轮柔度矩阵。

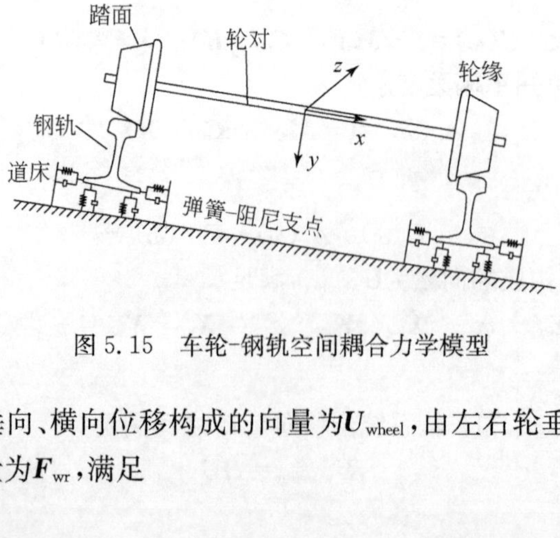

图 5.15　车轮-钢轨空间耦合力学模型

设由左右轮垂向、横向位移构成的向量为$\boldsymbol{U}_{\mathrm{wheel}}$，由左右轮垂向、横向轮轨相互作用力构成的向量为$\boldsymbol{F}_{\mathrm{wr}}$，满足

$$\boldsymbol{U}_{\text{wheel}}=[\boldsymbol{Y}_{\text{w1}}^{\text{L}}\quad \boldsymbol{Y}_{\text{w2}}^{\text{L}}\quad \boldsymbol{Y}_{\text{w3}}^{\text{L}}\quad \boldsymbol{Y}_{\text{w4}}^{\text{L}}\quad \boldsymbol{Y}_{\text{w1}}^{\text{R}}\quad \boldsymbol{Y}_{\text{w2}}^{\text{R}}\quad \boldsymbol{Y}_{\text{w3}}^{\text{R}}\quad \boldsymbol{Y}_{\text{w4}}^{\text{R}}\quad \boldsymbol{X}_{\text{w1}}^{\text{L}}\quad \boldsymbol{X}_{\text{w2}}^{\text{L}}\quad \boldsymbol{X}_{\text{w3}}^{\text{L}}\quad \boldsymbol{X}_{\text{w4}}^{\text{L}}\quad \boldsymbol{X}_{\text{w1}}^{\text{R}}\quad \boldsymbol{X}_{\text{w2}}^{\text{R}}\quad \boldsymbol{X}_{\text{w3}}^{\text{R}}\quad \boldsymbol{X}_{\text{w4}}^{\text{R}}]^{\text{T}} \tag{5.129}$$

$$\boldsymbol{F}_{\text{wr}}=[\boldsymbol{F}_{\text{LY1}}\quad \boldsymbol{F}_{\text{LY2}}\quad \boldsymbol{F}_{\text{LY3}}\quad \boldsymbol{F}_{\text{LY4}}\quad \boldsymbol{F}_{\text{RY1}}\quad \boldsymbol{F}_{\text{RY2}}\quad \boldsymbol{F}_{\text{RY3}}\quad \boldsymbol{F}_{\text{RY4}}\quad \boldsymbol{F}_{\text{LX1}}\quad \boldsymbol{F}_{\text{LX2}}\quad \boldsymbol{F}_{\text{LX3}}\quad \boldsymbol{F}_{\text{LX4}}\quad \boldsymbol{F}_{\text{RX1}}\quad \boldsymbol{F}_{\text{RX2}}\quad \boldsymbol{F}_{\text{RX3}}\quad \boldsymbol{F}_{\text{RX4}}]^{\text{T}} \tag{5.130}$$

视车辆轮对为刚体，其运动形式仅有刚体运动，车轮踏面为锥形踏面，由图 5.16 轮对运动与左右轮运动及受力之间的关系可知，轮对与左右轮运动几何关系（张定贤和鲍维千，1996）满足

$$\boldsymbol{Y}_{\text{w}}=\frac{\boldsymbol{Y}_{\text{w}}^{\text{L}}+\boldsymbol{Y}_{\text{w}}^{\text{R}}}{2} \tag{5.131}$$

$$\boldsymbol{X}_{\text{w}}=\frac{\boldsymbol{X}_{\text{w}}^{\text{L}}+\boldsymbol{X}_{\text{w}}^{\text{R}}}{2} \tag{5.132}$$

$$\varphi_{\text{w}}=\frac{1}{2a_0}(\boldsymbol{Y}_{\text{w}}^{\text{L}}-\boldsymbol{Y}_{\text{w}}^{\text{R}})+\frac{\lambda}{2a_0}(\boldsymbol{X}_{\text{w}}^{\text{L}}+\boldsymbol{X}_{\text{w}}^{\text{R}}) \tag{5.133}$$

式中，$\boldsymbol{Y}_{\text{w}}^{\text{L}}$、$\boldsymbol{Y}_{\text{w}}^{\text{R}}$ 分别为轮对左、右轮垂向位移；$\boldsymbol{X}_{\text{w}}^{\text{L}}$、$\boldsymbol{X}_{\text{w}}^{\text{R}}$ 分别为轮对左、右轮横向位移；λ 为锥形踏面锥度。

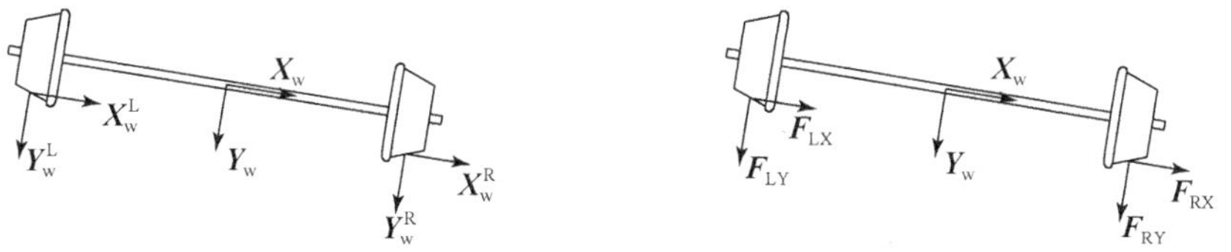

图 5.16　轮对运动与左右轮运动及受力之间的关系

忽略由轮对侧滚引起的左右轮横移，则有

$$\boldsymbol{X}_{\text{w}}=\boldsymbol{X}_{\text{w}}^{\text{L}}=\boldsymbol{X}_{\text{w}}^{\text{R}} \tag{5.134}$$

结合式(5.131)～式(5.134)，左右轮位移向量$\boldsymbol{U}_{\text{wheel}}$和轮对位移向量$\boldsymbol{U}_{\text{wheelset}}$满足

$$\boldsymbol{U}_{\text{wheel}}=\boldsymbol{T}_1\boldsymbol{U}_{\text{wheelset}} \tag{5.135}$$

式(5.135)中 $\boldsymbol{T}_1$ 为 16 行 12 列矩阵，满足

$$\boldsymbol{T}_1=[\boldsymbol{T}_1^1\quad \boldsymbol{T}_1^2\quad \boldsymbol{T}_1^3\quad \boldsymbol{T}_1^4]^{\text{T}} \tag{5.136}$$

式中，$\boldsymbol{T}_1^1=\text{diag}[\boldsymbol{T}_1^{\text{LY}}\quad \boldsymbol{T}_1^{\text{LY}}\quad \boldsymbol{T}_1^{\text{LY}}\quad \boldsymbol{T}_1^{\text{LY}}]$；$\boldsymbol{T}_1^2=\text{diag}[\boldsymbol{T}_1^{\text{RY}}\quad \boldsymbol{T}_1^{\text{RY}}\quad \boldsymbol{T}_1^{\text{RY}}\quad \boldsymbol{T}_1^{\text{RY}}]$，$\boldsymbol{T}_1^3=\boldsymbol{T}_1^4=\text{diag}[\boldsymbol{T}_1^{\text{X}}\quad \boldsymbol{T}_1^{\text{X}}\quad \boldsymbol{T}_1^{\text{X}}\quad \boldsymbol{T}_1^{\text{X}}]$；$\boldsymbol{T}_1^{\text{LY}}=[-\lambda\quad 1\quad a_0]$，$\boldsymbol{T}_1^{\text{RY}}=[\lambda\quad 1\quad -a_0]$，$\boldsymbol{T}_1^{\text{X}}=[1\quad 0\quad 0]$。

根据式(5.124)可知，轮轨动态相互作用力$\boldsymbol{F}_{\text{w}}^{\text{dyn}}$与左右轮垂向、横向轮轨相互作用力$\boldsymbol{F}_{\text{wr}}$之间满足

$$\boldsymbol{F}_{\text{w}}^{\text{dyn}}=\boldsymbol{T}_2\boldsymbol{F}_{\text{wr}} \tag{5.137}$$

式(5.137)中 $\boldsymbol{T}_2$ 为 12 行 16 列矩阵，满足

$$\boldsymbol{T}_2=\begin{bmatrix}\boldsymbol{T}_2^{11} & \boldsymbol{T}_2^{12} & \boldsymbol{T}_2^{13} & \boldsymbol{T}_2^{14}\\ \boldsymbol{T}_2^{21} & \boldsymbol{T}_2^{22} & \boldsymbol{T}_2^{23} & \boldsymbol{T}_2^{24}\\ \boldsymbol{T}_2^{31} & \boldsymbol{T}_2^{32} & \boldsymbol{T}_2^{33} & \boldsymbol{T}_2^{34}\\ \boldsymbol{T}_2^{41} & \boldsymbol{T}_2^{42} & \boldsymbol{T}_2^{43} & \boldsymbol{T}_2^{44}\end{bmatrix} \tag{5.138}$$

式中，各子矩阵满足

$$\boldsymbol{T}_2^{11}=\begin{bmatrix}0&0&0&0\\-1&0&0&0\\a_0&0&0&0\end{bmatrix},\boldsymbol{T}_2^{12}=\begin{bmatrix}0&0&0&0\\-1&0&0&0\\-a_0&0&0&0\end{bmatrix},\boldsymbol{T}_2^{13}=\boldsymbol{T}_2^{14}=\begin{bmatrix}1&0&0&0\\0&0&0&0\\-r_0&0&0&0\end{bmatrix}$$

$$\boldsymbol{T}_2^{21}=\begin{bmatrix}0&0&0&0\\0&-1&0&0\\0&a_0&0&0\end{bmatrix},\boldsymbol{T}_2^{22}=\begin{bmatrix}0&0&0&0\\0&-1&0&0\\0&-a_0&0&0\end{bmatrix},\boldsymbol{T}_2^{23}=\boldsymbol{T}_2^{24}=\begin{bmatrix}0&1&0&0\\0&0&0&0\\0&-r_0&0&0\end{bmatrix}$$

$$\boldsymbol{T}_2^{31}=\begin{bmatrix}0&0&0&0\\0&0&-1&0\\0&0&a_0&0\end{bmatrix},\boldsymbol{T}_2^{32}=\begin{bmatrix}0&0&0&0\\0&0&-1&0\\0&0&-a_0&0\end{bmatrix},\boldsymbol{T}_2^{33}=\boldsymbol{T}_2^{34}=\begin{bmatrix}0&0&1&0\\0&0&0&0\\0&0&-r_0&0\end{bmatrix}$$

$$\boldsymbol{T}_2^{41}=\begin{bmatrix}0&0&0&0\\0&0&0&-1\\0&0&0&a_0\end{bmatrix},\boldsymbol{T}_2^{42}=\begin{bmatrix}0&0&0&0\\0&0&0&-1\\0&0&0&-a_0\end{bmatrix},\boldsymbol{T}_2^{43}=\boldsymbol{T}_2^{44}=\begin{bmatrix}0&0&0&1\\0&0&0&0\\0&0&0&-r_0\end{bmatrix}$$

则频域内左右轮位移与左右轮轮轨之间相互作用力满足

$$\begin{aligned}\hat{\boldsymbol{U}}_{\text{wheel}}(\omega)&=\boldsymbol{T}_1\hat{\boldsymbol{U}}_{\text{wheelset}}(\omega)\\&=\boldsymbol{T}_1\boldsymbol{A}_{\text{wheelset}}(\omega)\cdot\hat{\boldsymbol{F}}_{\text{w}}^{\text{dyn}}(\omega)\\&=\boldsymbol{T}_1\boldsymbol{A}_{\text{wheelset}}(\omega)\boldsymbol{T}_2\hat{\boldsymbol{F}}_{\text{wr}}(\omega)\end{aligned} \tag{5.139}$$

根据以上分析可知，左右轮柔度矩阵为

$$\boldsymbol{A}_{\text{wheel}}(\omega)=\boldsymbol{T}_1\boldsymbol{A}_{\text{wheelset}}(\omega)\boldsymbol{T}_2 \tag{5.140}$$

式中，$\boldsymbol{T}_1$、$\boldsymbol{T}_2$ 为转换矩阵。

因此

$$\hat{\boldsymbol{U}}_{\text{wheel}}(\omega)=\boldsymbol{A}_{\text{wheel}}(\omega)\cdot\hat{\boldsymbol{F}}_{\text{wr}}(\omega) \tag{5.141}$$

由以上分析得到了单节车辆左右轮柔度矩阵的求解方法。为了实现多节车辆与轨道相互作用(图 5.17)，接下来进一步分析多节车辆左右轮柔度矩阵的求解方法。

根据求解得出的单节车辆左右轮柔度矩阵，可给出由 n 节车辆构成的整列车的左右轮矩阵 $\boldsymbol{A}_{\text{wheel}}^{\text{v}}(\omega)$

$$\boldsymbol{A}_{\text{wheel}}^{\text{v}}(\omega)=\text{diag}\left[\boldsymbol{A}_{\text{wheel}}^{1}(\omega)\quad \boldsymbol{A}_{\text{wheel}}^{2}(\omega)\quad \cdots\quad \boldsymbol{A}_{\text{wheel}}^{n}(\omega)\right] \tag{5.142}$$

式中，diag 表示对角矩阵，$\boldsymbol{A}_{\text{wheel}}^{i}(\omega)(i\in[1,n])$ 为第 i 节车辆左右轮柔度矩阵。

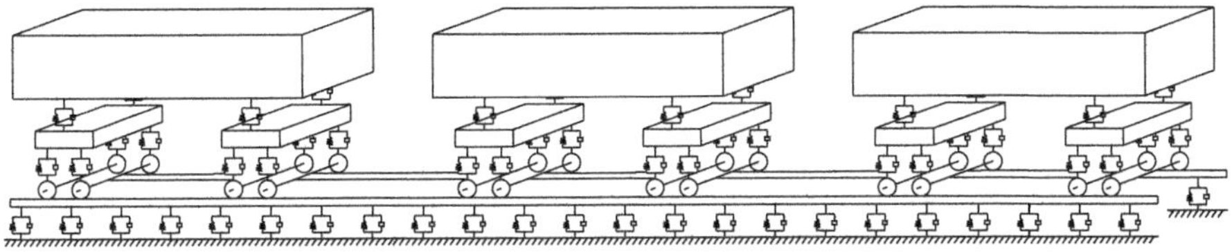

图 5.17　多节车辆与轨道相互作用示意图

对于由 n 节车辆组成的列车，位移向量 $\boldsymbol{U}_{\text{wheel}}^{\text{v}}$ 和轮轨相互作用力向量 $\boldsymbol{F}_{\text{wr}}^{\text{v}}$ 满足

$$\hat{\boldsymbol{U}}_{\text{wheel}}^{\text{v}}(\omega)=\boldsymbol{A}_{\text{wheel}}^{\text{v}}(\omega)\cdot\hat{\boldsymbol{F}}_{\text{wr}}^{\text{v}}(\omega) \tag{5.143}$$

式中，$\boldsymbol{U}_{\text{wheel}}^{\text{v}}=[\boldsymbol{U}_{\text{wheel}}^{1}\quad \boldsymbol{U}_{\text{wheel}}^{2}\quad \cdots\quad \boldsymbol{U}_{\text{wheel}}^{n}]^{\text{T}}$，$\boldsymbol{U}_{\text{wheel}}^{i}(i\in[1,n])$ 为第 i 节车辆左右轮位移向量；$\boldsymbol{F}_{\text{wr}}^{\text{v}}=[\boldsymbol{F}_{\text{wr}}^{1}\quad \boldsymbol{F}_{\text{wr}}^{2}\quad \cdots\quad \boldsymbol{F}_{\text{wr}}^{n}]^{\text{T}}$，$\boldsymbol{F}_{\text{wr}}^{i}(i\in[1,n])$ 为第 i 节车辆左右轮轮轨力向量。

为了在频域内完成车辆-轨道耦合，需对上述多节车辆左右轮位移向量 $\boldsymbol{U}_{\text{wheel}}^{\text{v}}$、左右轮轮轨力向量 $\boldsymbol{F}_{\text{wr}}^{\text{v}}$ 及左右轮柔度矩阵 $\boldsymbol{A}_{\text{wheel}}^{\text{v}}(\omega)$ 进行一定的处理。对于由 n 节车辆组成的整列车，共有 $m_{\text{w}}=4n$ 个轮对，设由左轮垂向、右轮垂向、左轮横向、右轮横向位移构成的向量为 $\boldsymbol{U}_{\text{wheel}}^{\text{vehicle}}$，由左轮垂向、右轮垂向、左轮横向、右轮横向轮轨相互作用力构成的向量为 $\boldsymbol{F}_{\text{wr}}^{\text{vehicle}}$，分别满足

$$\boldsymbol{U}_{\text{wheel}}^{\text{vehicle}}=[\boldsymbol{Y}_{\text{w}}^{\text{L}}\quad \boldsymbol{Y}_{\text{w}}^{\text{R}}\quad \boldsymbol{X}_{\text{w}}^{\text{L}}\quad \boldsymbol{X}_{\text{w}}^{\text{R}}]^{\text{T}} \tag{5.144}$$

$$\boldsymbol{F}_{\text{wr}}^{\text{vehicle}}=[\boldsymbol{F}_{\text{LY}}\quad \boldsymbol{F}_{\text{RY}}\quad \boldsymbol{F}_{\text{LX}}\quad \boldsymbol{F}_{\text{RX}}]^{\text{T}} \tag{5.145}$$

式中，$\boldsymbol{Y}_{\text{w}}^{\text{L}}=[\boldsymbol{Y}_{\text{w1}}^{\text{L}}\quad \boldsymbol{Y}_{\text{w2}}^{\text{L}}\quad \cdots\quad \boldsymbol{Y}_{\text{w}m}^{\text{L}}]$，$\boldsymbol{Y}_{\text{w}}^{\text{R}}=[\boldsymbol{Y}_{\text{w1}}^{\text{R}}\quad \boldsymbol{Y}_{\text{w2}}^{\text{R}}\quad \cdots\quad \boldsymbol{Y}_{\text{w}m}^{\text{R}}]$，$\boldsymbol{X}_{\text{w}}^{\text{L}}=[\boldsymbol{X}_{\text{w1}}^{\text{L}}\quad \boldsymbol{X}_{\text{w2}}^{\text{L}}\quad \cdots\quad \boldsymbol{X}_{\text{w}m}^{\text{L}}]$，$\boldsymbol{X}_{\text{w}}^{\text{R}}=[\boldsymbol{X}_{\text{w1}}^{\text{R}}\quad \boldsymbol{X}_{\text{w2}}^{\text{R}}\quad \cdots\quad \boldsymbol{X}_{\text{w}m}^{\text{R}}]$，$\boldsymbol{F}_{\text{LY}}=[\boldsymbol{F}_{\text{LY1}}\quad \boldsymbol{F}_{\text{LY2}}\quad \cdots\quad \boldsymbol{F}_{\text{LY}m_{\text{w}}}]$，$\boldsymbol{F}_{\text{RY}}=[\boldsymbol{F}_{\text{RY1}}\quad \boldsymbol{F}_{\text{RY2}}\quad \cdots\quad \boldsymbol{F}_{\text{RY}m_{\text{w}}}]$，$\boldsymbol{F}_{\text{LX}}=[\boldsymbol{F}_{\text{LX1}}\quad \boldsymbol{F}_{\text{LX2}}\quad \cdots\quad \boldsymbol{F}_{\text{LX}m_{\text{w}}}]$，$\boldsymbol{F}_{\text{RX}}=[\boldsymbol{F}_{\text{RX1}}\quad \boldsymbol{F}_{\text{RX2}}\quad \cdots\quad \boldsymbol{F}_{\text{RX}m_{\text{w}}}]$。

根据矩阵知识，可知

$$\boldsymbol{U}_{\text{wheel}}^{\text{vehicle}}=\boldsymbol{T}_3\boldsymbol{U}_{\text{wheel}}^{\text{v}} \tag{5.146}$$

$$\boldsymbol{F}_{\text{wr}}^{\text{vehicle}}=\boldsymbol{T}_3\boldsymbol{F}_{\text{wr}}^{\text{v}} \tag{5.147}$$

式中，$\boldsymbol{T}_3$ 为转换矩阵。例如，对于 2 节车辆，满足以下形式：

$$\boldsymbol{T}_3=\begin{bmatrix} \boldsymbol{I} & \boldsymbol{0} & \boldsymbol{0} & \boldsymbol{0} & \boldsymbol{0} & \boldsymbol{0} & \boldsymbol{0} & \boldsymbol{0} \\ \boldsymbol{0} & \boldsymbol{0} & \boldsymbol{0} & \boldsymbol{0} & \boldsymbol{I} & \boldsymbol{0} & \boldsymbol{0} & \boldsymbol{0} \\ \boldsymbol{0} & \boldsymbol{I} & \boldsymbol{0} & \boldsymbol{0} & \boldsymbol{0} & \boldsymbol{0} & \boldsymbol{0} & \boldsymbol{0} \\ \boldsymbol{0} & \boldsymbol{0} & \boldsymbol{0} & \boldsymbol{0} & \boldsymbol{0} & \boldsymbol{I} & \boldsymbol{0} & \boldsymbol{0} \\ \boldsymbol{0} & \boldsymbol{0} & \boldsymbol{I} & \boldsymbol{0} & \boldsymbol{0} & \boldsymbol{0} & \boldsymbol{0} & \boldsymbol{0} \\ \boldsymbol{0} & \boldsymbol{0} & \boldsymbol{0} & \boldsymbol{0} & \boldsymbol{0} & \boldsymbol{0} & \boldsymbol{I} & \boldsymbol{0} \\ \boldsymbol{0} & \boldsymbol{0} & \boldsymbol{0} & \boldsymbol{I} & \boldsymbol{0} & \boldsymbol{0} & \boldsymbol{0} & \boldsymbol{0} \\ \boldsymbol{0} & \boldsymbol{0} & \boldsymbol{0} & \boldsymbol{0} & \boldsymbol{0} & \boldsymbol{0} & \boldsymbol{0} & \boldsymbol{I} \end{bmatrix}$$

式中，$\boldsymbol{I}$ 为 4 阶单位矩阵；$\boldsymbol{0}$ 为由 0 元素构成的 4 阶方阵。

则频域内左右轮位移与左右轮轮轨之间相互作用力满足

$$\begin{aligned}\hat{\boldsymbol{U}}_{\text{wheel}}^{\text{vehicle}}(\omega) &= \boldsymbol{T}_3 \hat{\boldsymbol{U}}_{\text{wheel}}^{\text{v}}(\omega) \\ &= \boldsymbol{T}_3 \boldsymbol{A}_{\text{wheel}}^{\text{v}}(\omega) \cdot \hat{\boldsymbol{F}}_{\text{wr}}^{\text{v}}(\omega) \\ &= \boldsymbol{T}_3 \boldsymbol{A}_{\text{wheel}}^{\text{v}}(\omega) \boldsymbol{T}_3^{-1} \hat{\boldsymbol{F}}_{\text{wr}}^{\text{vehicle}}(\omega)\end{aligned} \tag{5.148}$$

根据以上分析可知，多节车辆左右轮柔度矩阵为

$$\boldsymbol{A}_{\text{wheel}}^{\text{vehicle}}(\omega) = \boldsymbol{T}_3 \boldsymbol{A}_{\text{wheel}}^{\text{v}}(\omega) \boldsymbol{T}_3^{-1} \tag{5.149}$$

因此

$$\hat{\boldsymbol{U}}_{\text{wheel}}^{\text{vehicle}}(\omega) = \boldsymbol{A}_{\text{wheel}}^{\text{vehicle}}(\omega) \hat{\boldsymbol{F}}_{\text{wr}}^{\text{vehicle}}(\omega) \tag{5.150}$$

由以上分析得到了多节车辆左右轮垂向横向位移与轮轨力之间的关系，由于轮轨力是车辆车轮与钢轨之间的相互作用力，如图 5.18 所示，令作用于钢轨上的轮轨力沿正方向，则作用于车轮上的轮轨力沿负方向。

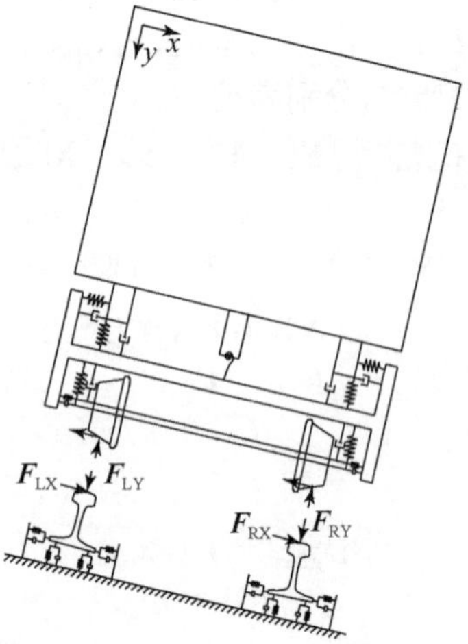

图 5.18 车辆车轮与钢轨之间的相互作用力示意图

于是，激振频率 ω_f 的轮轨力作用时整列车左右轮位移幅值 $\overline{\boldsymbol{U}}_{\text{wheel}}^{\text{vehicle}}(\omega_f)$ 为

$$\overline{\boldsymbol{U}}_{\text{wheel}}^{\text{vehicle}}(\omega_f) = -\boldsymbol{A}_{\text{wheel}}^{\text{vehicle}}(\omega_f) \overline{\boldsymbol{F}}_{\text{wr}}^{\text{vehicle}}(\omega_f) \tag{5.151}$$

式中，负号“−”表示轮对位移方向与轮轨力方向相反。

本节推导了车辆空间系统动力学平衡方程，给出了多编组车辆左右轮柔度矩阵的求解方法，得到了频域内车辆系统动力响应的求解方法，建立了列车曲线通过

时车辆系统动力学模型，为实现频域内车辆-轨道曲线耦合奠定了基础。在进行车辆-轨道曲线耦合模型研究时，除了车辆系统的动力响应求解之外，仍需要得到轮轨接触点处曲线轨道系统的动力响应，即曲线轨道轮轨接触点轨梁柔度矩阵。接下来，本书将对频域内曲线轨道轮轨接触点轨梁柔度矩阵的求解进行研究。

5.6　曲线轨道轮轨接触点轨梁柔度矩阵

为了实现频域内车辆-轨道曲线耦合，本节将给出车辆稳态曲线通过时轮轨接触点曲线轨梁柔度矩阵的求解方法，给出移动荷载状态激振下轨道结构上轮轨接触点垂向、横向柔度系数的求解方法，最终得到轮轨接触点轨梁柔度矩阵。

5.6.1　轮轨接触点轨梁柔度矩阵

在对车辆-轨道动力耦合模型进行研究时，考虑车辆与轨道间存在的左右侧垂向、横向轮轨动态相互作用。当移动车辆作用于轨道结构上时，轮轨间的相互作用力随列车一起移动，以左侧垂向车辆-轨道动态相互作用为例，多编组移动列车与轨道间的相互作用力如图 5.19 所示。

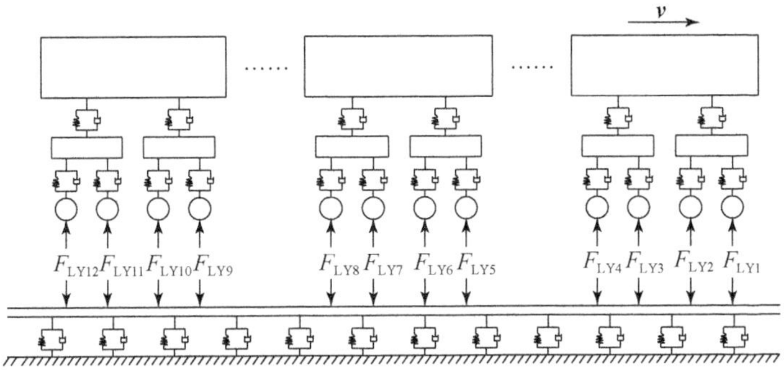

图 5.19　多编组移动列车与轨道间的相互作用力

当列车通过曲线轨道结构时，轮轨激励力根据车辆参数按照一定的布置间距有规律地排列，系列轴分布移动轮轨力作用下曲线轨道结构力学模型如图 5.20 所示。接触点处的轨梁位移响应除了受该接触点处的轮轨力影响之外，也受其他位置轮轨力的影响。由于轮轨接触点随车辆一起移动，为了研究接触点处的轨梁响应，需要建立一个随车辆移动的坐标系，在该移动坐标系内研究轮轨激励力与轨梁动力响应之间的关系。接下来研究在移动多点激励作用下，轮轨接触点处的作用力与轨梁位移响应之间的关系。

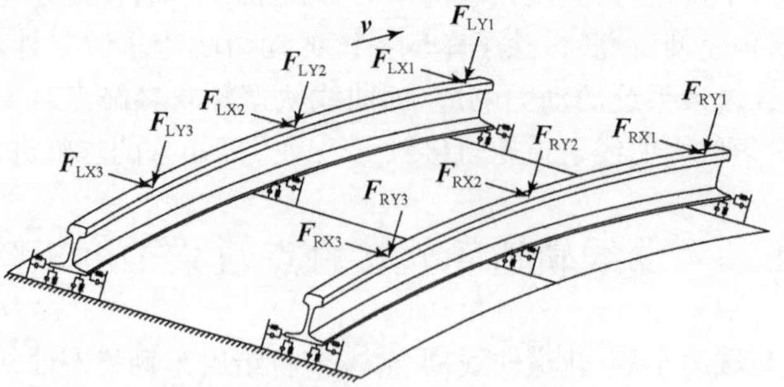

图 5.20　系列轴分布移动轮轨力作用下曲线轨道结构力学模型

将作用到轨梁上的轮轨力视为一系列简谐荷载的叠加，当激振频率为 ω_f 的简谐轮轨力 $\overline{\boldsymbol{F}}_{\mathrm{wr}}^{\mathrm{vehicle}}(\omega_f)\mathrm{e}^{\mathrm{i}\omega_f t}$ 作用于轨梁上时，移动坐标系内由左轨垂向、右轨垂向、左轨横向、右轨横向位移构成的向量 $\boldsymbol{U}_{\mathrm{rail}}(\omega_f)$ 满足

$$\boldsymbol{U}_{\mathrm{rail}}(\omega_f)=[\boldsymbol{U}_{\mathrm{Y}}^{\mathrm{L}}\quad \boldsymbol{U}_{\mathrm{Y}}^{\mathrm{R}}\quad \boldsymbol{U}_{\mathrm{X}}^{\mathrm{L}}\quad \boldsymbol{U}_{\mathrm{X}}^{\mathrm{R}}]^{\mathrm{T}} \tag{5.152}$$

式中，$\boldsymbol{U}_{\mathrm{Y}}^{\mathrm{L}}=[\boldsymbol{u}_y^{\mathrm{L1}}\quad \boldsymbol{u}_y^{\mathrm{L2}}\quad \cdots\quad \boldsymbol{u}_y^{\mathrm{L}m_{\mathrm{w}}}]$、$\boldsymbol{U}_{\mathrm{Y}}^{\mathrm{R}}=[\boldsymbol{u}_y^{\mathrm{R1}}\quad \boldsymbol{u}_y^{\mathrm{R2}}\quad \cdots\quad \boldsymbol{u}_y^{\mathrm{R}m_{\mathrm{w}}}]$、$\boldsymbol{U}_{\mathrm{X}}^{\mathrm{L}}=[\boldsymbol{u}_x^{\mathrm{L1}}\quad \boldsymbol{u}_x^{\mathrm{L2}}\quad \cdots\quad \boldsymbol{u}_x^{\mathrm{L}m_{\mathrm{w}}}]$、$\boldsymbol{U}_{\mathrm{X}}^{\mathrm{R}}=[\boldsymbol{u}_x^{\mathrm{R1}}\quad \boldsymbol{u}_x^{\mathrm{R2}}\quad \cdots\quad \boldsymbol{u}_x^{\mathrm{R}m_{\mathrm{w}}}]$分别为激振荷载作用下由各轮轨接触点处轨梁左侧垂向、右侧垂向、左侧横向、右侧横向位移组成的向量；m_{w} 为列车轮轴数。

在简谐轮轨力作用下，轮轨接触点处轨梁位移响应与轮轨力之间满足

$$\boldsymbol{U}_{\mathrm{rail}}(\omega_f)=\boldsymbol{A}_{\mathrm{rail}}(\omega_f)\overline{\boldsymbol{F}}_{\mathrm{wr}}^{\mathrm{vehicle}}(\omega_f)\mathrm{e}^{\mathrm{i}\omega_f t} \tag{5.153}$$

式中，$\boldsymbol{A}_{\mathrm{rail}}(\omega_f)=\mathrm{diag}[\boldsymbol{A}_{\mathrm{rail}}^{\mathrm{LY}}(\omega_f)\quad \boldsymbol{A}_{\mathrm{rail}}^{\mathrm{RY}}(\omega_f)\quad \boldsymbol{A}_{\mathrm{rail}}^{\mathrm{LX}}(\omega_f)\quad \boldsymbol{A}_{\mathrm{rail}}^{\mathrm{RX}}(\omega_f)]$为轮轨接触点轨梁柔度矩阵，其中，$\boldsymbol{A}_{\mathrm{rail}}^{\mathrm{LY}}(\omega_f)$、$\boldsymbol{A}_{\mathrm{rail}}^{\mathrm{RY}}(\omega_f)$、$\boldsymbol{A}_{\mathrm{rail}}^{\mathrm{LX}}(\omega_f)$和 $\boldsymbol{A}_{\mathrm{rail}}^{\mathrm{RX}}(\omega_f)$分别为轮轨接触点左侧轨梁垂向、右侧轨梁垂向、左侧轨梁横向和右侧轨梁横向位移柔度矩阵。

于是，当激振频率 ω_f 的轮轨力作用时，左右侧轨梁位移幅值$\overline{\boldsymbol{U}}_{\mathrm{rail}}(\omega_f)$为

$$\overline{\boldsymbol{U}}_{\mathrm{rail}}(\omega_f)=\boldsymbol{A}_{\mathrm{rail}}(\omega_f)\overline{\boldsymbol{F}}_{\mathrm{wr}}^{\mathrm{vehicle}}(\omega_f) \tag{5.154}$$

由以上分析可知，轨梁柔度即为某一频率单位力作用于轨梁上引起的轨梁位移响应幅值，轮轨接触点轨梁柔度矩阵即为各轮轨接触点作用有单位移动简谐荷载时，由各接触点轨梁位移响应构成的矩阵，不同轮轨接触点间的相互影响称为轨梁柔度系数。

当列车以速度 v 行驶，荷载激振频率为 ω_f 时轮轨接触点左侧轨梁垂向、右侧轨梁垂向、左侧轨梁横向和右侧轨梁横向位移柔度矩阵分别为

$$\boldsymbol{A}_{\text{rail}}^{\text{LY}}(\omega_f)=\begin{bmatrix} A_y^{\text{L}}(d_{11},\omega_f) & A_y^{\text{L}}(d_{12},\omega_f) & \cdots & A_y^{\text{L}}(d_{1m_{\text{w}}},\omega_f) \\ A_y^{\text{L}}(d_{21},\omega_f) & A_y^{\text{L}}(d_{22},\omega_f) & \cdots & A_y^{\text{L}}(d_{2m_{\text{w}}},\omega_f) \\ A_y^{\text{L}}(d_{31},\omega_f) & A_y^{\text{L}}(d_{32},\omega_f) & \cdots & A_y^{\text{L}}(d_{3m_{\text{w}}},\omega_f) \\ \vdots & \vdots & & \vdots \\ A_y^{\text{L}}(d_{m_{\text{w}}1},\omega_f) & A_y^{\text{L}}(d_{m_{\text{w}}2},\omega_f) & \cdots & A_y^{\text{L}}(d_{m_{\text{w}}m_{\text{w}}},\omega_f) \end{bmatrix}$$

$$\boldsymbol{A}_{\text{rail}}^{\text{RY}}(\omega_f)=\begin{bmatrix} A_y^{\text{R}}(d_{11},\omega_f) & A_y^{\text{R}}(d_{12},\omega_f) & \cdots & A_y^{\text{R}}(d_{1m_{\text{w}}},\omega_f) \\ A_y^{\text{R}}(d_{21},\omega_f) & A_y^{\text{R}}(d_{22},\omega_f) & \cdots & A_y^{\text{R}}(d_{2m_{\text{w}}},\omega_f) \\ A_y^{\text{R}}(d_{31},\omega_f) & A_y^{\text{R}}(d_{32},\omega_f) & \cdots & A_y^{\text{R}}(d_{3m_{\text{w}}},\omega_f) \\ \vdots & \vdots & & \vdots \\ A_y^{\text{R}}(d_{m_{\text{w}}1},\omega_f) & A_y^{\text{R}}(d_{m_{\text{w}}2},\omega_f) & \cdots & A_y^{\text{R}}(d_{m_{\text{w}}m_{\text{w}}},\omega_f) \end{bmatrix}$$

$$\boldsymbol{A}_{\text{rail}}^{\text{LX}}(\omega_f)=\begin{bmatrix} A_x^{\text{L}}(d_{11},\omega_f) & A_x^{\text{L}}(d_{12},\omega_f) & \cdots & A_x^{\text{L}}(d_{1m_{\text{w}}},\omega_f) \\ A_x^{\text{L}}(d_{21},\omega_f) & A_x^{\text{L}}(d_{22},\omega_f) & \cdots & A_x^{\text{L}}(d_{2m_{\text{w}}},\omega_f) \\ A_x^{\text{L}}(d_{31},\omega_f) & A_x^{\text{L}}(d_{32},\omega_f) & \cdots & A_x^{\text{L}}(d_{3m_{\text{w}}},\omega_f) \\ \vdots & \vdots & & \vdots \\ A_x^{\text{L}}(d_{m_{\text{w}}1},\omega_f) & A_x^{\text{L}}(d_{m_{\text{w}}2},\omega_f) & \cdots & A_x^{\text{L}}(d_{m_{\text{w}}m_{\text{w}}},\omega_f) \end{bmatrix} \tag{5.155}$$

$$\boldsymbol{A}_{\text{rail}}^{\text{RX}}(\omega_f)=\begin{bmatrix} A_x^{\text{R}}(d_{11},\omega_f) & A_x^{\text{R}}(d_{12},\omega_f) & \cdots & A_x^{\text{R}}(d_{1m_{\text{w}}},\omega_f) \\ A_x^{\text{R}}(d_{21},\omega_f) & A_x^{\text{R}}(d_{22},\omega_f) & \cdots & A_x^{\text{R}}(d_{2m_{\text{w}}},\omega_f) \\ A_x^{\text{R}}(d_{31},\omega_f) & A_x^{\text{R}}(d_{32},\omega_f) & \cdots & A_x^{\text{R}}(d_{3m_{\text{w}}},\omega_f) \\ \vdots & \vdots & & \vdots \\ A_x^{\text{R}}(d_{m_{\text{w}}1},\omega_f) & A_x^{\text{R}}(d_{m_{\text{w}}2},\omega_f) & \cdots & A_x^{\text{R}}(d_{m_{\text{w}}m_{\text{w}}},\omega_f) \end{bmatrix}$$

式中，$A_y^{\text{L}}(d_{ij},\omega_f)$、$A_y^{\text{R}}(d_{ij},\omega_f)$、$A_x^{\text{L}}(d_{ij},\omega_f)$和$A_x^{\text{R}}(d_{ij},\omega_f)$分别为轮轨接触点左侧轨梁垂向、右侧轨梁垂向、左侧轨梁横向和右侧轨梁横向位移柔度系数；$d_{ij}=z_i'-z_j'$为列车第 i 及第 j 轮轴间的距离；z_i'和 z_j'分别为第 i 及第 j 轮对在移动坐标系中的坐标。

由此可知，曲线轨道轮轨接触点柔度矩阵由单位简谐荷载作用下轮轨接触点轨梁柔度系数组成。接下来分析轮轨接触点轨梁柔度系数的求解。

5.6.2　曲线轨道轮轨接触点轨梁柔度系数

轨道结构上轮轨接触点轨梁柔度系数，即为单位移动简谐荷载作用下移动坐标系上各轮轨接触点处的轨梁位移响应。由于曲线轨道左右侧轨梁柔度系数求解方法相似，本小节以左侧轨梁为例进行分析。设激振频率为 ω_f，移动速度为 $\boldsymbol{v}$ 的单位简谐荷载分别作用于左侧曲线轨梁垂向及横向上，移动坐标系 $O'x'y'z'$ 随荷载移动且坐标系原点与荷载作用位置重合，曲线轨道轮轨接触点轨梁柔度系数求解示意图如图 5.21 所示。

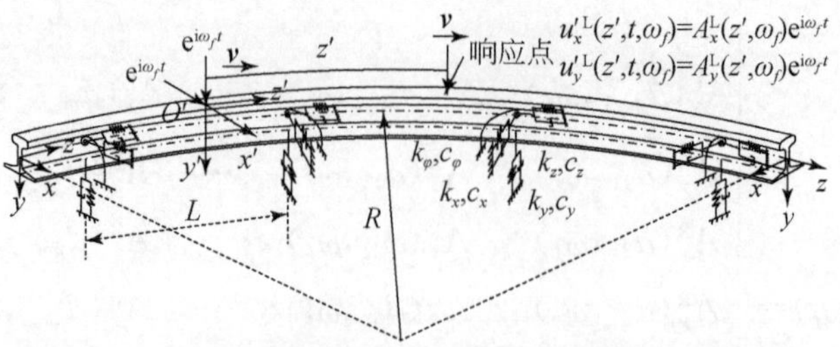

图 5.21　曲线轨道轮轨接触点轨梁柔度系数求解示意图

当移动坐标系内某一响应点 z' 距原点 O' 的距离与不同轮轨接触点间的距离相同时，由移动简谐荷载引起的 z' 点位置处的横向、垂向轨梁位移响应幅值即为该两处轮轨接触点间的横向、垂向轨梁柔度系数。由此可知，对轨梁柔度系数的求解，即为对移动坐标系 $O'x'y'z'$ 内响应点 z' 处位移响应幅值的求解，其中，响应点 z' 距原点 O' 的距离等于不同轮轨接触点间的距离（$z'=d_{ij}$）。由于轨梁横向及垂向柔度系数求解过程相似，下面以左侧轨梁横向柔度系数为例，推导其求解方法。

在移动坐标系下轨梁的位移响应为 $\boldsymbol{u}'^{\mathrm{L}}_x(z',t,\omega_f)$，其大小 $u'^{\mathrm{L}}_x(z',t,\omega_f)$ 可以近似写为以轨梁柔度系数函数 $A^{\mathrm{L}}_x(z',\omega_f)$ 为幅值的谐响应，即

$$u'^{\mathrm{L}}_x(z',t,\omega_f)=A^{\mathrm{L}}_x(z',\omega_f)e^{i\omega_f t} \tag{5.156}$$

根据坐标系间的相对关系可知，固定坐标系下的响应为

$$u^{\mathrm{L}}_x(z,t,\omega_f)=u'^{\mathrm{L}}_x(z-vt,t,\omega_f) \tag{5.157}$$

由式(5.156)和式(5.157)可得

$$u^{\mathrm{L}}_x(z,t,\omega_f)=A^{\mathrm{L}}_x(z-vt,\omega_f)e^{i\omega_f t} \tag{5.158}$$

令

$$\Gamma^{\mathrm{L}}_x(z,t,\omega_f)=A^{\mathrm{L}}_x(z-vt,\omega_f) \tag{5.159}$$

于是，式(5.158)可以重新写为

$$u^{\mathrm{L}}_x(z,t,\omega_f)=\Gamma^{\mathrm{L}}_x(z,t,\omega_f)e^{i\omega_f t} \tag{5.160}$$

对 $u^{\mathrm{L}}_x(z,t,\omega_f)$ 进行傅里叶变换，得

$$\begin{aligned}\hat{u}^{\mathrm{L}}_x(z,\omega,\omega_f)&=\int_{-\infty}^{+\infty}A^{\mathrm{L}}_x(z-vt,\omega_f)e^{i\omega_f t}e^{-i\omega t}\,dt\\&=\int_{-\infty}^{+\infty}\Gamma^{\mathrm{L}}_x(z,t,\omega_f)e^{-i(\omega-\omega_f)t}\,dt\\&=\hat{\Gamma}^{\mathrm{L}}_x(z,\omega-\omega_f,\omega_f)\end{aligned} \tag{5.161}$$

对 $\hat{\Gamma}_x^{\mathrm{L}}(z,\omega-\omega_f,\omega_f)$ 进行傅里叶逆变换，得

$$\begin{aligned}\Gamma_x^{\mathrm{L}}(z,t,\omega_f)&=\frac{1}{2\pi}\int_{-\infty}^{+\infty}\hat{\Gamma}_x^{\mathrm{L}}(z,\omega-\omega_f,\omega_f)\mathrm{e}^{\mathrm{i}(\omega-\omega_f)t}\mathrm{d}\omega\\&=\frac{1}{2\pi}\int_{-\infty}^{+\infty}\hat{u}_x^{\mathrm{L}}(z,\omega,\omega_f)\mathrm{e}^{\mathrm{i}(\omega-\omega_f)t}\mathrm{d}\omega\end{aligned}\tag{5.162}$$

由式(5.159)，可得轨梁柔度系数函数为

$$A_x^{\mathrm{L}}(z,\omega_f)=\Gamma_x^{\mathrm{L}}(z,0,\omega_f)\tag{5.163}$$

利用式(5.162)和式(5.163)，并令 $z=d_{ij}$，可得轨梁柔度系数的计算公式为

$$A_x^{\mathrm{L}}(d_{ij},\omega_f)=\frac{1}{2\pi}\int_{-\infty}^{+\infty}\hat{u}_x^{\mathrm{L}}(d_{ij},\omega,\omega_f)\mathrm{d}\omega\tag{5.164}$$

由此得到曲线轨梁横向柔度系数。同理，曲线轨梁左侧垂向、右侧垂向、右侧横向柔度系数分别为

$$A_y^{\mathrm{L}}(d_{ij},\omega_f)=\frac{1}{2\pi}\int_{-\infty}^{+\infty}\hat{u}_y^{\mathrm{L}}(d_{ij},\omega,\omega_f)\mathrm{d}\omega\tag{5.165}$$

$$A_y^{\mathrm{R}}(d_{ij},\omega_f)=\frac{1}{2\pi}\int_{-\infty}^{+\infty}\hat{u}_y^{\mathrm{R}}(d_{ij},\omega,\omega_f)\mathrm{d}\omega\tag{5.166}$$

$$A_x^{\mathrm{R}}(d_{ij},\omega_f)=\frac{1}{2\pi}\int_{-\infty}^{+\infty}\hat{u}_x^{\mathrm{R}}(d_{ij},\omega,\omega_f)\mathrm{d}\omega\tag{5.167}$$

根据移动简谐荷载作用下曲线轨梁频域动力响应求解方法可得，由移动简谐荷载引起的固定坐标系上的轨梁频域动力响应。由此可知，轮轨接触点左侧垂向、右侧垂向、左侧横向、右侧横向柔度系数可由数值积分进行求解，分别为

$$A_y^{\mathrm{L}}(d_{ij},\omega_f)=\frac{1}{2\pi}\sum_{j=1}^{M}\left[a_j\hat{u}_y^{\mathrm{L}}(d_{ij},\omega_j,\omega_f)\right]\Delta\omega\tag{5.168}$$

$$A_y^{\mathrm{R}}(d_{ij},\omega_f)=\frac{1}{2\pi}\sum_{j=1}^{M}\left[a_j\hat{u}_y^{\mathrm{R}}(d_{ij},\omega_j,\omega_f)\right]\Delta\omega\tag{5.169}$$

$$A_x^{\mathrm{L}}(d_{ij},\omega_f)=\frac{1}{2\pi}\sum_{j=1}^{M}\left[a_j\hat{u}_x^{\mathrm{L}}(d_{ij},\omega_j,\omega_f)\right]\Delta\omega\tag{5.170}$$

$$A_x^{\mathrm{R}}(d_{ij},\omega_f)=\frac{1}{2\pi}\sum_{j=1}^{M}\left[a_j\hat{u}_x^{\mathrm{R}}(d_{ij},\omega_j,\omega_f)\right]\Delta\omega\tag{5.171}$$

式中，$\hat{u}_y^{\mathrm{L}}(d_{ij},\omega_j,\omega_f)$ 为垂向单位移动简谐荷载 $\mathrm{e}^{\mathrm{i}\omega_f t}$ 作用于左侧轨梁时，引起左侧轨梁上点 $z=d_{ij}$ 的位移中，频率为 ω_j 的垂向位移的大小；$\hat{u}_y^{\mathrm{R}}(d_{ij},\omega_j,\omega_f)$ 为垂向单位移动简谐荷载 $\mathrm{e}^{\mathrm{i}\omega_f t}$ 作用于右侧轨梁时，引起右侧轨梁上点 $z=d_{ij}$ 的位移中，频率为 ω_j 的垂向位移的大小；$\hat{u}_x^{\mathrm{L}}(d_{ij},\omega_j,\omega_f)$ 为横向单位移动简谐荷载 $\mathrm{e}^{\mathrm{i}\omega_f t}$ 作用于左侧轨梁时，引起左侧轨梁上点 $z=d_{ij}$ 的位移中，频率为 ω_j 的横向位移的大小；$\hat{u}_x^{\mathrm{R}}(d_{ij},\omega_j,\omega_f)$ 为横向单位移动简谐荷载 $\mathrm{e}^{\mathrm{i}\omega_f t}$ 作用于右侧轨梁时，引起右侧轨梁上点 $z=d_{ij}$ 的位移中，频率为 ω_j 的横向位移的大小；$a_1=0.5$，$a_M=0.5$，$a_j=1(j=\text{其他})$；$\Delta\omega=$

$(\omega_M-\omega_1)/(M-1)$为计算采用的频率分辨率，$\omega_j$ 为等间距的频率分析点。为保证计算精度，计算频率 $\omega_1 \sim \omega_M$ 应涵盖 $\hat{u}_y^{\mathrm{L}}(d_{ij},\omega_j,\omega_f)$、$\hat{u}_y^{\mathrm{R}}(d_{ij},\omega_j,\omega_f)$、$\hat{u}_x^{\mathrm{L}}(d_{ij},\omega_j,\omega_f)$、$\hat{u}_x^{\mathrm{R}}(d_{ij},\omega_j,\omega_f)$响应显著的频率范围，频率分辨率 $\Delta\omega$ 应取较小值。

由此可求得轮轨接触点的轨梁柔度矩阵$A_{\mathrm{rail}}(\omega_f)$。

5.7 轮轨耦合关系

当列车运行于轨道系统上时，产生行进中的轮轨动力相互作用，影响和控制这一动力学行为的根源在于轮轨动态接触。对轮轨动态接触关系的研究包括轮轨空间动态接触几何关系和轮轨空间动态接触力，通常采用迹线法和最小距离法研究轮轨空间动态接触关系，采用法向 Hertz 接触理论、切向蠕滑理论研究轮轨空间动态接触力。其中，常用的蠕滑理论有 Kalker 线性理论模型、Vermeulen-Johnson 非线性模型、Shen-Hedrick-Elkins 模型、Kalker 简化理论（FASTSIM）、Kalker 三维弹性体非 Hertz 滚动接触理论（CONTACT）。

在研究由轨道交通引起的环境振动问题时，主要关心 0～200Hz 的振动，为了实现频域内轮轨耦合，不考虑复杂的轮轨空间动态接触几何关系，视轮轨接触点位于钢轨轨头中间位置，将轮轨关系视为线性相互作用并将轮轨力分解为沿 y 轴方向的垂向荷载及沿 x 轴方向的横向蠕滑荷载。本节基于轮轨线性跟随假设，针对车辆稳态曲线通过时轮轨耦合关系进行研究。

5.7.1 轮轨垂向耦合关系

根据 Hertz 接触理论，以左侧为例，车辆第 k 轴轮轨间垂向轮轨力 $\hat{\boldsymbol{F}}_{\mathrm{LY}k}(\omega_f)$的大小 $\hat{F}_{\mathrm{LY}k}(\omega_f)$满足

$$\hat{F}_{\mathrm{LY}k}(\omega_f)=k_{\mathrm{H}k}^{\mathrm{L}}\left[\overline{Y}_{\mathrm{w}k}^{\mathrm{L}}(\omega_f)-\bar{u}_y^{\mathrm{L}k}(\omega_f)-\bar{u}_{\mathrm{rough}}^{yk}(\omega_f)\right] \tag{5.172}$$

式中，$k_{\mathrm{H}k}^{\mathrm{L}}$为车辆第 k 轴左轮与左侧钢轨之间的接触弹簧刚度。

同理，可得列车第 k 轴右轮与右侧钢轨之间的垂向耦合关系及接触弹簧刚度，列车第 k 轴右轮与右侧钢轨之间垂向轮轨力的大小满足

$$\hat{F}_{\mathrm{RY}k}(\omega_f)=k_{\mathrm{H}k}^{\mathrm{R}}\left[\overline{Y}_{\mathrm{w}k}^{\mathrm{R}}(\omega_f)-\bar{u}_y^{\mathrm{R}k}(\omega_f)-\bar{u}_{\mathrm{rough}}^{yk}(\omega_f)\right] \tag{5.173}$$

经以上分析，本小节得到了轮轨垂向耦合关系。

5.7.2 轮轨横向耦合关系

当列车通过曲线轨道时，列车沿曲线轨道运行产生的离心力及由曲线段超高设置产生的向心力之间未能达到理想的平衡状态，从而产生曲线欠、过超高引起的

横向荷载，使得轮轨间的横向动态相互作用较大。除此之外，列车运行时轮轨间因相对速度变化也会产生蠕滑荷载，轮轨蠕滑荷载示意图如图 5.22 所示，蠕滑荷载包含横向、纵向及自旋荷载。为了在频域内完成轮轨耦合，本小节将采用 Kalker (1967)线性蠕滑理论计算轮轨间的蠕滑荷载。

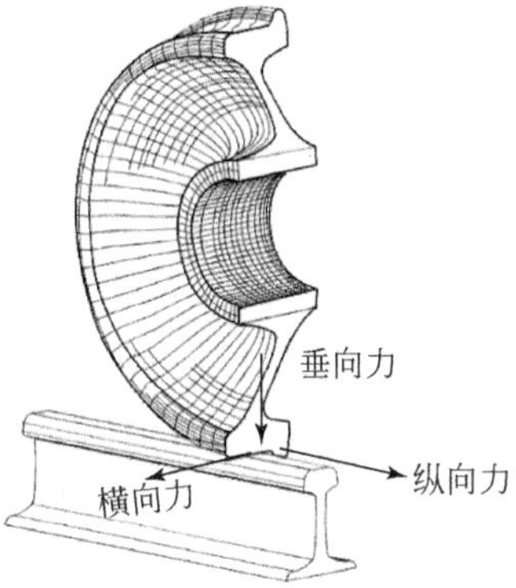

图 5.22　轮轨蠕滑荷载示意图

基于 Kalker 线性蠕滑理论，通过求解轮轨横向蠕滑率，可以得到轮轨横向蠕滑荷载。以轨道左侧轮轨关系为例，其蠕滑荷载的计算如下：

$$\begin{cases} F_{\mathrm{LZ}}=-f_{11}\xi_z^{\mathrm{L}} \\ F_{\mathrm{LX}}=-f_{22}\xi_x^{\mathrm{L}}-f_{23}\xi_\varphi^{\mathrm{L}} \\ M_{\mathrm{LY}}=f_{23}\xi_x^{\mathrm{L}}-f_{33}\xi_\varphi^{\mathrm{L}} \end{cases} \tag{5.174}$$

式中，F_{LZ}、F_{LX}和 M_{LY}分别为纵向蠕滑力、横向蠕滑力和轮轨自旋蠕滑力矩的大小；ξ_z^{L}、ξ_x^{L} 和 ξ_φ^{L} 分别为纵向、横向和旋转蠕滑率；f_{11}、f_{22}、f_{23}和 f_{33}分别为纵向、横向、横向-旋转和旋转蠕滑系数，满足

$$\begin{cases} f_{11}=G_{\mathrm{wr}}(ab)C_{11} \\ f_{22}=G_{\mathrm{wr}}(ab)C_{22} \\ f_{23}=G_{\mathrm{wr}}(ab)3/2C_{23} \\ f_{33}=G_{\mathrm{wr}}(ab)3/2C_{33} \end{cases} \tag{5.175}$$

式中，G_{wr}为轮轨材料的合成剪切模量(张定贤和鲍维千，1996)。其中，

$$\begin{cases} G_{\mathrm{wr}}=\dfrac{2G_{\mathrm{w}}G_{\mathrm{r}}}{G_{\mathrm{w}}+G_{\mathrm{r}}} \\ \mu_{\mathrm{wr}}=\dfrac{G_{\mathrm{w}}\mu_{\mathrm{r}}+G_{\mathrm{r}}\mu_{\mathrm{w}}}{2G_{\mathrm{w}}G_{\mathrm{r}}}G_{\mathrm{wr}} \end{cases} \tag{5.176}$$

式(5.175)中，C_{11}、C_{22}、C_{23}和 C_{33}为 Kalker 系数；a 和 b 分别为接触椭圆的长半轴和短半轴。引入参数 ρ：

$$\frac{1}{\rho}=\frac{1}{4}\left[\frac{1}{R_{\mathrm{w}}}+\left(\frac{1}{r_{\mathrm{w}}}+\frac{1}{r_{\mathrm{r}}}\right)\right] \tag{5.177}$$

式中，R_{w} 为车轮滚动圆半径；r_{w} 为车轮踏面横断面外形的半径；r_{r} 为轨头横断面外形的半径。

根据参数 ρ/R_{w} 得出中间变量 a_{e}、b_{e}，进而确定接触椭圆的半轴长为

$$\begin{cases} a=a_{\mathrm{e}}(NR_{\mathrm{w}})^{1/3} \\ b=b_{\mathrm{e}}(NR_{\mathrm{w}})^{1/3} \\ ab=a_{\mathrm{e}}b_{\mathrm{e}}(NR_{\mathrm{w}})^{2/3} \end{cases} \tag{5.178}$$

式中，N 为轮轨接触点处法向力的大小。

结合轮轨线性相互作用关系，为了在频域内实现轮轨耦合，轮轨间的相对运动与相互作用力之间需满足线性关系，即各蠕滑系数应为常数，亦即要求参数 ρ 和轮轨间法向力 N 均为常数。采用锥形踏面车轮，轨头横断面外形为 300mm 的圆柱体，由此可得参数 ρ 为常数，各蠕滑系数亦为常数(张楠等，2010)。这里主要研究车辆在等半径曲线上的稳态运动，可忽略旋转和横向蠕滑间的相互影响。

由以上分析可知，横向蠕滑力和蠕滑率之间满足

$$F_{\mathrm{LX}}=-f_{22}^{\mathrm{L}}\xi_x^{\mathrm{L}} \tag{5.179}$$

蠕滑率定义为轮轨间相对速度与列车运行速度的比值，对于第 k 轴，横向蠕滑率的计算方法为

$$\xi_{xk}^{\mathrm{L}}=\frac{\dot{X}_{\mathrm{w}k}^{\mathrm{L}}-\dot{u}_x^{\mathrm{L}}-\dot{u}_{\mathrm{rough}}^{xk}}{v} \tag{5.180}$$

式中，$X_{\mathrm{w}k}^{\mathrm{L}}$ 为第 k 轴左轮横向位移的大小；u_x^{L} 为左侧轨梁中心处横向位移的大小；u_{rough}^{xk} 为第 k 轴轮轨接触点处轨梁横向不平顺；$\dot{X}_{\mathrm{w}k}^{\mathrm{L}}$ 为第 k 轴左轮横向运动速度的大小；$\dot{u}_x^{\mathrm{L}}$ 为左侧轨梁中心处横向运动速度的大小；$\dot{u}_{\mathrm{rough}}^{xk}$ 为第 k 轴轮轨接触点处轨梁横向不平顺幅值变化速率；v 为列车运行速度的大小。

频域内轮轨间横向蠕滑力为

$$\overline{F}_{\mathrm{LX}k}(\omega_f)=-\frac{f_{22}^{\mathrm{L}k}}{v}\cdot(\mathrm{i}\omega_f)\cdot\left[\overline{X}_{\mathrm{w}k}^{\mathrm{L}}(\omega_f)-\bar{u}_x^{\mathrm{L}k}(\omega_f)-\bar{u}_{\mathrm{rough}}^{xk}(\omega_f)\right] \tag{5.181}$$

式中，$\overline{X}_{\mathrm{w}k}^{\mathrm{L}}(\omega_f)$ 为频域内激振频率为 ω_f 时的左轮横向位移幅值；$\bar{u}_x^{\mathrm{L}k}(\omega_f)$ 为频域内激振频率为 ω_f 时的左侧轨梁轮轨接触点处的横向位移幅值；$\bar{u}_{\mathrm{rough}}^{xk}(\omega_f)$ 为频域内激振频率为 ω_f 时轮轨接触点处的轨梁横向不平顺幅值；$\overline{F}_{\mathrm{LX}k}(\omega_f)$ 为频域内左侧轮轨横向蠕滑力幅值。

根据以上分析过程，同理可以求出右侧轮轨横向蠕滑力幅值为

$$\overline{F}_{\mathrm{RX}k}(\omega_f)=-\frac{f_{22}^{\mathrm{R}k}}{v}\cdot(\mathrm{i}\omega_f)\cdot\left[\overline{X}_{\mathrm{w}k}^{\mathrm{R}}(\omega_f)-\bar{u}_x^{\mathrm{R}k}(\omega_f)-\bar{u}_{\mathrm{rough}}^{xk}(\omega_f)\right] \tag{5.182}$$

式中，$\overline{X}_{\mathrm{w}k}^{\mathrm{R}}(\omega_f)$ 为频域内激振频率为 ω_f 时的右轮横向位移幅值；$\bar{u}_x^{\mathrm{R}k}(\omega_f)$ 为频域内

激振频率为 ω_f 时的右侧轨梁轮轨接触点处的横向位移幅值；$\overline{F}_{RXk}(\omega_f)$ 为频域内右侧轮轨横向蠕滑力幅值。

通过以上两小节的分析，得到了车辆稳态曲线通过时，轮-轨动力耦合的线性接触关系。

5.8　车辆-轨道耦合及系统动力响应的求解

前面几个小节中已先后完成车辆系统、轨道系统、轮轨空间耦合关系的理论推导。在此基础上，结合前面章节有关轨道不平顺的计算方法，本节将根据频域内轮-轨接触力和位移的接触关系，通过轮轨接触点动态平衡及位移协调，实现车辆系统与轨道系统动力学方程组在曲线运行情况下的解析耦合，得到车辆-轨道动力耦合的解析表达方程式。并在此基础上求出轮轨相互作用力，进而求出车辆系统、轨道系统的动力响应。

5.8.1　车辆-轨道耦合及动态轮轨力的求解

根据轮轨耦合关系，可求得车辆与轨道之间的动态轮轨力为

$$\overline{\boldsymbol{F}}_{\mathrm{wr}}^{\mathrm{vehicle}}(\omega_f)=\boldsymbol{k}_{\mathrm{H}}[\overline{\boldsymbol{U}}_{\mathrm{wheel}}^{\mathrm{vehicle}}(\omega_f)-\overline{\boldsymbol{U}}_{\mathrm{rail}}(\omega_f)-\overline{\boldsymbol{U}}_{\mathrm{rough}}(\omega_f)] \tag{5.183}$$

式(5.183)中，$\boldsymbol{k}_{\mathrm{H}}$ 为

$$\boldsymbol{k}_{\mathrm{H}}=\mathrm{diag}[\boldsymbol{k}_{\mathrm{H}}^{\mathrm{L}},\boldsymbol{k}_{\mathrm{H}}^{\mathrm{R}},\boldsymbol{k}_{\mathrm{X}}^{\mathrm{L}},\boldsymbol{k}_{\mathrm{X}}^{\mathrm{R}}] \tag{5.184}$$

式中，$\boldsymbol{k}_{\mathrm{H}}^{\mathrm{L}}=\mathrm{diag}(k_{\mathrm{H1}}^{\mathrm{L}},k_{\mathrm{H2}}^{\mathrm{L}},\cdots,k_{\mathrm{H}m_{\mathrm{w}}}^{\mathrm{L}})$；$\boldsymbol{k}_{\mathrm{H}}^{\mathrm{R}}=\mathrm{diag}(k_{\mathrm{H1}}^{\mathrm{R}},k_{\mathrm{H2}}^{\mathrm{R}},\cdots,k_{\mathrm{H}m_{\mathrm{w}}}^{\mathrm{R}})$；$\boldsymbol{k}_{\mathrm{X}}^{\mathrm{L}}=\mathrm{diag}\left[-\frac{f_{22}^{\mathrm{L1}}}{v}\cdot(\mathrm{i}\omega_f),-\frac{f_{22}^{\mathrm{L2}}}{v}\cdot(\mathrm{i}\omega_f),\cdots,-\frac{f_{22}^{\mathrm{L}m_{\mathrm{w}}}}{v}\cdot(\mathrm{i}\omega_f)\right]$；$\boldsymbol{k}_{\mathrm{X}}^{\mathrm{R}}=\mathrm{diag}\left[-\frac{f_{22}^{\mathrm{R1}}}{v}\cdot(\mathrm{i}\omega_f),-\frac{f_{22}^{\mathrm{R2}}}{v}\cdot(\mathrm{i}\omega_f),\cdots,-\frac{f_{22}^{\mathrm{R}m_{\mathrm{w}}}}{v}\cdot(\mathrm{i}\omega_f)\right]$。

式(5.183)中，$\overline{\boldsymbol{U}}_{\mathrm{rough}}(\omega_f)$ 为

$$\overline{\boldsymbol{U}}_{\mathrm{rough}}(\omega_f)=[\overline{\boldsymbol{U}}_{\mathrm{rough}}^{y}(\omega_f)\quad\overline{\boldsymbol{U}}_{\mathrm{rough}}^{y}(\omega_f)\quad\overline{\boldsymbol{U}}_{\mathrm{rough}}^{x}(\omega_f)\quad\overline{\boldsymbol{U}}_{\mathrm{rough}}^{x}(\omega_f)]^{\mathrm{T}} \tag{5.185}$$

式中，$\overline{\boldsymbol{U}}_{\mathrm{rough}}^{y}(\omega_f)=[\bar{u}_{\mathrm{rough}}^{y1}(\omega_f)\quad\bar{u}_{\mathrm{rough}}^{y2}(\omega_f)\quad\cdots\quad\bar{u}_{\mathrm{rough}}^{ym_{\mathrm{w}}}(\omega_f)]$、$\overline{\boldsymbol{U}}_{\mathrm{rough}}^{x}(\omega_f)=[\bar{u}_{\mathrm{rough}}^{x1}(\omega_f)\quad\bar{u}_{\mathrm{rough}}^{x2}(\omega_f)\quad\cdots\quad\bar{u}_{\mathrm{rough}}^{xm_{\mathrm{w}}}(\omega_f)]$，为车辆-轨道系统所有轮轨接触点历经的对应单一激振频率 ω_f 的轨道高低、方向不平顺幅值，具体求解方法可参考 3.4 节内容。

根据车辆系统、轨道系统位移响应与轮轨力之间的关系，可知

$$\overline{\boldsymbol{F}}_{\mathrm{wr}}^{\mathrm{vehicle}}(\omega_f)=\boldsymbol{k}_{\mathrm{H}}[-\boldsymbol{A}_{\mathrm{wheel}}^{\mathrm{vehicle}}(\omega_f)\overline{\boldsymbol{F}}_{\mathrm{wr}}^{\mathrm{vehicle}}(\omega_f)-\boldsymbol{A}_{\mathrm{rail}}(\omega_f)\overline{F}_{\mathrm{wr}}^{\mathrm{vehicle}}(\omega_f)-\overline{\boldsymbol{U}}_{\mathrm{rough}}(\omega_f)] \tag{5.186}$$

由式(5.186)得

$$\overline{\boldsymbol{F}}_{\mathrm{wr}}^{\mathrm{vehicle}}(\omega_f)=-\left[\boldsymbol{A}_{\mathrm{wheel}}^{\mathrm{vehicle}}(\omega_f)+\boldsymbol{A}_{\mathrm{rail}}(\omega_f)+\boldsymbol{k}_{\mathrm{H}}^{-1}\right]^{-1}\overline{\boldsymbol{U}}_{\mathrm{rough}}(\omega_f) \tag{5.187}$$

对式(5.187)进行求解可得激振频率为 ω_f 时的动态轮轨力响应幅值,对不同激振频率 $\omega_f(f=-N_{\mathrm{R}},\cdots,-1,1,\cdots,N_R)$时的动态轮轨力进行求解,可得各频率所对应的轮轨力。

5.8.2 车辆-轨道总轮轨力的求解

总轮轨力包括静态轮轨力及动态轮轨力,在前面的论述中,已分别给出了动态轮轨力及静态轮轨力的求解方法,将二者进行叠加,即可得到总的车辆-轨道总轮轨力,为

$$\boldsymbol{F}^{\mathrm{vehicle}}(t)=\boldsymbol{F}_{\mathrm{wr}}^{\mathrm{sta}}+\sum_{f=1}^{N_{\mathrm{R}}}\left[\overline{\boldsymbol{F}}_{\mathrm{wr}}^{\mathrm{vehicle}}(\omega_f)\mathrm{e}^{\mathrm{i}\omega_f t}\right]+\sum_{f=-N_{\mathrm{R}}}^{-1}\left[\overline{\boldsymbol{F}}_{\mathrm{wr}}^{\mathrm{vehicle}}(\omega_f)\mathrm{e}^{\mathrm{i}\omega_f t}\right] \tag{5.188}$$

式中,$\boldsymbol{F}_{\mathrm{wr}}^{\mathrm{sta}}=[\boldsymbol{F}_0^{\mathrm{L}y}\quad \boldsymbol{F}_0^{\mathrm{R}y}\quad \boldsymbol{F}_0^{\mathrm{L}x}\quad \boldsymbol{F}_0^{\mathrm{R}x}]^{\mathrm{T}}$ 为准静态激励时,轮轨间的静态轮轨力作用,其中,$\boldsymbol{F}_0^{\mathrm{L}y}=[\boldsymbol{F}_{10}^{\mathrm{L}y}\quad \boldsymbol{F}_{20}^{\mathrm{L}y}\quad \cdots\quad \boldsymbol{F}_{m_{\mathrm{w}}0}^{\mathrm{L}y}]$为列车左侧轮轨之间的垂向静态轮轨力,$\boldsymbol{F}_0^{\mathrm{R}y}=[\boldsymbol{F}_{10}^{\mathrm{R}y}\quad \boldsymbol{F}_{20}^{\mathrm{R}y}\quad \cdots\quad \boldsymbol{F}_{m_{\mathrm{w}}0}^{\mathrm{R}y}]$为列车右侧轮轨之间的垂向静态轮轨力,$\boldsymbol{F}_0^{\mathrm{L}x}=[\boldsymbol{F}_{10}^{\mathrm{L}x}\quad \boldsymbol{F}_{20}^{\mathrm{L}x}\quad \cdots\quad \boldsymbol{F}_{m_{\mathrm{w}}0}^{\mathrm{L}x}]$为列车左侧轮轨之间的横向静态轮轨力,$\boldsymbol{F}_0^{\mathrm{R}x}=[\boldsymbol{F}_{10}^{\mathrm{R}x}\quad \boldsymbol{F}_{20}^{\mathrm{R}x}\quad \cdots\quad \boldsymbol{F}_{m_{\mathrm{w}}0}^{\mathrm{R}x}]$为列车右侧轮轨之间的横向静态轮轨力;$\omega_f$ 为激振频率。

式(5.188)可以被统一写为

$$\boldsymbol{F}^{\mathrm{vehicle}}(t)=\sum_{f=-N_{\mathrm{R}}}^{N_{\mathrm{R}}}\left[\overline{\boldsymbol{F}}_{\mathrm{wr}}^{\mathrm{vehicle}}(\omega_f)\mathrm{e}^{\mathrm{i}\omega_f t}\right] \tag{5.189}$$

式中,$\omega_0=0\mathrm{rad/s}$;$\overline{\boldsymbol{F}}_{\mathrm{wr}}^{\mathrm{vehicle}}(\omega_f)=\boldsymbol{F}_{\mathrm{wr}}^{\mathrm{sta}}$。

由于不平顺存在数学关系:$\overline{\boldsymbol{U}}_{\mathrm{rough}}(\omega_f)=\overline{\boldsymbol{U}}_{\mathrm{rough}}(\omega_{-f})^*$,可得

$$\overline{\boldsymbol{F}}_{\mathrm{wr}}^{\mathrm{vehicle}}(\omega_f)=\overline{\boldsymbol{F}}_{\mathrm{wr}}^{\mathrm{vehicle}}(\omega_{-f})^* \tag{5.190}$$

所以,列车第 k 轴的轮轨力可以重新写为

$$\boldsymbol{F}^{\mathrm{vehicle}}(t)=\boldsymbol{F}_{\mathrm{wr}}^{\mathrm{sta}}+2\mathrm{Re}\left\{\sum_{f=1}^{N_{\mathrm{R}}}\left[\overline{\boldsymbol{F}}_{\mathrm{wr}}^{\mathrm{vehicle}}(\omega_f)\mathrm{e}^{\mathrm{i}\omega_f t}\right]\right\} \tag{5.191}$$

式中,Re 代表取实部。在计算总轮轨力时,只需计算具有正激振频率 $\omega_f(f=1,2,\cdots,N_{\mathrm{R}})$的动态轮轨力。

5.8.3 车辆动力响应的求解

根据 5.8.2 节的分析,得到了列车运行过程中车辆轨道间的相互作用力。在轮轨相互作用力的影响下车辆系统将产生动力响应,车辆系统受力示意图如图 5.23 所示,本小节根据求解得出的轮轨力,将对车辆系统的动力响应进行分析。

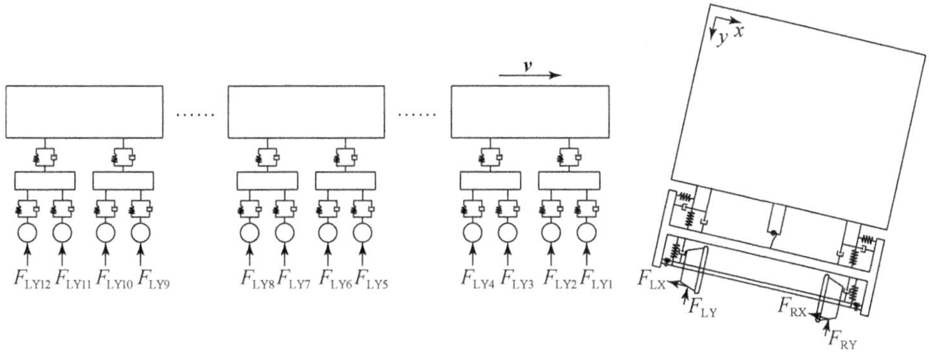

图 5.23　车辆系统受力示意图

在 5.5 节的分析中，本书给出了单节车辆频域内的平衡方程，如式(5.118)所示。对于多编组车辆，列车系统频域内的平衡方程为

$$(-\boldsymbol{M}^{\text{vehicle}}\omega^2+\mathrm{i}\boldsymbol{C}^{\text{vehicle}}\omega+\boldsymbol{K}^{\text{vehicle}})\hat{\boldsymbol{U}}^{\text{vehicle}}(\omega)=\hat{\boldsymbol{F}}^{\text{vehicle}}(\omega) \tag{5.192}$$

式中，$\boldsymbol{M}^{\text{vehicle}}$、$\boldsymbol{C}^{\text{vehicle}}$、$\boldsymbol{K}^{\text{vehicle}}$分别为多编组车辆质量矩阵、阻尼矩阵、刚度矩阵，对于 n 节编组车辆，$\boldsymbol{M}^{\text{vehicle}}=\text{diag}[\boldsymbol{M}\quad \boldsymbol{M}\quad \cdots\quad \boldsymbol{M}]$、$\boldsymbol{C}^{\text{vehicle}}=\text{diag}[\boldsymbol{C}\quad \boldsymbol{C}\quad \cdots\quad \boldsymbol{C}]$、$\boldsymbol{K}^{\text{vehicle}}=\text{diag}[\boldsymbol{K}\quad \boldsymbol{K}\quad \cdots\quad \boldsymbol{K}]$为 n 个子矩阵构成的对角矩阵；$\hat{\boldsymbol{U}}^{\text{vehicle}}(\omega)$为频域内列车位移向量；$\hat{\boldsymbol{U}}^{\text{vehicle}}(\omega)=[\hat{\boldsymbol{U}}(\omega)\quad \hat{\boldsymbol{U}}(\omega)\quad \cdots\quad \hat{\boldsymbol{U}}(\omega)]^{\text{T}}$ 为 n 阶列向量；$\hat{\boldsymbol{F}}^{\text{vehicle}}(\omega)$为频域内列车荷载向量；$\hat{\boldsymbol{F}}^{\text{vehicle}}(\omega)=[\hat{\boldsymbol{F}}(\omega)\quad \hat{\boldsymbol{F}}(\omega)\quad \cdots\quad \hat{\boldsymbol{F}}(\omega)]^{\text{T}}$ 为 n 阶列向量。

结合 5.3 节相关内容，可知

$$\hat{\boldsymbol{F}}^{\text{vehicle}}(\omega)=\boldsymbol{T}_4\boldsymbol{T}_3^{-1}\overline{\boldsymbol{F}}_{\text{wr}}^{\text{vehicle}}(\omega) \tag{5.193}$$

式中，$\boldsymbol{T}_4=\text{diag}[\boldsymbol{H}^{\text{T}}\boldsymbol{T}_2\quad \boldsymbol{H}^{\text{T}}\boldsymbol{T}_2\quad \cdots\quad \boldsymbol{H}^{\text{T}}\boldsymbol{T}_2]$为 n 个子矩阵 $\boldsymbol{H}^{\text{T}}\boldsymbol{T}_2$ 构成的对角矩阵。

根据以上分析可知，对于多编组车辆，其动力学响应为

$$\begin{aligned}\hat{\boldsymbol{U}}^{\text{vehicle}}(\omega)&=(-\boldsymbol{M}^{\text{vehicle}}\omega^2+\mathrm{i}\boldsymbol{C}^{\text{vehicle}}\omega+\boldsymbol{K}^{\text{vehicle}})^{-1}\hat{\boldsymbol{F}}^{\text{vehicle}}(\omega)\\&=(-\boldsymbol{M}^{\text{vehicle}}\omega^2+\mathrm{i}\boldsymbol{C}^{\text{vehicle}}\omega+\boldsymbol{K}^{\text{vehicle}})^{-1}\boldsymbol{T}_4\boldsymbol{T}_3^{-1}\overline{\boldsymbol{F}}_{\text{wr}}^{\text{vehicle}}(\omega)\end{aligned} \tag{5.194}$$

当某一频率 ω_f 动态轮轨力作用时，列车对应的动力响应为

$$\hat{\boldsymbol{U}}^{\text{vehicle}}(\omega_f)=(-\boldsymbol{M}^{\text{vehicle}}\omega_f^2+\mathrm{i}\boldsymbol{C}^{\text{vehicle}}\omega_f+\boldsymbol{K}^{\text{vehicle}})^{-1}\boldsymbol{T}_4\boldsymbol{T}_3^{-1}\overline{\boldsymbol{F}}_{\text{wr}}^{\text{vehicle}}(\omega_f) \tag{5.195}$$

结合式(5.191)，计算激振频率 $\omega_f(f=1,2,\cdots,N_{\text{R}})$的动态轮轨力引起的总响应，其实部的两倍即为车辆的动力响应。

5.8.4　轨道动力响应的求解

根据车辆-轨道耦合分析求得轮轨间的相互作用力，结合本章给出的曲线轨道

结构动力响应的求解方法,可对曲线轨道列车通过时引起的轨道结构动力响应进行求解。设激振频率为 ω_f 的简谐荷载为 $\overline{\boldsymbol{F}}_{\mathrm{wr}}^{\mathrm{vehicle}}(\omega_f)\mathrm{e}^{\mathrm{i}\omega_f t}$,以列车固定轴距分布作用在轨道结构上,系列移动荷载作用下轨道结构力学模型如图 5.24 所示。

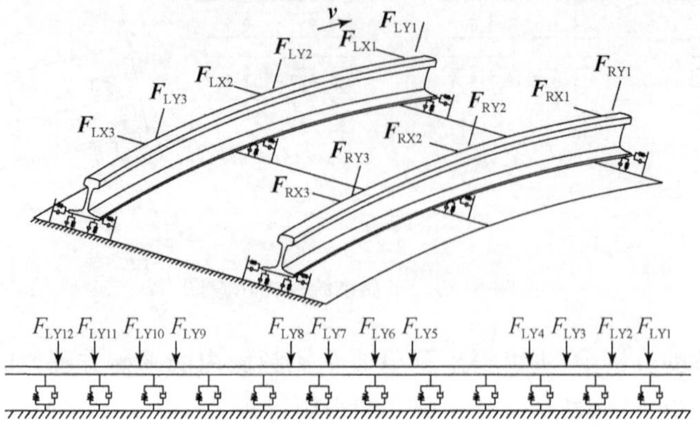

图 5.24　系列移动荷载作用下轨道结构力学模型

作用于轨道两根钢轨上的作用力有左侧垂向力、左侧横向力、右侧垂向力、右侧横向力,除垂向荷载引起轨梁弯扭耦合振动、横向荷载引起轨梁的横向振动之外,由横向荷载产生的附加弯矩还将引起轨梁的平面外振动,且左右侧垂向力、横向力之间具有显著的差别,对于曲线轨道结构动力响应需同时求解左右轨的动力响应。本小节以曲线轨道左侧钢轨垂向动力响应为例,研究其动力响应的求解方法。

激振频率为 ω_f 的简谐荷载,大小为 $\overline{F}_{\mathrm{LY}k}(\omega_f)\mathrm{e}^{\mathrm{i}\omega_f t}(k=1,2,\cdots,m_{\mathrm{w}})$,当其以列车固定轴距分布作用于轨道左侧轨梁时,轨道左侧轨梁所受外荷载大小为

$$F_{\mathrm{LY}}(z,t)=\sum_{k=1}^{m_{\mathrm{w}}}\left[\overline{F}_{\mathrm{LY}k}(\omega_f)\mathrm{e}^{\mathrm{i}\omega_f t}\delta(z-z_k^{\mathrm{F}}-vt)\right] \tag{5.196}$$

式中,z_k^{F} 为第 k 轮轴初始位置。

对式(5.196)进行傅里叶变换,可得荷载在频域内的表达为

$$\begin{aligned}\hat{F}_{\mathrm{LY}}(z,\omega)&=\frac{1}{v}\sum_{k=1}^{m_{\mathrm{w}}}\left[\overline{F}_{\mathrm{LY}k}(\omega_f)\mathrm{e}^{\mathrm{i}\frac{\omega_f-\omega}{v}(z-z_k^{\mathrm{F}})}\right]\\&=\frac{1}{v}\mathrm{e}^{\mathrm{i}\frac{\omega_f-\omega}{v}(z-z_1^{\mathrm{F}})}\sum_{k=1}^{m_{\mathrm{w}}}\left[\overline{F}_{\mathrm{LY}k}(\omega_f)\mathrm{e}^{\mathrm{i}\frac{\omega_f-\omega}{v}d_{1k}}\right]\end{aligned} \tag{5.197}$$

式中,$d_{1k}=z_1^{\mathrm{F}}-z_k^{\mathrm{F}}$ 为第 k 个轴荷载与第 1 个轴荷载间的距离。

设一个垂向单位简谐荷载随第一轮轴作用于轨道左侧钢轨上,此时左侧钢轨所受外荷载大小为

$$F_{\mathrm{LY}}^{\mathrm{e}}(z,t)=\mathrm{e}^{\mathrm{i}\omega_f t}\delta(z-z_1^{\mathrm{F}}-vt) \tag{5.198}$$

式中，z_1^{F} 为第 1 轮轴初始位置。

对式(5.198)进行傅里叶变换，可得荷载在频域内的表达为

$$\hat{\boldsymbol{F}}_{\mathrm{LY}}^{\mathrm{e}}(z,\omega)=\frac{1}{v}\mathrm{e}^{\mathrm{i}\frac{\omega_f-\omega}{v}(z-z_1^{\mathrm{F}})} \tag{5.199}$$

由于轨道系统是线性的，可得大小为 $\overline{F}_{\mathrm{LY}k}(\omega_f)\mathrm{e}^{\mathrm{i}\omega_f t}(k=1,2,\cdots,m_{\mathrm{w}})$ 的系列移动简谐荷载作用下，轨道系统的频域位移响应为

$$\hat{\boldsymbol{u}}_y^{\mathrm{L}}(z,\omega,\omega_f)=\left\{\sum_{k=1}^{m_{\mathrm{w}}}\left[\overline{F}_{\mathrm{LY}k}(\omega_f)\mathrm{e}^{\mathrm{i}\frac{\omega_f-\omega}{v}d_{1k}}\right]\right\}\hat{\boldsymbol{u}}_{\mathrm{L}y}^{\mathrm{e}}(z,\omega,\omega_f) \tag{5.200}$$

式中，$\hat{\boldsymbol{u}}_{\mathrm{L}y}^{\mathrm{e}}(z,\omega,\omega_f)$为由单位垂向简谐荷载 $\mathrm{e}^{\mathrm{i}\omega_f t}$引起的左侧轨梁上坐标 z 点的横向位移、纵向位移、绕 y 轴转角、垂向位移、绕 x 轴转角，以及绕 z 轴转角组成的频域位移响应，该荷载随第一轮轴移动，轨梁动力响应求解过程可见本书第 2 章相关内容。

在计算轨梁动力响应时，多个频率作用时的轮轨力大小为

$$F_{\mathrm{LY}k}(t)=\sum_{f=0}^{N_{\mathrm{R}}}\left[\overline{F}_{\mathrm{LY}k}(\omega_f)\mathrm{e}^{\mathrm{i}\omega_f t}\right] \tag{5.201}$$

由叠加原理，多频率成分的列车轮轨力 $F_{\mathrm{LY}k}(t)(k=1,2,\cdots,m_{\mathrm{w}})$作用引起的轨道频域响应为

$$\hat{\boldsymbol{u}}_y^{\mathrm{L}}(z,\omega)=\sum_{f=0}^{N_{\mathrm{R}}}\hat{\boldsymbol{u}}_y^{\mathrm{L}}(z,\omega,\omega_f)=\sum_{f=0}^{N_{\mathrm{R}}}\left\{\left[\sum_{k=1}^{m_{\mathrm{w}}}\overline{F}_{\mathrm{LY}k}(\omega_f)\mathrm{e}^{\mathrm{i}\frac{\omega_f-\omega}{v}d_{1k}}\right]\cdot\hat{\boldsymbol{u}}_{\mathrm{L}y}^{\mathrm{e}}(z,\omega,\omega_f)\right\} \tag{5.202}$$

以上给出了左侧垂向轮轨力作用下钢轨动力响应的求解方法，同理，可知右侧垂向轮轨力作用下钢轨动力响应为

$$\hat{\boldsymbol{u}}_y^{\mathrm{R}}(z,\omega)=\sum_{f=0}^{N_{\mathrm{R}}}\hat{\boldsymbol{u}}_y^{\mathrm{R}}(z,\omega,\omega_f)=\sum_{f=0}^{N_{\mathrm{R}}}\left\{\left[\sum_{k=1}^{m_{\mathrm{w}}}\overline{F}_{\mathrm{RY}k}(\omega_f)\mathrm{e}^{\mathrm{i}\frac{\omega_f-\omega}{v}d_{1k}}\right]\cdot\hat{\boldsymbol{u}}_{\mathrm{R}y}^{\mathrm{e}}(z,\omega,\omega_f)\right\} \tag{5.203}$$

式中，$\hat{\boldsymbol{u}}_{\mathrm{R}y}^{\mathrm{e}}(z,\omega,\omega_f)$为由单位垂向简谐荷载 $\mathrm{e}^{\mathrm{i}\omega_f t}$引起的右侧轨梁上坐标 z 点的横向位移、纵向位移、绕 y 轴转角、垂向位移、绕 x 轴转角，以及绕 z 轴转角组成的频域位移响应。

左侧横向轮轨力作用下钢轨动力响应为

$$\hat{\boldsymbol{u}}_x^{\mathrm{L}}(z,\omega)=\sum_{f=0}^{N_{\mathrm{R}}}\hat{\boldsymbol{u}}_x^{\mathrm{L}}(z,\omega,\omega_f)=\sum_{f=0}^{N_{\mathrm{R}}}\left\{\left[\sum_{k=1}^{m_{\mathrm{w}}}\overline{F}_{\mathrm{LX}k}(\omega_f)\mathrm{e}^{\mathrm{i}\frac{\omega_f-\omega}{v}d_{1k}}\right]\cdot\hat{\boldsymbol{u}}_{\mathrm{L}x}^{\mathrm{e}}(z,\omega,\omega_f)\right\} \tag{5.204}$$

式中，$\hat{\boldsymbol{u}}_{\mathrm{L}x}^{\mathrm{e}}(z,\omega,\omega_f)$为由单位横向简谐荷载 $\mathrm{e}^{\mathrm{i}\omega_f t}$引起的左侧轨梁上坐标 z 点的横向

位移、纵向位移、绕 y 轴转角、垂向位移、绕 x 轴转角，以及绕 z 轴转角组成的频域位移响应。

右侧横向轮轨力作用下钢轨动力响应为

$$\hat{\boldsymbol{u}}_x^{\mathrm{R}}(z,\omega)=\sum_{f=0}^{N_{\mathrm{R}}}\hat{\boldsymbol{u}}_x^{\mathrm{R}}(z,\omega,\omega_f)=\sum_{f=0}^{N_{\mathrm{R}}}\left\{\left[\sum_{k=1}^{m_{\mathrm{w}}}\overline{F}_{\mathrm{RX}k}(\omega_f)\mathrm{e}^{\mathrm{i}\frac{\omega_f-\omega}{v}d_{1k}}\right]\cdot\hat{\boldsymbol{u}}_{\mathrm{R}x}^{\mathrm{e}}(z,\omega,\omega_f)\right\} \tag{5.205}$$

式中，$\hat{\boldsymbol{u}}_{\mathrm{R}x}^{\mathrm{e}}(z,\omega,\omega_f)$为由单位横向简谐荷载 $\mathrm{e}^{\mathrm{i}\omega_f t}$ 引起的右侧轨梁上坐标 z 点的横向位移、纵向位移、绕 y 轴转角、垂向位移、绕 x 轴转角，以及绕 z 轴转角组成的频域位移响应。

曲线轨道轮轨力作用时的轨道结构动力响应为

$$\hat{\boldsymbol{u}}(z,\omega)=\begin{bmatrix}\hat{\boldsymbol{u}}^{\mathrm{L}}(z,\omega)\\ \hat{\boldsymbol{u}}^{\mathrm{R}}(z,\omega)\end{bmatrix}=\begin{bmatrix}\hat{\boldsymbol{u}}_y^{\mathrm{L}}(z,\omega)+\hat{\boldsymbol{u}}_x^{\mathrm{L}}(z,\omega)\\ \hat{\boldsymbol{u}}_y^{\mathrm{R}}(z,\omega)+\hat{\boldsymbol{u}}_x^{\mathrm{R}}(z,\omega)\end{bmatrix} \tag{5.206}$$

式中，$\hat{\boldsymbol{u}}_y^{\mathrm{L}}(z,\omega)$、$\hat{\boldsymbol{u}}_y^{\mathrm{R}}(z,\omega)$、$\hat{\boldsymbol{u}}_x^{\mathrm{L}}(z,\omega)$、$\hat{\boldsymbol{u}}_x^{\mathrm{R}}(z,\omega)$分别为左侧垂向轮轨力、右侧垂向轮轨力、左侧横向轮轨力、右侧横向轮轨力作用时轨梁基本元内 z 点横向位移、纵向位移、绕 y 轴转角、垂向位移、绕 x 轴转角，以及绕 z 轴转角组成的列向量。

通过对角频率 ω 的采样循环，可以得到频域位移响应，轨梁上任意一点 $\hat{z}$ 的动力响应，可根据无限-周期结构响应的特性扩展得到

$$\hat{\boldsymbol{u}}(\hat{z},\omega,\omega_f)=\mathrm{e}^{\mathrm{i}(\omega_f-\omega)nL/v}\cdot\hat{\boldsymbol{u}}(z,\omega,\omega_f) \tag{5.207}$$

对式(5.20)进行傅里叶逆变换，可得到移动简谐荷载作用下曲线轨梁任意一点的时域动力响应。

5.8.5 支点反力求解

本小节将对列车通过曲线轨道时，由轨道传递给轨下基础的动荷载，即支点反力进行求解。对于地铁普通道床曲线轨道结构，将其视为一层离散支撑轨道结构。当列车通过时，普通道床轨道系统传递给轨下基础的振动激励力如图 5.25 所示。

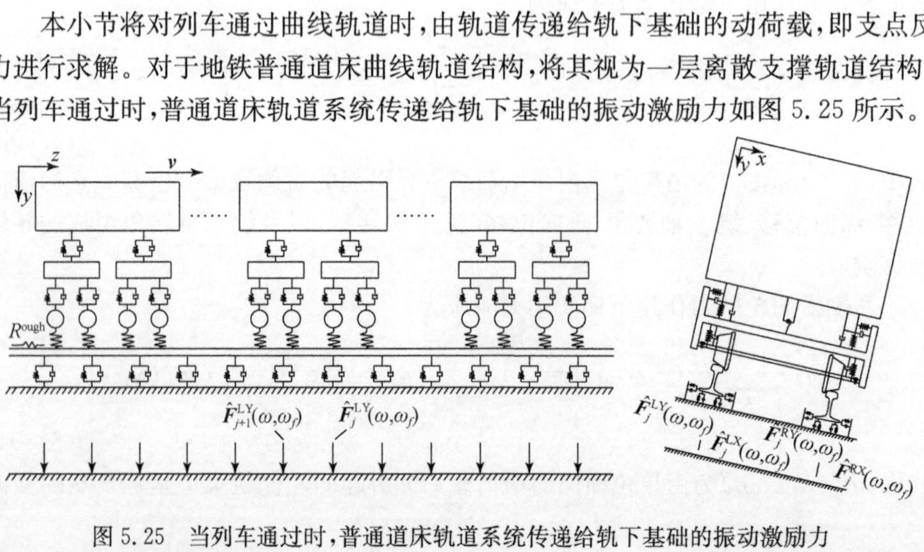

图 5.25 当列车通过时，普通道床轨道系统传递给轨下基础的振动激励力

支点反力与该支点处的轨梁位移成正比，因此第 k 个支点处传递给轨下基础的振动激励力 $\hat{\boldsymbol{F}}_j(\omega,\omega_f)$ 满足

$$\hat{\boldsymbol{F}}_j(\omega,\omega_f)=\bar{\boldsymbol{k}}_{\text{fastener}}(\omega)\cdot\hat{\boldsymbol{u}}(z,\omega) \tag{5.208}$$

式中，$\hat{\boldsymbol{F}}_j(\omega,\omega_f)$ 为第 j 个支点左右两侧传递给轨下基础的振动激励力，$\hat{\boldsymbol{F}}_j(\omega,\omega_f)=[\hat{\boldsymbol{F}}_j^{\text{L}}(\omega,\omega_f)\quad\hat{\boldsymbol{F}}_j^{\text{R}}(\omega,\omega_f)]^{\text{T}}$，$\hat{\boldsymbol{F}}_j^{\text{L}}(\omega,\omega_f)$ 为左侧轨梁第 j 个支点传递给轨下基础的振动激励力，$\hat{\boldsymbol{F}}_j^{\text{R}}(\omega,\omega_f)$ 为右侧轨梁第 j 个支点传递给轨下基础的振动激励力；$\bar{\boldsymbol{k}}_{\text{fastener}}(\omega)$ 为轨下支撑复合刚度，$\bar{\boldsymbol{k}}_{\text{fastener}}(\omega)=\text{diag}[\bar{\boldsymbol{k}}^{\text{L}}_{\text{fastener}}(\omega)\bar{\boldsymbol{k}}^{\text{R}}_{\text{fastener}}(\omega)]$，$\bar{\boldsymbol{k}}^{\text{L}}_{\text{fastener}}(\omega)=\bar{\boldsymbol{k}}^{\text{R}}_{\text{fastener}}(\omega)=\text{diag}[\bar{k}_x(\omega)\bar{k}_z(\omega)0\bar{k}_y(\omega)0\bar{k}_\varphi(\omega)]$。

根据无限-周期结构理论，有

$$\hat{\boldsymbol{u}}[(j+1)L,\omega,\omega_f]=\text{e}^{\text{i}(\omega_f-\omega)L/v}\cdot\hat{\boldsymbol{u}}(jL,\omega,\omega_f) \tag{5.209}$$

由此可知，支点传递给轨下基础的振动荷载为

$$\hat{\boldsymbol{F}}_{j+1}(\omega,\omega_f)=\text{e}^{\text{i}(\omega_f-\omega)L/v}\cdot\hat{\boldsymbol{F}}_j(\omega,\omega_f) \tag{5.210}$$

由叠加原理可知，在车辆通过轨道结构的过程中，第 j 个支点传递给轨下基础的振动荷载 $\hat{\boldsymbol{F}}_j(\omega)$ 可表示为

$$\hat{\boldsymbol{F}}_j(\omega)=\sum_{f=0}^{N_{\text{R}}}\hat{\boldsymbol{F}}_j(\omega,\omega_f) \tag{5.211}$$

5.8.6　曲线轨道车辆-轨道耦合频域解析模型分析程序简介

本章针对列车运行于曲线轨道上时，轮轨间的动力相互作用问题进行深入的研究，建立曲线轨道车辆-轨道横向耦合频域解析模型。依据本章所建立的理论模型，编制针对曲线轨道车辆-轨道耦合系统的 MATLAB 求解程序 TMCVCT (theoretical model of coupled vehicle & curved track)。TMCVCT 中包含了完善的车辆模型及轨道模型，可以考虑各种参数条件下的一层支撑(由钢轨及扣件等主要部件构成)、两层支撑(由钢轨、扣件、轨枕及枕下支撑等主要部件构成)及三层支撑(由钢轨、扣件、轨枕、枕下支撑、道床及基础支撑等主要部件构成)轨道系统及各种类型各种参数条件下的车辆系统，可以选择任一级轨道谱进行系统激励(轨道不平顺)的输入。通过 TMCVCT 的计算分析，可综合分析车辆系统、轨道系统、轮轨耦合系统的动力响应及求解由轨道传递给轨下基础的振动荷载。

车辆-轨道动力相互作用传递给轨下基础的振动荷载，可根据车辆系统和各种参数条件下的一层支撑(图 5.25)、两层支撑(图 5.26(a))及三层支撑(图 5.26(b))轨道系统进行求解。

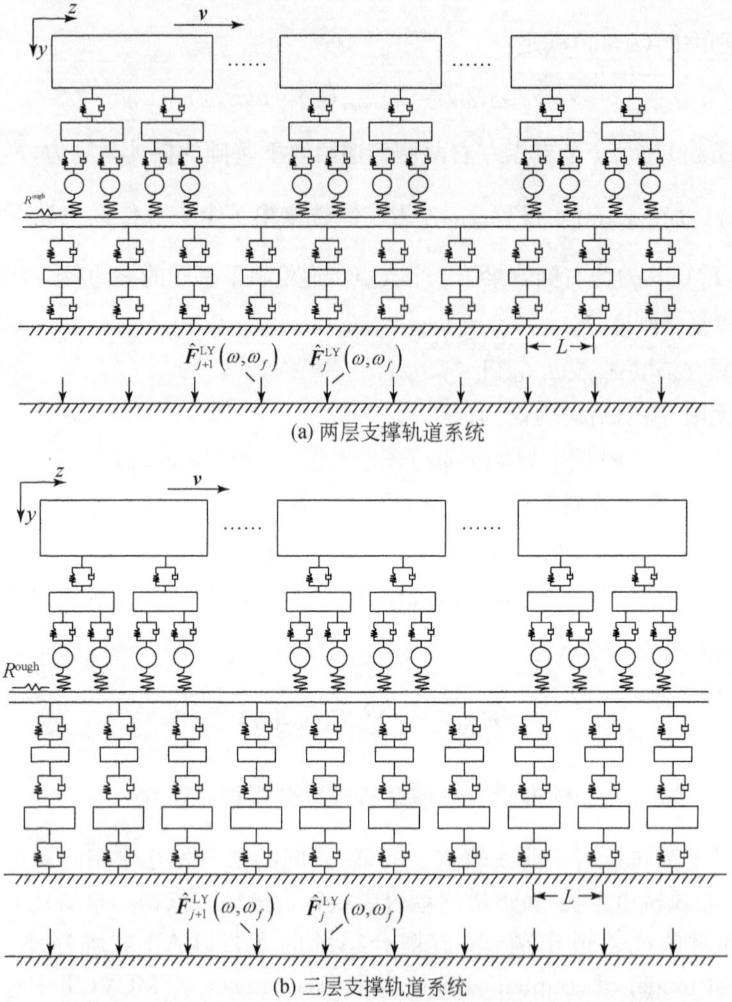

图 5.26　车辆-轨道动力相互作用传递给轨下基础的振动荷载

在分析曲线轨道车辆-轨道耦合系统时，轮轨力是由准静态激励力和动态激励力组成的，根据前面的分析，程序编制及求解思路如下：

(1)准静态激励力的求解。根据车辆参数、曲线半径、轨道超高、列车运行速度等计算求解准静态激励力。

(2)轮轨耦合动态相互作用力的求解。①根据车辆参数，求解特定激振频率下车辆柔度矩阵、轮对柔度矩阵、列车左右轮柔度矩阵。②根据轨道参数，求解特定激振频率时，轮轨接触点处轨梁的柔度矩阵，包括左侧轨梁垂向、右侧轨梁垂向、左侧轨梁横向、右侧轨梁横向柔度矩阵。③求解特定激振频率时，轨道高低、方向不平顺的幅值。④由轮轨线性接触假定，垂向采用线性 Hertz 接触关系、横向采用 Kalker 线性蠕滑理论进行轮轨耦合，完成车辆-轨道动力学耦合并求解动态轮轨力。

(3)求解特定激振频率时车辆系统的振动响应。

(4)对激振频率进行循环计算，求解动态激励力，通过叠加原理求得动态轮轨力。

(5)求解系列轮轨动态激励力作用时曲线轨道结构的振动响应。

(6)求解系列轮轨动态激励力作用时曲线轨道结构传递给轨下基础的振动荷载，即对支点反力进行求解。

(7)对轮轨相互作用力、车辆系统响应、轨道系统响应、支点反力等进行傅里叶逆变换，得到系统时域动力响应。

5.9 模型验证

5.9.1 轨梁柔度系数验证

5.4 节给出了在移动简谐荷载作用下轨道结构上轮轨接触点垂向、横向轨梁柔度系数的解析求解方法，并由此得到了轮轨接触点柔度矩阵。在计算柔度系数时，对轨梁动力响应的求解采用频域数学模态叠加法，计算中取有限项频域数学模态，对轨梁柔度系数进行计算时需采用数值积分，计算过程中有一定程度的简化。为了验证轨道柔度系数求解方法的准确性，本小节将对比该方法与其他理论求解方法计算所得的结果，据此判断求解方法的准确性。

马龙祥等(2014)提出了一种求解柔度系数的解析方法，视离散支撑轨道结构为无限-周期结构，并在移动坐标系下对 Dirac 荷载作用下钢轨的振动控制方程进行一系列积分变换，通过围道积分和留数定理，将柔度系数化简为含有频域支点力的表达式，通过传递矩阵方法求得该支点力，最终得到柔度系数。Sheng 等(2005)给出了简谐作用下轨道结构动力响应的频域解析方法，采用此方法可对柔度系数进行计算。马龙祥(2014)在其博士论文中，给出了以上两种方法的对比结果，其具有良好的一致性，为了验证本章给出的柔度系数计算方法的准确性，这里将给出本章计算所得柔度系数与上述两种方法的对比结果。

由于马龙祥(2014)、Sheng 等(2005)给出的均是直线轨道轨梁动力响应的求解方法，为了证明本章方法的准确性，令 $R\rightarrow+\infty$，此时可将曲线轨梁结构视为直线轨梁，在此基础上可对比计算方法的准确性。以地铁普通整体道床轨道、北京地铁 B 型车轴距参数为例进行计算，T60 钢轨及 $DTVI_2$ 扣件轨道的参数如表 3.2 所示。在对柔度系数进行求解，即对式(5.168)进行求解时，轨梁计算模态数取为

81，$\omega_1=-2\pi\times150\text{rad/s}$，$\omega_M=-2\pi\times650\text{rad/s}$，频率间隔 $\Delta\omega=2\pi\times0.1\text{rad/s}$。

轨梁柔度系数计算结果对比分析如图 5.27 所示，$z'=0\text{m}$ 处表示轮轨接触点对该接触点处的响应值，$z'=2.2\text{m}$ 处表示轮轨接触点对同一转向架相邻轮轨接触点处的影响。

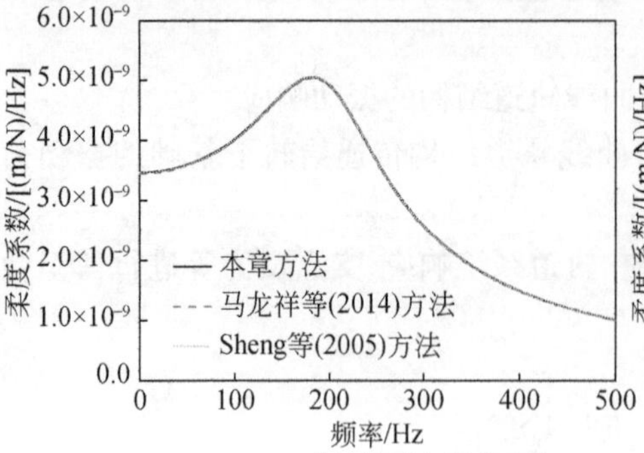

(a) z'=0m处轨梁垂向柔度系数

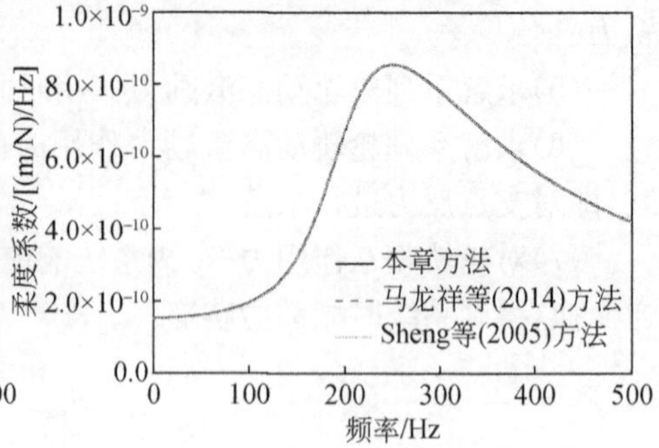

(b) z'=2.2m处轨梁垂向柔度系数

图 5.27　轨梁柔度系数计算结果对比分析

由图 5.27 可知，$z'=0\text{m}$、$z'=2.2\text{m}$ 处的柔度系数明显不同，而采用不同方法计算所得的轨梁柔度系数值一致，验证了本章所建立的轨道柔度矩阵求解方法的准确性。

由此说明本章给出的轨梁柔度系数求解方法是准确的，其准确性得到了验证。

5.9.2　车辆蛇形运动对比分析

当具有锥形踏面的轮对无滑行地沿着轨道滚动时，一旦行进中的轮对中心稍有横向偏移，左右轮便以不同直径的实际滚动圆在钢轨上滚动，随之产生相互耦合的横移运动和回转运动，促使轮对以一种近似正弦状态的运动轨迹回复到轨道中心，此即为蛇形运动(王福天，1981)。自由轮对蛇形运动的规律可以表达为

$$X_w(z)=A_w\sin\frac{2\pi z}{L_w}\tag{5.212}$$

式中，$X_w(z)$为车轮蛇形运动时，横向位移的大小；z 为轮对沿轨道运动的距离；A_w、L_w 分别为轮对蛇形运动的幅值、波长。其中，波长 L_w 具体为

$$L_w=2\pi\sqrt{\frac{a_0r_0}{\lambda}}\tag{5.213}$$

由此可知，自由轮对蛇形运动的频率为

$$f_w=\frac{v}{L_w}=\frac{v}{2\pi}\sqrt{\frac{\lambda}{a_0r_0}}\tag{5.214}$$

以上为自由轮对蛇形运动规律，当考虑转向架构架对轮对的约束作用时，以刚性转向架为例，转向架整体蛇形运动波长和频率分别为

$$L_t=2\pi\sqrt{\frac{a_0 r_0}{\lambda}\left[1+\left(\frac{l_t}{a_0}\right)^2\right]} \tag{5.215}$$

$$f_t=\frac{v}{L_t}=\frac{v}{2\pi\sqrt{\frac{a_0 r_0}{\lambda}\left[1+\left(\frac{l_t}{a_0}\right)^2\right]}} \tag{5.216}$$

接下来采用曲线轨道车辆-轨道耦合频域解析模型对车辆的横向运动进行分析，并与车辆蛇形运动理论值进行对比，以此验证本章所建立的曲线轨道车辆-轨道耦合频域解析模型的准确性。

在采用解析模型计算车辆蛇形运动时，采用直线轨道（令 $R\rightarrow+\infty$，$\varphi_h=0$）进行计算。计算中选用美国六级谱随机不平顺激励。随机激振频率最高为 170Hz，轨道不平顺采样点取为 256，轨梁计算模态数取为 81，轨梁最高分析频率取为 100Hz。在横向线性接触关系中，参数 $\rho=0.72$，中间变量 $a_e=0.203$、$b_e=0.155$，系数 $C_{22}=4.156$，轮轨剪切模量 $G_{wr}=8.4\times10^{10}\,\mathrm{N/m^2}$（张定贤和鲍维千，1996）。计算中使用北京地铁 6 号线轨道及车辆参数，地铁车辆参数如表 5.2 所示，地铁 T60 钢轨及 $DTVI_2$ 扣件支撑参数如表 5.3 所示。

表 5.2　地铁车辆参数

物理量	参数	物理量	参数
车体质量 M_c/kg	4.3×10^4	二系悬挂横向刚度 k_{tx}/(N/m)	0.149×10^6
转向架质量 M_t/kg	3600	二系悬挂垂向刚度 k_{ty}/(N/m)	0.435×10^6
轮对质量 M_w/kg	1700	二系悬挂纵向刚度 k_{tz}/(N/m)	0.149×10^6
车体绕 x 轴转动惯量 J_{cx}/(kg·m^2)	1.443×10^6	二系悬挂横向阻尼 c_{tx}/(N·s/m)	0
车体绕 y 轴转动惯量 J_{cy}/(kg·m^2)	1.28×10^6	二系悬挂垂向阻尼 c_{ty}/(kN·s/m)	60
车体绕 z 轴转动惯量 J_{cz}/(kg·m^2)	2.205×10^5	二系悬挂纵向阻尼 c_{tz}/(N·s/m)	0
转向架绕 x 轴转动惯量 J_{tx}/(kg·m^2)	1736	车辆定距的 $1/2l_c$/m	6.3
转向架绕 y 轴转动惯量 J_{ty}/(kg·m^2)	2809	转向架轮对定距的 $1/2l_t$/m	1.15
转向架绕 z 轴转动惯量 J_{tz}/(kg·m^2)	1206	二系悬挂横向距离的 $1/2d_t$/m	0.95
轮对绕 z 轴转动惯量 J_{wz}/(kg·m^2)	706	一系悬挂横向距离的 $1/2d_w$/m	1.025
一系悬挂横向刚度 k_{wx}/(N/m)	1.517×10^6	车轮名义滚动圆半径 r_0/m	0.45
一系悬挂垂向刚度 k_{wy}/(N/m)	1.203×10^6	左右轮轨接触点距离的 $1/2a_0$/m	0.7465
一系悬挂纵向刚度 k_{wz}/(N/m)	1.517×10^6	锥形踏面锥度 λ	0.05
一系悬挂横向阻尼 c_{wx}/(N·s/m)	0	车体质心至二系悬挂距离 H_{CB}/m	1.142
一系悬挂垂向阻尼 c_{wy}/(kN·s/m)	6	构架质心至二系悬挂距离 H_{Bt}/m	0.367
一系悬挂纵向阻尼 c_{wz}/(N·s/m)	0	构架质心与轮对中线距离 H_{tw}/m	0.108
车长 l/m	19.5		

表 5.3　地铁 T60 钢轨及 $DTVI_2$ 扣件支撑参数*

物理量	参数	物理量	参数
钢轨单位长度质量 m/(kg/m)	60.64	扣件支点横向支撑刚度 k_x/(MN/m)	30
钢轨横截面面积 A/m^2	7.745×10^{-3}	扣件支点横向支撑阻尼系数 c_x/(kN·s/m)	22.5
钢轨弹性模量 E/(N/m^2)	2.059×10^{11}	扣件支点垂向支撑刚度 k_y/(MN/m)	40
钢轨剪切模量 G/(N/m^2)	7.919×10^{10}	扣件支点垂向支撑阻尼系数 c_y/(kN·s/m)	30
钢轨截面惯性矩 I_x/m^4	3.217×10^{-5}	扣件支点纵向支撑刚度 k_z/(MN/m)	30
钢轨截面惯性矩 I_y/m^4	0.528×10^{-5}	扣件支点纵向支撑阻尼系数 c_z/(kN·s/m)	22.5
钢轨截面扭转常数 I_d/m^4	0.2151×10^{-5}	扣件支点扭转支撑刚度 k_φ/(kN·m/rad)	225
钢轨截面极惯性矩 I_0/m^4	3.714×10^{-5}	扣件支点扭转支撑阻尼系数 c_φ/(N·m·s/rad)	160
钢轨损耗因子 η	0.01	扣件间距 L/m	0.6
钢轨截面垂向剪切因子 K_y	0.5329	左右轨距/mm	1435
钢轨截面横向剪切因子 K_x	0.4507	钢轨泊松比 μ	0.3

* 以上车辆、轨道参数见文献(李克飞,2014)

根据表 5.2 中车辆参数,由理论公式计算可得轮对及转向架蛇形运动波长分别为 $L_w=16.3$m、$L_t=29.9$m。

采用本章建立的曲线轨道车辆-轨道耦合频域解析模型对车辆横向运动响应进行分析,当列车以 50km/h 的运行速度通过轨道结构时,车辆蛇形运动响应如图 5.28 所示。

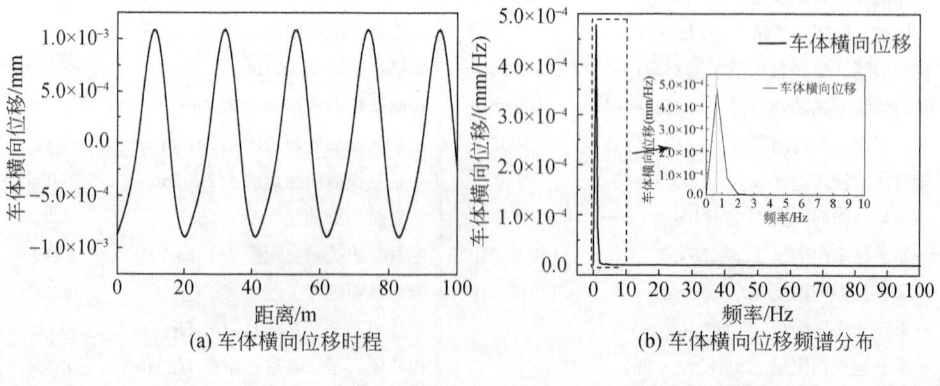

(a) 车体横向位移时程　　(b) 车体横向位移频谱分布

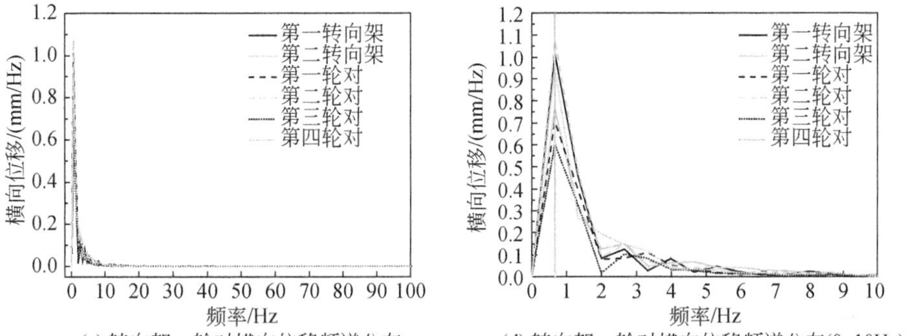

(c) 转向架、轮对横向位移频谱分布　　(d) 转向架、轮对横向位移频谱分布(0~10Hz)

图 5.28　车辆蛇形运动响应

由图 5.28 可知：车体、转向架、轮对横向位移响应显著的频段对应车辆的蛇形运动，根据响应显著频率和车辆通过速度可知，采用曲线轨道车辆-轨道耦合频域解析模型计算所得车辆蛇形运动波长为 21m，介于自由轮对和刚性转向架蛇形运动波长理论值(L_w=16.3m、L_t=29.9m)之间。

由于本章建立的曲线轨道车辆-轨道耦合频域解析模型忽略了轮对的摇头运动，且转向架与轮对之间采用一系悬挂连接，车辆蛇形运动波长介于自由轮对和刚性转向架蛇形运动波长理论值之间是合理的。

综合以上分析可知，本章推导的轨梁柔度系数的求解方法与既有计算方法所得结果吻合良好，采用模型计算所得车辆的蛇形运动符合理论计算结果，由此可知，本章建立的曲线轨道车辆-轨道耦合频域解析模型是准确的。

5.10　曲线轨道结构振动的模型计算结果与实测结果对照分析

通过与现场实测结果进行对照，本节将给出理论模型计算结果与实测结果之间的关系。

选取某地铁区间进行轨道结构动力学测试，地铁区间测点位置如图 5.29 所示。线路采用六动两拖 8 节编组 B 型车，测试区间内列车运行速度为 80km/h，测试曲线半径为 650m，曲线轨道超高设置为 120mm，测试内容有内轨垂向/横向位移、加速度，外轨垂向/横向位移、加速度。

钢轨动力响应测试仪器布置图如图 5.30 所示，其中，钢轨位移测试采用 DA-5 型位移传感器，钢轨振动加速度测试采用量程为 500g 的 LC0123T 型加速度传感器，传感器型号如图 5.31 所示。数据采集使用 16 通道 INV3060V 型 24 位高精度数据采集仪，数据分析采用相配套的 DASP V10，数据采集与分析系统如图 5.32 所示。

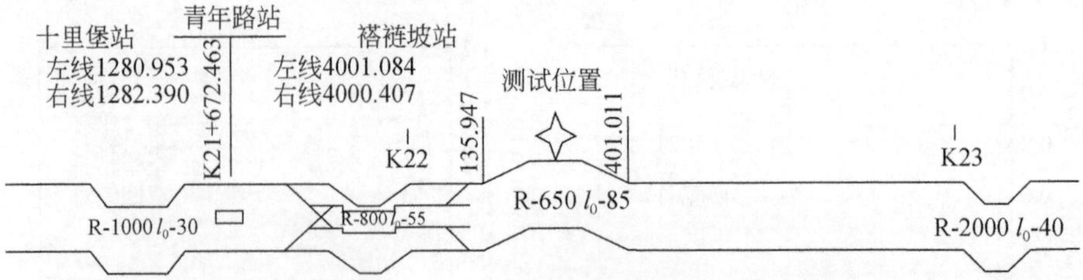

图 5.29　地铁区间测点位置

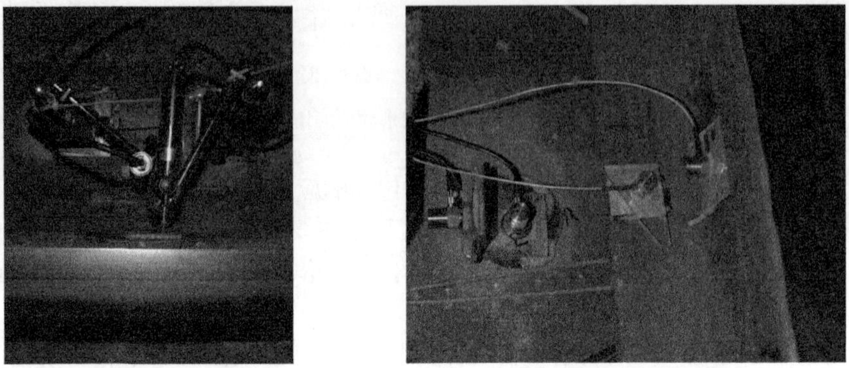

(a) 位移测试布置图　　(b) 钢轨加速度测试布置图

图 5.30　钢轨动力响应测试仪器布置图

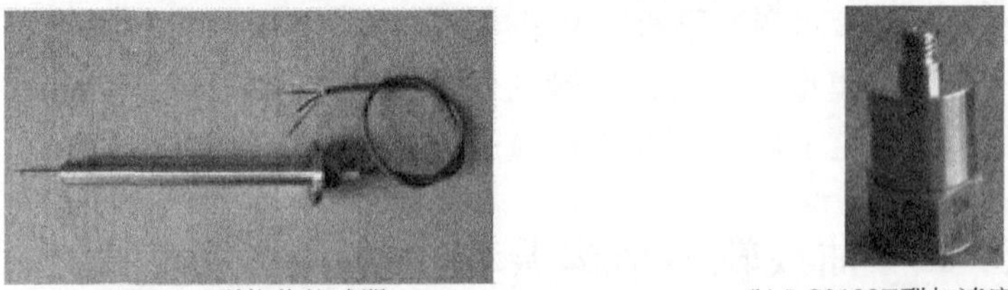

(a) DA-5型位移传感器　　(b) LC0123T型加速度传感器

图 5.31　传感器型号

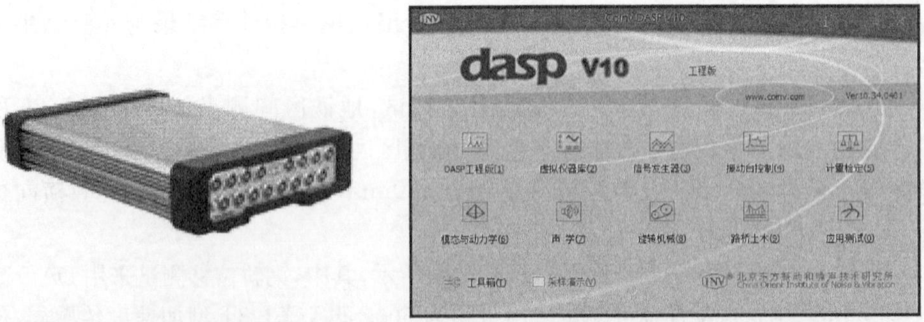

(a) INV3060V型24位高精度数据采集仪　　(b) DASP V10数据采集与分析系统

图 5.32　数据采集与分析系统

在采用本章建立的曲线轨道车辆-轨道耦合频域解析模型进行求解时，车辆及轨道参数如表 5.2 和表 5.3 所示。选用随机不平顺激励，采用美国五级谱，其余计算参数与 5.9.2 节相同。曲线轨道内侧、外侧钢轨垂向、横向动力响应模拟值与实测值对照结果如图 5.33～图 5.35 所示。

图 5.33 为曲线轨道钢轨动力响应时程模拟值与实测值对照结果。

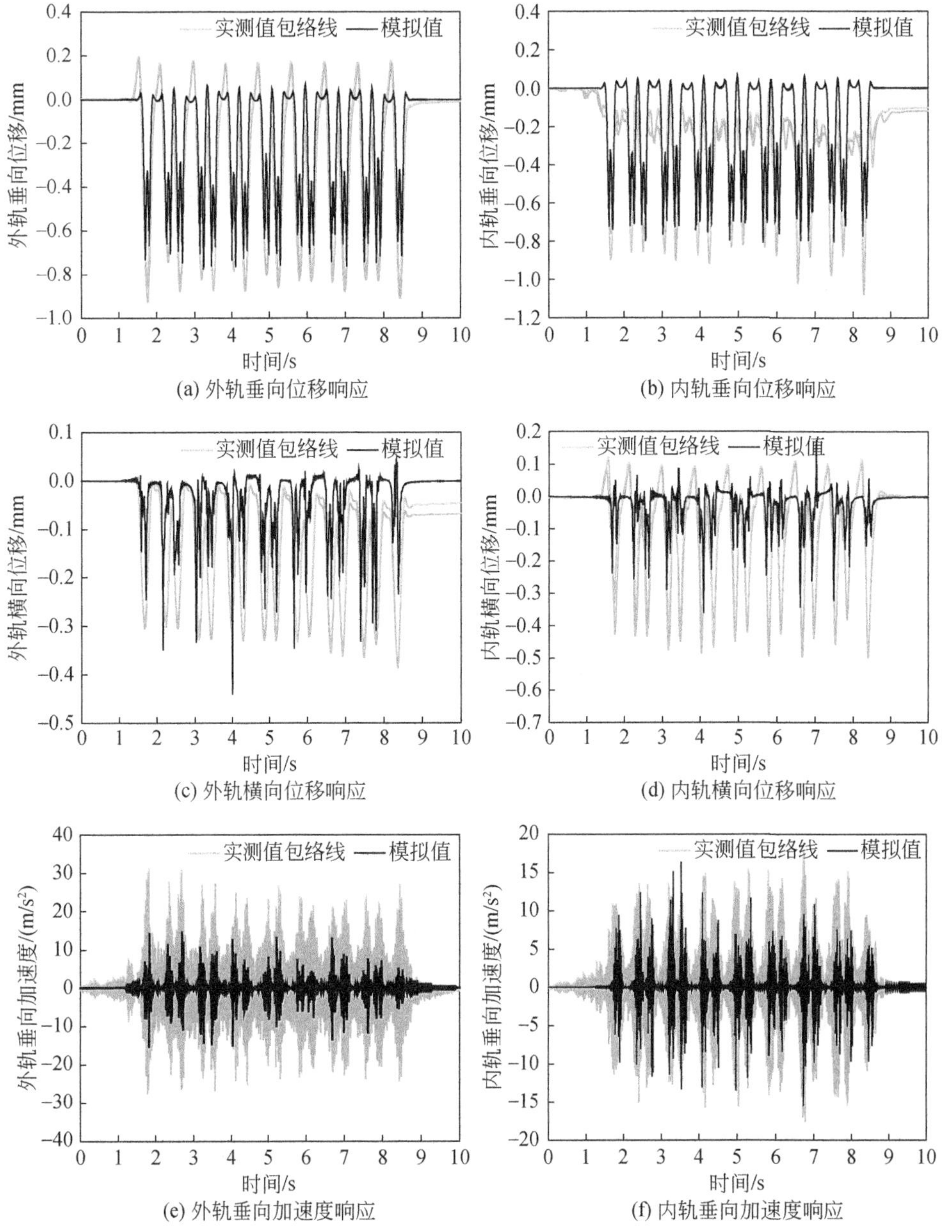

(a) 外轨垂向位移响应　　(b) 内轨垂向位移响应

(c) 外轨横向位移响应　　(d) 内轨横向位移响应

(e) 外轨垂向加速度响应　　(f) 内轨垂向加速度响应

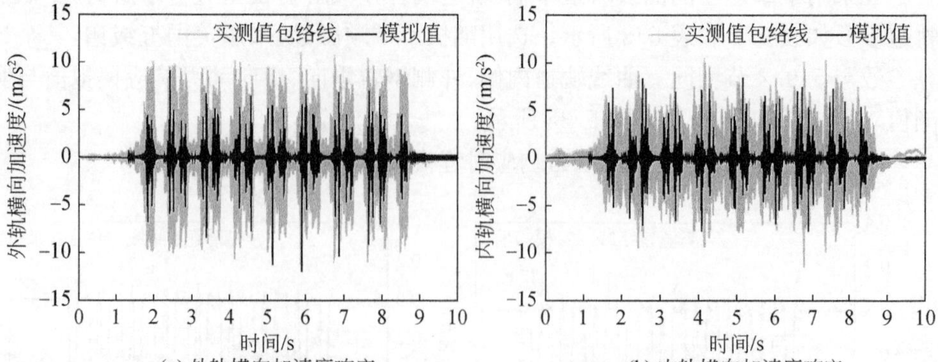

(g) 外轨横向加速度响应　(h) 内轨横向加速度响应

图 5.33　曲线轨道钢轨动力响应时程模拟值与实测值对照结果

观察图 5.33 可知：

(1)模型计算所得内外轨垂向位移响应结果与实测值较为接近，外轨横向位移响应结果与实测值较为接近，内轨横向位移响应结果与实测值相比，模拟值偏小。

(2)模型计算所得内轨垂向加速度响应结果与实测值较为接近，外轨横向加速度响应结果与实测值较为接近，外轨垂向加速度响应结果与实测值相比，模拟值偏小。

图 5.34 为曲线轨道钢轨位移响应频谱模拟值与实测值对照结果。

观察图 5.34 可知：

(1)模型计算所得内外轨垂向位移频谱响应主要峰值及频谱分布与实测值较为接近。

(2)内外轨横向位移频谱响应结果在 1～10Hz 频段与实测值较为接近，在高于 10Hz 的频段，模型计算所得横向位移频谱分布更为丰富。

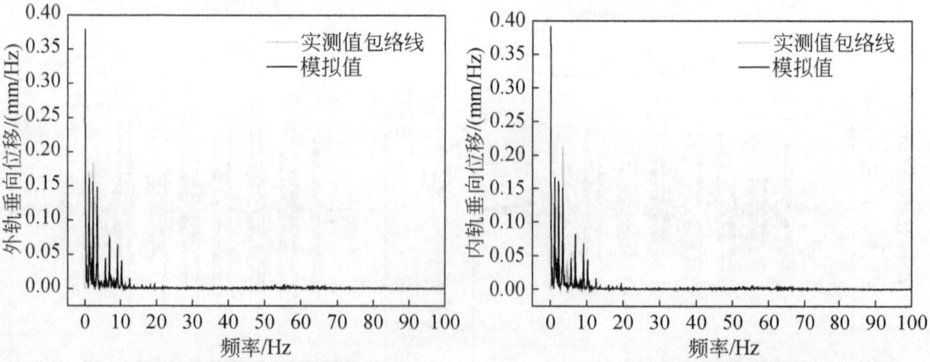

(a) 外轨垂向位移频谱　(b) 内轨垂向位移频谱

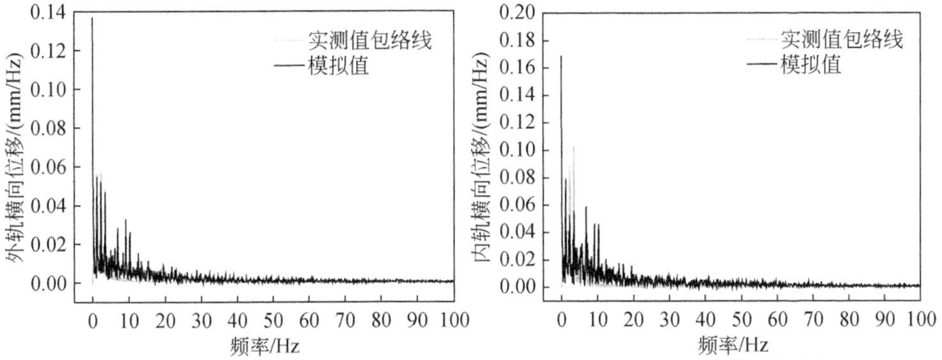

(c) 外轨横向位移频谱　(d) 内轨横向位移频谱

图 5.34　曲线轨道钢轨位移响应频谱模拟值与实测值对照结果

图 5.35 为曲线轨道钢轨加速度响应三分之一倍频程模拟值与实测值对照结果。

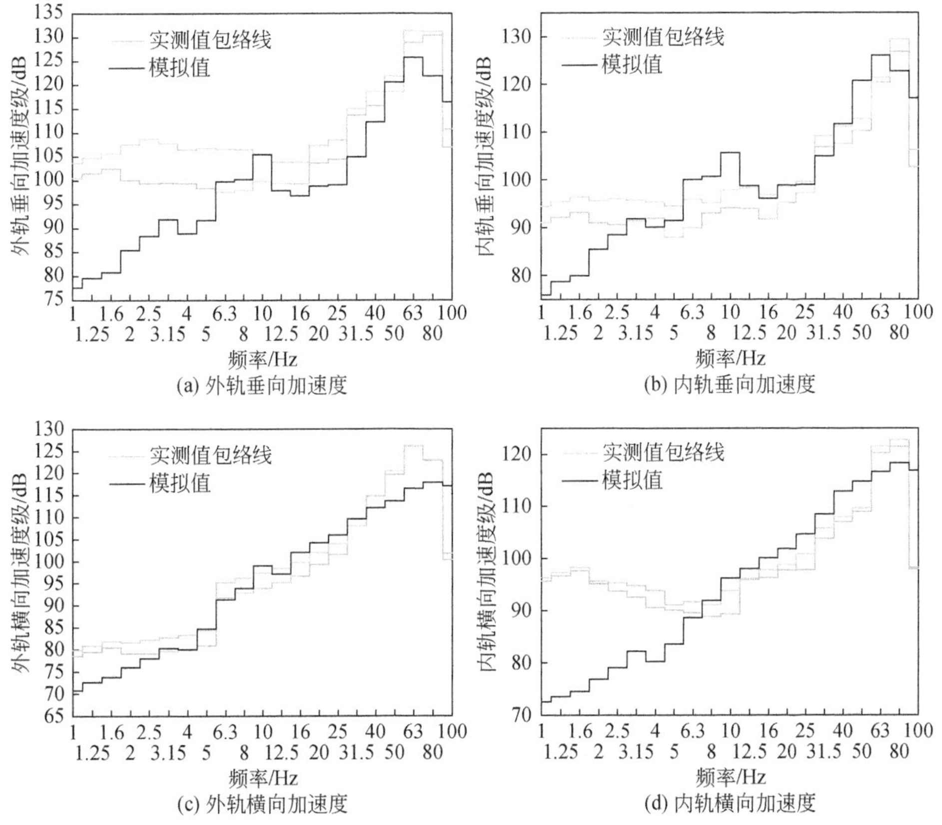

图 5.35　曲线轨道钢轨加速度响应三分之一倍频程模拟值与实测值对照结果

观察图 5.35 可知:在 6.3Hz 以内频段,模型计算所得钢轨加速度级小于实测值,在 10Hz 以上频段,模型计算所得加速度级变化趋势与实测结果较为接近。

5.11 案例分析

5.11.1 准静态轴重作用

由于曲线轨道线路平面与水平面间有一定的夹角,为了便于描述,本小节对主要用词做出如下定义:

垂向,指垂直于道床平面方向。

横向,指平行于道床平面方向(与纵向垂直)。

对于曲线轨道的内外轨,采用 H(higher rail)、L(lower rail)分别表示外轨、内轨,曲线轨道内外轨垂向、横向支点反力示意图如图 5.36 所示。

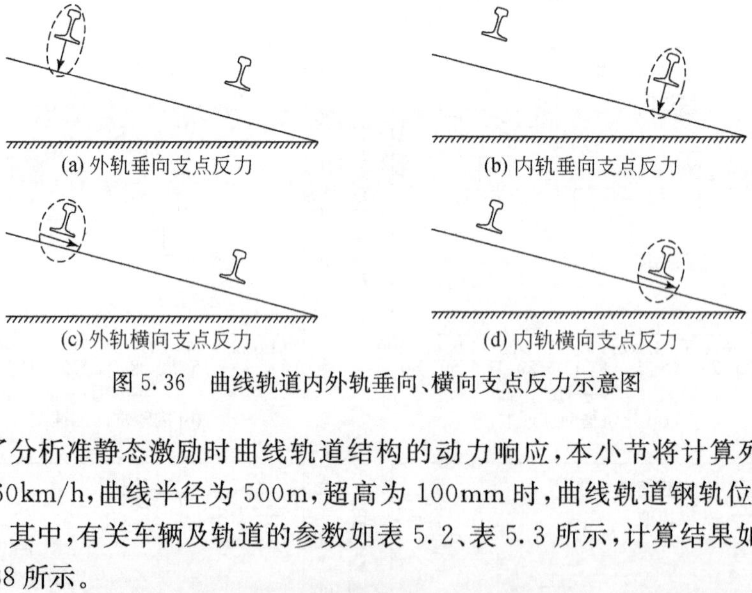

图 5.36 曲线轨道内外轨垂向、横向支点反力示意图

为了分析准静态激励时曲线轨道结构的动力响应,本小节将计算列车运行速度为 60km/h,曲线半径为 500m,超高为 100mm 时,曲线轨道钢轨位移、加速度响应。其中,有关车辆及轨道的参数如表 5.2、表 5.3 所示,计算结果如图 5.37 和图 5.38 所示。

图 5.37 为准静态激励时曲线轨道结构钢轨位移响应。

从图 5.37 中可知:

(1)外轨垂向、横向位移响应峰值分别在 0.68mm、0.06mm 左右,内轨垂向、横向位移响应峰值分别在 0.7mm、0.065mm 左右,内轨垂向、横向位移响应峰值分别大于外轨垂向、横向位移响应峰值。

(2)在准静态激励时,曲线轨道钢轨位移响应频域集中于 20Hz 以内频段,频域内响应峰值频率对应列车各轴距对应的通过频率,内轨位移频域响应峰值大于

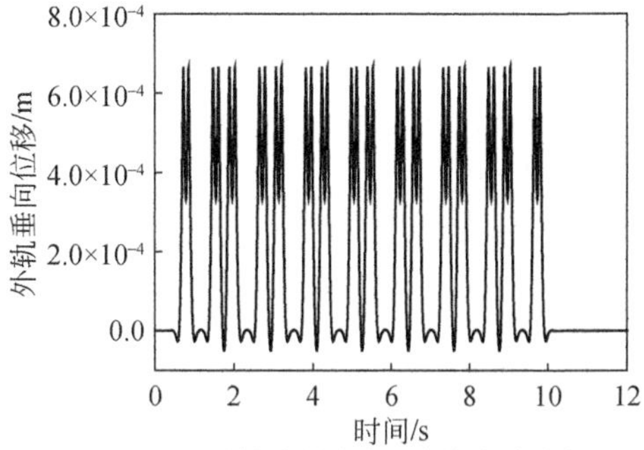

(a) 曲线轨道外轨垂向位移时域响应

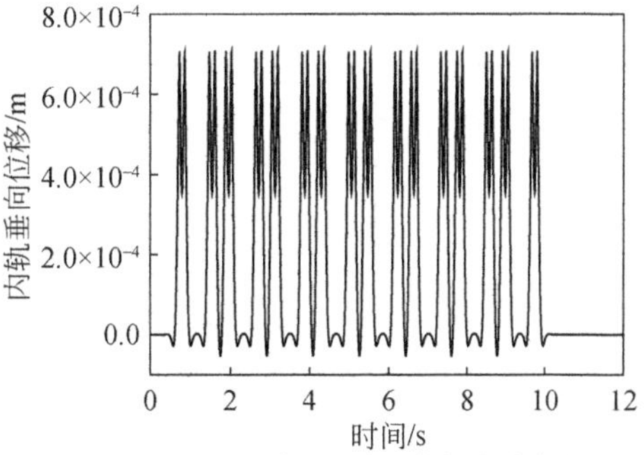

(b) 曲线轨道内轨垂向位移时域响应

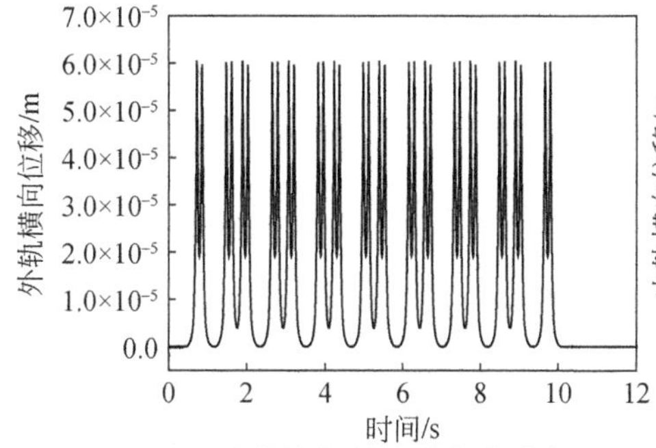

(c) 曲线轨道外轨横向位移时域响应

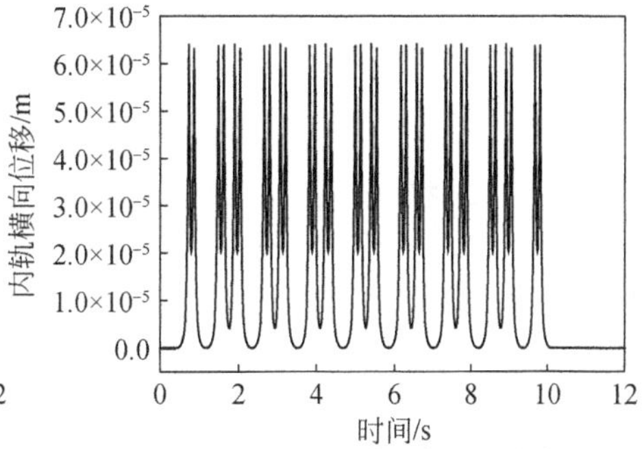

(d) 曲线轨道内轨横向位移时域响应

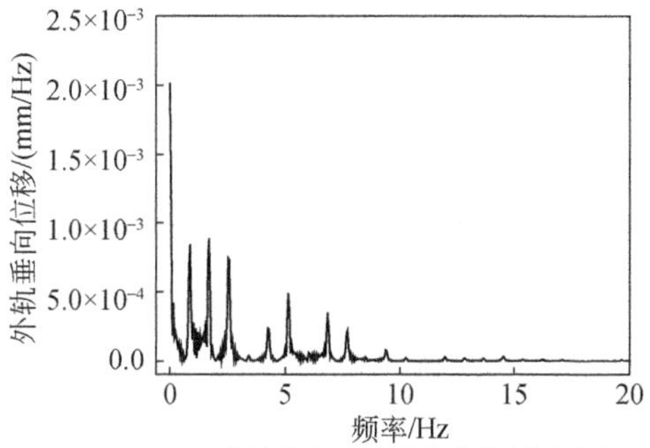

(e) 曲线轨道内轨横向位移频域响应

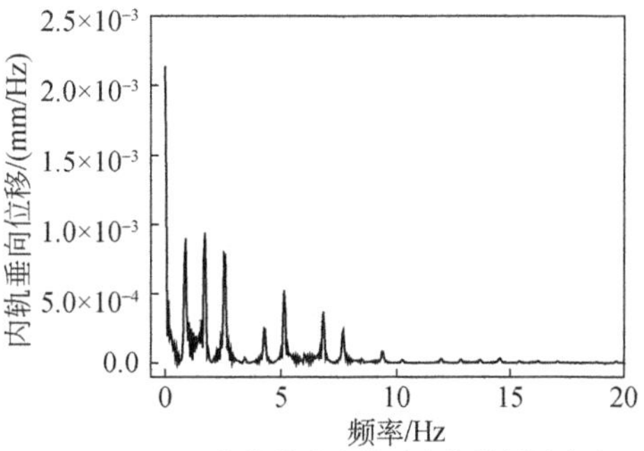

(f) 曲线轨道内轨垂向位移频域响应

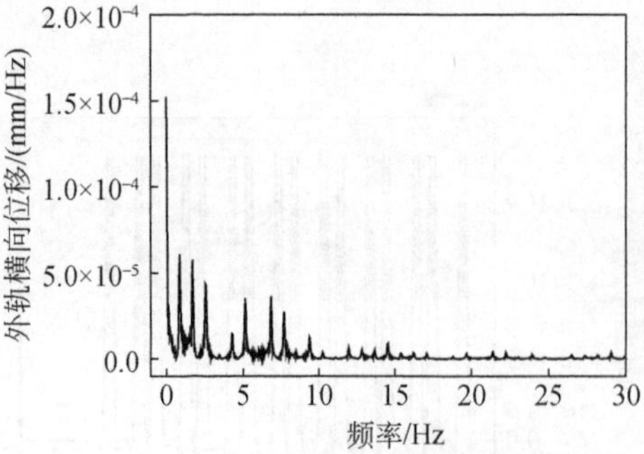

(g) 曲线轨道外轨横向位移频域响应

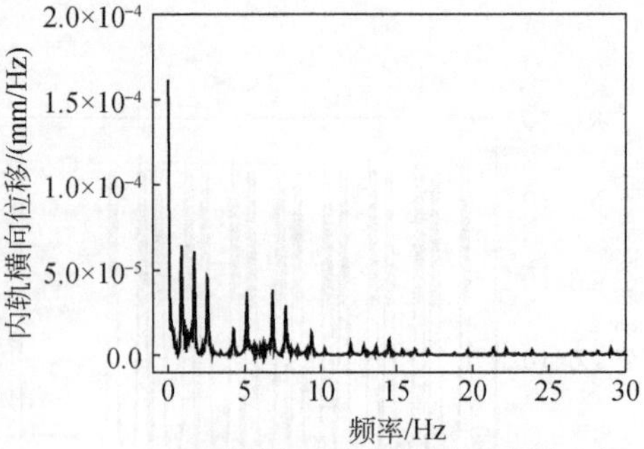

(h) 曲线轨道内轨横向位移频域响应

图 5.37　准静态激励时曲线轨道结构钢轨位移响应

外轨，横向位移响应频域分布范围大于垂向。

图 5.38 为准静态激励时曲线轨道结构钢轨加速度响应。

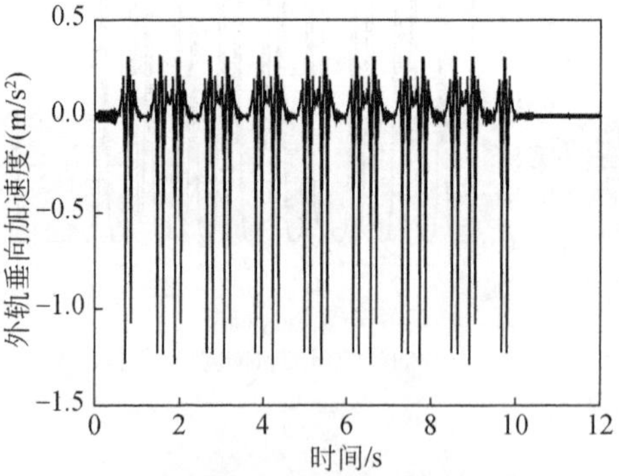

(a) 曲线轨道外轨垂向加速度时域响应

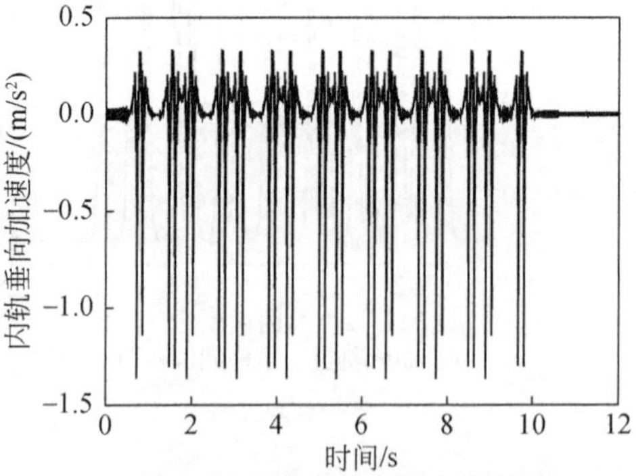

(b) 曲线轨道内轨垂向加速度时域响应

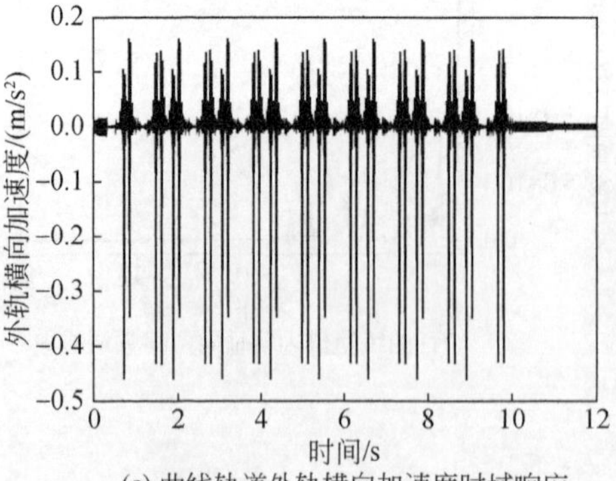

(c) 曲线轨道外轨横向加速度时域响应

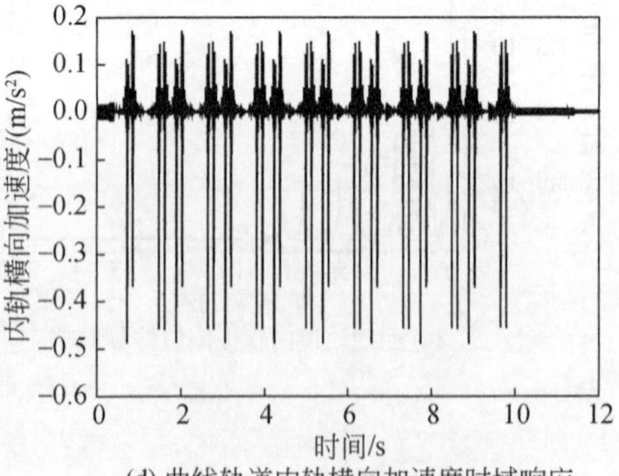

(d) 曲线轨道内轨横向加速度时域响应

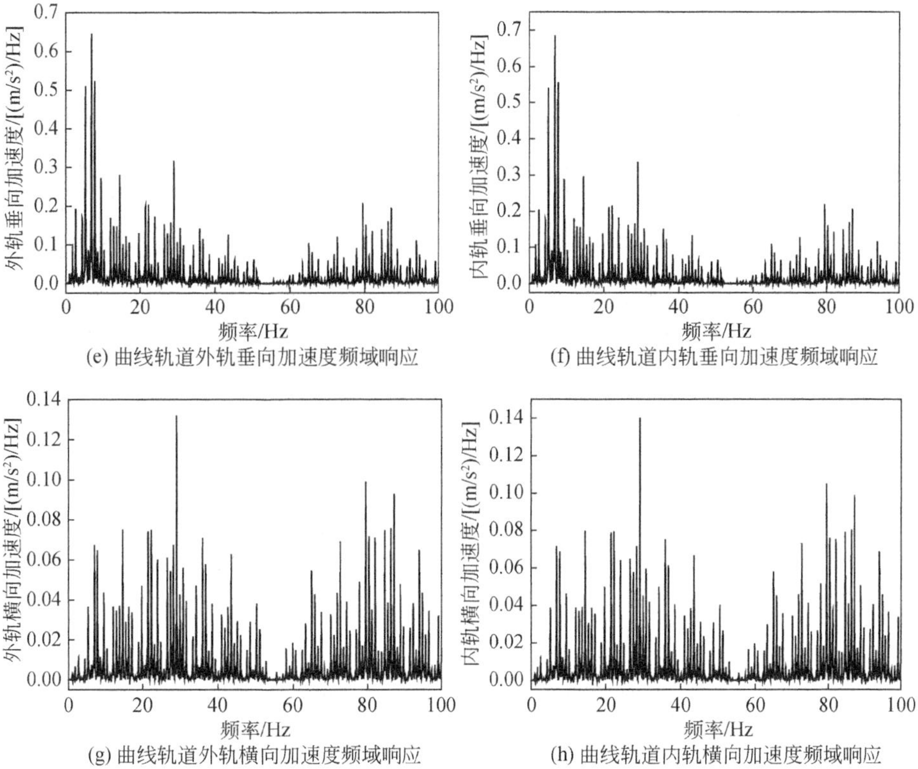

(e) 曲线轨道外轨垂向加速度频域响应　(f) 曲线轨道内轨垂向加速度频域响应

(g) 曲线轨道外轨横向加速度频域响应　(h) 曲线轨道内轨横向加速度频域响应

图 5.38　准静态激励时曲线轨道结构钢轨加速度响应

从图 5.38 中可知：

(1)外轨垂向、横向加速度时域响应峰值分别在 -1.25m/s^2、-0.45m/s^2 左右，内轨垂向、横向加速度时域响应峰值分别在 -1.4m/s^2、-0.5m/s^2 左右，内轨垂向、横向加速度时域响应峰值分别大于外轨垂向、横向加速度时域响应峰值。

(2)在准静态激励时，内轨加速度频域响应峰值大于内轨，横向加速度响应频域分布范围大于垂向。

5.11.2　随机不平顺激励

为了分析随机不平顺激励时，车辆-轨道耦合对轨道结构动力响应的影响，本小节将计算列车运行速度为 80km/h，曲线半径为 800m，超高为 120mm 时，曲线轨道钢轨位移、加速度响应。采用随机不平顺激励进行车辆-轨道耦合动力响应的求解，采用美国五级谱，随机激振频率最高为 170Hz，轨道不平顺采样点取为 256。轨梁计算模态数取为 81，轨梁最高分析频率取为 100Hz，其中，有关车辆及轨道的参数如表 5.2 和表 5.3 所示。计算结果如图 5.39 和图 5.40 所示。

图 5.39 为随机不平顺激励时曲线轨道结构钢轨位移动力响应。

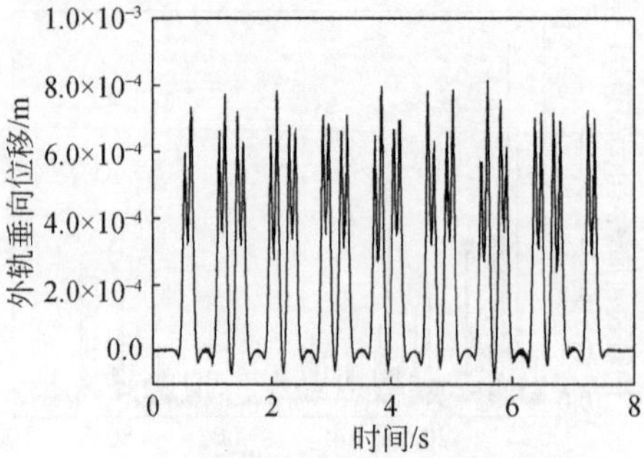

(a) 曲线轨道外轨垂向位移时域响应

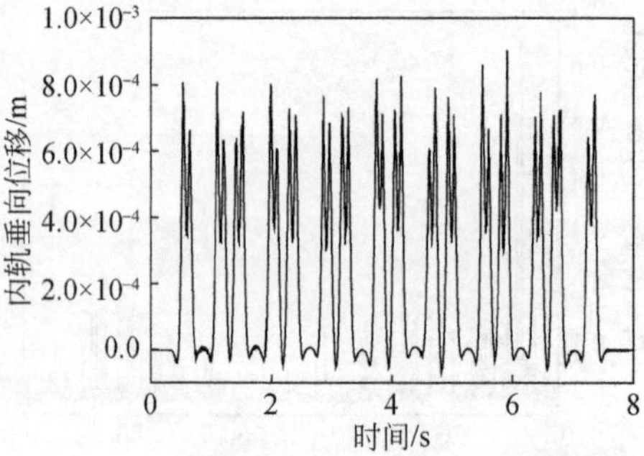

(b) 曲线轨道内轨垂向位移时域响应

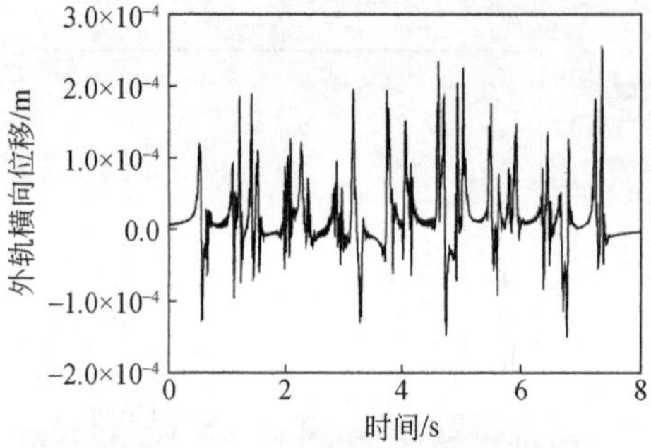

(c) 曲线轨道外轨横向位移时域响应

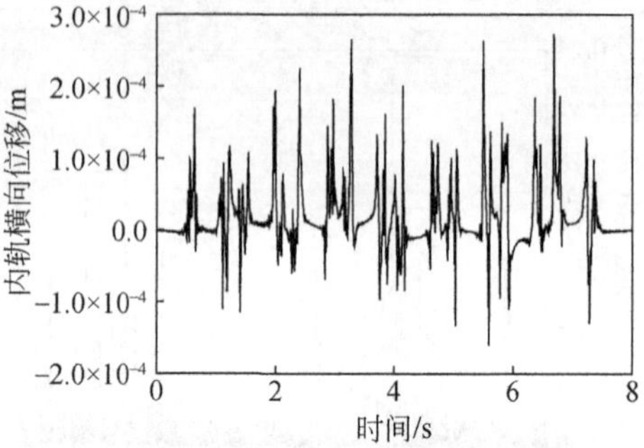

(d) 曲线轨道内轨横向位移时域响应

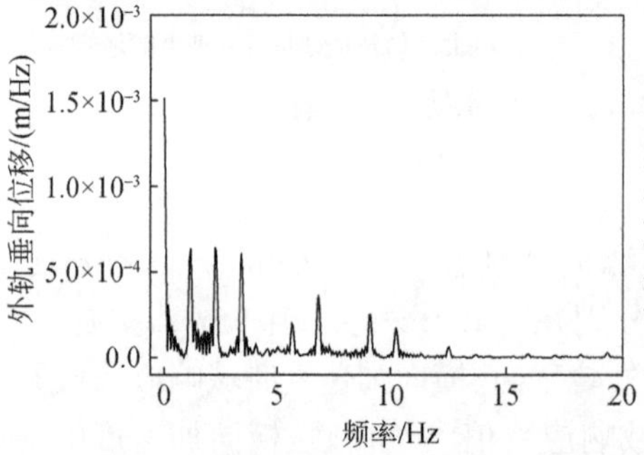

(e) 曲线轨道外轨垂向位移频域响应

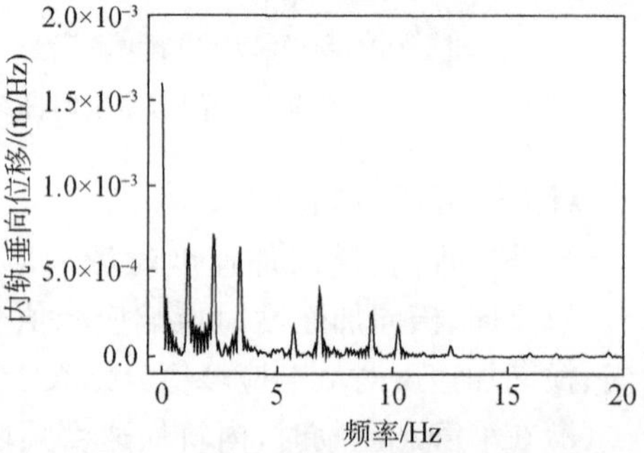

(f) 曲线轨道内轨垂向位移频域响应

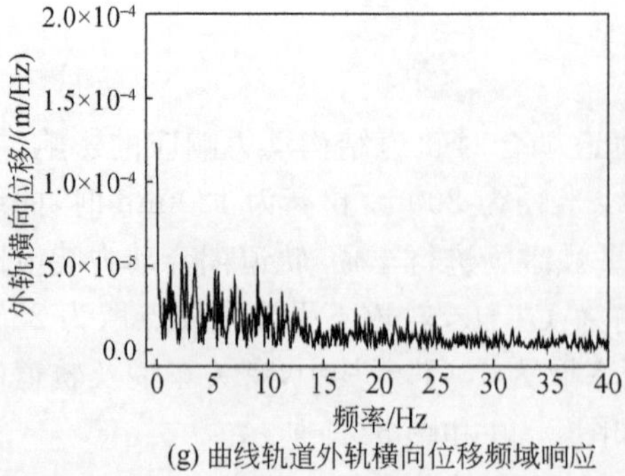

(g) 曲线轨道外轨横向位移频域响应

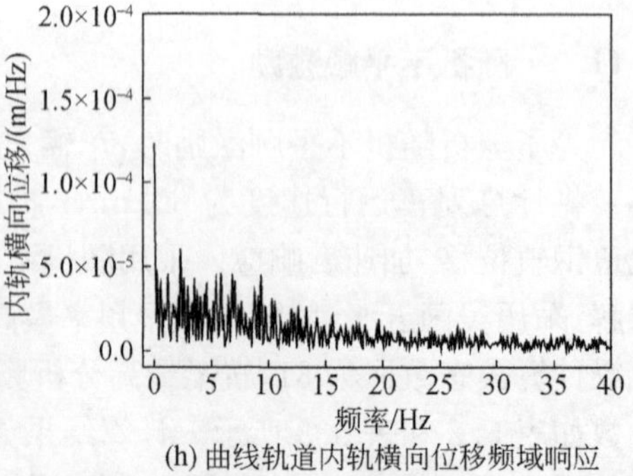

(h) 曲线轨道内轨横向位移频域响应

图 5.39　随机不平顺激励时曲线轨道结构钢轨位移动力响应

从图 5.39 中可知：

(1)内轨垂向、横向时域位移响应峰值分别大于外轨垂向、横向时域位移响应峰值。

(2)曲线轨道钢轨垂向位移响应频域集中于 10Hz 以内频段，横向位移响应频域集中于 20Hz 以内频段，横向位移响应频域分布范围大于垂向。

图 5.40 为随机不平顺激励时曲线轨道结构钢轨加速度动力响应。

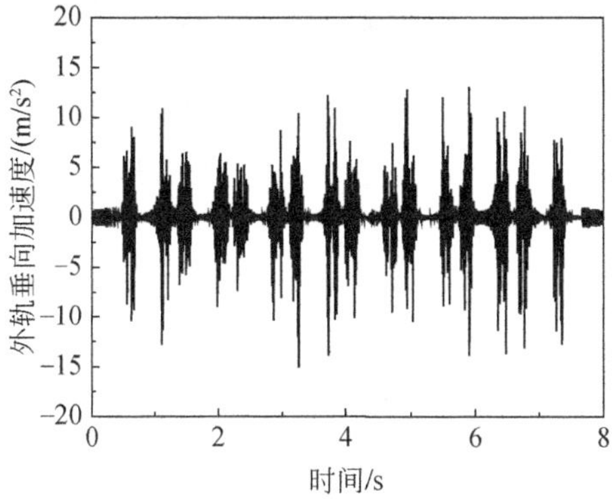

(a) 曲线轨道外轨垂向加速度时域响应

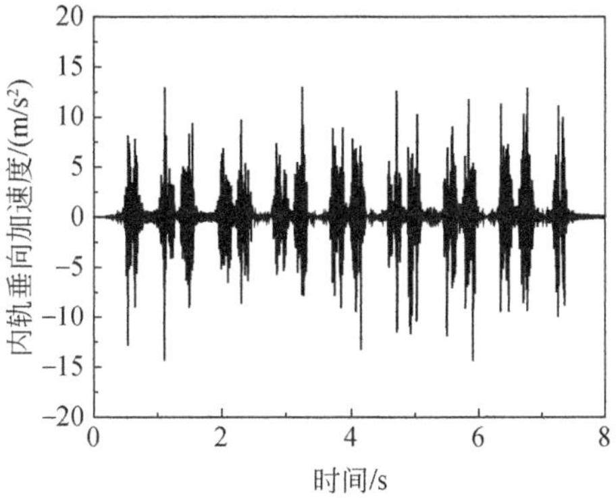

(b) 曲线轨道内轨垂向加速度时域响应

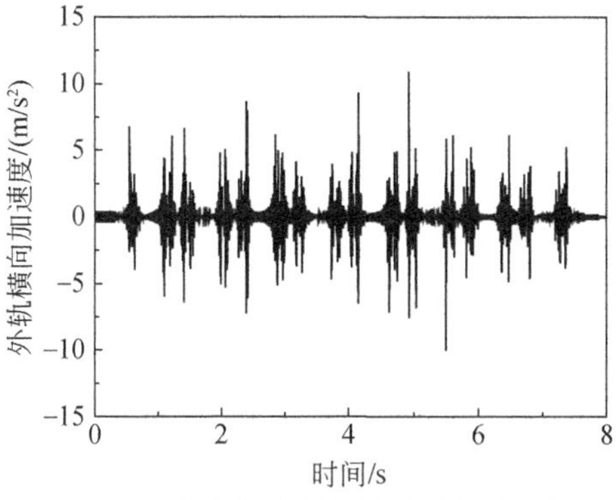

(c) 曲线轨道外轨横向加速度时域响应

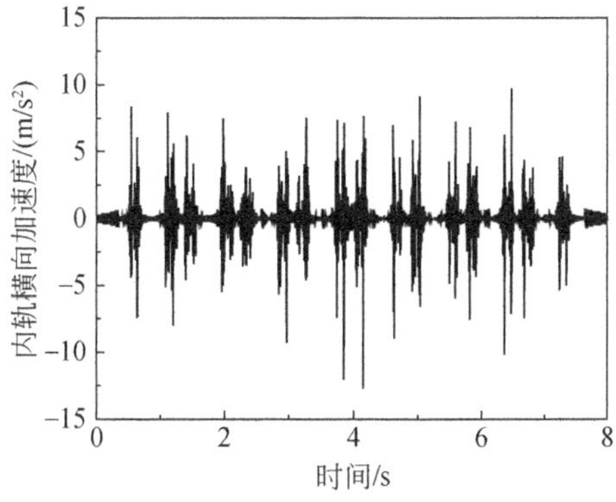

(d) 曲线轨道内轨横向加速度时域响应

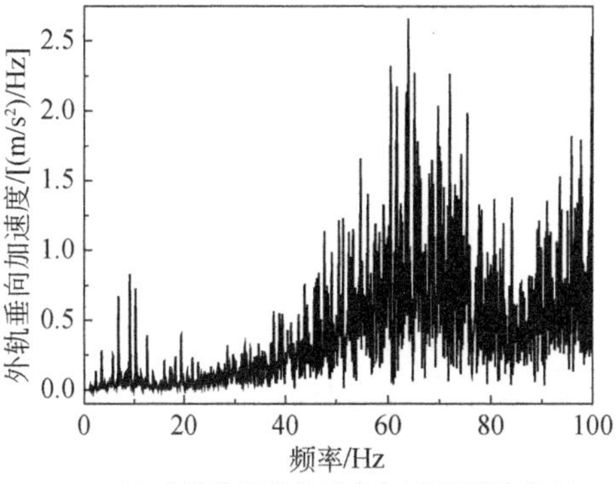

(e) 曲线轨道外轨垂向加速度频域响应

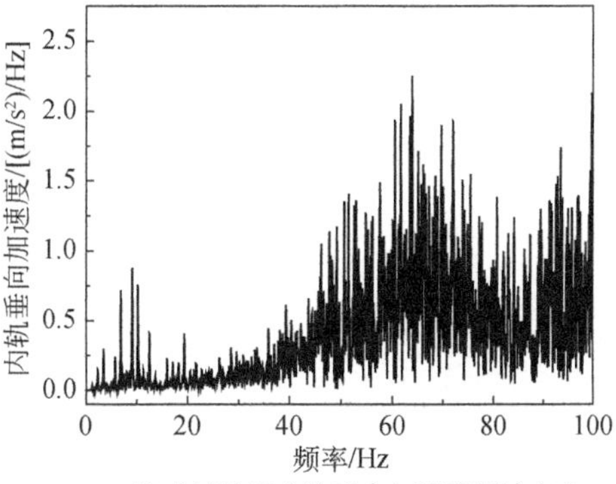

(f) 曲线轨道内轨垂向加速度频域响应

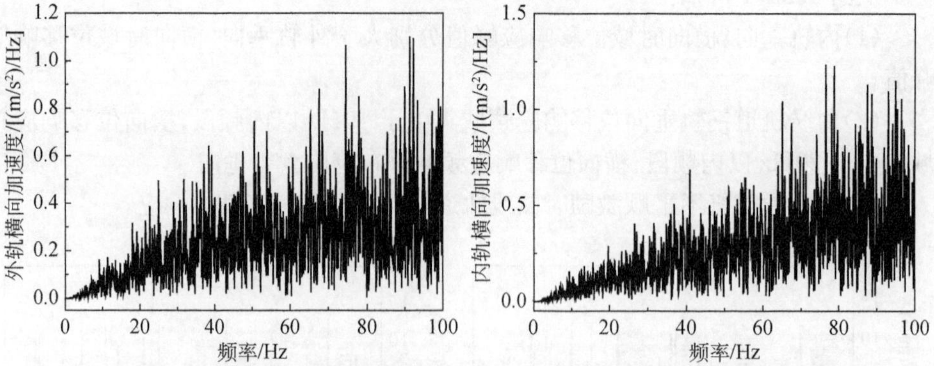

(g) 曲线轨道外轨横向加速度频域响应　　(h) 曲线轨道内轨横向加速度频域响应

图 5.40　随机不平顺激励时曲线轨道结构钢轨加速度动力响应

第 6 章　变速移动列车作用下轨道动力响应频域解析研究

前面章节讨论了车辆-轨道耦合解析模型的基本方法，在研究过程中，均假设列车行驶速度大小为常数，即 $v=C$，匀速行驶。然而，城市轨道交通区间较短，列车在行车区间 50%以上的线路内都处于变速行驶状态，大量的实测分析显示，列车进出站时加减速运行的环境振动及噪声问题同样不容忽视。纵观车辆-轨道耦合动力学既有的研究成果，作者发现对变速移动列车的车辆-轨道耦合动力学问题的研究相对较少。因此，本章根据前述车辆-轨道耦合解析模型的基本方法，在无限-周期性轨道结构的动力学解析方程中，引入速度变化量，研究车辆匀变速运行时的车辆-轨道耦合问题，推导变速移动荷载作用下，半无限弹性空间体上任意一点动力响应的一般表达式。然后，将其引入车辆-轨道耦合模型，建立列车变速行驶时车辆-轨道耦合动力频域解析模型。通过计算结果与实测结果的对比，完善和验证计算程序的正确性及适用性。

本章首先求解轨道结构在变速移动常力作用下的动力响应；然后通过加入整车模型，求解变速移动列车作用下轨道结构的动力响应；最后利用变速车辆-轨道耦合模型，对影响轨道动力学特性的扣件刚度、列车加速度和列车初始速度进行参数分析。

6.1　变速移动荷载作用下轨道动力响应解析解

6.1.1　半无限空间连续体任意一点的时频域动力表达

移动荷载作用下半无限空间连续体任意一点动力响应如图 6.1 所示，荷载 $\boldsymbol{g}(t)$从初始位置 x_0^{F} 以初始速度 $\boldsymbol{v}_0$、加速度 $\boldsymbol{a}$ 沿 x 轴移动，在 τ 时刻，荷载的作用位置为$x=x_0^{\mathrm{F}}+\boldsymbol{v}_0\tau+\dfrac{1}{2}\boldsymbol{a}\tau^2$，根据式(2.16)，得到半无限空间连续体上任意一点 ξ_x 位移响应在时间域内的表达为

$$\boldsymbol{u}(\xi_x,t)=\int_{-\infty}^{+\infty}\boldsymbol{g}(\tau)\cdot\boldsymbol{h}\left(\xi_x,x_0^{\mathrm{F}}+\boldsymbol{v}_0\tau+\frac{1}{2}\boldsymbol{a}\tau^2,t-\tau\right)\mathrm{d}\tau \tag{6.1}$$

在线弹性假设下，由动力互等定理，包含荷载移动加速度项的脉冲响应函数满足

$$\boldsymbol{h}\left(\xi_x,x_0^{\mathrm{F}}+\boldsymbol{v}_0\tau+\frac{1}{2}\boldsymbol{a}\tau^2,t-\tau\right)=\boldsymbol{h}\left(x_0^{\mathrm{F}}+\boldsymbol{v}_0\tau+\frac{1}{2}\boldsymbol{a}\tau^2,\xi_x,t-\tau\right) \tag{6.2}$$

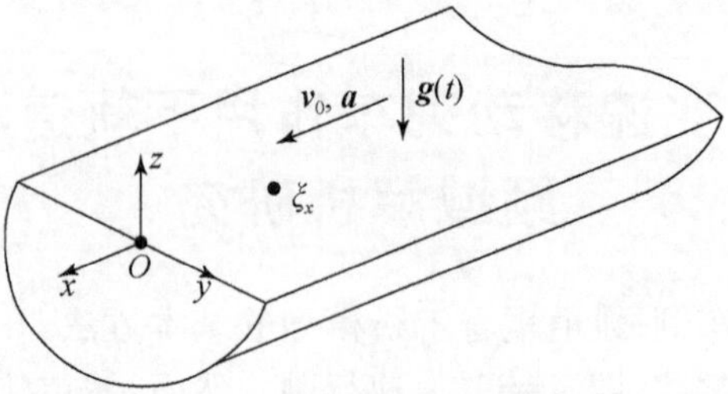

图 6.1　移动荷载作用下半无限空间连续体任意一点动力响应

因此式(6.1)可表示为

$$\boldsymbol{u}(\xi_x, t)=\int_{-\infty}^{+\infty}\boldsymbol{g}(\tau)\cdot\boldsymbol{h}\left(x_0^{\mathrm{F}}+\boldsymbol{v}_0\tau+\frac{1}{2}\boldsymbol{a}\tau^2, \xi_x, t-\tau\right)\mathrm{d}\tau \tag{6.3}$$

对式(6.3)进行傅里叶变换

$$\hat{\boldsymbol{u}}(\xi_x, \omega)=\int_{-\infty}^{+\infty}\int_{-\infty}^{+\infty}\boldsymbol{g}(\tau)\cdot\boldsymbol{h}\left(x_0^{\mathrm{F}}+\boldsymbol{v}_0\tau+\frac{1}{2}\boldsymbol{a}\tau^2, \xi_x, t-\tau\right)\mathrm{d}\tau\,\mathrm{e}^{-\mathrm{i}\omega t}\mathrm{d}t \tag{6.4}$$

式(6.4)可以进一步表示为

$$\hat{\boldsymbol{u}}(\xi_x, \omega)=\int_{-\infty}^{+\infty}\boldsymbol{g}(\tau)\cdot\left[\int_{-\infty}^{+\infty}\boldsymbol{h}\left(x_0^{\mathrm{F}}+\boldsymbol{v}_0\tau+\frac{1}{2}\boldsymbol{a}\tau^2, \xi_x, t-\tau\right)\mathrm{e}^{-\mathrm{i}\omega(t-\tau)}\mathrm{d}t\right]\mathrm{e}^{-\mathrm{i}\omega\tau}\mathrm{d}\tau \tag{6.5}$$

即

$$\hat{\boldsymbol{u}}(\xi_x, \omega)=\int_{-\infty}^{+\infty}\boldsymbol{g}(\tau)\cdot\hat{\boldsymbol{h}}\left(x_0^{\mathrm{F}}+\boldsymbol{v}_0\tau+\frac{1}{2}\boldsymbol{a}\tau^2, \xi_x, \omega\right)\mathrm{e}^{-\mathrm{i}\omega\tau}\mathrm{d}\tau \tag{6.6}$$

式中，$\hat{\boldsymbol{h}}\left(x_0^{\mathrm{F}}+\boldsymbol{v}_0\tau+\frac{1}{2}\boldsymbol{a}\tau^2, \xi_x, \omega\right)=\int_{-\infty}^{+\infty}\boldsymbol{h}\left(x_0^{\mathrm{F}}+\boldsymbol{v}_0\tau+\frac{1}{2}\boldsymbol{a}\tau^2, \xi_x, t-\tau\right)\mathrm{e}^{-\mathrm{i}\omega(t-\tau)}\mathrm{d}t$，为引入了荷载移动加速度项的频响函数。

式(6.3)和式(6.6)分别为垂向荷载在半无限空间连续体表面匀变速移动时，任意一点动力响应在时域和频域内的表达式。

6.1.2　轨道结构上任意一点的频域动力表达

加速移动荷载作用下的轨道结构力学模型示意图如图 6.2 所示。垂向荷载 $\boldsymbol{g}(t)$以初始速度 $\boldsymbol{v}_0$、加速度 $\boldsymbol{a}$ 在轨道上移动，轨枕支撑间距为 L。

建立轨道基本元 L 内的局部坐标系，如图 6.3 所示。在 t 时刻，荷载在整体坐标系中的作用位置 x 为

$$x=x_0^{\mathrm{F}}+\boldsymbol{v}_0t+\frac{1}{2}\boldsymbol{a}t^2 \tag{6.7}$$

设其在基本元局部坐标系内的投影 $\tilde{x}$ 为

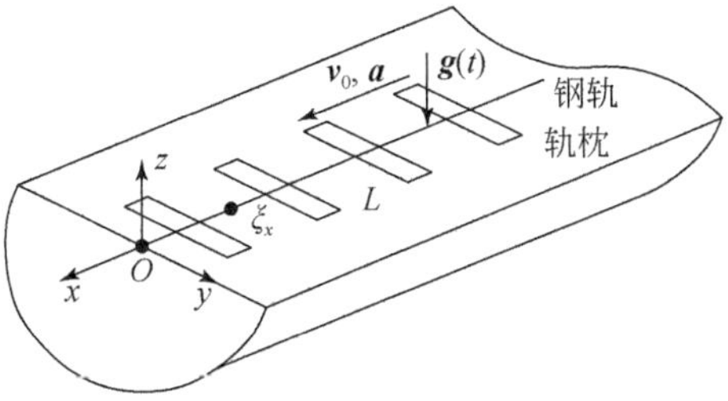

图 6.2　加速移动荷载作用下的轨道结构力学模型示意图

$$\tilde{x}=x-n_xL \tag{6.8}$$

式中，n_x 为荷载在 t 时刻距整体坐标原点长度中所含基本元 L 的个数。

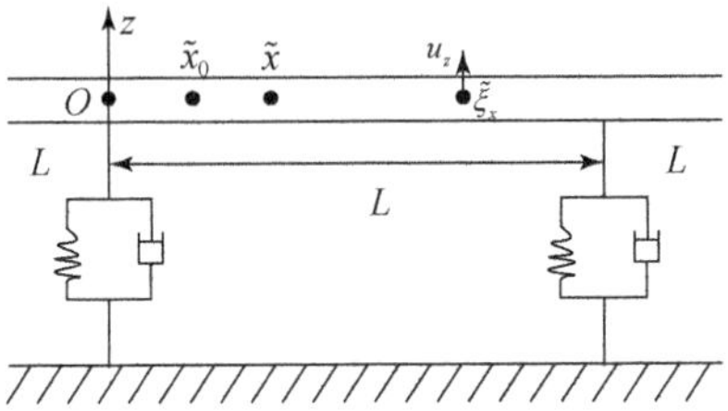

图 6.3　轨道基本元 L 内的局部坐标系

响应点 ξ_x 在基本元局部坐标系内的投影 $\tilde{\xi}_x$ 为

$$\tilde{\xi}_x=\xi_x-n_{\xi_x}L \tag{6.9}$$

式中，n_{ξ_x} 为响应点 ξ_x 距整体坐标原点长度中所含的基本元 L 的个数。

荷载在整体坐标系中的初始位置为 x_0^{F}，则其在基本元局部坐标系内的投影 $\tilde{x}_0^{\mathrm{F}}$ 为

$$\tilde{x}_0^{\mathrm{F}}=x_0^{\mathrm{F}}-n_{x_0^{\mathrm{F}}}L \tag{6.10}$$

式中，$n_{x_0^{\mathrm{F}}}$ 为竖向荷载初始位置 x_0^{F} 距整体坐标原点长度中所含的基本元 L 的个数。

下面研究荷载在一个基本元 L 移动时，响应点 ξ_x 的响应。因此，需将式(6.6)中的积分上限时间 t 表示为局部坐标系内距离与加速度的函数。

根据运动学知识，可得

$$x-x_0^{\mathrm{F}}=v_0\tau+\frac{1}{2}a\tau^2 \tag{6.11}$$

式中，v_0 为荷载初始速度 $\boldsymbol{v}_0$ 的大小，a 为荷载移动加速度 $\boldsymbol{a}$ 的大小。

对式(6.11)进行求解得

$$\tau=\frac{-v_0\pm\sqrt{v_0^2+2a(x-x_0^{\mathrm{F}})}}{a} \tag{6.12}$$

由于 $\tau \geqslant 0$,所以

$$\tau=\frac{-v_0+\sqrt{v_0^2+2a(x-x_0^{\mathrm{F}})}}{a} \tag{6.13}$$

$$x-x_0^{\mathrm{F}}=\tilde{x}+n_x L-\tilde{x}_0^{\mathrm{F}}-n_{x_0^{\mathrm{F}}}L=(n_x L-n_{x_0^{\mathrm{F}}}L)+(\tilde{x}-\tilde{x}_0^{\mathrm{F}}) \tag{6.14}$$

如式(6.14)所示,荷载沿周期性支撑轨道移动的位移 x 可以分为两部分:$(n_x-n_{x_0^{\mathrm{F}}})L$和 $\tilde{x}-\tilde{x}_0^{\mathrm{F}}$,其中,前一部分位移的初始速度为 v_0 和加速度为 a,而后一部分位移的初始速度设为 v_1,则

$$v_1=\sqrt{2a(n_x-n_{x_0^{\mathrm{F}}})L+v_0^2} \tag{6.15}$$

$\tilde{\tau}$ 时刻同时为 τ 在基本元局部坐标系内的表达式:

$$\tilde{x}-\tilde{x}_0^{\mathrm{F}}=v_1\tilde{\tau}+\frac{1}{2}a\tilde{\tau}^2 \tag{6.16}$$

解关于 $\tilde{\tau}$ 的方程(6.16)得

$$\tilde{\tau}=\frac{-v_1\pm\sqrt{v_1^2+2a(\tilde{x}-\tilde{x}_0^{\mathrm{F}})}}{a} \tag{6.17}$$

由于 $\tilde{\tau}\geqslant 0$,取

$$\tilde{\tau}=\frac{\sqrt{v_1^2+2a(\tilde{x}-\tilde{x}_0^{\mathrm{F}})}-v_1}{a} \tag{6.18}$$

将式(6.15)代入式(6.18)得

$$\tilde{\tau}=\frac{\sqrt{2a(n_x-n_{x_0^{\mathrm{F}}})L+v_0^2+2a(\tilde{x}-\tilde{x}_0^{\mathrm{F}})}-\sqrt{2a(n_x-n_{x_0^{\mathrm{F}}})L+v_0^2}}{a} \tag{6.19}$$

由式(6.13)得整体坐标系中时间 τ 与局部坐标系中时间 $\tilde{\tau}$ 的关系为

$$\tau=\tilde{\tau}+\frac{\sqrt{2a(n_x-n_{x_0^{\mathrm{F}}})L+v_0^2}-v_0}{a} \tag{6.20}$$

在第 $n_x-n_{x_0^{\mathrm{F}}}$ 个单元内,$\tilde{\tau}$ 的取值区间为

$$\left[0,\frac{\sqrt{v_0^2+2a(n_x-n_{x_0^{\mathrm{F}}}+1)L}-\sqrt{v_0^2+2a(n_x-n_{x_0^{\mathrm{F}}})L}}{a}\right]$$

研究当荷载在基本元 L 内移动时,在响应点 ξ_x 所产生的动力响应,就是将式(6.6)表示为

$$\begin{aligned}\hat{u}(\xi_x,\omega)&=\int_{-\infty}^{+\infty}g(\tau)\hat{h}\left(x_0^{\mathrm{F}}+v_0 t+\frac{1}{2}a\tau^2,\xi_x,\omega\right)\mathrm{e}^{-\mathrm{i}\omega\tau}\mathrm{d}\tau\\&=\int_0^{\frac{\sqrt{v_0^2+2a(n_x-n_{x_0^{\mathrm{F}}}+1)L}-\sqrt{v_0^2+2a(n_x-n_{x_0^{\mathrm{F}}})L}}{a}}g\left[\tilde{\tau}+\frac{\sqrt{2a(n_x-n_{x_0^{\mathrm{F}}})L+v_0^2}-v_0}{a}\right]\\&\quad\hat{h}\left\{x_0^{\mathrm{F}}+v_0\left[\tilde{\tau}+\frac{\sqrt{2a(n_x-n_{x_0^{\mathrm{F}}})L+v_0^2}-v_0}{a}\right]\right.\end{aligned}$$

$$+\frac{1}{2}a\left[\tilde{\tau}+\frac{\sqrt{2a(n_x-n_{x_0^{\rm F}})L+v_0^2}-v_0}{a}\right]^2,\xi_x,\omega\Bigg\}$$

$$\exp\left\{-{\rm i}\omega\left[\tilde{\tau}+\frac{\sqrt{2a(n_x-n_{x_0^{\rm F}})L+v_0^2}-v_0}{a}\right]\right\}{\rm d}\tilde{\tau} \tag{6.21}$$

式中，$\hat{u}(\xi_x,\omega)$ 为位移响应 $\hat{\boldsymbol{u}}(\xi_x,\omega)$ 的大小；$g(t)$ 为荷载 $\boldsymbol{g}(t)$ 的大小；$\hat{h}\left(x_0^{\rm F}+v_0t+\frac{1}{2}a\tau^2,\xi_x,\omega\right)$ 是频响函数 $\hat{\boldsymbol{h}}\left(x_0^{\rm F}+v_0t+\frac{1}{2}a\tau^2,\xi_x,\omega\right)$ 的大小。

当荷载在钢轨上移动时，荷载每移动一个基本元 L，n_x 即变换一次，由于荷载加速到 v_t 将不再加速，荷载加速段的 n_x 由 0 变化到 $\frac{v_t^2-v_0^2}{2aL}$。此时，荷载在响应点 ξ_x 所产生的动力响应可表示为对于 n_x 由 0 变化到 $\frac{v_t^2-v_0^2}{2aL}$ 的叠加，即

$$\hat{u}(\xi_x,\omega)=\sum_{n_x=0}^{\frac{v_t^2-v_0^2}{2aL}}\int_{-\infty}^{+\infty}g(\tau)\hat{h}\left(x_0^{\rm F}+v_0t+\frac{1}{2}a\tau^2,\xi_x,\omega\right)\exp(-{\rm i}\omega\tau){\rm d}\tau$$

$$=\sum_{n_x=0}^{\frac{v_t^2-v_0^2}{2aL}}\int_0^{\frac{\sqrt{v_0^2+2a(n_x-n_{x_0^{\rm F}}+1)L}-\sqrt{v_0^2+2a(n_x-n_{x_0^{\rm F}})L}}{a}}g\left[\tilde{\tau}+\frac{\sqrt{2a(n_x-n_{x_0^{\rm F}})L+v_0^2}-v_0}{a}\right]$$

$$\hat{h}\Bigg\{x_0^{\rm F}+v_0\left[\tilde{\tau}+\frac{\sqrt{2a(n_x-n_{x_0^{\rm F}})L+v_0^2}-v_0}{a}\right]$$

$$+\frac{1}{2}a\left[\tilde{\tau}+\frac{\sqrt{2a(n_x-n_{x_0^{\rm F}})L+v_0^2}-v_0}{a}\right]^2,\xi_x,\omega\Bigg\}$$

$$\exp\left\{-{\rm i}\omega\left[\tilde{\tau}+\frac{\sqrt{2a(n_x-n_{x_0^{\rm F}})L+v_0^2}-v_0}{a}\right]\right\}{\rm d}\tilde{\tau} \tag{6.22}$$

进一步进行变量代换，将对时间的表达变换为对空间的表达，得到

$$\hat{u}(\xi_x,\omega)=\sum_{n_x=0}^{\frac{v_t^2-v_0^2}{2aL}}\int_{\tilde{x}_0^{\rm F}}^{\tilde{x}_0^{\rm F}+L}g\left[\frac{\sqrt{v_0^2+2a(\tilde{x}+n_xL-\tilde{x}_0^{\rm F}-n_{x_0^{\rm F}}L)}-v_0}{a}\right]\hat{h}(\tilde{x}+n_xL,\xi_x,\omega)$$

$$\cdot\exp\left[-{\rm i}\omega\frac{\sqrt{v_0^2+2a(\tilde{x}+n_xL-\tilde{x}_0^{\rm F}-n_{x_0^{\rm F}}L)}-v_0}{a}\right]$$

$$\cdot\frac{1}{\sqrt{2a(\tilde{x}-\tilde{x}_0^{\rm F})+2a(n_x-n_{x_0^{\rm F}})L+v_0^2}}{\rm d}\tilde{x} \tag{6.23}$$

根据传递函数的性质，有

$$\hat{u}(\xi_x,\omega)=\sum_{n_x=0}^{\frac{v_t^2-v_0^2}{2aL}}\int_{\tilde{x}_0^{\mathrm{F}}}^{\tilde{x}_0^{\mathrm{F}}+L} g\left[\frac{\sqrt{v_0^2+2a(\tilde{x}+n_xL-\tilde{x}_0^{\mathrm{F}}-n_{x_0^{\mathrm{F}}}L)}-v_0}{a}\right]$$

$$\hat{h}[\tilde{x},\tilde{\xi}_x+(n_\xi-n_x)L,\omega]\exp\left[-\mathrm{i}\omega\frac{\sqrt{v_0^2+2a(\tilde{x}+n_xL-\tilde{x}_0^{\mathrm{F}}-n_{x_0^{\mathrm{F}}}L)}-v_0}{a}\right]$$

$$\cdot\frac{1}{\sqrt{2a(\tilde{x}-\tilde{x}_0^{\mathrm{F}})+2a(n_x-n_{x_0^{\mathrm{F}}})L+v_0^2}}\mathrm{d}\tilde{x} \tag{6.24}$$

式(6.24)即为轨道上任意一点在移动荷载作用下的周期解析解。其中，频响函数与移动荷载的速度变化无关。式(6.24)表明：当荷载沿钢轨变速移动时，可转换为荷载在一个周期长度内的变速移动，与响应点 ξ_x 随 n_x 的变化反方向以 L 长跳跃式移动，然后通过对 n_x 由 0 变化到 $\frac{v_t^2-v_0^2}{2aL}$ 进行叠加，即可得到荷载在响应点 ξ_x 所产生的动力响应在频域内的解。

6.1.3 系列变速移动荷载作用下轨道结构动力响应的频域表达

系列变速移动荷载作用下轨道结构力学模型如图 6.4 所示，考虑 m 个系列变速移动荷载，其振幅随时间变化，并且其仅沿 x 轴方向移动，y 和 z 方向不发生变化，其中，第 k 个轴荷载为 $\boldsymbol{g}_k(t)$，$\boldsymbol{g}_k(t)$荷载在 t 时刻的作用位置表达式为

$$\{x,y,z\}^{\mathrm{T}}=\left\{x_{k_0}+\boldsymbol{v}_0t+\frac{1}{2}\boldsymbol{a}t^2,y_{k_0},z_{k_0}\right\}^{\mathrm{T}} \tag{6.25}$$

式中，x_{k_0}、y_{k_0}、z_{k_0} 为荷载初始时刻坐标。

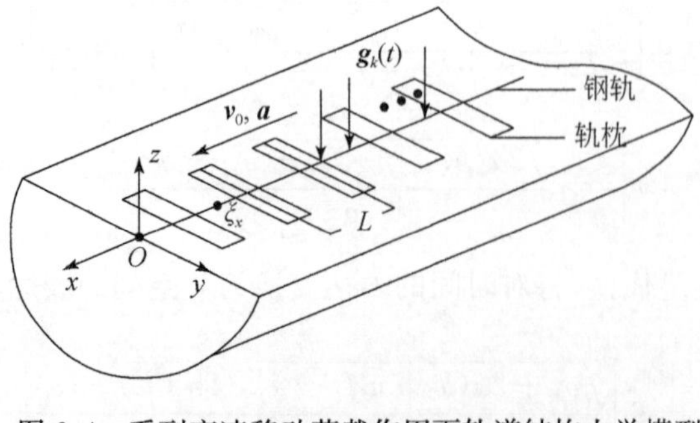

图 6.4 系列变速移动荷载作用下轨道结构力学模型

荷载列可以通过 Dirac 函数的叠加形式来表示，荷载大小在时域内的表达式为

$$f(x,y,z,t)=\sum_{k=1}^{m_{\mathrm{w}}}\left[\delta(y-y_{k_0})\delta\left(x-x_{k_0}-v_0t-\frac{1}{2}at^2\right)\delta(z-z_{k_0})g_k(t)\right] \tag{6.26}$$

式中，$g_k(t)$为第 k 个轴荷载$\boldsymbol{g}_k(t)$的大小；v_0 为荷载初始速度 $\boldsymbol{v}_0$ 的大小；a 为荷载移动加速度$\boldsymbol{a}$ 的大小。

对式(6.26)荷载表达式进行傅里叶变换，其频域内的表达式为

$$\hat{f}(x,y,z,\omega)=\sum_{k=1}^{m_w}\int_{-\infty}^{+\infty}g_k(t)\delta\left(x-x_{k_0}-v_0t-\frac{1}{2}at^2\right)\delta(y-y_{k_0})\delta(z-z_{k_0})\mathrm{e}^{-\mathrm{i}\omega t}\mathrm{d}t \tag{6.27}$$

令

$$x'=x-x_{k_0}=v_0t+\frac{1}{2}at^2$$

$$t=\frac{\sqrt{v_0^2+2ax'}-v_0}{a} \tag{6.28}$$

$$\mathrm{d}t=\frac{1}{\sqrt{2ax'+v_0^2}}\mathrm{d}x'$$

则有

$$\begin{aligned}\hat{f}(x,y,z,\omega)=\sum_{k=1}^{m_w}\int_{-\infty}^{+\infty}&g_k\left(\frac{\sqrt{v_0^2+2ax'}-v_0}{a}\right)\delta(x-x_{k_0}-x')\\&\cdot\exp\left(-\mathrm{i}\omega\frac{\sqrt{v_0^2+2ax'}-v_0}{a}\right)\delta(y-y_{k_0})\\&\cdot\delta(z-z_{k_0})\frac{1}{\sqrt{2ax'+v_0^2}}\mathrm{d}x'\end{aligned} \tag{6.29}$$

其中，

$$\begin{aligned}&\int_{-\infty}^{+\infty}\delta(x-x_{k_0}-x')\frac{1}{\sqrt{2ax'+v_0^2}}\mathrm{d}x'\\&=\int_{-\infty}^{+\infty}\delta[-x'-(x_{k_0}-x)]\frac{-1}{\sqrt{-2a(-x')+v_0^2}}\mathrm{d}(-x')=\frac{-1}{\sqrt{v_0^2-2a(x_{k_0}-x)}}\end{aligned} \tag{6.30}$$

式(6.29)变为

$$\begin{aligned}\hat{f}(x,y,z,\omega)=\sum_{k=1}^{m_w}g_k&\left(\frac{\sqrt{v_0^2+2ax'}-v_0}{a}\right)\exp\left(-\mathrm{i}\omega\frac{\sqrt{v_0^2+2ax'}-v_0}{a}\right)\\&\frac{-1}{\sqrt{v_0^2-2a(x_{k_0}-x)}}\delta(y-y_{k_0})\delta(z-z_{k_0})\end{aligned} \tag{6.31}$$

式(6.26)和式(6.31)可以简化为

$$f(x,t)=\sum_{k=1}^{m_w}\delta\left(x-x_{k_0}-v_0t-\frac{1}{2}at^2\right)g_k(t) \tag{6.32}$$

$$\hat{f}(x,y,z,\omega)=\sum_{k=1}^{m_{\mathrm{w}}}g_k\left(\frac{\sqrt{v_0^2+2ax'}-v_0}{a}\right)\exp\left(-\mathrm{i}\omega\frac{\sqrt{v_0^2+2ax'}-v_0}{a}\right)$$

$$\frac{-1}{\sqrt{v_0^2-2a(x_{k_0}-x)}} \tag{6.33}$$

式(6.32)、式(6.33)分别为移动荷载列的时域和频域表达。

在该移动荷载列的作用下,代入式(6.24)的表达式,得到

$$\begin{aligned}\hat{u}(\xi_x,\omega)=&\sum_{k=1}^{m_{\mathrm{w}}}\sum_{n_x=0}^{\frac{v_t^2-v_0^2}{2aL}}\int_{\tilde{x}_{k_0}}^{\tilde{x}_{k_0}+L}g_k\left[\frac{\sqrt{v_0^2+2a(\tilde{x}+n_xL-\tilde{x}_{k_0}-n_{k_0}L)}-v_0}{a}\right]\\&\hat{h}[\tilde{x},\tilde{\xi}_x+(n_{\xi_x}-n_x)L,\omega]\\&\cdot\exp\left[-\mathrm{i}\omega\frac{\sqrt{v_0^2+2a(\tilde{x}+n_xL-\tilde{x}_{k_0}-n_{k_0}L)}-v_0}{a}\right]\\&\cdot\frac{1}{\sqrt{2a(\tilde{x}-\tilde{x}_{k_0})+2a(n_x-n_{k_0})L+v_0^2}}\mathrm{d}\tilde{x}\\&\cdot\frac{-1}{\sqrt{v_0^2-2a(x_{k_0}-x)}}\exp\left[-\mathrm{i}\omega\frac{\sqrt{v_0^2+2a(x-x_{k_0})}-v_0}{a}\right]\end{aligned} \tag{6.34}$$

由于积分和荷载的初始位置无关,有

$$\int_{\tilde{x}_0}^{\tilde{x}_0+L}=\int_{\tilde{x}_0}^{L}+\int_0^{\tilde{x}_0}=\int_0^L \tag{6.35}$$

设

$$x_0=0 \tag{6.36}$$

所以式(6.34)进一步表达为

$$\begin{aligned}\hat{u}(\xi_x,\omega)=&\sum_{k=1}^{m_{\mathrm{w}}}\sum_{n_x=0}^{\frac{v_t^2-v_0^2}{2aL}}\int_0^L g\left[\frac{\sqrt{v_0^2+2a(\tilde{x}+n_xL)}-v_0}{a}\right]\hat{h}[\tilde{x},\tilde{\xi}_x+(n_{\xi_x}-n_x)L,\omega]\\&\cdot\exp\left[-\mathrm{i}\omega\frac{\sqrt{v_0^2+2a(\tilde{x}+n_xL)}-v_0}{a}\right]\frac{1}{\sqrt{2a(\tilde{x}+n_xL)+v_0^2}}\mathrm{d}\tilde{x}\\&\cdot\frac{-1}{\sqrt{v_0^2+2ax}}\exp\left(-\mathrm{i}\omega\frac{\sqrt{v_0^2+2ax}-v_0}{a}\right)\end{aligned} \tag{6.37}$$

在式(6.37)中,传递函数的大小 $\hat{h}[\tilde{x},\tilde{\xi}_x+(n_{\xi_x}-n_x)L,\omega]$ 的求解是关键,关于传递函数的求解,可参见第 2 章中相关内容。

6.1.4 算例分析

根据以上理论,编写 MATLAB 计算程序,分别计算匀速和变速移动单位力作

用下轨道结构的振动响应。响应点处距离 $x=0$ 位置为 9.3m，匀速移动荷载速度 $v=16\text{km/h}$，变速移动荷载初始速度 $v_0=0\text{km/h}$，加速度 $a=1\text{m/s}^2$。单位移动常力作用下轨道响应对比结果如图 6.5 所示。为了比较响应的大小，提取变速移动荷载通过响应点的速度为 $v=16\text{km/h}$。这样变速移动荷载的起始位置与匀速不同。变速移动方式通过响应点的时长大于匀速移动方式的时长。

轨道结构参数：钢轨单位长度质量 $m_r=60\text{kg/m}$，弹性模量 $E=210\text{GPa}$，截面面积 $A=7.60\times10^{-3}\text{m}^2$，截面惯性矩 $I=3.04\times10^{-5}\text{m}^4$，阻尼比 $\xi_r=0.01$，轨枕线密度 $m_s=50\ \text{kg/m}$，间距 $L=0.60\ \text{m}$。道床单位长度质量 $m_b=260\text{kg}$，将道床质量和轨枕质量融合在一起进行分析。轨下采用 DTVI$_2$ 型扣件，计算时选取的具体刚度及阻尼参数为 $k_r=50\text{MN/m}$，$c_r=0.05\text{MN}\cdot\text{s/m}$。枕下支撑的弹簧阻尼系数 $k_{sb}=100\text{MN/m}$，$c_{sb}=0.05\text{MN}\cdot\text{s/m}$。

通过图 6.5 中对比可以看出：

(1)时域内，变速移动荷载作用下轨道结构动力响应峰值大于匀速移动荷载通过下轨道响应峰值，说明荷载的加速效应明显。

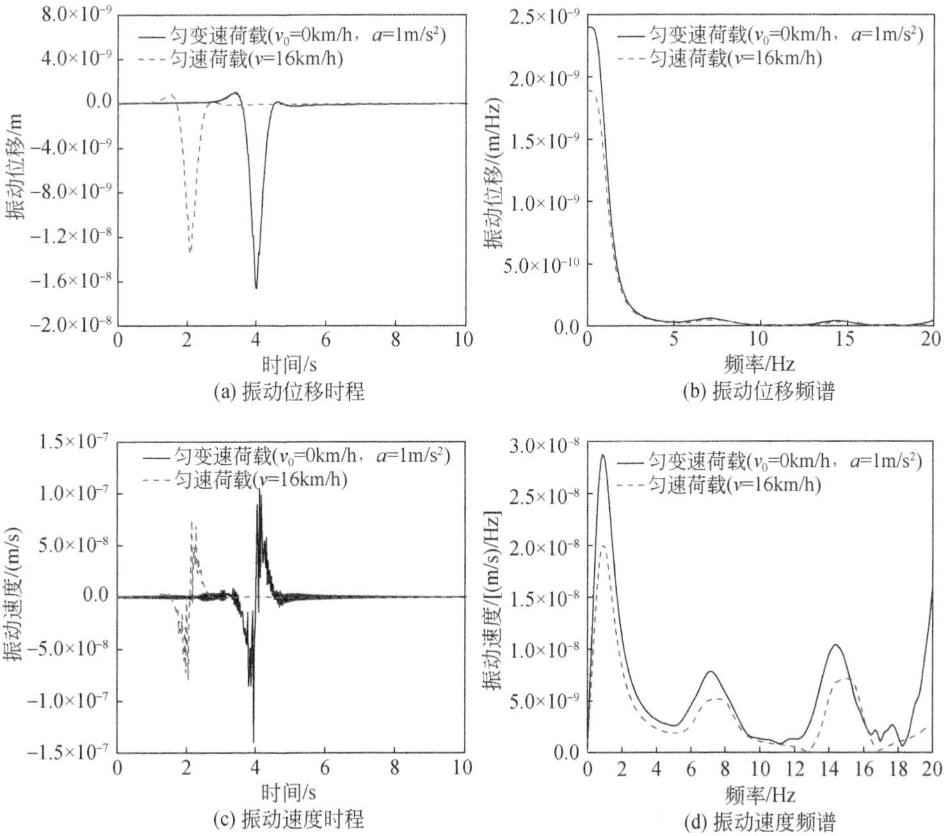

(a) 振动位移时程　(b) 振动位移频谱

(c) 振动速度时程　(d) 振动速度频谱

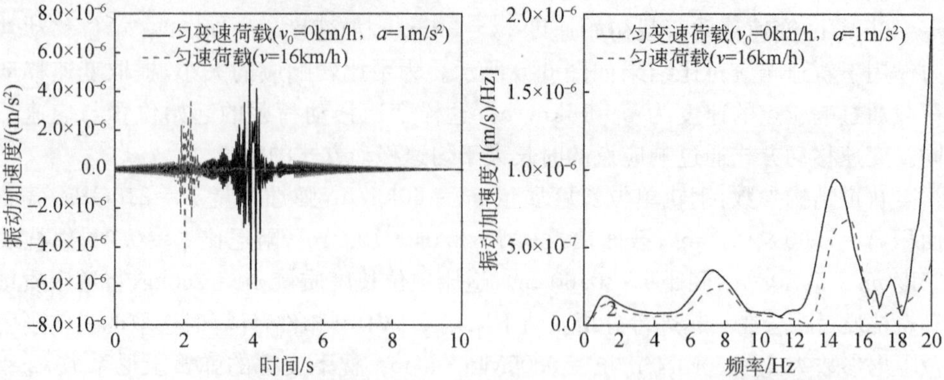

(e) 振动加速度时程　　(f) 振动加速度频谱

图 6.5　单位移动常力作用下轨道响应对比结果

(2)频域内，匀速和变速移动荷载的作用下，响应点的振动响应在 7.19Hz 及其倍频附近出现峰值，且变速移动的响应普遍大于匀速移动的响应。

6.2　变速移动列车作用下轨道动力响应解析研究

在本书第 3 章车辆模型及 5.2 节轨道模型的基础上，结合车辆系统及轨道系统的运动方程，通过几何相容、力平衡条件将各部分统一起来，可形成变速移动车轴-轨道耦合系统解析模型。求解该方程的关键部分是求解轨道结构柔度矩阵$\hat{\boldsymbol{D}}_{\text{rail}}$及轨道不平顺，接下来分别讨论轨道结构柔度系数函数的求解及轨道不平顺的处理。

6.2.1　轨道结构柔度系数函数

在移动坐标系下，列车激励力相当于作用到钢轨上的非移动荷载，激励力作用下轨道与基础系统发生稳态振动，响应频率等于激励力的加载频率。对于某种确定的列车编组，列车轮对根据车辆参数有规律地排列，列车荷载排布如图 6.6 所示，运用格林函数法，可计算出单位荷载作用下，轨道结构上每个轮对位置处轨梁位移响应所组成的柔度矩阵。

定义轨梁柔度系数函数 $d(x_i, x_j)$，表示作用在 x_j 位置处的单位荷载在 x_i 位置处产生的钢轨位移，等于在原点位置处作用单位荷载，在 $x_i - x_j$ 位置处产生的钢轨位移，即轨梁柔度系数为

$$A(x_i, x_j, \omega_f) = A(x_i - x_j, 0, \omega_f) = A(d_{ij}, 0, \omega_f) \tag{6.38}$$

轨梁柔度系数示意图如图 6.7 所示。

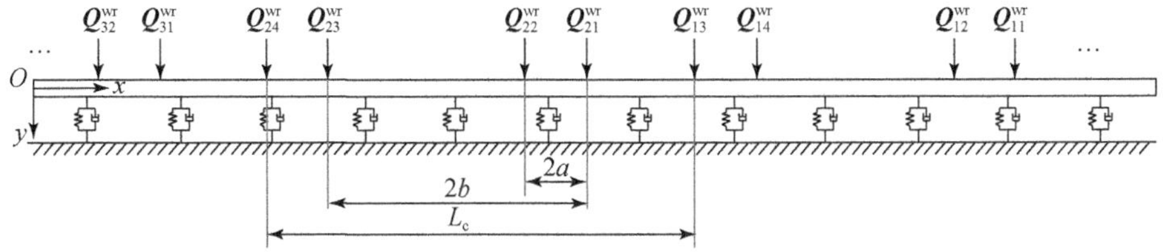

图 6.6　列车荷载排布

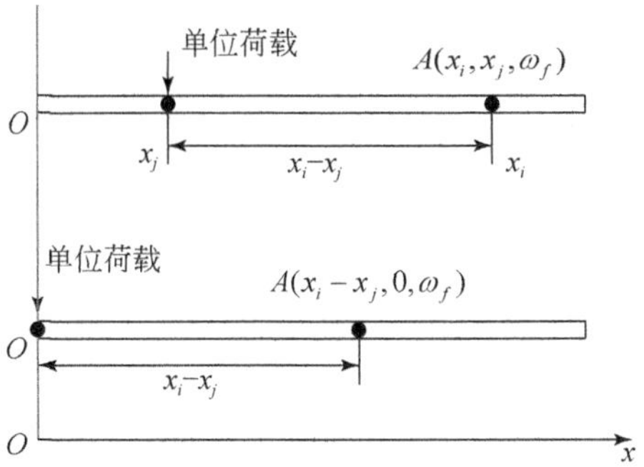

图 6.7　轨梁柔度系数示意图

令 $\hat{\boldsymbol{u}}_{ri}(\omega_f)$表示频域内第 i 个轮对位置 x_i 处对应频率 ω_f 的轨梁位移，结合轨梁柔度系数函数可得到

$$\hat{\boldsymbol{u}}_{ri}(\omega_f) = \sum_{i=1}^{m_w}\left[\sum_{j=1}^{m_w} A(d_{ij}, \omega_f)\hat{\boldsymbol{Q}}_j^{wr}(\omega_f)\right] \tag{6.39}$$

式中，i、j 为列车所有轮对编号，$i,j=1,2,\cdots,m_w$；$\hat{\boldsymbol{Q}}_j^{wr}(\omega_f)$为第 j 个轮对下的轮轨力；x_i-x_j 为列车各轮对之间的距离，可根据具体车辆的轮对排布规律得到；$A(d_{ij},\omega_f)$为频域下轨梁柔度系数，是在特定激振频率 ω_f 下，作用在 x_j 位置处的单位荷载在 x_i 位置处产生的轨梁位移。其等于在原点位置处作用单位荷载在 x_i-x_j 位置处产生的轨梁位移，即为式(6.37)中已经解得的传递函数。

每个轮轨接触点处的位移都满足式(6.39)，由此得到轨梁柔度矩阵。

6.2.2　轨道不平顺

变速移动荷载历经的轨道不平顺如图 6.8 所示，不同于 3.4 节，为了求解变速移动下轨道不平顺，根据轨道不平顺功率谱，通过三角级数叠加法来模拟得到轨道不平顺的样本，即

$$R_r(x) = \sum_{f=1}^{N}\left[\sqrt{2S(\Omega_f)\Delta\Omega} \cdot e^{i(\Omega_f x+\theta_f)}\right] \tag{6.40}$$

式中，$R_{\mathrm{r}}(x)$为产生的轨道不平顺样本序列；$S(\Omega_f)$为对应空间角频率 Ω_f 的轨道不平顺的功率谱密度函数；Ω_f（$f=1,2,\cdots,N$）为轨道不平顺对应的空间角频率，其中，Ω_1 和 Ω_N 分别为所考虑空间频率的下限和上限；$\Delta\Omega$ 为空间频率的带宽；θ_f 为相应第 f 个空间频率的随机相位，一般可按 0～2π 均匀分布取值；指数项为三角函数的复数域表达。

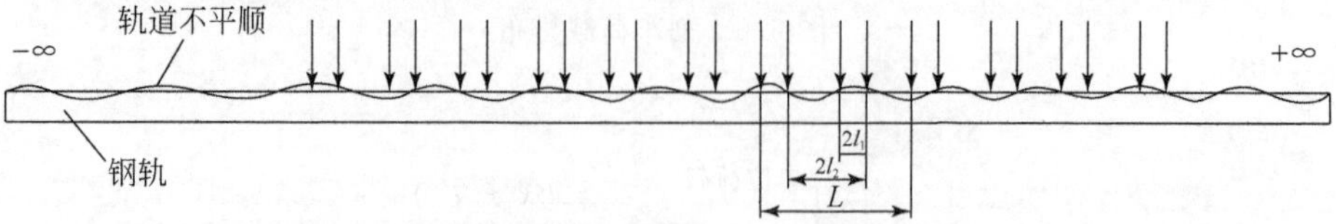

图 6.8 变速移动荷载历经的轨道不平顺

令

$$\bar{R}_{\mathrm{r}}(\Omega_f)=\sqrt{2S(\Omega_f)\Delta\Omega}\cdot \mathrm{e}^{\mathrm{i}\theta_f} \tag{6.41}$$

式中，$\bar{R}_{\mathrm{r}}(\Omega_f)$为对应单一空间角频率 Ω_f 的轨道不平顺幅值。

因此，式(6.40)可简化为

$$R_{\mathrm{r}}(x)=\sum_{f=1}^{N}\left[\bar{R}_{\mathrm{r}}(\Omega_f)\cdot \mathrm{e}^{\mathrm{i}\Omega_f x}\right] \tag{6.42}$$

由式(6.42)可知，轨道不平顺的样本函数是由许多不同频率的谐波分量组成的，并因为不同波长的不平顺是由不同的因素引起的，所以认为不同频率下的轨道不平顺是独立的，即对应单个空间角频率轨道不平顺是一个确定的函数，即 $R_{\mathrm{r}}^{f}(x)=\bar{R}_{\mathrm{r}}(\Omega_f)\cdot \mathrm{e}^{\mathrm{i}\Omega_f x}$。

对应变速移动的列车，由于 $x=x_0+v_0t+\dfrac{1}{2}at^2$，所以

$$R_{\mathrm{r}}^{f}(t)=\bar{R}_{\mathrm{r}}(\Omega_f)\cdot \mathrm{e}^{\mathrm{i}\Omega_f\left(x_0+v_0t+\frac{1}{2}at^2\right)}=\bar{R}_{\mathrm{r}}(\Omega_f)\cdot \mathrm{e}^{\mathrm{i}\Omega_f x_0}\mathrm{e}^{\mathrm{i}\Omega_f v_0 t}\mathrm{e}^{\mathrm{i}\Omega_f \frac{1}{2}at^2} \tag{6.43}$$

式中，x_0 为轮对荷载的初始位置坐标。

将得到的轨梁柔度矩阵、轨道不平顺等代入式(3.53)，并将式(3.53)得到的轮轨接触力代入解得的无限长轨道系统动力方程的解析表达式(6.37)中，即可得到在整车模型车辆动荷载下，钢轨上任意一点的动力响应的解析解。

6.3 变速段地铁减振轨道动力学特性参数分析

根据以上理论解析研究，利用 MATLAB 编制计算程序，对变速移动列车作用下轨道结构的动力响应进行计算，并与北京地铁现场测试结果进行对比。计算模型中采用地铁列车的计算参数(第 3 章)。轨道系统内各组件的参数如下。

钢轨：单位长度的钢轨质量 $\bar{m}_r$＝60kg/m；弹性模量 E＝2.10×10^{11}Pa；横截面面积 A＝7.60×10^{-3}m^2；截面惯性矩 I＝3.04 ×10^{-5}m^4；结构阻尼比 ξ_r＝0.01。

轨枕：质量 m_s＝50 kg；间距 d＝0.60 m。

道床：质量 m_b＝260kg（将道床质量和轨枕质量融合在一起）。

轨下支撑的弹簧阻尼系数：DTVI$_2$ 扣件，k_r＝50MN/m，c_r＝0.05MN・s/m。

枕下支撑的弹簧阻尼系数：k_{sb}＝100MN/m，c_{sb}＝0.05MN・s/m。

钢轨振动加速度实测响应如图 6.9 所示，钢轨振动加速度计算响应如图 6.10 所示，其中，车辆运行初始速度为 10km/h，列车移动加速度为 1m/s^2。对比模型计算结果和实测结果，可以看出：钢轨的振动加速度时程吻合较好，钢轨不平顺的模拟存在一定误差，使得计算频谱与测试结果存在一定的偏差。

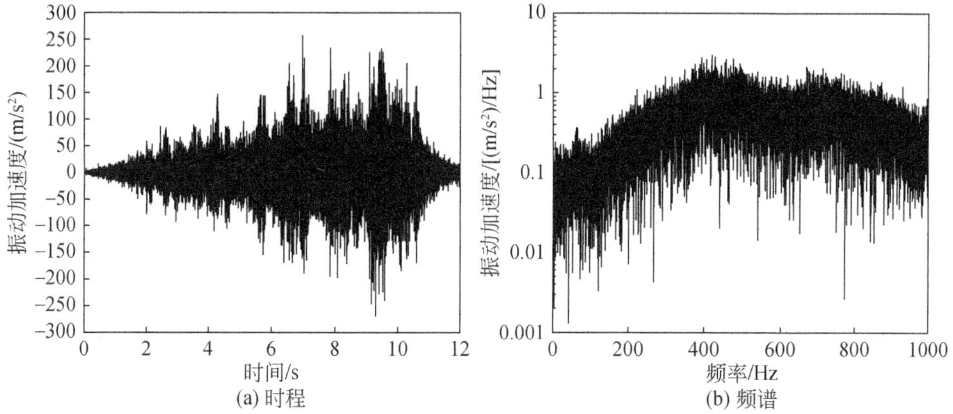

图 6.9　钢轨振动加速度实测响应（v_0＝10km/h，a＝1m/s^2）

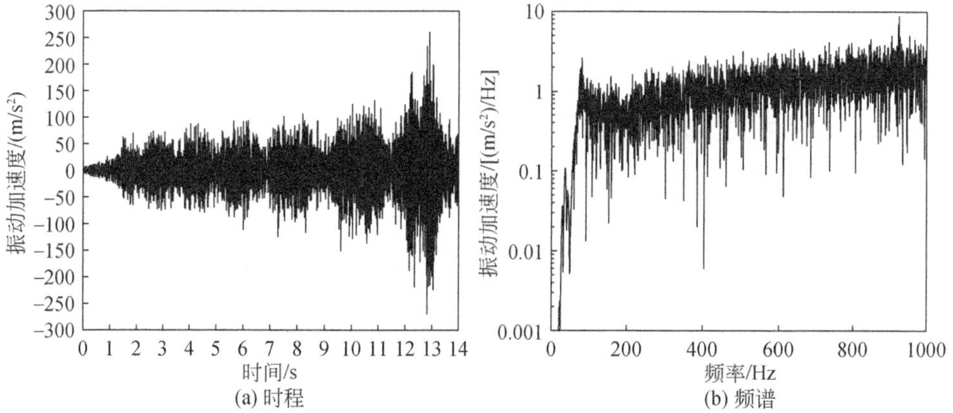

图 6.10　钢轨振动加速度计算响应（v_0＝10km/h，a＝1m/s^2）

为了研究扣件刚度、列车加速度和列车初始速度对减振轨道动力响应的影响情况，在保持其他参数不变的情况下，对算例中特定的参数进行调整，进而对特定参数进行分析，结果如图 6.11～图 6.14 所示，其中，仅考虑 0～300Hz 的振动情况，计算分析参数如表 6.1 所示。

表 6.1　计算分析参数

工况	列车初始速度/(km/h)	列车加速度/(m/s^2)	轨下支撑刚度/MN	轨下支撑阻尼/(MN·s/m)
1	10	1	10	0.05
2			30	
3			50	
4			70	
5	0	1	10	0.05
6		2		
7		3		
8		4		
9	0	1	10	0.05
10	10			
11	20			
12	30			

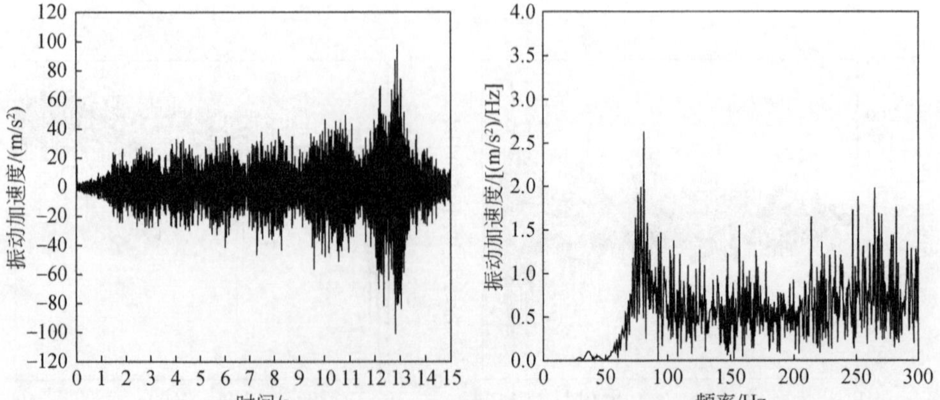

(a) 扣件刚度10MN/m　　(b) 扣件刚度10MN/m

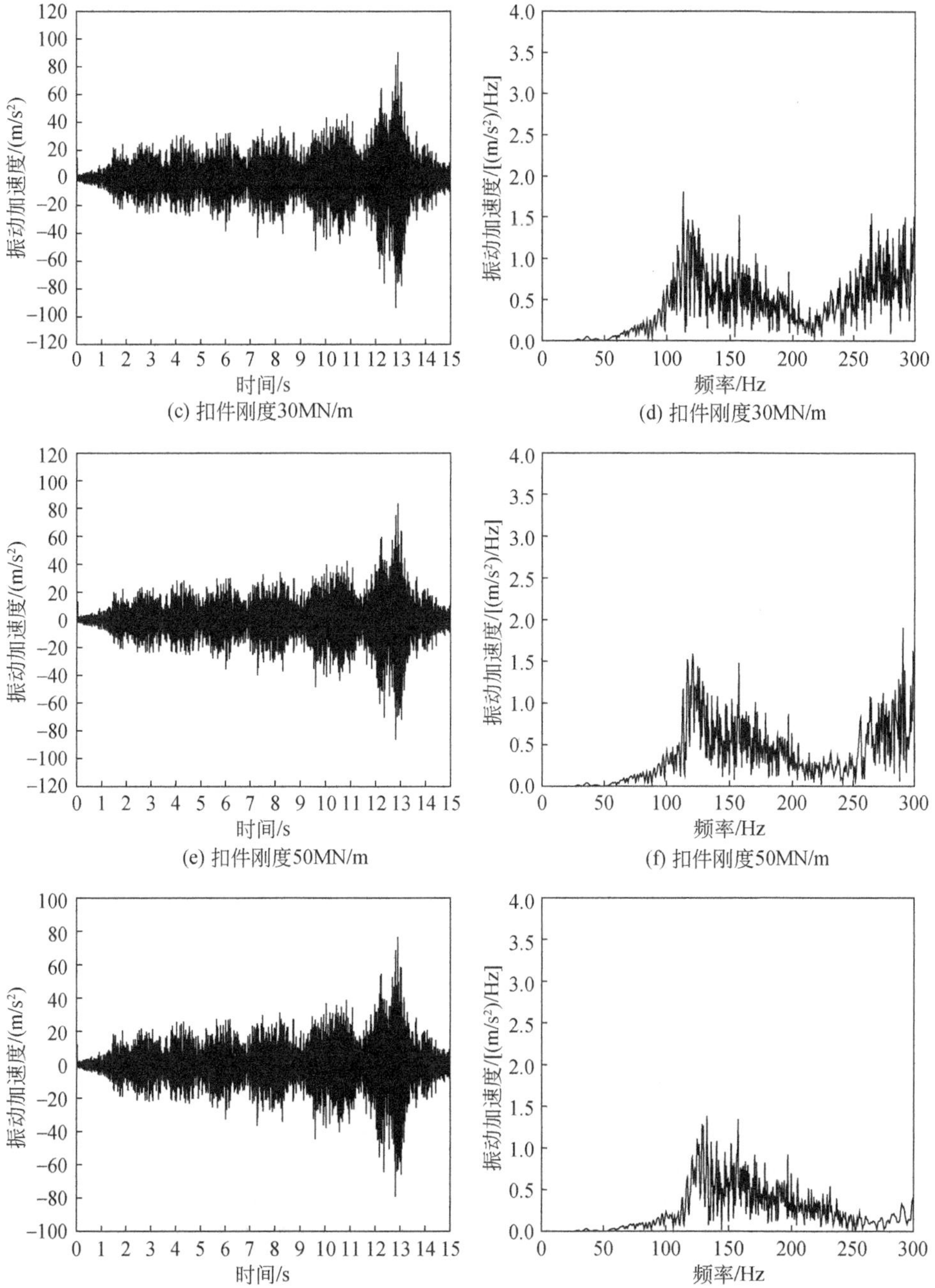

(c) 扣件刚度30MN/m　(d) 扣件刚度30MN/m

(e) 扣件刚度50MN/m　(f) 扣件刚度50MN/m

(g) 扣件刚度70MN/m　(h) 扣件刚度70MN/m

图 6.11　不同扣件刚度下钢轨振动加速度响应($v_0=10\text{km/h}$，$a=1\text{m/s}^2$)

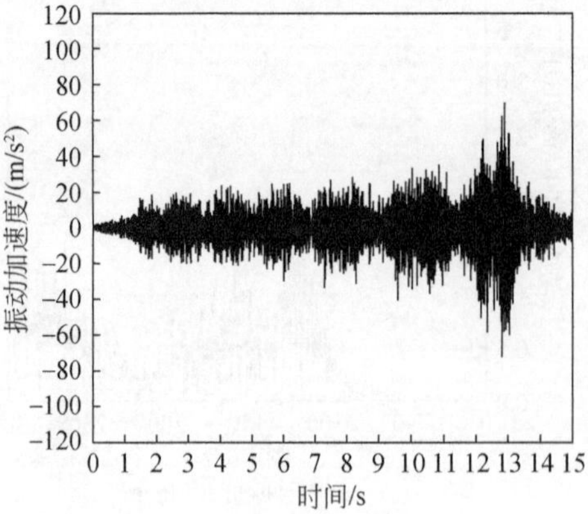

(a) 加速度1m/s²

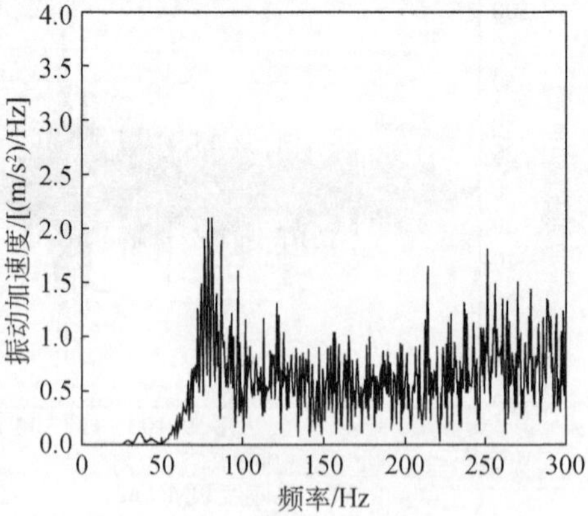

(b) 加速度1m/s²

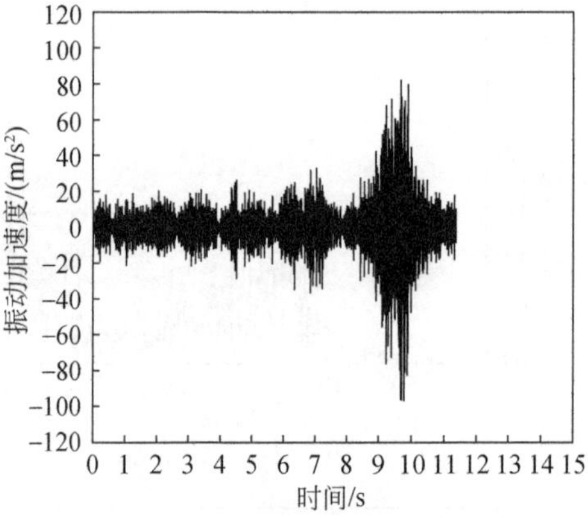

(c) 加速度2m/s²

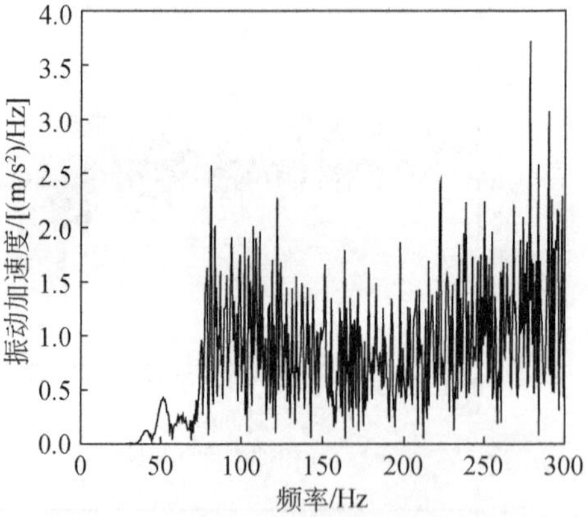

(d) 加速度2m/s²

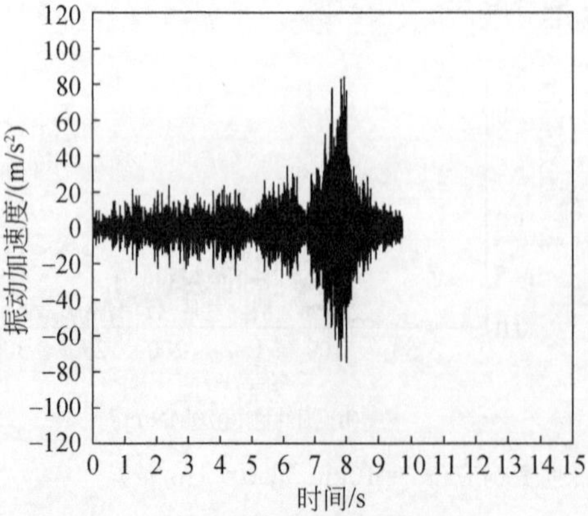

(e) 加速度3m/s²

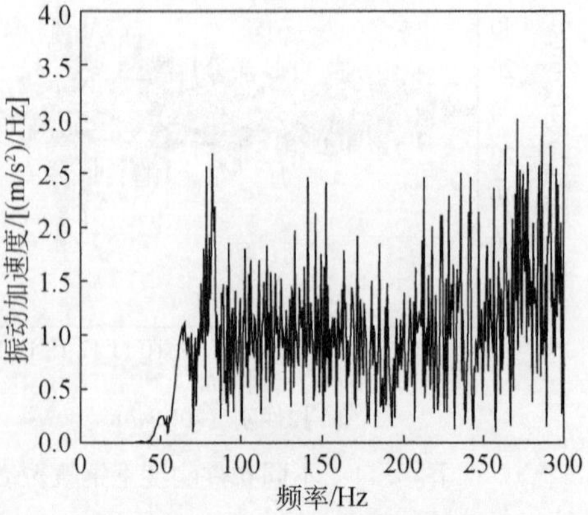

(f) 加速度3m/s²

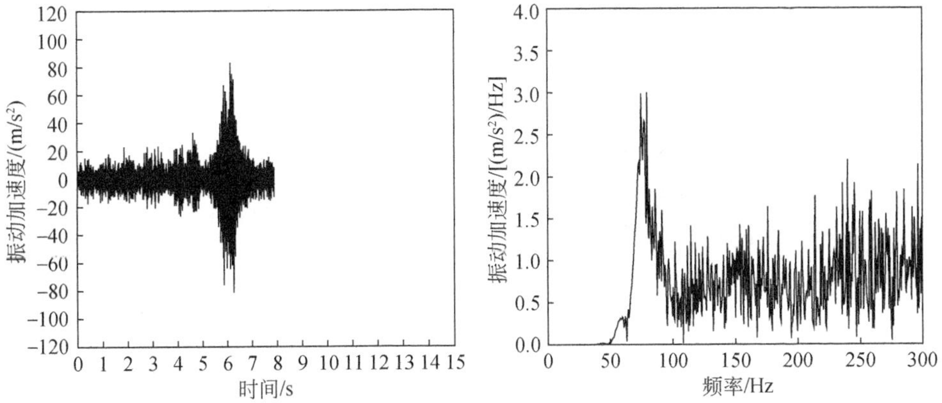

(g) 加速度4m/s²　　(h) 加速度4m/s²

图 6.12　不同列车加速度下钢轨振动加速度响应(v_0=0km/h，k_r=10MN/m，c_r=0.05MN·s/m)

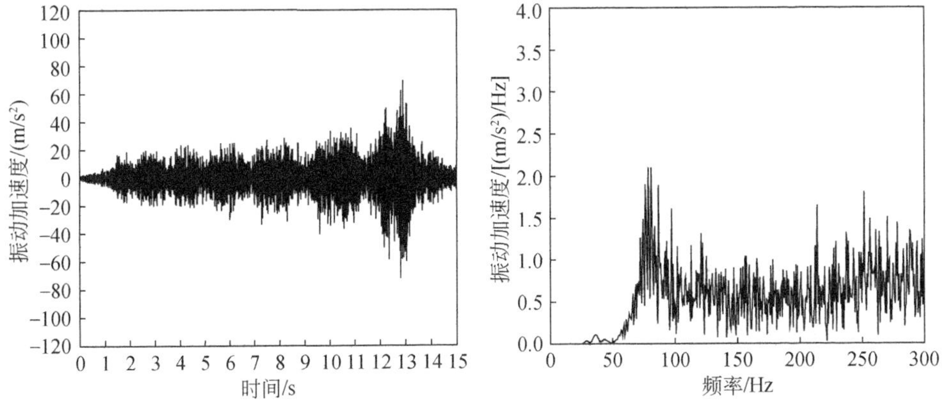

(a) 初始速度0km/h　　(b) 初始速度0km/h

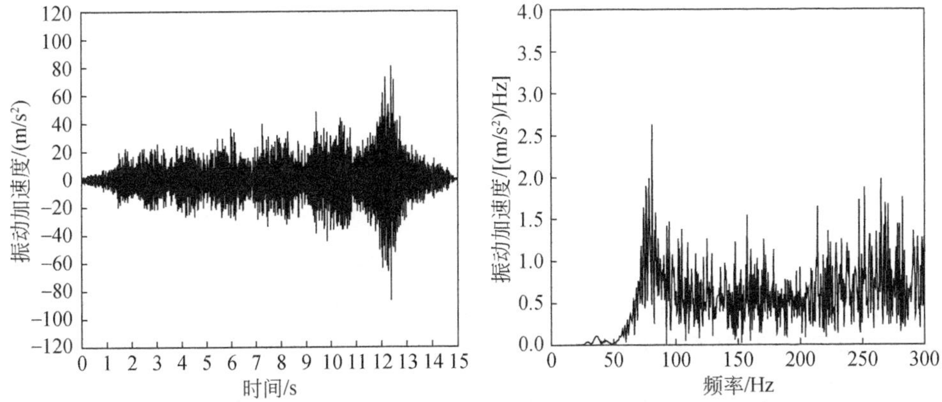

(c) 初始速度10km/h　　(d) 初始速度10km/h

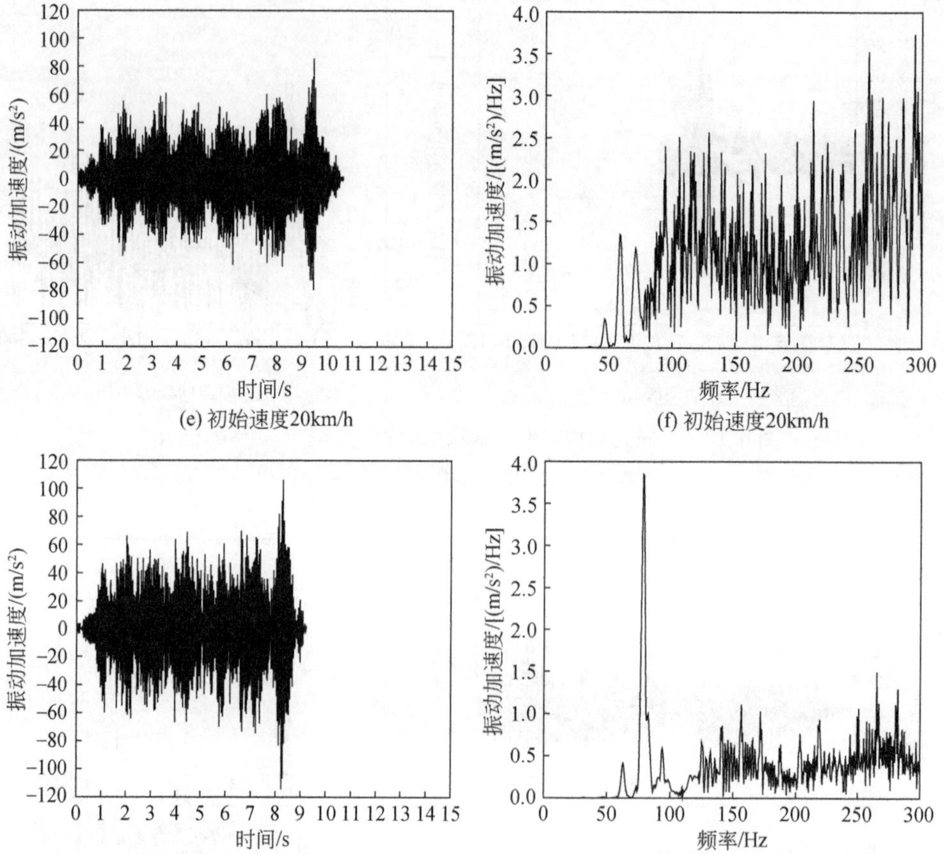

(e) 初始速度20km/h　(f) 初始速度20km/h

(g) 初始速度30km/h　(h) 初始速度30km/h

图 6.13　不同列车初始速度下钢轨振动加速度响应(a=1m/s^2，k_r=10MN/m，c_r=0.05MN·s/m)

不同参数下钢轨振动加速度有效值 A_{rms} 变化情况如图 6.14 所示。

$$A_{rms}=\sqrt{\frac{1}{N}\sum_{n=1}^{N}a_n^2} \tag{6.44}$$

式中，a_n 为振动加速度，N 为振动加速度数据点数，$n=1,2,\cdots,N$。

对比图 6.11～图 6.14 中的计算结果，可以看出：

(1)随着扣件刚度逐渐增大，变速移动列车作用下钢轨振动加速度逐渐减小，钢轨振动频谱峰值点频率逐渐增大。这说明降低扣件刚度在衰减轨道与基础间振动传递的同时，增大了轮轨间的相互作用力，加剧了钢轨振动，从而部分揭示了减振器扣件轨道钢轨波磨频发，而普通扣件轨道钢轨波磨相对较少的原因。

(2)保持列车初始速度不变，随着列车加速度的增大，钢轨振动加速度响应略有增大,频谱谱值略有增大,频谱分布基本不变。

(3)随着列车初始速度的增大,钢轨振动加速度响应逐渐增大,频谱峰值点保持不变,但频谱中出现与列车初始速度相关的周期性极值频率点。

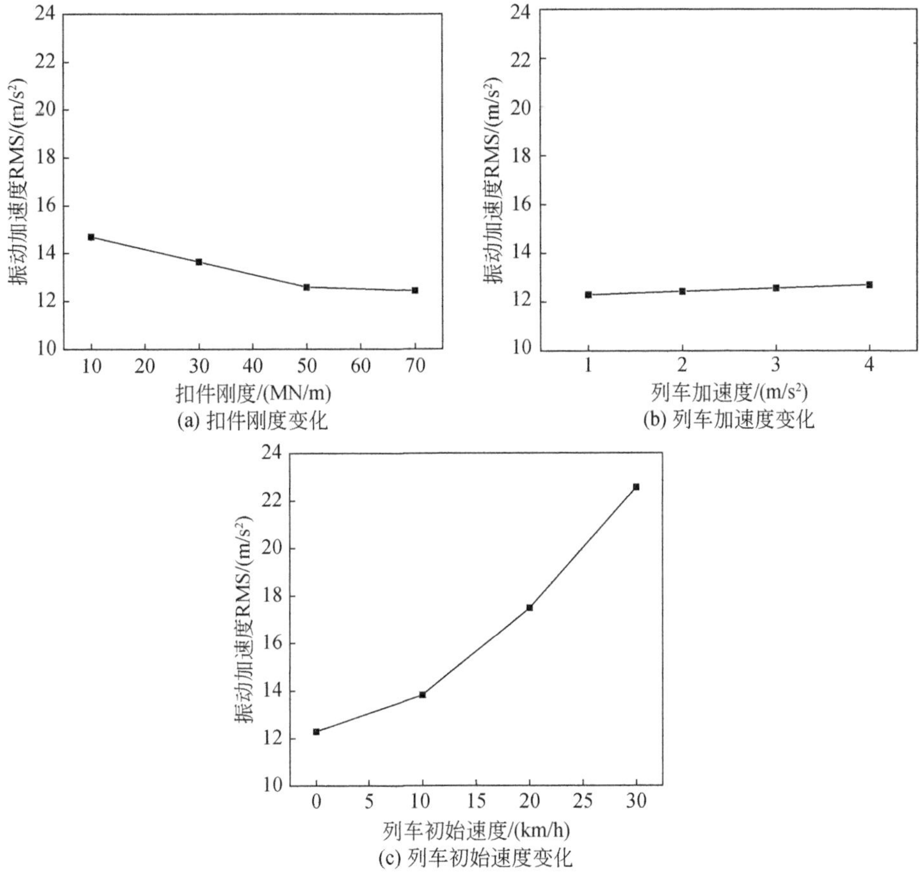

图 6.14　不同参数下钢轨振动加速度有效值变化情况

第 7 章　加减速运行列车-曲线轨道动力响应分析

与第 6 章的方法不同，本章研究变速移动荷载作用下曲线轨道动力响应稳态响应叠加法，在此基础上，建立加减速行驶列车-曲线轨道耦合解析模型。

7.1　加减速移动荷载作用时轨道动力响应的稳态响应叠加法

图 7.1 为加速移动简谐荷载作用时轨道结构力学模型图，一个移动加速度为 $\boldsymbol{a}$ 的简谐荷载作用于轨道结构上。图 7.2 为荷载加速过程中速度与时间关系及速度简化，图中直线表示荷载移动速度变化情况，不失一般性地，可将其视为一系列在微小时段内匀速移动的增长过程。

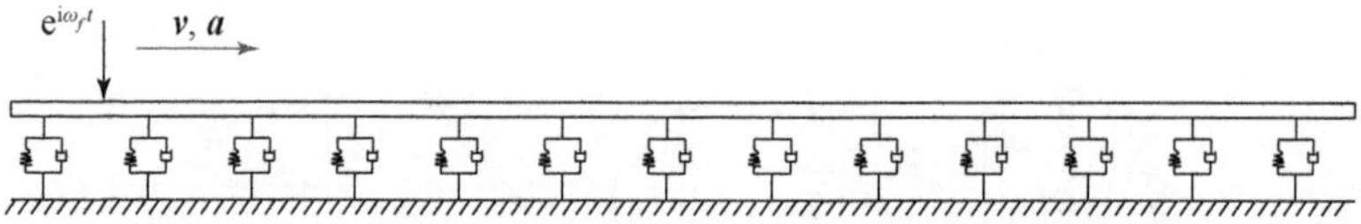

图 7.1　加速移动简谐荷载作用时轨道结构力学模型图

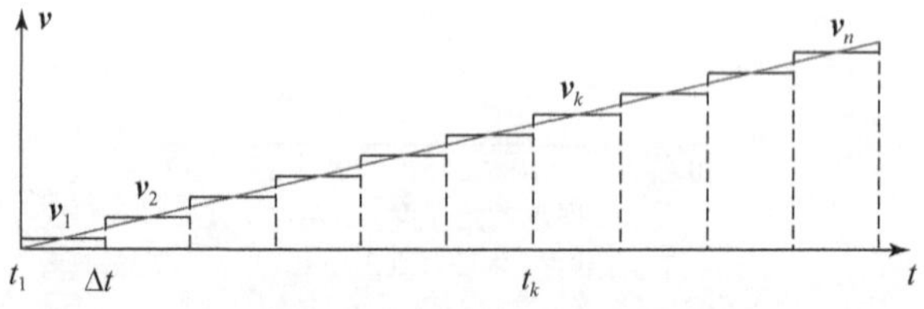

图 7.2　荷载加速过程中速度与时间关系及速度简化

如此，就可将加速移动荷载作用下轨道结构的瞬态响应，视为一系列在微小时段内匀速移动荷载作用下稳态响应过程的叠加。根据无限-周期结构理论求解稳态动力响应，最终得到加速移动简谐荷载作用下曲线轨道结构的动力响应。基于稳态响应叠加法的加速移动荷载作用下轨道结构动力响应求解原理如图 7.3 所示。

基于上述系列稳态响应叠加法的基本思路，加速荷载作用下轨道结构动力响应求解过程具体如下：

(1)当加速移动荷载作用于轨道结构时，将加速时间段[0，t]等分为若干微小

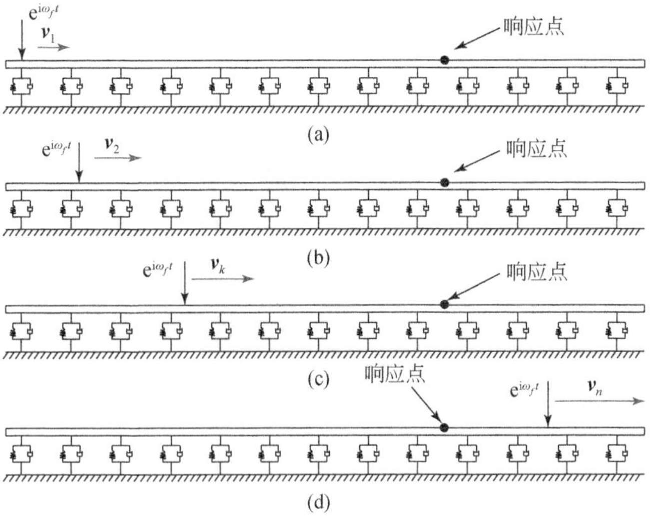

图 7.3　基于稳态响应叠加法的加速移动荷载作用下轨道结构动力响应求解原理

时间段，用每个微小时间段中间位置处的速度近似代替该区间内的加速运动，当将区间$[0,t]$细分至一定精度时，可采用匀速运动叠加法近似表示加速过程。此时，如图 7.2 所示，相邻速度之间大小满足

$$\boldsymbol{v}_n=\boldsymbol{v}_{n-1}+\boldsymbol{a}\cdot\Delta t \tag{7.1}$$

(2)根据无限-周期结构理论，求解各微小时段内速度大小为 v_k 时，匀速移动简谐荷载作用下轨道结构任意一响应点的动力响应，如图 7.3(c)所示。由此得到加速移动荷载移动速度对应 v_k 时的轨道结构动力响应。依次求解各速度作用时轨道结构动力响应。

(3)将一系列匀速荷载作用下轨道结构的稳态响应进行叠加，最终得到加速移动简谐荷载作用下轨道结构的动力响应。

接下来说明当加速移动荷载作用时，曲线轨梁动力响应的求解过程。令激振频率为 ω_f、初始时刻位于 z_0^{F} 的单位移动简谐荷载作用于曲线轨梁上，设轨梁方程满足 Timoshenko 条件。荷载移动加速度为 $\boldsymbol{a}$，t_k 时刻荷载移动速度为 $\boldsymbol{v}_k$，此时，轨梁振动微分方程为

$$\begin{aligned}&\frac{EA}{R^2}\boldsymbol{u}_x-K_xAG\frac{\partial^2\boldsymbol{u}_x}{\partial z^2}+m\frac{\partial^2\boldsymbol{u}_x}{\partial t^2}-\frac{K_xAG+EA}{R}\frac{\partial\boldsymbol{u}_z}{\partial z}+K_xAG\frac{\partial\varphi_y}{\partial z}\\&=\boldsymbol{g}(t)e^{i\omega_f t}\delta(z-z_0^{\mathrm{F}}-\boldsymbol{v}_k t)-\sum_{j=1}^{N_r}[\boldsymbol{f}_{xj}(t)\delta(z-z_{rj})]\end{aligned} \tag{7.2}$$

$$\frac{K_xAG+EA}{R}\frac{\partial\boldsymbol{u}_x}{\partial z}-EA\frac{\partial^2\boldsymbol{u}_z}{\partial z^2}+K_xAG\frac{\boldsymbol{u}_z}{R^2}+m\frac{\partial^2\boldsymbol{u}_z}{\partial t^2}-\frac{K_xAG}{R}\varphi_y$$

$$= -\sum_{j=1}^{N_r}[\boldsymbol{f}_{zj}(t)\delta(z-z_{rj})] \tag{7.3}$$

$$-K_x AG\frac{\partial \boldsymbol{u}_x}{\partial z}-\frac{K_x AG}{R}\boldsymbol{u}_z-EI_y\frac{\partial^2\varphi_y}{\partial z^2}+K_x AG\varphi_y+\rho I_y\frac{\partial^2\varphi_y}{\partial t^2}=\boldsymbol{0} \tag{7.4}$$

$$-K_y AG\frac{\partial^2 \boldsymbol{u}_y}{\partial z^2}+K_y AG\frac{\partial \varphi_x}{\partial z}+m\frac{\partial^2 \boldsymbol{u}_y}{\partial t^2}$$

$$=\boldsymbol{g}(t)\mathrm{e}^{\mathrm{i}\omega_f t}\delta(z-z_0^{\mathrm{F}}-\boldsymbol{v}_k t)-\sum_{j=1}^{N_r}[\boldsymbol{f}_{yj}(t)\delta(z-z_{rj})] \tag{7.5}$$

$$-\frac{EI_x}{R}\frac{\partial\varphi_z}{\partial z}+EI_x\frac{\partial^2\varphi_x}{\partial z^2}-\frac{GI_{\mathrm{d}}}{R}\left(\frac{\varphi_x}{R}+\frac{\partial\varphi_z}{\partial z}\right)+K_y AG\left(\frac{\partial \boldsymbol{u}_y}{\partial z}-\varphi_x\right)+\rho I_x\frac{\partial^2\varphi_x}{\partial t^2}=\boldsymbol{0} \tag{7.6}$$

$$-\frac{GI_{\mathrm{d}}}{R}\frac{\partial\varphi_x}{\partial z}-GI_{\mathrm{d}}\frac{\partial^2\varphi_z}{\partial z^2}-\frac{EI_x}{R}\left(\frac{\partial\varphi_x}{\partial z}-\frac{\varphi_z}{R}\right)+\rho I_0\frac{\partial^2\varphi_z}{\partial t^2}$$

$$=\boldsymbol{g}(t)\mathrm{e}^{\mathrm{i}\omega_f t}\delta(z-z_0^{\mathrm{F}}-\boldsymbol{v}_k t)-\sum_{j=1}^{N_r}[\boldsymbol{T}_j(t)\delta(z-z_{rj})] \tag{7.7}$$

式中，各符号含义可参见第 5 章中相关内容。

为了在频域内对方程(7.2)～(7.7)进行求解，对变量 t 进行傅里叶变换为

$$\frac{E^* A}{R^2}\hat{\boldsymbol{u}}_x-K_x AG^*\frac{\partial^2\hat{\boldsymbol{u}}_x}{\partial z^2}-m\omega^2\hat{\boldsymbol{u}}_x-\frac{K_x AG^*+E^* A}{R}\frac{\partial\hat{\boldsymbol{u}}_z}{\partial z}+K_x AG^*\frac{\partial\hat{\varphi}_y}{\partial z}$$

$$+\bar{k}_x\sum_{j=1}^{N_r}\hat{\boldsymbol{u}}_x\delta(z-z_{rj})=\frac{\hat{\boldsymbol{g}}(\omega)}{\boldsymbol{v}_k}\mathrm{e}^{\mathrm{i}\frac{\omega_f-\omega}{v_k}(z-z_0^{\mathrm{F}})} \tag{7.8}$$

$$\frac{K_x AG^*+E^* A}{R}\frac{\partial\hat{\boldsymbol{u}}_x}{\partial z}-E^* A\frac{\partial^2\hat{\boldsymbol{u}}_z}{\partial z^2}+K_x AG^*\frac{\hat{\boldsymbol{u}}_z}{R^2}-m\omega^2\hat{\boldsymbol{u}}_z-\frac{K_x AG^*}{R}\hat{\varphi}_y$$

$$+\bar{k}_z\sum_{j=1}^{N_r}\hat{\boldsymbol{u}}_z\delta(z-z_{rj})=\boldsymbol{0} \tag{7.9}$$

$$-K_x AG^*\frac{\partial\hat{\boldsymbol{u}}_x}{\partial z}-\frac{K_x AG^*}{R}\hat{\boldsymbol{u}}_z-E^* I_y\frac{\partial^2\hat{\varphi}_y}{\partial z^2}+K_x AG^*\hat{\varphi}_y-\rho I_y\omega^2\hat{\varphi}_y=\boldsymbol{0} \tag{7.10}$$

$$-K_y AG^*\frac{\partial^2\hat{\boldsymbol{u}}_y}{\partial z^2}+K_y AG^*\frac{\partial\hat{\varphi}_x}{\partial z}-m\omega^2\hat{\boldsymbol{u}}_y+\sum_{j=1}^{N_r}\bar{k}_y\hat{\boldsymbol{u}}_y\delta(z-z_{rj})=\frac{\hat{\boldsymbol{g}}(\omega)}{\boldsymbol{v}_k}\mathrm{e}^{\mathrm{i}\frac{\omega_f-\omega}{v_k}(z-z_0^{\mathrm{F}})} \tag{7.11}$$

$$K_y AG^*\frac{\partial\hat{\boldsymbol{u}}_y}{\partial z}+E^* I_x\frac{\partial^2\hat{\varphi}_x}{\partial z^2}-\left(\frac{G^* I_{\mathrm{d}}}{R^2}+K_y AG^*\right)\hat{\varphi}_x-\rho I_x\omega^2\hat{\varphi}_x-\frac{E^* I_x+G^* I_{\mathrm{d}}}{R}\frac{\partial\hat{\varphi}_z}{\partial z}=\boldsymbol{0} \tag{7.12}$$

$$-\frac{E^* I_x+G^* I_{\mathrm{d}}}{R}\frac{\partial\hat{\varphi}_x}{\partial z}-G^* I_{\mathrm{d}}\frac{\partial^2\hat{\varphi}_z}{\partial z^2}+\frac{E^* I_x}{R^2}\hat{\varphi}_z-\rho I_0\omega^2\hat{\varphi}_z+\sum_{j=1}^{N_r}\bar{k}_\varphi\hat{\varphi}_z\delta(z-z_{rj})$$

$$=\frac{\hat{\boldsymbol{g}}(\omega)}{\boldsymbol{v}_k}\mathrm{e}^{\mathrm{i}\frac{\omega_f-\omega}{v_k}(z-z_0^{\mathrm{F}})} \tag{7.13}$$

根据轨梁动力响应频域数学模态叠加法，将曲线轨梁位移响应表达为

$$\hat{\boldsymbol{u}}(z,\omega,\omega_f)=\sum_{n=-N}^{+N}[\boldsymbol{C}_n(\omega,\omega_f)\hat{V}_n(z,\omega,\omega_f)] \tag{7.14}$$

将式(7.14)代入方程组(7.8)～(7.13)，并对方程组两边同乘 $\hat{V}_m(z,\omega,\omega_f)^{-1}=\mathrm{e}^{-\mathrm{i}(\xi_m+\omega_f/v_k-\omega/v_k)z}(m\in[-N,N])$，然后在 $z\in[0,L]$ 上对方程组两边进行积分，由曲线轨梁频域数学模态正交性，可得第 m 阶轨梁模态对应的方程组为

$$K_xAG^*L\left(\xi_m+\frac{\omega_f-\omega}{\boldsymbol{v}_k}\right)^2U_m^x+\frac{E^*A}{R^2}LU_m^x-m\omega^2LU_m^x-\frac{K_xAG^*+E^*A}{R}L\mathrm{i}\left(\xi_m+\frac{\omega_f-\omega}{\boldsymbol{v}_k}\right)U_m^z$$
$$+K_xAG^*L\mathrm{i}\left(\xi_m+\frac{\omega_f-\omega}{\boldsymbol{v}_k}\right)\Phi_m^y+\bar{k}_x\sum_{j=1}^{N_\mathrm{r}}\hat{u}_x\mathrm{e}^{-\mathrm{i}\left(\xi_m+\frac{\omega_f-\omega}{v_k}\right)z_{\mathrm{r}j}}=\frac{1}{\boldsymbol{v}_k}\cdot\mathrm{e}^{-\mathrm{i}\frac{\omega_f-\omega}{v_k}z_0^{\mathrm{F}}}\int_0^L\mathrm{e}^{-\mathrm{i}\xi_mz}\mathrm{d}z \tag{7.15}$$

$$\frac{K_xAG^*+E^*A}{R}L\mathrm{i}\left(\xi_m+\frac{\omega_f-\omega}{\boldsymbol{v}_k}\right)U_m^x+E^*AL\left(\xi_m+\frac{\omega_f-\omega}{\boldsymbol{v}_k}\right)^2U_m^z$$
$$+\frac{K_xAG^*}{R^2}LU_m^z-m\omega^2LU_m^z-\frac{K_xAG^*}{R}L\Phi_m^y+\bar{k}_z\sum_{j=1}^{N_\mathrm{r}}\hat{u}_z\mathrm{e}^{-\mathrm{i}\left(\xi_m+\frac{\omega_f-\omega}{v_k}\right)z_{\mathrm{r}j}}=0 \tag{7.16}$$

$$-K_xAG^*L\mathrm{i}\left(\xi_m+\frac{\omega_f-\omega}{v_k}\right)U_m^x-\frac{K_xAG^*}{R}LU_m^z+E^*I_yL\left(\xi_m+\frac{\omega_f-\omega}{v_k}\right)^2\Phi_m^y$$
$$+K_xAG^*L\Phi_m^y-\rho I_y\omega^2L\Phi_m^y=0 \tag{7.17}$$

$$K_yAG^*L\left(\xi_m+\frac{\omega_f-\omega}{v_k}\right)^2U_m^y+K_yAG^*L\mathrm{i}\left(\xi_m+\frac{\omega_f-\omega}{v_k}\right)\Phi_m^x$$
$$-m\omega^2LU_m^y+\bar{k}_y\sum_{j=1}^{N_\mathrm{r}}\hat{u}_y\mathrm{e}^{-\mathrm{i}\left(\xi_m+\frac{\omega_f-\omega}{v_k}\right)z_{\mathrm{r}j}}=\frac{1}{v_k}\cdot\mathrm{e}^{-\mathrm{i}\frac{\omega_f-\omega}{v_k}z_0^{\mathrm{F}}}\int_0^L\mathrm{e}^{-\mathrm{i}\xi_mz}\mathrm{d}z \tag{7.18}$$

$$K_yAG^*L\mathrm{i}\left(\xi_m+\frac{\omega_f-\omega}{v_k}\right)U_m^y-E^*I_xL\left(\xi_m+\frac{\omega_f-\omega}{v_k}\right)^2\Phi_m^x-\left(\frac{G^*I_\mathrm{d}}{R^2}+K_yAG^*\right)L\Phi_m^x$$
$$-\rho I_x\omega^2L\Phi_m^x-\frac{E^*I_x+G^*I_\mathrm{d}}{R}L\mathrm{i}\left(\xi_m+\frac{\omega_f-\omega}{v_k}\right)\Phi_m^z=0 \tag{7.19}$$

$$-\frac{E^*I_x+G^*I_\mathrm{d}}{R}L\mathrm{i}\left(\xi_m+\frac{\omega_f-\omega}{v_k}\right)\Phi_m^x+G^*I_\mathrm{d}L\left(\xi_m+\frac{\omega_f-\omega}{v_k}\right)^2\Phi_m^z$$
$$-\left(\rho I_0\omega^2-\frac{E^*I_x}{R^2}\right)L\Phi_m^z+\bar{k}_\varphi\sum_{j=1}^{N_\mathrm{r}}\hat{\varphi}_z\mathrm{e}^{-\mathrm{i}\left(\xi_m+\frac{\omega_f-\omega}{v_k}\right)z_{\mathrm{r}j}}=\frac{1}{v_k}\cdot\mathrm{e}^{-\mathrm{i}\frac{\omega_f-\omega}{v_k}z_0^{\mathrm{F}}}\int_0^L\mathrm{e}^{-\mathrm{i}\xi_mz}\mathrm{d}z \tag{7.20}$$

对方程组(7.15)～(7.20)进行数学整理，有

$$\boldsymbol{G}(\omega,\omega_f)\boldsymbol{D}(\omega,\omega_f)=\boldsymbol{P}(\omega,\omega_f) \tag{7.21}$$

式中，$\boldsymbol{D}(\omega,\omega_f)=[U^x_{-N} \ \cdots \ U^x_{+N} \ U^z_{-N} \ \cdots \ U^z_{+N} \ \Phi^y_{-N} \ \cdots \ \Phi^y_{+N} \ U^y_{-N} \ \cdots \ U^y_{+N} \ \Phi^x_{-N} \ \cdots \ \Phi^x_{+N} \ \Phi^z_{-N} \ \cdots \ \Phi^z_{+N}]^{\mathrm{T}}$；$\boldsymbol{G}(\omega,\omega_f)$为 NMR×6 方阵；$\boldsymbol{P}(\omega,\omega_f)$为(NMR×6)×1 列向量，其第 j 行满足

$$\boldsymbol{P}(j,1)=\begin{cases} L\mathrm{e}^{-\mathrm{i}\frac{\omega_f-\omega}{v_k}z_0^{\mathrm{F}}}/v_k, & j=N+1 \\ L\mathrm{e}^{-\mathrm{i}\frac{\omega_f-\omega}{v_k}z_0^{\mathrm{F}}}/v_k, & j=\mathrm{NMR}\times 3+N+1 \\ L\mathrm{e}^{-\mathrm{i}\frac{\omega_f-\omega}{v_k}z_0^{\mathrm{F}}}/v_k, & j=\mathrm{NMR}\times 5+N+1 \\ 0, & j=\text{其他} \end{cases} \tag{7.22}$$

在激振频率为 ω_f 的简谐荷载作用下，通过解方程组(7.21)可得轨梁的各模态坐标，将相应的模态坐标代入式(7.14)即可求得轨梁基本元内任意一点的位移响应。轨梁上任意一点 $\widehat{z}$ 的动力响应可由式(7.23)得到

$$\hat{\boldsymbol{u}}(\widehat{z},\omega,\omega_f)=\mathrm{e}^{\mathrm{i}(\omega_f-\omega)nL/v_k}\cdot\hat{\boldsymbol{u}}(z,\omega,\omega_f) \tag{7.23}$$

对式(7.23)进行傅里叶逆变换，即可得到移动速度为 $\boldsymbol{v}_k$ 时简谐荷载作用下曲线轨梁任意一点的时域动力响应 $\boldsymbol{u}(v_k,t)$，由此可得 t_k' 时刻匀速移动荷载引起的轨梁动力响应，即 t_k 时刻加速移动荷载引起的曲线轨梁动力响应为

$$\boldsymbol{u}(a,t_k)=\boldsymbol{u}(v_k,t_k') \tag{7.24}$$

式(7.24)中，t_k、t_k' 满足

$$t_k'=\frac{v_0+at_k^2/2}{v_k} \tag{7.25}$$

求解各时刻的曲线轨梁动力响应，即可得到加速移动简谐荷载作用下曲线轨梁的动力响应。

7.2 加速移动荷载作用下曲线轨道动力响应案例分析

当匀加速移动简谐荷载作用于曲线轨道上时，荷载移动加速度的变化将对曲线轨道动力响应产生显著的影响。由曲线轨道结构特点可知，当初始速度为 v、移动加速度为 a、轴重为 M 的移动轮轴作用于轨梁上时，移动轴荷载作用下曲线轨道轨梁力学模型如图 7.4 所示，准静态激励力为

$$\boldsymbol{F}_y=M\boldsymbol{g}\cos\alpha+M\boldsymbol{v}_k^2\sin\alpha/R \tag{7.26}$$

$$\boldsymbol{F}_x=M\boldsymbol{g}\sin\alpha-M\boldsymbol{v}_k^2\cos\alpha/R \tag{7.27}$$

$$\boldsymbol{T}_z=\boldsymbol{F}_x\cdot h_1 \tag{7.28}$$

式中，t_k 时刻移动速度为 $\boldsymbol{v}_k$；$\boldsymbol{F}_y$、$\boldsymbol{F}_x$、$\boldsymbol{T}_z$ 分别为移动质量作用于曲线梁的准静态垂向力、横向力及扭转力矩；h_1 为轨顶至轨梁扭转中心的距离，如图 7.5 所示；$\boldsymbol{g}$ 为重

力加速度，取值为 9.81m/s^2；α 为曲线轨道外轨超高角，$\alpha=h/L_t$，其中，h 为外轨超高，L_t 为轨道内外轨间距(取为 1435mm)。

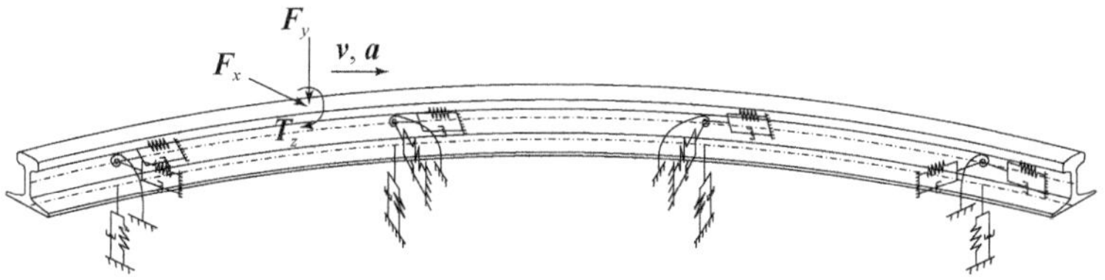

图 7.4　移动轴荷载作用下曲线轨道轨梁力学模型

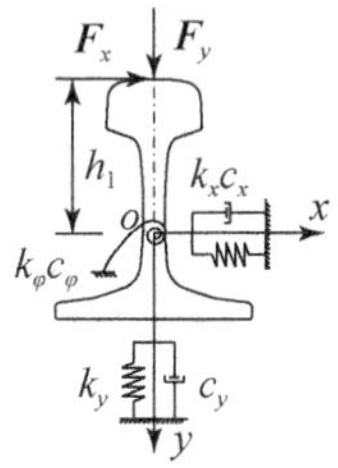

图 7.5　轨梁支撑约束示意图

由式(7.26)～式(7.28)可知加速移动荷载作用时曲线轨道结构受力情况。

为研究荷载移动加速度对曲线轨梁动力响应的影响，本节分别计算初始速度为 10m/s 时，荷载移动加速度 a 分别为 0m/s^2、1m/s^2、2m/s^2、3m/s^2、4m/s^2、5m/s^{2}时曲线轨道轨梁位移响应。在计算中，荷载简谐频率先设为 0Hz，荷载初始位置为 0m，轨梁计算模态数取为 81，响应点取为 12m，曲线轨道半径为 300m，外轨超高为 120mm。以地铁普通整体道床轨道为例进行分析，轨道采用 $DTVI_2$ 扣件，钢轨及 $DTVI_2$ 扣件参数如表 5.3 所示。

图 7.6 给出加速移动单位简谐荷载作用时轨梁动力响应特性。

由图 7.6 可知：

(1)加速移动单位简谐荷载作用时，荷载移动加速度对轨梁动力响应时程具有显著的影响，荷载移动加速度增加时，响应持续时间缩短；荷载移动加速度对轨梁垂向动力时程响应幅值几乎没有影响，但对横向及扭转振动时程响应幅值具有显著的影响。

(2)荷载移动加速度对轨梁动力频谱响应具有显著的影响，对于垂向响应，荷载移动加速度增加时荷载激振频率附近一个很窄频段内的位移响应将有所减小，但其他大部分频段内的位移响应将显著增大；对于横向、扭转响应，荷载移动加速度增加时频段位移响应将显著增大。

(3)荷载移动加速度变化对轨梁动力响应频谱具有显著的影响，随着荷载移动

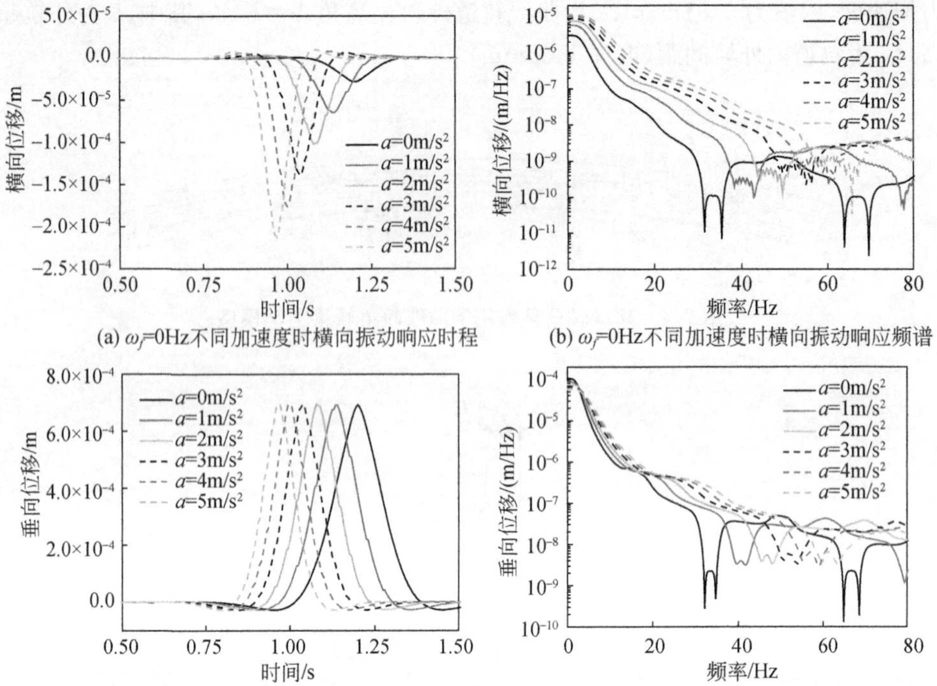

(a) ω_f=0Hz不同加速度时横向振动响应时程 (b) ω_f=0Hz不同加速度时横向振动响应频谱

(c) ω_f=0Hz不同加速度时垂向振动响应时程 (d) ω_f=0Hz不同加速度时垂向振动响应频谱

图 7.6 加速移动单位简谐荷载作用时轨梁动力响应特性

加速度的增加，响应频率向高频移动。

为研究加速移动荷载作用下曲线轨道轨梁振动响应特性，本节以地铁 B 型车参数、地铁普通整体道床轨道为例进行分析。轨道采用 $DTVI_2$ 扣件，钢轨及 $DTVI_2$ 扣件参数如表 5.3 所示。设计算初始速度为 5m/s，加速度分别为 $0m/s^2$、$1m/s^2$、$2m/s^2$。计算中，移动荷载的初始位置为 0，轨梁计算模态数取为 81，响应点取为 9m。地铁 B 型车车辆全长 19m，车辆定距 12.6m，轴距 2.2m。曲线半径为 300m，超高设置为 120mm。

加速移动荷载作用时曲线轨梁位移响应特性如图 7.7 所示，由图可知：

(1)荷载移动加速度对轨梁位移响应时程具有显著的影响，荷载移动加速度增加时轨梁位移响应持续时间缩短。

(2)荷载移动加速度对轨梁垂向位移时程响应幅值几乎没有影响，但对横向及扭转振动时程响应幅值具有显著的影响，随着荷载移动加速度的增加，横向及扭转振动位移响应幅值、方向均发生改变，且幅值先减小后增加。

(3)荷载移动加速度对轨梁频域位移响应具有显著的影响，荷载移动加速度增加时位移响应频谱向高频移动。

加速移动荷载作用时曲线轨梁振动加速度响应特性如图 7.8 所示。

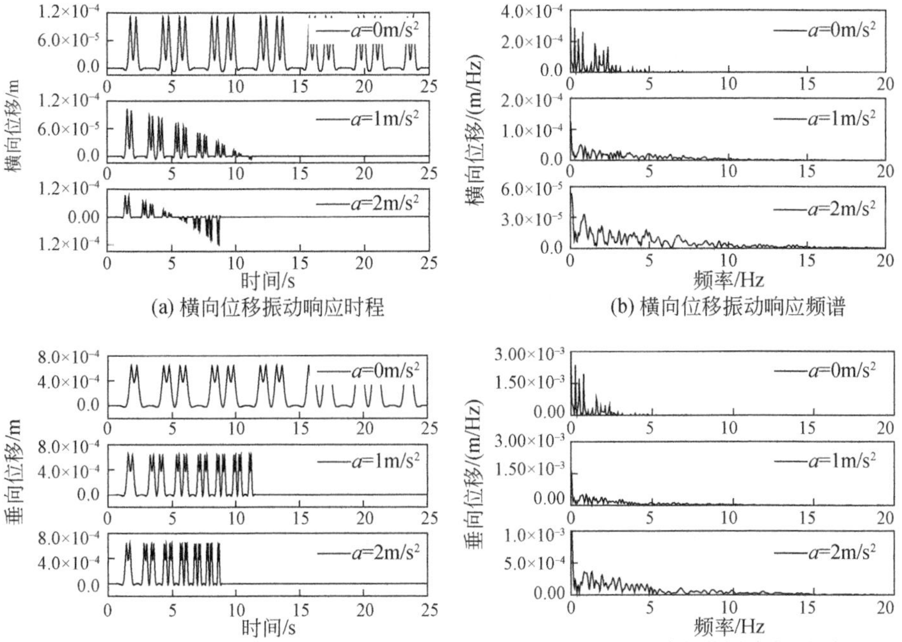

(a) 横向位移振动响应时程　(b) 横向位移振动响应频谱

(c) 垂向位移振动响应时程　(d) 垂向位移振动响应频谱

图 7.7　加速移动荷载作用时曲线轨梁位移响应特性

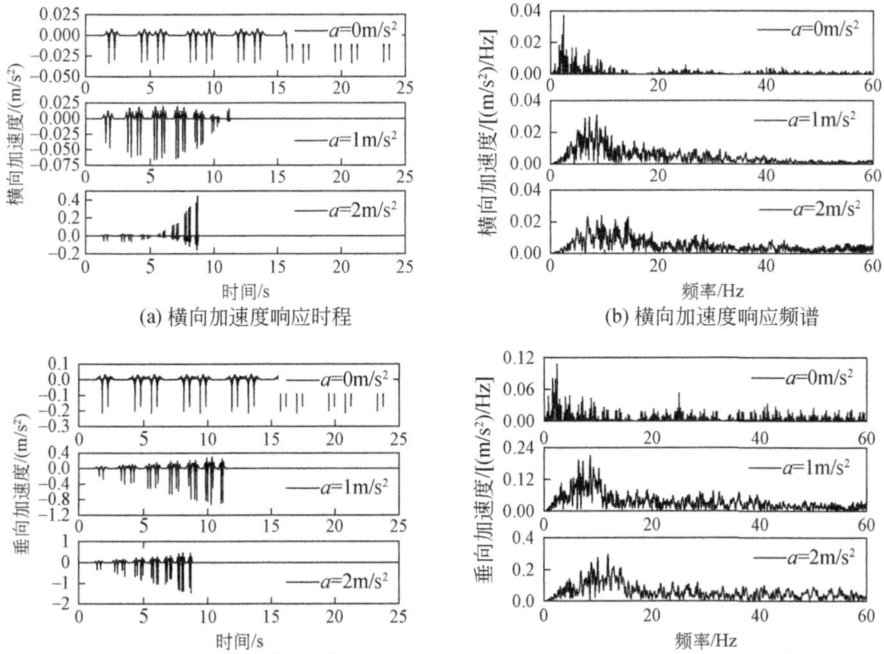

(a) 横向加速度响应时程　(b) 横向加速度响应频谱

(c) 垂向加速度响应时程　(d) 垂向加速度响应频谱

图 7.8　加速移动荷载作用时曲线轨梁振动加速度响应特性

由图 7.8 可知：

(1)荷载移动加速度对轨梁振动加速度响应时程具有显著的影响，荷载移动加速度增加时，轨梁振动加速度响应持续时间缩短。

(2)荷载移动加速度对轨梁垂向振动加速度时程响应幅值具有显著的影响，随着荷载移动加速度的增加，轨梁垂向振动加速度响应幅值明显增加。

(3)荷载移动加速度对轨梁横向、扭转振动加速度时程响应幅值具有显著的影响，随着荷载移动加速度的增加，轨梁振动加速度响应幅值发生明显的改变。

(4)荷载移动加速度对轨梁频域加速度响应具有显著的影响，荷载移动加速度增加时，轨梁振动加速度响应频谱向高频移动。

7.3 加减速行驶列车-曲线轨道耦合频域解析模型

本节将根据前述加速移动简谐荷载作用下曲线轨道结构动力响应叠加法，在第5章所建立的曲线轨道车辆-轨道耦合频域解析模型的基础上，建立列车加减速运行时列车-曲线轨道耦合频域解析模型。并编制求解程序 TMCVCTVS(theoretical model of coupled vehicle & curved track with variable speed)。程序编制及求解思路如下：

(1)当列车匀变速运行于轨道结构上时，将匀变速时间段[0, t]等分为若干小时间段，用每个小时间段中间位置处的速度近似代替该区间内的匀变速运动，当将区间[0, t]细分至一定精度时，即可采用匀速运动叠加法近似表示列车匀变速运行过程。

(2)求解 t_k 时刻列车运行速度为 $\boldsymbol{v}_k$ 时匀速列车荷载作用下轮轨动力相互作用。①根据车辆参数、曲线半径、轨道超高、列车运行速度 $\boldsymbol{v}_k$ 等计算求解准静态激励力。②基于车辆-轨道耦合模型求解运行速度 $\boldsymbol{v}_k$ 时轮轨动态激励力的求解。③求解轮轨动态激励力作用时轨道系统的振动响应。④对轮轨相互作用力、车辆系统响应、轨道系统响应、左右轨支点反力等进行傅里叶逆变换，得到系统时域动力响应。

(3)依次求解各时刻车辆-轨道系统动力响应，将一系列匀速荷载作用下轨道结构的稳态响应进行叠加，最终得到匀变速行驶列车荷载作用下轨道结构的动力响应。

7.4 案例分析

7.4.1 列车加速运行时响应特性分析

首先以列车加速运行通过曲线轨道为例，分析列车加速行驶过程中曲线轨道结构的动力响应。列车加速运行时初始速度通常较低，本小节计算时选取列车进入曲线轨道时的初始速度为 8m/s(28.8km/h)。设列车加速运行通过的曲线半径为 600m,以列车运行速度 80km/h 作为设计速度,根据规范要求可知实设超高为 120mm。

为了得到列车加速行驶过程中曲线轨道钢轨动力响应特性,根据规范中对列车运行加速度的要求,计算加速度为 $1m/s^2$ 时曲线轨道的动力响应特性。计算中采用美国五级谱随机不平顺激励,激振频率最高取为 120Hz,轨道不平顺采样点取为 256。轨梁最高分析频率取为 100Hz,响应点取为 $z=9m$。其中,有关车辆及轨道的参数如表 5.2 和表 5.3 所示。计算结果如图 7.9 和图 7.10 所示。

图 7.9 为列车匀加速运行时曲线轨道钢轨位移响应特性。

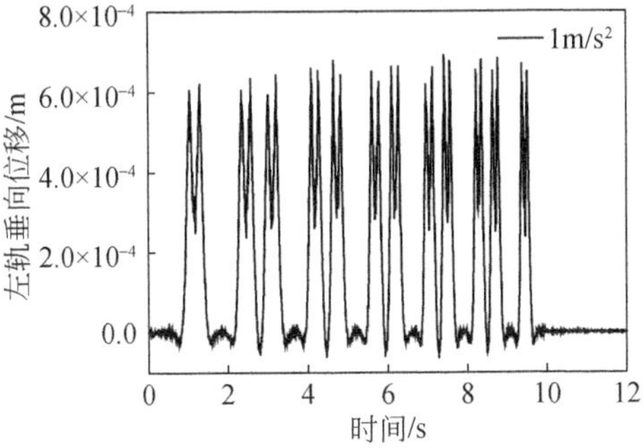

(a) 曲线轨道左侧钢轨垂向位移时域响应

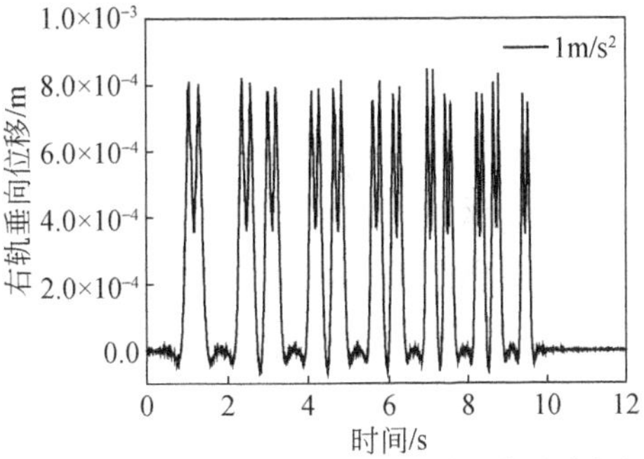

(b) 曲线轨道右侧钢轨垂向位移时域响应

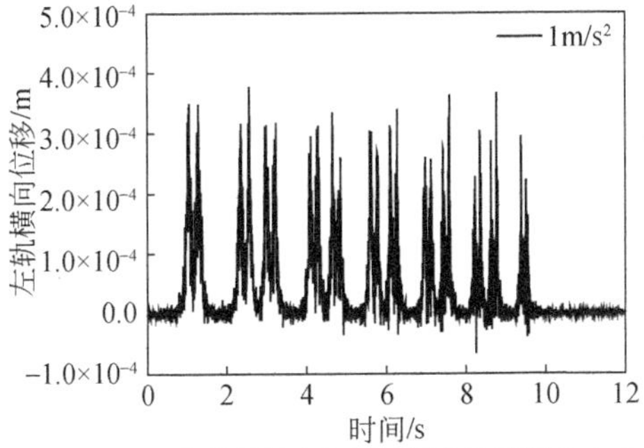

(c) 曲线轨道左侧钢轨横向位移时域响应

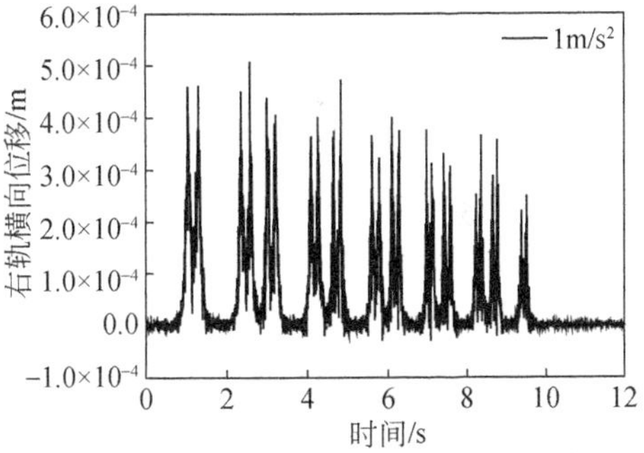

(d) 曲线轨道右侧钢轨横向位移时域响应

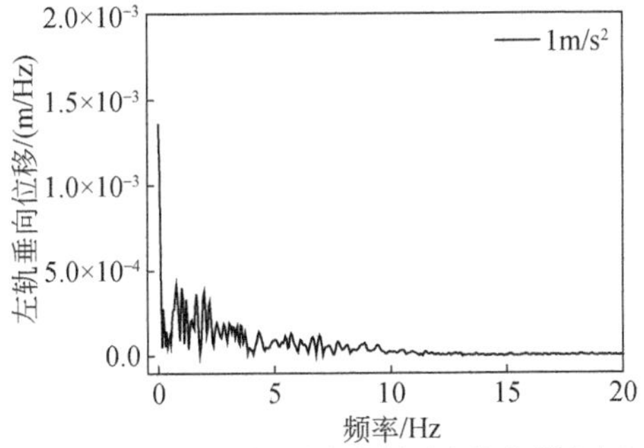

(e) 曲线轨道左侧钢轨垂向位移频域响应

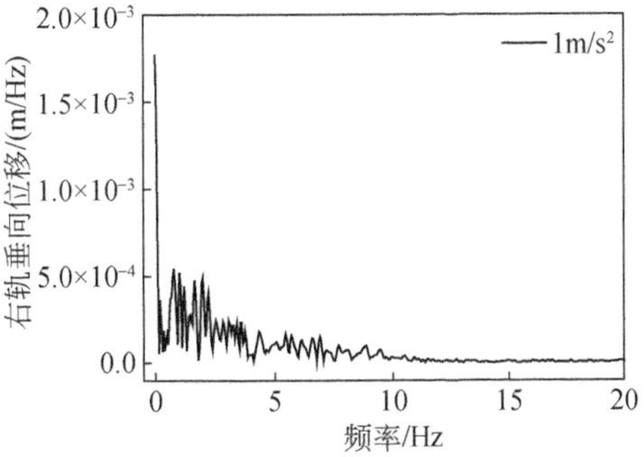

(f) 曲线轨道右侧钢轨垂向位移频域响应

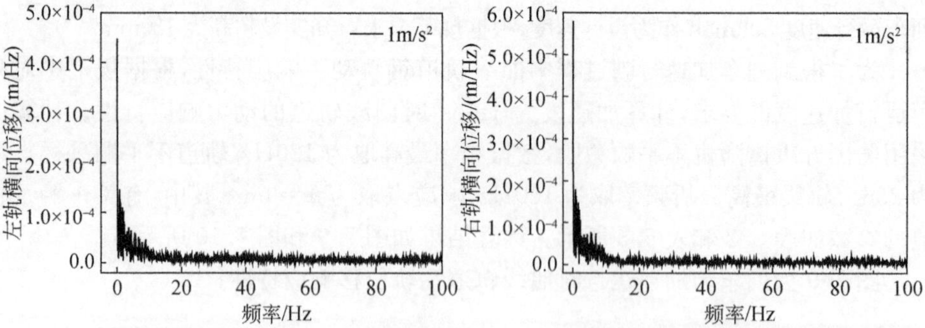

(g) 曲线轨道左侧钢轨横向位移频域响应　　(h) 曲线轨道右侧钢轨横向位移频域响应

图 7.9　列车匀加速运行时曲线轨道钢轨位移响应特性

从图 7.9 中可知：

(1)随着列车移动速度的增加，列车逐渐由过超高状态向平衡超高状态过渡，横向时域位移响应峰值随即减小。

(2)右轨(内轨)位移响应峰值高于左轨(外轨)。

图 7.10 为列车匀加速运行时曲线轨道钢轨加速度响应特性。

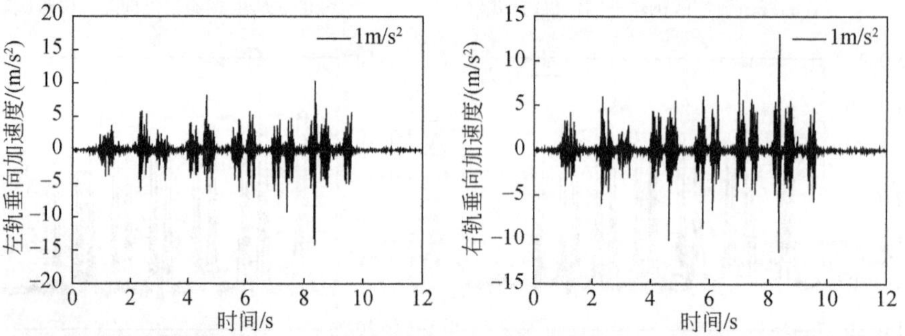

(a) 曲线轨道左侧钢轨垂向加速度时域响应　　(b) 曲线轨道右侧钢轨垂向加速度时域响应

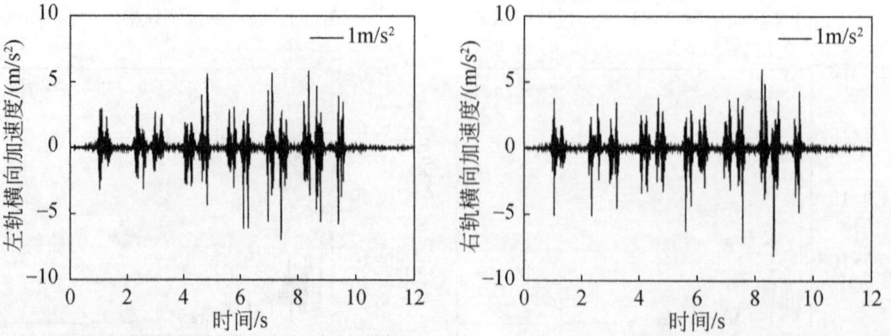

(c) 曲线轨道左侧钢轨横向加速度时域响应　　(d) 曲线轨道左侧钢轨垂向加速度时域响应

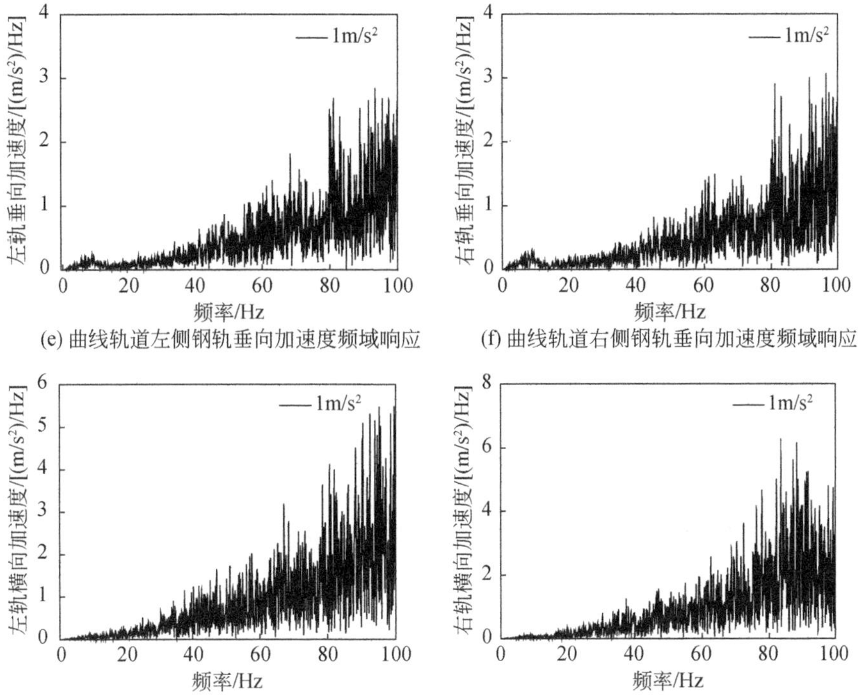

(e) 曲线轨道左侧钢轨垂向加速度频域响应　(f) 曲线轨道右侧钢轨垂向加速度频域响应

(g) 曲线轨道左侧钢轨横向加速度频域响应　(h) 曲线轨道右侧钢轨横向加速度频域响应

图 7.10　列车匀加速运行时曲线轨道钢轨加速度响应特性

从图 7.10 中可知：

(1)列车加速运行时，车辆各轴通过钢轨响应点时引起的钢轨加速度响应持续时间逐渐缩短。

(2)列车加速运行时，在分析频率 0～100Hz 内，钢轨加速度频域响应峰值逐渐增加。

7.4.2　列车减速运行时响应特性分析

接下来分析列车减速运行时，曲线轨道结构的动力响应。列车减速运行通常是由正常运行速度开始，因此本小节计算时选取列车进入曲线轨道时的初始速度为 80km/h，曲线半径为 600m，曲线超高为 120mm。本小节计算加速度为 -1m/s^2。其余计算条件与 7.4.1 节相同。

图 7.11 为列车减速运行时曲线轨道钢轨位移响应特性。

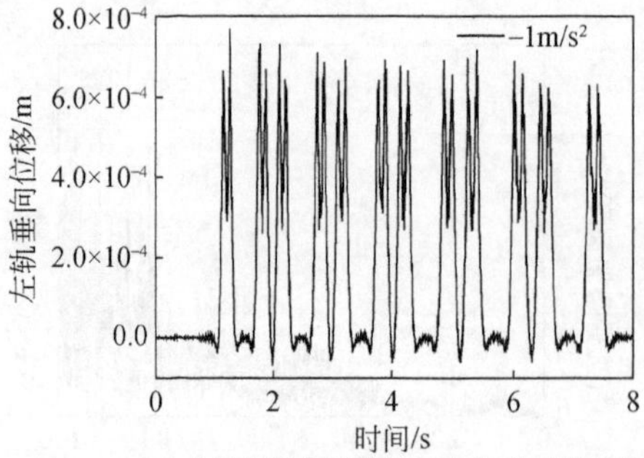

(a) 曲线轨道左侧钢轨垂向位移时域响应

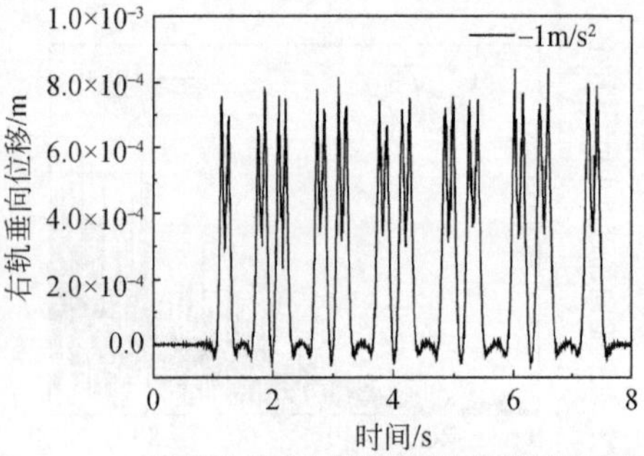

(b) 曲线轨道右侧钢轨垂向位移时域响应

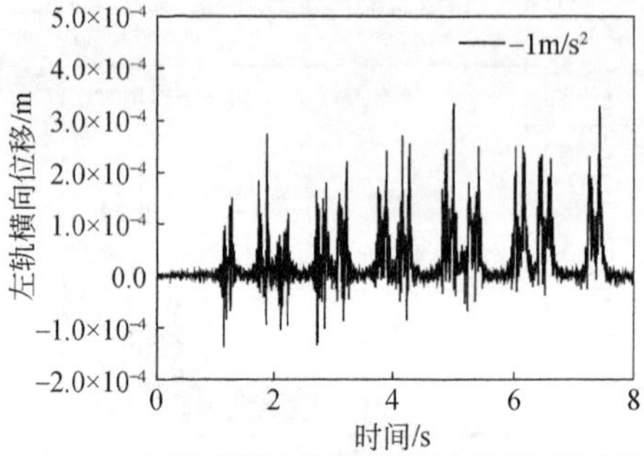

(c) 曲线轨道左侧钢轨横向位移时域响应

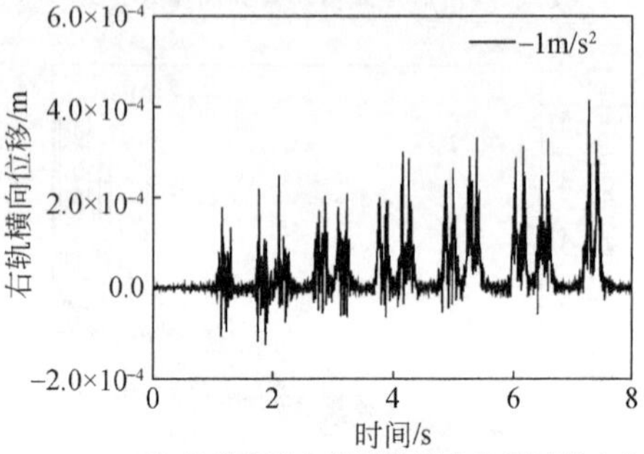

(d) 曲线轨道右侧钢轨横向位移时域响应

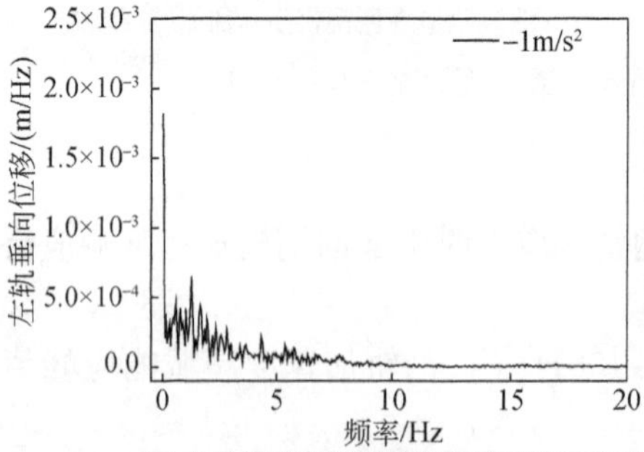

(e) 曲线轨道左侧钢轨垂向位移频域响应

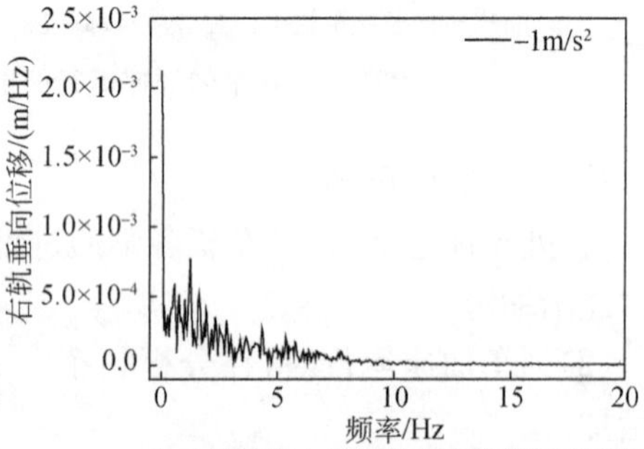

(f) 曲线轨道右侧钢轨垂向位移频域响应

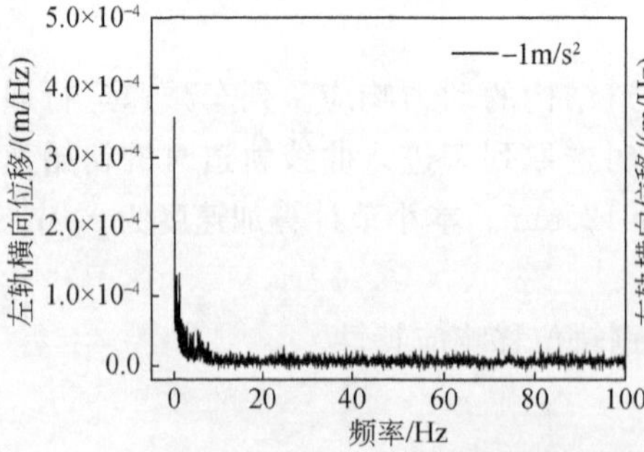

(g) 曲线轨道左侧钢轨横向位移频域响应

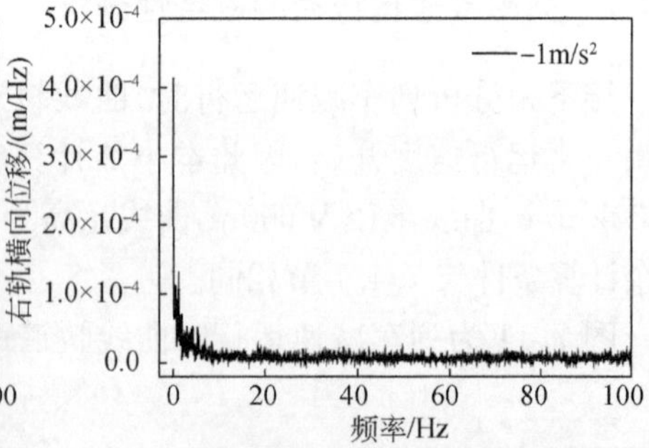

(h) 曲线轨道右侧钢轨横向位移频域响应

图 7.11　列车减速运行时曲线轨道钢轨位移响应特性

从图 7.11 中可知：

(1)列车减速运行时，运行速度的降低对钢轨位移响应时程具有显著的影响，荷载移动速度降低时钢轨位移响应持续时间增加；列车移动速度的变化对钢轨横向位移时程响应具有显著的影响，随着列车运行速度的降低，列车逐渐由平衡超高状态向过超高状态过渡，横向位移响应峰值随即增加。

(2)内轨位移频谱响应峰值大于外轨。

图 7.12 为列车减速运行时曲线轨道钢轨加速度响应特性。

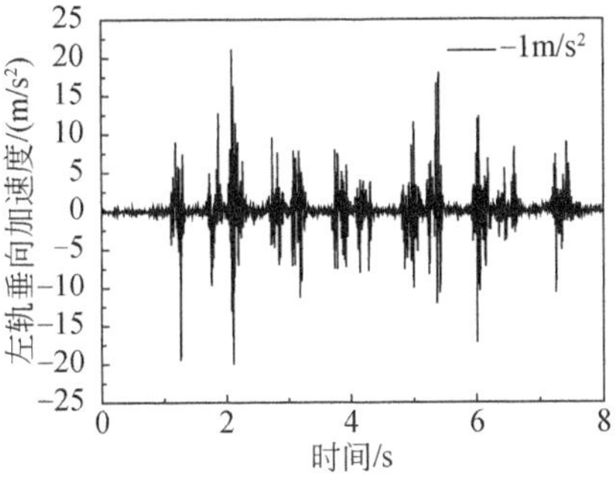

(a) 曲线轨道左侧钢轨垂向加速度时域响应

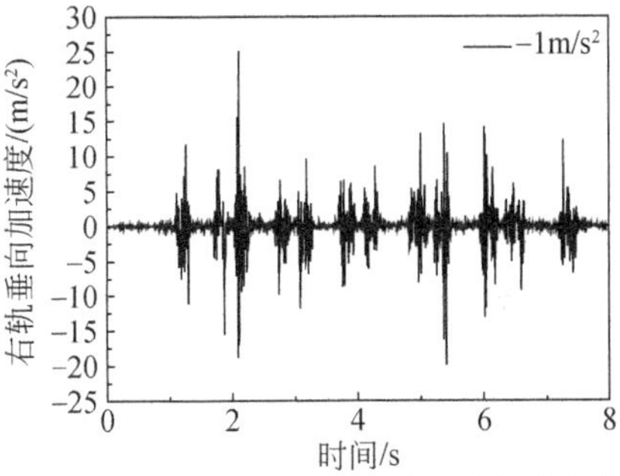

(b) 曲线轨道右侧钢轨垂向加速度时域响应

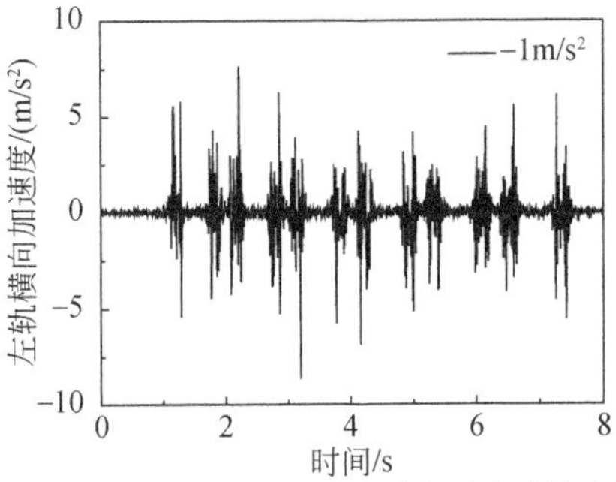

(c) 曲线轨道左侧钢轨横向加速度时域响应

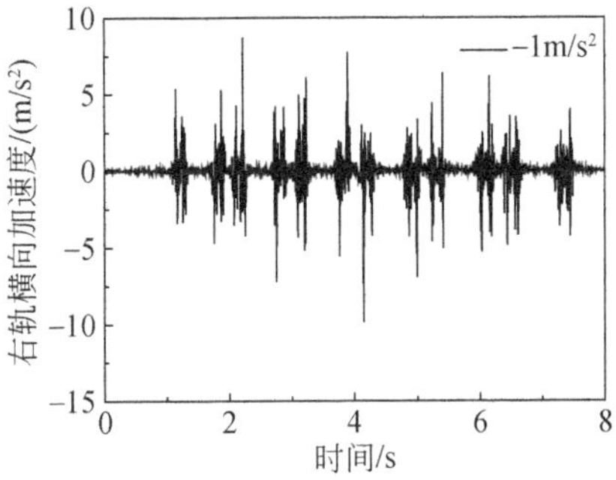

(d) 曲线轨道右侧钢轨垂向加速度时域响应

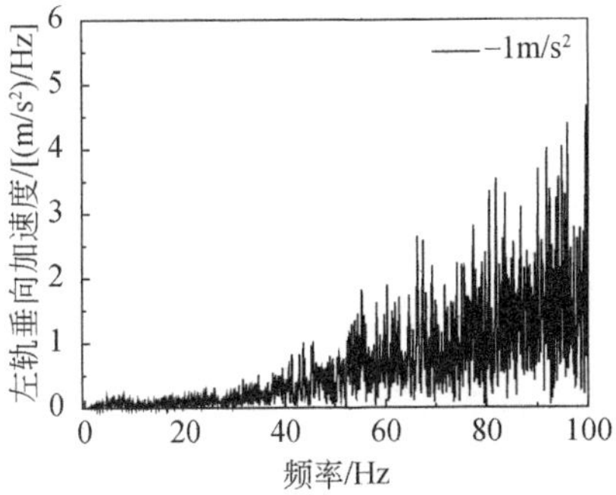

(e) 曲线轨道左侧钢轨垂向加速度频域响应

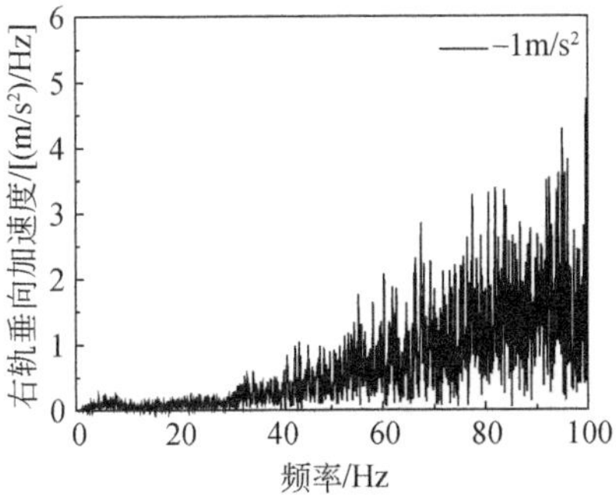

(f) 曲线轨道右侧钢轨垂向加速度频域响应

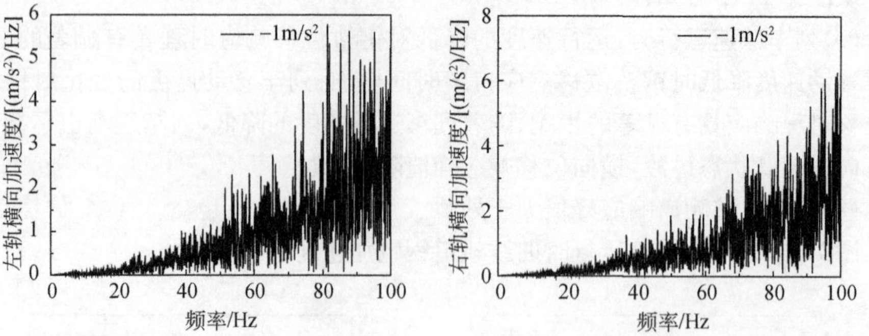

(g) 曲线轨道左侧钢轨横向加速度频域响应　(h) 曲线轨道右侧钢轨横向加速度频域响应

图 7.12　列车减速运行时曲线轨道钢轨加速度响应特性

从图 7.12 中可知：

(1)列车减速运行时，车辆各轴通过钢轨响应点时引起的钢轨加速度响应持续时间逐渐增加。

(2)列车减速运行时，在分析频率 0～100Hz 内，钢轨加速度频域响应峰值逐渐增加。

参考文献

边学成,2005. 高速列车运动荷载作用下地基和隧道的动力响应分析[D]. 杭州:浙江大学.

曹艳梅,2006. 列车引起的自由场地及建筑物振动的理论分析和试验研究[D]. 北京:北京交通大学.

曹志远,1989. 板壳振动理论[M]. 北京:中国铁道出版社.

陈果,翟婉明,左洪福,2001. 新型轮轨空间动态耦合模型[J]. 振动工程学报,14(4):34-40.

陈上有,夏禾,战家旺,等,2007. 变速移动荷载作用下简支梁的动力响应分析[J]. 中国铁道科学,28(6):41-46.

杜林林,刘维宁,刘卫丰,等,2017. 固定谐振荷载作用下曲线轨道动力响应特性研究[J]. 振动与冲击,36(20):233-239.

段固敏,许实儒,1993. 刚性转向架曲线通过的蠕滑中心法[J]. 兰州铁道学院学报,(2):1-9.

方文珊,2014. 线形参数对不同频段车辆振动响应的影响及其评价[D]. 北京:北京交通大学.

冯耐含,2010. 变速移动荷载作用下刚性路面的动力响应研究[J]. 北方交通,(4):10-13.

何发礼,1999. 高速铁路中小跨度曲线梁桥车桥耦合振动研究[D]. 成都:西南交通大学.

雷晓燕,1997. 高速列车对道碴的动力响应[J]. 铁道学报,19(1):114-121.

雷晓燕,吴神花,张斌,2016. 车辆-轨道非线性耦合系统交叉迭代算法及应用[J]. 噪声与振动控制,36(4):113-119.

李德建,曾庆元,1997. 列车-直线轨道空间耦合时变系统振动分析[J]. 铁道学报,19(1):101-107.

李德建,曾庆元,吕海燕,1998. 曲线轨道空间动力特性分析的有限单元法[J]. 长沙铁道学院学报,(1):1-6.

李定清,1987. 轮轨垂直相互动力作用及其动力响应[J]. 铁道学报,(1):1-8.

李芾,傅茂海,黄运华,2003. 车辆径向转向架发展及其动力学特性[J]. 交通运输工程学报,3(1):1-6.

李克飞,2012. 基于变速及曲线车轨耦合频域解析模型的地铁减振轨道动力特性研究[D]. 北京:北京交通大学.

李克飞,2014. 基于地铁减振及钢轨波磨防治的轨道结构设计管理研究[R]. 北京:北京交通大学.

李响,任尊松,徐宁,2017. 地铁小半径曲线段钢弹簧浮置板轨道的钢轨波磨研究[J]. 铁道学报,39(8):70-76.

练松良,2003. 轨道动力学[M]. 上海:同济大学出版社.

练松良,孙琦,韩向东,1995. 曲线轨道受力的动态计算在钢轨侧磨分析中的应用[J]. 铁道学报,(3):74-80.

凌亮,2015. 高速列车—轨道三维刚柔耦合动力学研究[D]. 成都:西南交通大学.

刘鹏飞,王开云,翟婉明,2018. 长大列车通过弹性曲线轨道仿真求解方法研究[J]. 西南交通大学学报,53(1):31-37.

刘维宁,1983. 列车荷载作用下黄土隧道的动态响应分析-现场试验与数值分析[D]. 兰州:兰州铁道学院.

刘维宁,Degrande G,2002. 中比双边合作项目研究报告[R]. 北京:北京交通大学.
刘维宁,李克飞,Valeri M,2013. 移动荷载作用下曲线轨道振动响应解析解研究[J]. 土木工程学报,(1):133-140.
刘维宁,马蒙,刘卫丰,等,2016. 我国城市轨道交通环境振动影响的研究现况[J]. 中国科学:技术科学,46(6):547-559.
刘卫丰,2009. 地铁列车运行引起的隧道及自由场动力响应数值预测模型研究[D]. 北京:北京交通大学.
龙许友,魏庆朝,赵金顺,2007. 直线电机地铁车辆曲线通过建模与仿真[J]. 系统仿真学报,19(13):3105-3107,3114.
罗文俊,2005. 曲线轨道车辆横向稳定性分析[D]. 南昌:华东交通大学.
马龙祥,2014. 基于无限-周期结构理论的车轨耦合及隧道-地层振动响应分析模型研究[D]. 北京:北京交通大学.
马龙祥,刘维宁,李克飞,2014. 移动荷载作用下浮置板轨道振动响应的频域快速数值算法[J]. 铁道学报,(2):86-94.
马龙祥,刘维宁,刘卫丰,2012. 移动谐振荷载作用下浮置板轨道的动力响应[J]. 工程力学,29(12):334-341.
马龙祥,刘维宁,吴宗臻,2014. 轨道结构上轮对相互影响系数的解析求法[J]. 中南大学学报(自然科学版),(5):1635-1641.
毛家驯,严隽耄,沈志云,1985. 迫导向转向架的原理及应用(上)[J]. 铁道车辆,(11):22-27.
彭献,刘子建,洪家旺,2006. 匀变速移动质量与简支梁耦合系统的振动分析[J]. 工程力学,23(6):25-29.
任尊松,金学松,2010. 轮轨多点接触计算新方法曲线通过验证[J]. 机械工程学报,46(16):1-7.
单德山,1999. 高速铁路曲线梁桥车桥耦合振动分析及大跨度曲线梁桥设计研究[D]. 成都:西南交通大学.
沈志云,1982. 铁路机车车辆非线性稳态曲线通过的简化计算[J]. 西南交通大学学报,(3):1-12.
时瑾,龙许友,王英杰,2016. 重载铁路桥上反向曲线地段列车运行引起的动力响应分析及参数设置研究[J]. 铁道学报,(3):119-126.
时瑾,龙许友,魏庆朝,2010. 高速铁路站场岔后曲线参数优化研究[J]. 铁道工程学报,(7):29-33.
宋郁民,吴定俊,侯永姣,2012. 列车通过小半径反向曲线桥梁的动力相互作用分析[J]. 工程力学,(s1):185-189.
孙宇,翟婉明,2017. 基于格林函数法的车辆-轨道垂向耦合动力学分析[J]. 工程力学,34(3):219-226.
王福天,1981. 车辆动力学[M]. 北京:中国铁道出版社.
王开云,2012. 提速和高速铁路曲线轨道轮轨动态相互作用性能匹配研究[D]. 成都:西南交通大学.

王开云，翟婉明，蔡成标，2002. 机车-轨道空间耦合动力学模型及其验证[J]. 铁道学报，24(4)：21-27.

王开云，翟婉明，刘建新，等，2005. 山区铁路小半径曲线强化轨道动力性能[J]. 交通运输工程学报，5(4)：15-19.

王澜，1988. 轨道结构随机振动理论及其在轨道结构减振中的应用[D]. 北京：铁道部科学研究院.

王珊珊，任尊松，孙守光，等，2016. 某型弹性高速车辆系统振动传递特性研究[J]. 振动工程学报，(1)：148-155.

王少钦，夏禾，郭薇薇，等，2010. 变速移动荷载作用下简支梁桥的动力响应及共振分析[J]. 振动与冲击，29(2)：26-30.

王颖泽，张小兵，2011. 变速多移动质量耦合作用下柔性梁系统振动响应分析[J]. 振动与冲击，30(8)：56-60.

韦成龙，曾庆元，2000. 薄壁曲线箱梁考虑翘曲、畸变和剪滞效应的空间分析[J]. 土木工程学报，33(6)：81-87.

韦凯，杨帆，王平，等，2016. 扣件胶垫刚度频变的车/轨耦合系统随机振动虚拟辛分析[J]. 工程力学，33(9)：123-130.

魏伟，翟婉明，1999. 轮轨系统高频振动响应[J]. 铁道学报，(2)：42-45.

夏禾，2010. 交通环境振动工程[M]. 北京：科学出版社.

夏禾，张楠，2005. 车辆与结构动力相互作用[M]. 2版. 北京：科学出版社.

肖新标，2013. 复杂环境状态下高速列车脱轨机理研究[D]. 成都：西南交通大学.

谢伟平，镇斌，2005. 移动荷载下Winkler梁稳态动力响应分析[J]. 武汉理工大学学报，27(7)：61-63.

徐磊，翟婉明，2017. 轨道结构随机场模型与车辆-轨道耦合随机动力分析[J]. 应用数学和力学，38(1)：67-74.

许实儒，徐维杰，仲延喜，1989. 钢轨接头处轮轨冲击力的模拟分析[J]. 铁道学报，(s1)：99-109.

翟婉明，1991. 车辆-轨道垂向耦合动力学[D]. 成都：西南交通大学.

翟婉明，2015. 车辆-轨道耦合动力学[M]. 4版. 北京：科学出版社.

张定贤，鲍维千，1996. 机车车辆轨道系统动力学[M]. 北京：中国铁道出版社.

张楠，夏禾，郭薇薇，2010. 基于轮轨线性相互作用假定的车桥相互作用理论及应用[J]. 铁道学报，(2)：66-71.

张谦，陈文化，2016. 地铁列车出、进站加、减速的轴向激励引起出平面振动[J]. 振动与冲击，(24)：96-101.

钟阳，孙爱民，周福霖，等，2007. 变速移动荷载作用下弹性地基梁的动态反应[J]. 沈阳建筑大学学报(自然科学版)，23(5)：776-779.

周爽，2014. 徐变上拱和温度旁弯对高速铁路桥梁动力性能的影响研究[D]. 北京：北京交通大学.

佐藤裕，1972. 轨道力学[M]. 徐涌等，译. 北京：中国铁道出版社.

Abuhilal M,2000. Vibration of beams with general boundary conditions due to a moving random load[J]. Archive of Applied Mechanics,232(4):703-717.

Ahlbeck D R, Meacham H C, Prause R H, 1978. The Development of Analytical Models for Railroad Track Dynamics[M] Princeton:Railroad Track Mechanics & Technology.

Antolín P,Zhang N,Goicolea J M,et al,2013. Consideration of nonlinear wheel-rail contact forces for dynamic vehicle-bridge interaction in high-speed railways[J]. Journal of Sound and Vibration,332(5):1231-1251.

Belotserkovskiy P M,1996. On the oscillations of infinite periodic beams subjected to a moving concentrated force[J]. Journal of Sound and Vibration,193(3):705-712.

Bitzenbauer J, Dinkel J, 2002. Dynamic interaction between a moving vehicle and an infinite structure excited by irregularities-fourier transforms solution [J]. Archive of Applied Mechanics,72(2):199-211.

Boocock D,1969. Steady-state motion of railway vehicles on curved track[J]. Journal Mechanical Engineering Science,11(6):556-566.

Cai Z,Raymond G,1992. Theoretical model for dynamic wheel/rail and track interaction[C]. Sydney:Proceedings of the 10th International Wheel Set Congress.

Carter F W, 1926. On the action of a locomotive driving wheel[J]. Proceedings of the Royal Society of London,112(760):151-157.

Clark R A,Dean P A,Elkins J A,et al,1982. An investigation into the dynamic effects of railway vehicles running on corrugated rails[J]. Journal of Mechanical Engineering Science, 24(2): 65-76.

Dai J,Ang K K,2015. Steady-state response of a curved beam on a viscously damped foundation subjected to a sequence of moving loads[J]. Proceedings of the Institution of Mechanical Engineers,Part F:Journal of Rail and Rapid Transit,229(4):375-394.

Dai J,Ang K K, Tran M T, et al, 2017. Moving element analysis of discretely supported high-speed rail systems[J]. Proceedings of the Institution of Mechanical Engineers,Part F:Journal of Rail and Rapid Transit,10(7):1-15.

Dörr J, 1943. Der unendliche, federnd gebettete balken unter dem einflu/einer gleichförmig bewegten last[J]. Ingenieur-Archiv,14(3):167-192.

Elkins J A, Gostling R J, 1977. A general quasi-static curving theory for railway vehicles[J]. Vehicle System Dynamics: International Journal of Vehicle Mechanics and Mobility, 6(2-3): 100-106.

Garg V K,Dukkipati R V,1984. Dynamics of Railway Vehicle Systems[M]. Toronto:Academic Press.

Grassie S L,Gregory R W,Johnson K L,1982. The behaviour of railway wheelsets and track at high frequencies of excitation[J]. Journal of Mechanical Engineering Science,24(2):103-111.

Hertz H,1882. Über die beruhrung fester elastischer korper[J]. Journal Fur Die Reine Und Angewandte Mathematik,92:156-173.

Huang M H, Thambiratnam D P, 2001. Deflection response of plate on winkler foundation to moving accelerated loads[J]. Engineering Structures, 23(9): 1134-1141.

Hunt H E M, 1996. Modelling of rail vehicles and track for calculation of ground-vibration transmission into buildings[J]. Journal of Sound and Vibration, 193(1): 185-194.

Ichikawa M, Miyakawa Y, Matsuda A, 2000. Vibration analysis of the analysis of the continuous beam subjected to a moving mass[J]. Journal of Sound and Vibration, 230(3): 493-506.

Ilias H, 1999. The influence of railpad stiffness on wheelset/track interaction and corrugation growth[J]. Journal of Sound & Vibration, 227(5): 935-948.

Jenkins H H, Stephenson J E, Clayton G A, et al, 1974. The effect of track and vehicle parameters on wheel/rail vertical dynamic forces[J]. Railway Engineering Journal, 3(1): 2-16.

Kalker J J, 1967. On the rolling contact of two elastic bodies in presence of dry friction[D]. Delft: Delft University.

Kalker J J, 1982. A fast algorithm for the simplified theory of rolling contact[J]. Vehicle System Dynamics, 11(1): 1-13.

Kalker J J, 1990. Three-Dimensional Elastic Bodies in Rolling Contact[M]. Amsterdam: Springer Netherlands.

Knothe K L, Grassie S L, 1993. Modeling of railway track and vehicle/track interaction at high frequencies[J]. Vehicle System Dynamics, 22(3): 209-262.

Kokhmanyuk S S, Filippov A P, 1967. Dynamic effects on a beam of a load moving at variable speed[J]. Stroitel'n Mekhanika I Raschet Sooruzhenii, 9: 36-39.

Kostovasilis D, Koroma S G. Hussein M F, et al, 2013. A comparison between the use of straight and curved beam elements for modelling curved railway tracks [C]. Lisbon: The 11th International Conference on Vibration Problems.

Kostovasilis D, Thompson D J, 2015. The effect of vertical-lateral coupling of rails including initial curvature[C]. Florence: The 22nd International Congress on Sound and Vibration.

Krylov V V, Ferguson C C, 1993. Calculations of ground vibrations from heavy-freight trains[J]. Proceedings of the Institute of Acoustics, 15(8): 59-68.

Lee H P, 1996. Transverse vibration of a timoshenko beam acted on by an accelerating mass[J]. Applied Acoustics, 47(4): 319-330.

Li Z G, Wu T X, 2009. On vehicle/track impact at connection between a floating slab and ballasted track and floating slab track's effectiveness of force isolation[J]. Vehicle System Dynamics, 47(5): 513-531.

Liu W N, Degrande G, 2002. Joint research report of the bilateral project bil 98/9 "traffic induced vibrations in building"[R]. Beijing: Beijing Jiaotong University.

Lombaert G, Degrande G, Clouteau D, 2000. Numerical modelling of free field traffic-induced vibrations[J]. Soil Dynamics and Earthquake Engineering, 19(1): 473-488.

Love A E H, 1927. Mathematical Theory of Elasticity[M]. Cambridge: Cambridge University Press.

Lowan A N,1935. On transverse oscillations of beams under the action of moving variable loads [J]. Philosophical Magazine,7(127):708-715.

Lyon D,1972. The calculation of track forces due to dipped rail joints, wheel flats and rail welds [C]. Derby: The Second ORE Colloquium on Technical Computer Programs.

Martínez-Casas J, Gialleonardo E D, Bruni S, et al, 2014. A comprehensive model of the railway wheelset-track interaction in curves[J]. Journal of Sound and Vibration, 333(18):4152-4169.

Martínez-Casas J, Giner-Navarro J, Baeza L, et al, 2017. Improved railway wheelset-track interaction model in the high-frequency domain[J]. Journal of Computational and Applied Mathematics, 309:642-653.

Mathews P M, 1958. Vibrations of a beam on elastic foundation[J]. Zeitschrift fur Angewandthe Mathematik und Mechanik, 38(3-4):105-115.

Mazilu T, 2007. Green's functions for analysis of dynamic response of wheel/rail to vertical excitation[J]. Journal of Sound and Vibration, 306(1-2):31-58.

Michaltsos G T, 2002. Dynamic behavior of a single-span beam subjected to loads moving with variable speeds[J]. Journal of Sound and Vibration, 258(2):359-372.

Nair S, Garg V K, Lai Y S, 1985. Dynamic stability of a curved rail under a moving load[J]. Applied Mathematical Modelling, 9(3):220-224.

Newland D E, 1968. Steering characteristics of bogies[J]. The Railway Gazette, 124(19): 745-750.

Newton S G, Clark R A, 1979. An investigation into the dynamic effects on the track of wheel flats on railway vehicles[J]. Journal of Mechanical Engineering Science, 21(4):287-297.

Nguyen D V, Kim K D, Warnitchai P, 2009. Simulation procedure for vehicle-substructure dynamic interactions and wheel movements using linearized wheel-rail interfaces[J]. Finite Elements in Analysis and Design, 45(5):341-356.

Nielsen J C O, 1993. Train/ track interaction: Coupling of moving and stationary dynamic systems [D]. Goteborg: Chalmers University of Technology.

Nordborg A, 2002. Wheel/rail noise generation due to nonlinear effects and parametric excitation [J]. Journal of the Acoustical Society of America, 111(4):1772-1781.

Pombo J C, Ambrósio J A C, 2008. Application of a wheel-rail contact model to railway dynamics in small radius curved tracks[J]. Multibody System Dynamics, 19(1-2):91-114.

Popp K, Kruse H, Kaiser I, 1999. Vehicle-track dynamics in the mid-frequency range[J]. Vehicle System Dynamics, 31(5-6):423-464.

Remington P J, 1976. Wheel/rail noise-Part I: Characterization of the wheel/rail dynamic system [J]. Journal of Sound and Vibration, 46(3):359-379.

Ripke B, Knothe K, 1995. Simulation of high frequency vehicle-track interactions[J]. Vehicle System and Dynamics, 24(s):72-85.

Ryazanova M Y A, 1958. Vibration of beams produced by the action of load moving on them[J]. Dopovidi an Ursr, 20(2):157-161.

Sato Y, 1973. Abnormal wheel load of test train[J]. Permanent Way(Tokyo), 14: 1-8.

Schlack A L, 1966. Resonance of beams due to cyclic moving loads[J]. Journal of Engineering Mechanics Division, 92(6): 175-184.

Shen Z Y, Hedrick J K, Elkins J A, 1983. A comparison of alternative creep force models for rail vehicle dynamic analysis [J]. Vehicle System Dynamics, 12(1-3), 79-83.

Sheng X Z, 2001. Ground vibrations generated from trains[D]. Southampton: University of Southampton.

Sheng X, Jones C J C, Thompson D J, 2005. Responses of infinite periodic structures to moving or stationary harmonic loads[J]. Journal of Sound and Vibration, 282(1-2): 125-149.

Sueoka A, Ayabe T, Kawakami M, et al, 1988. An approximate model with an infinite number of vehicles for analysis of coupled vibrations between railway vehicle wheels and rail in the vertical direction[J]. JSME International Journal, Series III, 31(4): 739-747.

Sun Y Q, Simson S, 2007. Nonlinear three-dimensional wagon-track model for the investigation of rail corrugation initiation on curved track[J]. Vehicle System Dynamics, 45(2): 113-132.

Takahashi S, 1963. Vibration of a circular arc bar(perpendicular to its plane)[J]. Bulletin of the Japan Society of Mechanical Engineering, 6: 674-681.

Thompson D J, 1990. Wheel-rail noise: Theoretical modelling of the generation of vibrations[D]. Southampton : University of Southampton.

Timoshenko S P, Goodier J N, 1951. Theory of Elasticity[M]. New York: McGraw-Hill Book Company.

Timoshenko S, 1926. Method of analysis of statical and dynamical stresses in rail[C]. Zurich: Proceeding of the second International Congress for Applied Mechanics.

Torstensson P T, Pieringer A, Nielsen J C O, 2014. Simulation of rail roughness growth on small radius curves using a non-Hertzian and non-steady wheel-rail contact model[J]. Wear, 314(1-2): 241-253.

Tran M T, Ang K K, Luong V H, 2014. Vertical dynamic response of non-uniform motion of high-speed rails[J]. Journal of Sound and Vibration, 333(21): 5427-5442.

Vermeulen P J, Johnson K L. Contact of non-spherical elastic bodies transmitting tangential forces [J]. Journal of Applied Mechanics, 1964, 31(2): 338-340.

Vlasov V Z, 1961. Thin-Walled Elastic Beams(2nd)[M]. 2nd ed. Jerusalem: Isral Program for Scientific Translation.

Volterra E, Morell J D, 1961. Lowest natural frequency of elastic arc for vibrations outside the plane of initial curvature[J]. Journal of Applied Mechanics, 28(4): 624-627.

Wang T M, Nettleton R H, Keita B, 1980. Natural frequencies for out-of-plane vibrations of continuous curved beams [J]. Journal of Sound and Vibration, 68(3): 427-436.

Wen Z F, Jin X S, Xiao X B, et al, 2008. Effect of a scratch on curved rail on initiation and evolution of plastic deformation induced rail corrugation[J]. International Journal of Solids and Structures, 45(7-8): 2077-2096.

Winkler E, 1867. Die Lehre Von Der Elastizität Und Festigkeit[M]. Prag: Verlag H . Dominikus.

Wu T X, Thompson D J, 1999. A double timoshenko beam model for vertical vibration analysis of railway track at high frequencies[J]. Journal of Sound and Vibration, 224(2): 329-348.

Wu T X, Thompson D J, 2004. On the parametric excitation of the wheel/track system[J]. Journal of Sound and Vibration, 278(4-5): 725-747.

Xia H, Zhang N, Roeck G D, 2003. Dynamic analysis of high speed railway bridge under articulated trains[J]. Computers & Structures, 81(26-27): 2467-2478.

Zhai W M. Two simple fast integration Methods for largescale dynamic problems in engineering [J]. International Journal for Numerical methods in Engineering, 1996, 39(24): 4199-4214.

Zhang N, Xia H, Guo W W, et al, 2010. A vehicle-bridge linear interaction model and its validation [J]. International Journal of Structural Stability and Dynamics, 10(2): 335-361.

Zhou L, Shen Z Y, 2013. Dynamic analysis of a high-speed train operating on a curved track with failed fasteners[J]. Journal of Zhejiang University Science A, 14(6): 447-458.

Zibdeh H S, 1995. Stochastic vibration of an elastic beam due to random moving loads and deterministic axial forces[J]. Engineering Structures, 117(7): 530-535.